New Wun Ching Developmental Publishing Co., Ltd.
New Age · New Choice · The Best Selected Educational Publications — NEW WCDP

李佩芬・

編著

ELEVENTH
EDITION

ESSENTIALS   **REAL ESTATE**
PRACTICAL   **TAX LAW**

國家圖書館出版品預行編目資料

實用不動產稅法精義/李佩芬編著. -- 十一版. -- 新北市：
新文京開發出版股份有限公司, 2024.09
　　面；　　公分

ISBN　978-626-392-064-4（平裝）

1.CST：直接稅　2.CST：房屋稅　3.CST：土地稅
4.CST：稅法

567.2023　　　　　　　　　　　　　　　113012983

實用不動產稅法精義（第十一版）　　（書號：H043e11）

編 著 者	李佩芬
出 版 者	新文京開發出版股份有限公司
地　　址	新北市中和區中山路二段 362 號 9 樓
電　　話	(02) 2244-8188（代表號）
F A X	(02) 2244-8189
郵　　撥	1958730-2
初　　版	西元 2001 年 02 月 20 日
六　　版	西元 2019 年 02 月 01 日
七　　版	西元 2020 年 01 月 20 日
八　　版	西元 2021 年 09 月 15 日
九　　版	西元 2022 年 02 月 20 日
十　　版	西元 2023 年 09 月 15 日
十 一 版	西元 2024 年 09 月 15 日

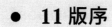

本書名為「實用不動產稅法精義」,乃不揣淺陋,期許擷取學理與實務之至新至要。全書之編著,是依筆者歷年來在學校任教之授課心得與講義編纂而成。

本書共分十章,第一章緒論介紹租稅及不動產稅法之相關概念;第二章至第四章以闡述《土地稅法》為主,分別是第二章地價稅(含空地稅及不在地主稅)、第三章田賦(含荒地稅)、第四章土地增值稅;第五章房屋稅,編列《房屋稅條例》之規定;第六章契稅,以《契稅條例》為主軸;《遺產及贈與稅法》則分述於第七章遺產稅及第八章贈與稅;第九章稅捐稽徵法;第十章其他不動產相關稅法,收納《工程受益費徵收條例》之工程受益費、《土地法》土地改良物稅、《都市計畫法》都市建設捐、《印花稅法》、《所得稅法》及《特種貨物及勞務稅條例》、《地方稅法通則》等部分與不動產相關之重要條文,務求與不動產關聯之租稅能呈現於本書中。

各章之架構,在理論部分,盼以深入淺出之方式分章闡釋各稅目相關法規規定與立法意旨,期使讀者能充分吸收其法條精義,掌握稅法全貌,而「稅制思考」則提供研讀後對稅制反芻討論之空間;而實務運用方面,各稅搭配了稅額稽徵計算案例並導入實用之釋示函令,提供讀者節稅之技巧。最後附錄部分,「法令彙編」則蒐納最新法令規章,以供參酌查閱。

十一版主要是針對部分內容及文字作增修,包含《房屋稅條例》修法部分、地價稅、土地增值稅及遺產稅部分計算案例修正等。

本書能順利付梓與改版,感謝多人之協助。編修期間筆者因囿於學校教學與服務工作繁忙,延宕多時,也謝謝新文京開發出版股份有限公司同仁之鼎力協助,才得以如期出書。惟筆者才疏學淺,遺漏舛誤在所難免,尚祈先進不吝指正,使本書更臻完善,不勝銘感。

李佩芬

識於崑山科技大學房地產開發與管理系

● 李佩芬

現職

崑山科技大學房地產開發與管理系（所）助理教授

學歷

國立政治大學地政學系學士

國立政治大學地政學系研究所碩士

經歷

崑山科技大學不動產經營（科）系主任

太平洋建設股份有限公司總經理室專員

臺灣房屋市場月刊主編、副總編輯

考試院國家考試命題委員及閱卷委員

內政部土地徵收審議小組委員

臺南市、屏東縣地價及標準地價評議委員會委員

高雄市都市更新基金管理會委員

臺東縣區段徵收、市地重劃委員會委員

臺南市公共債務管理委員會委員

臺南市、高雄市、雲林縣、屏東縣都市計畫委員會委員

臺南市都市更新及爭議處理審議會委員

高雄市政府高雄市都市設計及土地使用開發使可審議委員會委員

凡例

本文文中括弧所註為有關稅法及規章之條次或釋示函令之文號，例如（土稅 4）表示《土地稅法》第 4 條；（遺贈 30Ⅲ）指《遺產及贈與稅法》第 30 條第 3 項。惟所註條次僅供查閱原條文之用，並不代表文中所用文字與原條文完全相同，讀者可另外參考附錄法令彙編之法規。本文引註所用稅法及規章全名與簡稱如下表所示：

法規名稱全名及簡稱對照表

法 規 全 名	簡 稱
憲法	憲
民法	民
民事訴訟法	民訴
土地稅法	土稅
土地稅法施行細則	土稅細
土地稅減免規則	土減
增繳地價稅抵繳土地增值稅辦法	抵
土地所有權移轉或設定典權申報現值作業要點	要點
房屋稅條例	房
契稅條例	契
遺產及贈與稅法	遺贈
遺產及贈與稅法施行細則	遺贈細
稅捐稽徵法	稽
稅捐稽徵法施行細則	稽細
土地法	土
土地法施行法	土施
平均地權條例	平
平均地權條例施行細則	平細
工程受益費徵收條例	工

法規名稱全名及簡稱對照表

法 規 全 名	簡 稱
工程受益費徵收條例施行細則	工細
所得稅法	所
所得稅施行細則	所細
營利事業所得稅查核準則	營所查
加值型及非加值型營業稅法	營
加值型及非加值型營業稅法施行細則	營細
印花稅法	印
訴願法	訴
行政訴訟法	行訴
住宅法	住
農業發展條例	農發
農產品市場交易法	農交
中小企業發展條例	企
山坡地保育利用條例	山
新市鎮開發條例	新
臺灣地區及大陸地區人民關係條例	岸
土地徵收條例	土徵
信託法	信
國軍老舊眷村改建條例	眷改
農村社區土地重劃條例	農劃
促進民間參與公共建設法	促參
獎勵民間參與交通建設條例	獎參
加工出口區設置管理條例	加工
科學工業園區設置管理條例	科工
都市計畫法	都計
都市更新條例	都更
文化資產保存法	文
特種貨物及勞務稅條例	特
地方稅法通則	地

CHAPTER **01** 緒 論

CHAPTER 02　地價稅 Land Value Tax

CHAPTER 04 土地增值稅 Land Value Increment Tax

CHAPTER **05** 房屋稅 House Tax

契　稅 Deed Tax

CHAPTER **07** 遺產稅 Estate Tax

贈與稅　Gift Tax

CHAPTER **09** **稅捐稽徵法 Tax Collection Law**

CHAPTER

01

緒　論

壹、租稅之概念

貳、租稅法概念

參、不動產稅法概念

Essentials Practical
Real Estate Tax Law

壹　租稅之概念

一　租稅之意義

　　租稅，係指國家為取得滿足公共需要或應政務支出之需要或為達成經濟、社會政策等其他行政目的，依法律並運用政治權力強制徵收人民部分財富轉為國家所有而言。

二　租稅之特性

　　租稅具有下列特性：

(一) 租稅之強制性

　　課徵租稅為國家得以繼續存在之要件，不能任由納稅義務人依其合意而變更，非有強制性不足以順利達成課徵，所以納稅義務人不履行納稅義務時，國家依法得以公權力強制執行，故強制性為租稅之首要特性。

(二) 租稅之無償性

　　由於租稅具有強制性，故不一定會有相等之對價。雖然人民納稅後，可由政府之支出而獲得利益，但這些利益未必與其所繳納之稅賦有特定之個別對價關係。亦即對個體而言，並無個別之報償，但對整體社會而言卻有共同之報償性。

(三) 租稅之財政性

　　獲取財政收入以應政務支出或其他行政之需要，是國家向人民課徵租稅之首要目的，故租稅具有強烈之財政性。

(四) 租稅之政策性

　　租稅課徵之主要目的雖在獲取財政收入，但此並非租稅之唯一目的，現代之租稅尚具有推動與達成各項社會、經濟政策之目的，例如平均社會財富、促進資本形成、控制通貨膨脹與保護國內特殊產業等方面，均有賴租稅之發揮，故租稅具有政策性。

🔴三 國家徵稅權之依據

國家究竟根據何種理由，可行使公權力向其人民徵稅，其課稅權之依據，歷來學者有不同之看法，茲分述如下：

(一) 利益說

利益說又稱**「交換說」**。源於社會契約說風行的 18 世紀，利益說認為國家給予人民利益，租稅之課徵即人民支付國家的價格或報償。亦即國家之有權向其人民徵稅，係因人民享受國家所給與之種種利益，重要者如人身、工作、私有財產之維護與保障，以及各種有形或無形建設利益之享受等，人民所納之稅賦即為購買此種利益之對價。因此國家課稅與人民納稅之間，存在著經濟上的交換關係。

(二) 義務說

義務說又稱**「犧牲說」**。在中世紀末、近代初期，基於一切都屬於國家之觀念，認為個人為國家之一分子，為維護國家之存在，人民有服兵役之義務為國家流血犧牲生命。同樣的，為維護國家機能之適當運行，人民亦有義務貢獻部分財富以為國家之用，這也是人民對國家忠誠與犧牲的具體表現。

(三) 折衷說

折衷說又稱**「相對義務說」**，是上述利益說與義務說的調和，認為國家為其本身的目的有其存續的必要性，而人民為其本身的利益對國家有依存性，所以國家存在的目的與人民生存的利益相互間有著不可分的關聯性與調和性。國家之行政是為滿足公共之需求，人民從中或多或少也獲得個別利益，因此依其財力多寡對國家作貢獻，亦即盡國民納稅之義務，此義務一則是利益的代價，一則是道德責任之所在。此種國家課稅權依據之說也是多數人所認同的。

🔴四 租稅原則

歷年來租稅法之制定、修正或解釋，皆是以是否符合租稅原則為依歸。租稅原則自亞當斯密(Adam Smith)提出平等、確實、便利及節約四大租稅原則後，歷來學者對租稅原則多有討論，茲舉其較重要之租稅原則說明如下（註 1）：

(一) 財政收入原則(Principle of Tax Revenue)

　　政府課徵租稅之目的固然很多，但最原始且首要之目的，則為獲取充分之財政收入以應政務之需。因此制定或修正稅法時，首先自必考慮其對財政收入之影響。

(二) 經濟發展原則(Principle of Economic Development)

　　租稅之課徵除考慮其收入性外，尚應注意其對經濟發展所造成之影響。因為租稅之課徵若損及經濟成長，最後必使稅源萎縮而影響財政收入原則之達成，所以應兼顧租稅之中立。

(三) 公平原則(Principle of Equity)

　　租稅公平原則就課稅主體言，租稅之課徵應注意普及性，不應因地域或身分之不同而有差異。另就納稅義務人負擔租稅之能力言，應力求縱的平等(Vertical Equity)及橫的平等(Horizontal Equity)。前者即指租稅負擔能力不相同之人，必須負擔不同之稅額；後者則是指租稅負擔能力相同之人，則應納同額之稅。至於納稅能力之標準一般以所得或財富來衡量。

(四) 稅務行政原則(Principle of Tax Administration)

　　稅務行政之便捷與否攸關租稅課徵之成功與失敗，稅務行政原則之主要精神即在於如何達成便民利課之目標，其中包括稅法之細密明確，簡化稽徵手續及稽徵費用之節省等。

(五) 中性原則(Principle of Neutrality)

　　所謂中性原則係指除為達成某種政策目的外，租稅之課徵應盡可能保持中性，使各種經濟行為不致因租稅之課徵而有不同之改變。例如毛額型營業稅係對各交易階段銷售總額課稅，會重複課稅，有利於一貫作業之事業而不利於分工較細之產業，而加值型營業稅則無此缺點，故謂加值型營業稅較能符合中性原則。

五　租稅之分類

(一) 國稅與地方稅

　　租稅徵收以其稅收歸屬之政府單位區分，可分為國稅(National Tax)及地方稅(Local Tax)兩種。至於何種稅目應為國稅，何種稅目應為地方稅，悉依《財政收支劃分法》之規定。

1. 國稅(National Tax)

　　　　即指賦稅之收入歸中央政府統籌運用，但《財政收支劃分法》為配合稽徵之便利及各級政府財政之需要，對於部分稅目雖劃為國稅，但仍將其稅收酌分一部分與直轄市及縣市政府；故就稅收之歸屬為標準，若干國稅已非純粹之國稅。如所得稅(Income Tax)、遺產稅(Estate Tax)與贈與稅(Gift Tax)等屬之。

2. 地方稅(Local Tax)

　　　　地方稅即指稅賦之收入歸地方政府運用。地方政府又劃分為直轄市及縣市，故地方稅又分為直轄市稅(City Tax)及縣市稅(Prefectural and Municipal Tax)兩種。如地價稅(Land Value Tax)、房屋稅(House Tax)等。

(二) 國境稅與內地稅

1. 國境稅(Boundary Tax)

　　　　係於課稅客體通過國境時所課徵之租稅。在現行稅目中真正之國境稅，最重要者為關稅(Customs Duty)，餘多屬內地稅。

2. 內地稅(Inland Tax)

　　　　係指國境稅以外之租稅，其課徵不以課稅客體是否通過國境為條件，故又稱國內稅，如營業稅(Business Tax)、地價稅。

(三) 從價稅與從量稅

1. 從價稅(Ad Valorem Duty)

　　　　即按照課稅客體之完稅價格為課徵標準之租稅，稅負隨完稅價格之高低而不同。例如地價稅、房屋稅、遺產及贈與稅等。

2. 從量稅(Specific Duty)

　　按照課稅客體之數量、重量、體積、長度等作為課徵標準之租稅，數量相同，稅額即相同，簡單易行，我國目前僅少部分之關稅及貨物稅採從量稅。

(四) 直接稅與間接稅

　　直接稅與間接稅之劃分，主要係以**稅負是否轉嫁為標準**，但新近之租稅理論認為很難有某種稅目，其稅負是絕對不能轉嫁者，既然各稅負皆有轉嫁可能，所以以能否轉嫁為標準來劃分直接稅與間接稅，即顯得意義不大。

1. 直接稅(Direct Tax)

　　乃預期不能轉嫁的租稅，即繳稅人與負稅人為同一人者為直接稅，依據財政部的統計歸類，包含所得稅、遺產稅與贈與稅、地價稅、房屋稅及契稅(Deed Tax)等均為直接稅。

2. 間接稅(Indirect Tax)

　　乃預期能轉嫁的租稅，即繳稅人與負稅人非同一人者為間接稅，繳稅人透過交易行為而將稅負移轉他人負擔。如關稅、營業稅、印花稅(Stamp Tax)等均為間接稅。

(五) 比例稅、累退稅與累進稅

1. 比例稅(Proportional Tax)

　　凡採用比例稅率課徵之稅，稱比例稅。而所謂「**比例稅率**」(Proportional Rate)，即指無論完稅價格或課稅數量之增加或減少，一概適用單一稅率之謂。而間接稅因易於轉嫁，為求課徵便捷，故多採比例稅，例如貨物稅、營業稅等均是。

2. 累退稅(Regressive Tax)

　　凡採用累退稅率課徵之稅，稱累退稅。而「**累退稅率**」(Regressive Rate)又名**逆進稅率**，指稅率隨稅基之增加而降低者，或稅率與稅基為反方向變動者。

3. 累進稅(Progressive Tax)

　　稅率採累進稅率之租稅，稱累進稅。而**「累進稅率」**(Progressive Rate)是指稅率隨稅基之增加而呈**遞增趨勢**者，或稅率與稅基為同方向變動者，一般認為累進稅較能符合量能課稅原則，如所得稅、地價稅。

六 租稅重要名詞

　　下列為租稅上常見之名詞，有助於研讀租稅時之瞭解，列述如下：

(一) 租稅主體

　　即完納租稅之人，又分兩種：

1. 納稅義務人：是法律上之租稅主體，即依稅法規定，有繳納租稅義務之人。

2. 負擔租稅人：是經濟上之租稅主體，即在經濟上或事實上最後負擔租稅之人。

(二) 租稅客體

　　即課稅標的之物或行為。前者如地價稅之土地，房屋稅之房屋；而營業稅之銷售貨物或勞務之行為、娛樂稅之娛樂行為等即屬後者課稅標的之行為。

(三) 稅源與稅本

1. 稅源：即課稅收入之來源，亦即租稅支付之由來。例如所得稅之所得、地價稅之土地價值及房屋稅之房屋價值等。

2. 稅本：係稅源之所從出，租稅課徵之根本所在。例如地價稅之土地、房屋稅之房屋、遺產稅之死亡者遺留的財產等。

(四) 課稅標準

　　租稅課徵所依據之標準。如地價稅之地價、土地增值稅之土地增值、房屋稅之房屋價值、契稅之契價、遺產稅之遺產價值，以及贈與稅之贈與財產價值等。

（五）稅　基

　　指租稅課徵時之經濟基礎。例如地價稅之地價總額、土地增值稅之土地漲價總數額，房屋稅之核計房屋現值、契稅之契價、遺產稅之課稅遺產淨額及贈與稅之課稅贈與淨額等。

（六）稅　率

　　係課稅單位租稅徵收之比率，或稅額占稅基之百分比。

1. 比例稅率：無論稅基之增加或減少，一概適用單一稅率之謂。例如房屋稅、契稅之稅率。

2. 累進稅率：指稅率隨稅基之增加而上升者，或稅率與稅基為同方向變動者，又可分為全額與超額累進稅率二種：

　(1) **全額累進稅率**：將稅基適用之稅率劃分若干級距，而以稅基全額所適用之最高級距之稅率，課徵於全部稅基者。

　(2) **超額累進稅率**：將稅基適用之稅率劃分若干級距，且各級距訂定漸高之稅率。稅基在一定標準以下者，適用基本稅率；稅基超過基本標準者，就其超過之部分分別適用較高級距之稅率計算稅額者。如所得稅、地價稅、土地增值稅等之稅率。

［例一］

　　假設規定稅基在 59 萬元以下者課稅稅率為 5%；59 萬元至 133 萬元者稅率 12%，現有稅基為 100 萬元，試問若採超額累進稅率及全額累進稅率課徵時，其稅額各為何？

解　一、採超額累進稅率時，稅基 100 萬元中，有 59 萬元按 5% 徵稅，另超過 59 萬元以上之 41 萬元按 12% 課稅。
　　　　稅額＝59 萬元×5%+(100－59)萬元×12%＝7.87 萬元
　　二、如採全額累進稅率課徵，則 100 萬元全按最高 12% 課稅。
　　　　稅額＝100 萬元×12%＝12 萬元。

（七）邊際稅率

　　又名級距稅率，即累進稅率各課稅級距適用之稅率。

（八）平均稅率

又名有效稅率，是總稅額除以總稅基，所得之商數。

（九）稅　額

係稅基乘以稅率之乘積。即稅額＝稅基×稅率。

（十）租稅轉嫁與歸宿

1. 租稅轉嫁(Shifting of Taxation)

納稅人納稅之後，經由經濟交易過程中，將稅賦透過價格機能而移轉由他人負擔之現象稱之。又可分前轉（如由買方負擔）、後轉（如由供貨者負擔）、旁轉（如由交易有關的第三人負擔）、散轉（部分由買方、部分由供貨者負擔）等多種情況。

2. 租稅歸宿(Incidence of Taxation)

納稅人納稅之後，經過一次或多次之轉嫁後，租稅著落在最後實際負擔者之現象稱之。

（十一）逃稅、避稅與節稅

1. 逃稅(Tax Evasion)

係指納稅義務人違反稅法規定，以達免納或少納租稅目的之行為。納稅義務人此種行為不但會受法律制裁，且亦不為社會道德觀念所接受。

2. 避稅(Tax Avoidance)

即一般所謂藉鑽法律漏洞，以達免納或少納租稅目的之行為。此種行為形式上雖不違反稅法之規定，但實質上卻違反稅法立法精神，是種為社會道德觀念所拒之脫法行為。對於納稅義務人之避稅，政府除修改稅法加以杜塞外，尚可援引實質課稅原則來因應，否則並不能給予法律制裁。

3. 節稅(Tax Savings)

係指為完成某項經濟行為如有多種途徑可循時，納稅義務人選擇其稅負最輕之途徑以行之，以獲免稅或少納稅之利益行為而言。此種行為不但合法，且合立法精神，同時亦可為道德觀念所容，是民眾熟讀稅法之額外利益。

七 我國現有稅目

租稅之課徵因對象及技巧之不同而產生多種不同之稅目。我國現行各稅如下表 1-1 所示，尚未包括工程受益費。

我國財政收入的主要來源為稅課收入，而依財政收支劃分法第 6 條：稅課劃分為國稅、直轄市及縣（市）稅。前者又稱中央稅，後者又稱地方稅。

表 1-1 我國現有稅目

	稅　目		稅　目	
國　稅	*一、所得稅	直轄市及縣（市）稅	*一、土地稅	*(一)地價稅
	(一) 綜合所得稅			*(二)田賦
	(二) 營利事業所得稅			*(三)土地增值稅
	*二、遺產及贈與稅		*二、房屋稅	
	三、關稅		三、使用牌照稅	
	四、營業稅		*四、契稅	
	五、貨物稅		五、印花稅	
	六、菸酒稅		六、娛樂稅	
	*七、證券交易稅		七、特別稅課	
	*八、期貨交易稅			
	*九、礦區稅			
	*十、特種貨物及勞務稅			

註：1. 有*號者代表直接稅，其餘為間接稅。

2. 特別稅課，指適應地方自治之需要，經議會立法課徵之稅。但不得以已徵貨物稅或菸酒稅之貨物為課徵對象。

租稅法概念

一　租稅法意義

租稅法，是國家為徵收租稅所制定並強制人民遵行之法律規範，有廣義與狹義之分：

(一) 狹義之租稅法

指經立法院通過，總統公布之租稅法律而言。

(二) 廣義之租稅法

除狹義之租稅法外，尚包括其他法律中有關租稅之規定及在法律授權範圍內所發布之有關行政規章及命令在內。此外涉及租稅之對外條約，司法機關之判解及判決，亦對租稅之徵納發生拘束力或影響力。

本書各章所討論之不動產相關稅法，均指廣義之租稅法，以利讀者掌握稅法之理論與實務應用。

二　租稅法之法源

廣義租稅法之來源，亦即租稅法之法源，計有如下六種：

(一) 租稅法律

租稅法律，是指在不違反憲法規定之前提下，由立法院或行政院提案，經立法院審查、三讀會議通過，作成決議並諮請總統公布之法律，為人民依法納稅之主要依據。所謂**法律**，依《中央法規標準法》第 2 條之規定，得定名為**法、律、條例或通則**。而以法及條例定名者較常見，例如土地稅法、稅捐稽徵法、房屋稅條例、平均地權條例、地方稅法通則等。

(二) 租稅協定

涉及租稅之國際條約，對租稅課徵有其拘束力，且多具有特別法優先適用之性質；與租稅關係最多之條約係為各種租稅協定 (Tax Convention)，我國目前與新加坡、英國、丹麥、日本等簽有「所得稅協定」全面性協定，與美、韓等國有海空運輸協定。

(三) 司法判解

　　法院之判決經法定手續列為判例，及司法院對於法令所作之統一解釋，其中涉及租稅部分者，對租稅課徵有拘束力。未列為判例之法院判決及行政救濟中復查、訴願之決定與行政訴訟之判決，對於同一性質租稅案件之處理，亦有參考價值及影響力。

(四) 委任立法之行政規章

　　凡未經立法程序，僅係由行政機關本諸職權所制定之各種規定，均可謂之行政命令。其中在形式上具有法規條文之型態者，稱為**法規命令**或**規章**，規章經由立法授權而定者即為**委任立法之規章**。所謂**「委任立法」**，指立法院於制定租稅法律時，在法律中訂定專條，授權行政機關另訂必要之規定。

　　例如《土地稅法》第 58 條規定：「本法施行細則，由行政院定之。」即屬委任立法。行政院則依此立法授權而公布〈土地稅法施行細則〉，而其內容在不違反土地稅法之前提下，與土地稅法具有同等效力。其他尚有土地稅減免規則、遺產及贈與稅法施行細則等均是。

(五) 非委任立法之行政規章

　　除立法授權發布之行政規章外，另有主管行政機關本諸行政權所發布之各種行政規章，形式上亦具有法規條文之型態者，例如「自用住宅用地土地增值稅書面審查作業要點」，即為財政部為簡化自用住宅用地審查之作業而依職權發布之規章。

　　各機關發布之命令，無論係委任立法者或非委任立法者，其所用名稱依《中央法規標準法》第 3 條規定，得依其性質定名為**規程、規則、細則、辦法、綱要、標準或準則**。

(六) 解釋函令

　　至於形式上未具法規條文型態之行政命令，是指於租稅法律或規章適用發生疑義時，為闡明其真意並期正確適用所為之釋示，或因需要而為單純之宣告或指示，為單純之命令者而言，習慣上多稱為**解釋令、解釋函或釋函**。

三 租稅法之性質

租稅法之性質，敘述於下（註 2）：

(一) 租稅法是公法

凡規定國家與國家間，或國家與人民間公權關係之法律是為**公法**，其法制精神較強調團體約束；反之，規定個人相互間或國家與個人間私權關係之法律為**私法**（例如：民法），其法制精神則較著重個體自由。租稅是政府行使國家之公權力，強制將人民之部分財富移轉為政府所有之手段，而租稅法即係規範此一國家與人民間公權利關係之法律，具公法之性質，就該事項具有公定之效力。

(二) 租稅法是強行法

所謂**強行法**，是法律之規定，個人必須遵守，而無依個人意願自由選擇者；反之，則為**任意法**。租稅法是強制人民履行納稅之義務，是強行法中之命令法，即係強制應為某種行為之謂。強行法中另一種為**禁止法**，即禁止為某種行為之謂。

(三) 租稅法是行政法

行政法係行政、立法、司法、考試及監察五權政治中有關行政權之組織及其作用之法規之總稱，其內容主要包括行政權行使之機關及行使之方式與效果。租稅法是政府行使租稅行政權之法令，舉凡稽徵機關、課稅內容與稽徵方法等皆有所規定，凡此均屬行政法之範疇，故是行政法之性質。

(四) 租稅法是國內法

法律為某一國家所制定，以規律其內部公私生活之關係者為**國內法**。反之，其有國際社會所公認之法則，而多以國家為主體，以規律其相互間之關係者為**國際法**。租稅法係規定國家行使租稅權之法律，並非國際間公認之法則，且適用係以國家主權所及之範圍為原則，故租稅法為國內法，僅有少部分之租稅協定，與國際法有關聯。

(五) 租稅法為實體法及程序法

實體法，係規定權利義務本體之法律；**程序法**，則為規定如何實施實體法之法律。租稅法不但對課稅之主體、客體、稅率、減免等權利義務有

所規定，且對徵納租稅之稽徵程序亦有詳細規定，故租稅法兼具實體法及程序法之性質。

(六) 租稅法為普通法及特別法

　　凡實施於全國人民及一般事項之法律，為**普通法**；反之，僅實施於特定之人、特定事項或特定地區之法律，則為**特別法**。普通法與特別法之區分是相對的，例如就遺產稅、贈與稅之課徵而言，遺產及贈與稅法為民法之特別法；但對稅捐稽徵法之規定而言，遺產及贈與稅法又為普通法，故租稅法兼具普通法及特別法之性質。

四 租稅之立法體制

(一) 分稅立法

　　所謂**分稅立法**，即每一稅目或性質相同之稅目，分別單獨制定一種稅法。將某一稅之實體部分、徵納程序、救濟程序及處罰規定等均予納入於一稅法中。

　　採分稅單獨立法，其優點為便於立法與修正。惟分稅立法必須於每一稅法中，對於徵納程序、救濟程序及處罰程序等均加以規定，由於各稅法制定時間有先後，並經分別多次修正，在不同社會背景下，考慮因素有異，加以各稅法之性質並非一致，是以分稅立法，勢必形成各稅法對於同一事項規定內容之分歧矛盾。非但納稅義務人不易遵循，即使稅捐稽徵機關於適用法律時，亦頗感困擾，徵納雙方咸感不便。

(二) 綜合立法

　　所謂綜合立法，即指有一**租稅法典**(Tax Code)，即將國家各稅之實體部分、徵納程序、救濟程序及處罰規定等，作有系統之編列並制定一部法律之中，以減少各稅法間之矛盾，並便於援引適用。例如美國將聯邦政府所謂各稅採綜合立法，按序編列於一部法律中，稱為內地稅法典(Internal Revenue Code)，即採此立法體制。

　　採行綜合立法體制，其優點為可避免分稅立法所形成各稅法間重複、分歧、矛盾之缺點，且可達成法規精簡之目的。其缺點為將各稅均予納入同一稅法，將造成立法技術上之困難，以及修正時之不便。

（三）我國稅法立法體制

我國稅法之立法體制，向採**分稅立法**，即**一稅一法**，但亦有部分稅目性質相近，為立法及徵納便利而定於同一稅法者。

因此各稅法所定稽徵程序、救濟程序或處罰等規定難免有重複或矛盾之處。為避免此缺點，於是將各項內地稅有關稽徵程序部分統一，而有**《稅捐稽徵法》**之公布。此乃仿效日本施行已久之實體分稅立法與程序綜合立法之立法體制，對各稅之實體部分仍維持分稅立法體制，而將各稅之稽徵程序規定採行綜合立法（註 3）。

《稅捐稽徵法》制定施行後，對於各稅法中所定已納入《稅捐稽徵法》之部分，已不再適用，並在逐步分別予以修正刪除。從而分稅立法所形成各稅法之重複、分歧、矛盾之現象，將可因《稅捐稽徵法》之制定、各稅法之配合修正而漸形消除。

🈦 各種稅法之架構

我國租稅法係採各稅分別立法原則，除遺產及贈與稅法等少數情形外，多為一稅一法，而無統一之租稅法典。就個別稅法言，其所定條文雖因各別需要之不同而多寡不一，但其內容要項亦有其共通之脈絡可循，可供研讀稅法者對各稅法掌握其精義，茲舉其大者，分述如下；

（一）課稅主體

課稅主體係指租稅之納稅義務人。所謂**納稅義務人**係指依法應申報或繳納某種租稅之人。此處所謂之「**人**」包括自然人、法人及非法人之事業或團體。例如關稅之納稅義務人一般為收貨人，而收貨人可能為個人、公司或合夥組織之營利事業。納稅義務人與最後之負稅人並不一定相同，例如房屋稅之納稅義務人為房屋所有人，但房屋所有人可能將所納房屋稅透過增加租金而轉嫁房屋之承租人，此時房東為納稅義務人，房客則為實際負擔租稅之人。

（二）課稅客體

課稅客體係指課稅之標的，亦即以何**物**或何種**行為**為課稅對象。例如地價稅為已規定地價之土地，營業稅之以營業行為為課稅標的等。

(三) 減免範圍

任何租稅之課徵多少皆有例外規定，對於合於一定條件或標準者得給予減免待遇。租稅減免形成之原因甚多，有為促進公平者，有因各種政策之需要者，有因稅務行政之便利者，亦有基於國際慣例者。此類之減免規定，影響人民權益至大，稅法中自宜有詳細規定，以杜無謂之紛爭。

(四) 稅　率

稅率為計算稅額之比率，直接影響納稅義務人應納稅額之大小。稅率之種類、稅率之高低、優惠稅率之適用、累進稅率之級距等，在稅法中皆應有明確規定。但部分稅法為使稅率保持彈性或為避免稅法因稅率之列入而過於複雜冗長，而採稅法與稅率分別立法者，例如我國海關進口稅則及所得稅。

(五) 稽徵程序

稽徵程序係規定租稅徵收與繳納之各種手續，諸如申報期限、調查核定、稅單填送、稅款繳納、催報催徵、主管稽徵機關等皆包括在內。租稅之課徵若無稽徵程序之規定則將無從進行，故為租稅法中重要章節。

目前除各稅法列有稽徵程序條文外，另定有《稅捐稽徵法》，對各稅在稽徵上之共同事項作統一規定。因此凡稅捐稽徵法已規定之稽徵程序，均應優先適用稅捐稽徵法之規定，稅捐稽徵法未規定者，始適用各稅法之有關規定。

(六) 租稅救濟

國家賦與稅務機關課徵租稅之權，若稅務機關因故意或過失，致損害人民權益時；或因納稅義務人對稅捐稽徵機關核定之案件，如有不服時，究應循何種途徑以謀救濟？目前除稅捐稽徵法有統一性規定外，其他各稅法中亦有原則性之規定，但稅捐稽徵法對行政救濟中之**復查**有較詳細之規定，關於**訴願**及**行政訴訟**並無規定，故仍應依《**訴願法**》及《**行政訴訟法**》辦理。

(七) 罰　則

租稅之課徵在本質上具有強制性，且無明確之對償，易遭抗拒，故非有相當制裁，不足以維護課稅目的之順利達成。目前除稅捐稽徵法內定有

統一性處罰規定外，各稅法本身亦定有罰則，但稅捐稽徵法之規定應優先適用。

(八) 附　則

附則，主要在規定稅法施行日期及施行細則等子法之授權規定事項，在分章立法之稅法中，則尚包括不易歸列其他各章之非原則性規定。

六 租稅法之適用原則

由於我國採分稅立法，各稅法間對於同一事項規定內容產生分歧矛盾之時，下列租稅法適用原則（註 4）之延伸，有利發生牴觸時適用上之判斷。

(一) 租稅法律主義（原則）

是指納稅義務人有依法律納稅之義務，但卻無繳納稅法未規定之稅的義務，此即**租稅法律主義**之意義。

政府向人民課徵租稅之主要法律依據為《憲法》第 19 條：「人民有依法律納稅之義務」，此為租稅法律主義之基本根據。憲法所稱之**法律**，謂經立法院通過，總統公布之法律（憲 170），當法律與憲法牴觸時，法律無效（憲 171）。而《中央法規標準法》第 5 條第 1 及第 2 款規定：憲法或法律有明文規定，應以法律定之者及關於人民之權利、義務者，均應以法律定之。同法第 6 條規定：「應以法律規定之事項，不得以命令定之」。根據以上規定，可知人民納稅之義務，一切以法律規定為依歸，各縣市政府不能以任何行政命令要求人民增繳法律未規定之稅。

(二) 命令不得牴觸法律原則

租稅法規之適用，有一定之位階。憲法為國家之基本大法，位階最高，租稅法律之內容，若與憲法牴觸無效。各種行政命令，無論委任立法或非委任立法之規章，或解釋函令，若與租稅法律牴觸，依《憲法》第 172 條規定，亦屬無效，即**命令不得牴觸法律原則**。

而行政命令中，其適用位階以委任立法者最高，非委任立法者次之，解釋函令最低；而上級機關之行政命令又高於下級機關之行政命令。

(三) 法律不溯既往原則

租稅法律之適用，就時間之效力來說，僅及於租稅法公布實施以後所發生之事項，而不得溯及租稅法律公布實施以前已發生者，俾維持人民納稅義務之安定，此即為**法律不溯既往原則**。

(四) 新法優於舊法原則

新法優於舊法原則，又稱後法優於前法原則。係指同一事項，新舊法律有不同規定時，新法應優先於舊法適用，中央法規標準法第 21 條規定：同一事項已定有新法規，並公布或發布施行者，原有法規即應廢止。此即**新法優於舊法**之意義。而行政命令亦同樣適用，後令優於舊令原則。

(五) 特別法優於普通法原則

1. 意義

《中央法規標準法》第 16 條規定：「法規對其他法規所規定之同一事項而為特別之規定者，應優先適用之。其他法規修正後，仍應優先適用」，此即**特別法優於普通法原則**。

但如特別法內有額外規定，普通法可優先適用者，仍應優先適用。再者，當特別法優於普通法原則與前述新法優於舊法原則產生競合現象時，其適用上之順序為新特別法、舊特別法、新普通法、舊普通法，即「**新普通法不能變更舊特別法**」原則。

2. 法例

《稅捐稽徵法》第 1 條規定：「稅捐之稽徵，依本法之規定；本法未規定者，依其他有關法律之規定」。故就稅捐稽徵而言，稅捐稽徵法為其他稅法之特別法，其他稅法對同一事項有不同規定時，稅捐稽徵法應優先適用。

(六) 實體從舊程序從新原則

1. 意義

租稅法之規定其直接影響納稅義務人稅負之高低者為租稅法之實體部分，例如課稅主體、稅率結構；其不影響稅負則屬稽徵程序部分。由於納稅義務人納稅義務之發生與稅款之報繳時間並不一致，通常納稅義務發生在前，稅款報繳在後，為不影響納稅義務人之稅負，

在稅法修正時，稅負之計算或稅法之實體部分，應按納稅義務發生時有效之稅法規定為準。但不影響稅負之報繳程序等，則依報繳時之有效稅法規定為準，以利繳納之進行。此即租稅法之**實體從舊程序從新**原則。

2. 法例

例如民國 79 年 1 月 1 日修正生效之《所得稅法》第 17 條增訂殘障（現修法為身心障礙）特別扣除額，因其影響稅負，是為租稅之實體部分，故在 79 年 2 月申報 78 年度綜合所得稅時，雖然申報時稅法已有殘障特別扣除規定，但基於實體從舊原則，納稅義務人仍不能列計此項扣除額。

又如民國 91 年 1 月 30 日修正生效之《所得稅法》第 71 條，將所得稅結算申報期限由原規定之每年 2 月 20 日起至 3 月 31 日止，改為每年 5 月 1 日起至 5 月 31 日止。由於申報日期為所得稅法中之程序部分，因此在民國 91 年申報 90 年所得稅時，其申報期限應依新修正之 5 月 1 日起至 5 月 31 日止之規定辦理，此即為程序從新原則。

3. 法例例外

民國 85 年 7 月修正《稅捐稽徵法》，增訂第 48-3 條，規定納稅義務人違反稅捐稽徵法或稅法之規定，適用裁處時之法律。但裁處前之法律有利於納稅義務人者，適用最有利於納稅義務人之法律。換言之，在**租稅罰法**方面，稅捐稽徵法是明文規定採**「從新從輕原則」**，而不再適用實體從舊程序從新原則。

(七) 租稅救濟程序優先實體原則

1. 意義

租稅救濟案件，無論係租稅行政救濟或司法救濟，**程序法**之適用均**優先**於**實體法**，亦即租稅救濟案件實體之審理，必須以符合程序規定為前提，程序不合即不加審理而予以駁回。

2. 法例

例如《稅捐稽徵法》第 35 條規定，行政救濟申請復查之案件，應於稅款繳納期間屆滿翌日起算 30 日內提出申請。若納稅義務人逾 30 日後始提出申請，則已違反租稅救濟程序之規定，該案不問實際內容

如何，行政救濟機關均不再審理。此時除行政機關發現錯誤，本諸職權予以糾正外，別無其他救濟途徑可循。

(八) 實質課稅原則

1. 意義

為達成衡量個人納稅能力課稅之租稅平等原則，並防止租稅規避確保租稅徵收之目的；在稅法解釋及課稅要件事實之認定上，如發生法律形式、名義或外觀，與真實之事實、實態或經濟實質有所不同時；租稅課徵之基礎，並不限於形式上、外觀上存在之事實，而按事實上存在之經濟實質加以課稅，稱為**實質課稅原則**。

2. 法例

(1) **違章房屋**仍應課徵房屋稅（財政部臺財稅第 31475 號函）。

(2) 遺產及贈與稅之擬制贈與（遺贈 5），及視為遺產（遺贈 15）之課徵贈與稅、遺產稅之規定。

(3) 以遷移、補償等變相方式取得不動產所有權者，應照買賣契稅申報繳契稅；以及以抵押、借貸方式代替設典，取得使用權者，應照典權契稅申報繳納契稅（契 12）。

七　租稅罰

(一) 種　類

1. 租稅刑事罰

指對違反租稅法規定之納稅義務人，課以刑名之懲罰而言；例如有期徒刑、拘役、罰金、沒收等。所謂刑名之懲罰，租稅法中之刑事罰為刑法之特別法，故當兩法適用發生競合時，應優先適用租稅法之規定。

2. 租稅行政罰

指對違反稅法規定之納稅義務人，課以刑名以外之制裁而言；例如：罰鍰、勒令停業、沒入、滯納金、滯報金、怠報金等。

(二) 適用原則（註 5）

1. 租稅刑事罰以處罰故意行為為原則

租稅刑事罰具有刑事特別法之性質，原則上應適用刑法關於行為非出於故意者，除有特別規定之過失行為外，均不處罰之原則。

例如《稅捐稽徵法》第 42 條規定，扣繳義務人以詐術或其他不正當方法不為扣繳稅款者，得處 5 年以下有期徒刑。但扣繳義務人若非以詐欺或不正當方法而未扣繳所得稅者，依《所得稅》法第 114 條規定僅處未扣稅額 3 倍以下之罰鍰，二者處罰並不相同。扣繳義務人若以詐術不為扣繳，依《刑法》第 13 條規定，已具有故意不為扣繳之意，自得依《稅捐稽徵法》第 42 條之規定，處 5 年以下有期徒刑。但其以不正當方法不為扣繳，則可能有故意及過失兩種。扣繳義務人若以過失之不正當方法，未為扣繳稅款者，依租稅刑事罰以處罰故意行為為原則之意旨，僅能依所得稅法之規定，處以罰鍰，而不能依稅捐稽徵法之規定，處以徒刑。

2. 租稅行政罰以處罰過失為責任條件

租稅行政罰以往依大法官會議解釋及行政法院之判例，皆係以「行政罰不以故意或過失為責任條件」之原則在處理。但在民國 80 年 3 月 8 日大法官會議第 275 號解釋，卻推翻前述業已實施多年之原則，改採行政罰須以過失為其責任條件。

即人民因違反法律上義務而應受之行政罰，係屬對人民之制裁，原則上行為人應有可歸責之原因，故於法律無特別規定時，雖不以出於故意為必要，仍須以過失為其責任條件。但為維護行政目的之實現，兼顧人民權利之保障，應受行政罰之行為，僅須違反禁止規定或作為義務，而不以發生損害或危險為其要件者，推定為有過失，於行為人不能舉證證明自己無過失時，即應受處罰。

🔘 租稅赦免

(一) 意 義

赦免本為赦免法之名詞，其目的在濟法律之窮，而使犯人有改過遷善之機會。**租稅赦免**(Tax Amnesty)，雖非赦免法所謂之赦免，但其目的卻甚

類似。為鼓勵納稅義務人誠實申報納稅，租稅法中亦有免予追繳納稅義務人以往之稅款或免其處罰之規定。

(二) 法　例

《稅捐稽徵法》第 48-1 條規定：納稅義務人自動向稅捐稽徵機關補報並補繳所漏稅款者，凡屬未經檢舉及未經稽徵機關或財政部指定之調查人員進行調查之案件，本法第 41 條至第 45 條之處罰及各稅法所定關於逃漏稅之處罰一律免除；其涉及刑事責任者，並得免除其刑。

但其補繳之稅款，應自該項稅捐原繳納期限截止之次日起，至補繳之日止，就補繳之應納稅捐，依原應繳納稅款期間屆滿之日郵政儲金匯業局之一年期定期存款利率按日加計利息，一併徵收。使各稅之短漏均可享加息補稅免罰之租稅赦免。

九 租稅法有關日期與數字之適用

稅法中常見以日期或數字分界限者，其適用時是否包括本數在內，常易混淆，茲敘述其觀念於下：

(一) 日　期

稅法以日期劃分界限，而稱**以前**或**以後**，或自**某日起**的時候，均係**包含本數在內**。例如「在中華民國 53 年以前已依土地法規定辦理規定地價及在中華民國 53 年以後始舉辦規定地價之地區，於其第一次規定地價以後辦理重劃之土地」（平細 60）。

(二) 數　字

稅法以數字劃分界限，而稱**以上、以下，滿**或**不超過、未超過者**，皆**含本數在內**。例如，「一年內有 2 次以上的贈與者，應合併計算其贈與額」（遺贈 19）、「都市土地面積未超過 3 公畝部分，非都市土地面積未超過 7 公畝部分」（土稅 17）。

反之，稱**逾、超過、不及、不滿、未滿**或**不足者**，則**不包括本數在內**。例如「自用住宅之評定現值不及所占基地公告土地現值 10%者，不適用自用住宅用地土地增值稅之優惠稅率」（土稅 34）。

不動產稅法概念

一 **不動產的意義**

所謂**不動產係指土地及其定著物，而不動產**之**出產物尚未分離者**，亦屬於該不動產之部分（民 66）。

(一) 土 地

所謂**土地**，係指**水、陸及天然富源**（土 1）。廣義的土地係指自然資源包括自然物如水、陸、山川、湖泊、海洋、水流，及自然力如空氣、日光、風、熱力、電力等，狹義的土地則僅指地球表面上之陸地。

惟不動產稅法所討論之土地，絕大部分以狹義的土地為限，亦即以地球表面上的陸地為範圍。

土地所有權，除法令有限制外，於其行使有利益之範圍內，及於土地之上下（民 773）。所謂**「所有權」**，即是所有人於法令限制之範圍內，得自由使用、收益、處分其所有物，並排除他人之干涉（民 765）。

(二) 定著物

至於土地上之定著物，可概分為土地改良物及非土地改良物。

所謂**「土地改良物」**又可分為**建築改良物**及**農作改良物**兩種（土 5）。至於**「非土地改良物」**即是土地改良物以外之一切定著物，諸如礦物、原始生長之花草樹木等等皆是。

所謂**「建築改良物」**係指附著於土地之建築物或工事。至於附著於土地之農作物及其他植物與水利土壤之改良，為**「農作改良物」**（土 5）。

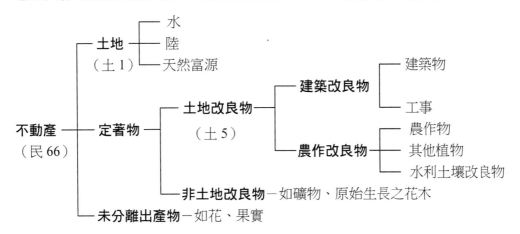

二 不動產之特性

以土地為主說明如下：

(一) 土地之自然性

所謂土地之自然特性，是指自然物體之土地，其本身所具有之特別性質。

1. 不增性

土地之數量，是由自然所決定，其數量是固定的。即土地數量，絕大部分不能因人力而予以增加或減少，故不增性亦含有不減性在內。

2. 不可移動性

土地之位置，固定於地球之表面，不能用人力加以移動。由於土地具有此一特性，而有別於一般商品之高度流通性與相互替代性。因此土地位置之良窳或交通是否便利，而有地租、地價及收益高低與否之區別。

3. 具生長力及負載力

凡植物之生長，必需依附於土地；而動物或人類之生活，亦需依賴土地所生長之物資；同時，地面上之建築物、航行之船舶，均需依附土地之負載力。此種生長力及負載力，使人類之生活離不開土地。

4. 永續性

此一特性，一般是指土地不因使用而消耗、磨滅之不變性。雖然土地會因洪水或其他自然現象而流失，但其絕對量甚微，大體上土地均堪供永久使用，且其收益也是永久性的，此種特性且為構成土地不必折舊之重要因素。

5. 個別性（非標準化商品）

因土地具有地理位置之固定性，致各筆土地之個別性非常明顯，同一品質之土地可以說非常有限。各宗土地有其個別環境，形成個別性格，殆無完全相同之土地存在，因此土地具有個別性。

(二) 土地之人文特性

土地之人文特性，是土地與人類發生某種關係才會表現出來之特性。

1. 用途之多樣性，合併及分割之可能性

土地可因使用分區之不同而為住宅、農業、工業、商業用地等使用，此即為用途之多樣性。

2. 社會及經濟位置之可變性

從人文觀點言之，則土地之社會、經濟位置並非不變者。從社會位置觀看，有些都市邊緣之工業區者，會因都市計畫範圍之擴大，以致變成住宅區。再就土地之經濟位置而言，市中心也可能因商圈之改變而轉移。

三 不動產稅之意義

不動產稅，乃以不動產為課稅客體，向負稅人所徵收之賦稅，大體上可歸類為財產稅的範疇，係屬政府為了實現土地與住宅之政策，追求財政稅收、平均社會財富的目的，而以土地或建築改良物的財產價值或財產收益或自然增值或交易所得為課稅客體，向納稅義務人所課徵的賦稅。

四 各國不動產稅制度

各國對不動產課稅制度，因時間之變遷、空間之差異、課稅方式，不盡相同。大致可分為（註6）：

(一) 對不動產課徵所得稅

係以不動產之收益，列為所得之一種，向不動產所有人課以所得稅。如美國、瑞士、德國之綜合所得課徵及英國、法國之按不同所得分類課徵。

(二) 對不動產課徵財產稅

係將不動產列為財產課稅之一種，與負稅人所有其他一切財產，包括動產及其他不動產課徵財產稅。如按其財產價值總額，課徵綜合性財產稅者之美國、日本及就其財產總值，扣除所負之債務後，按其淨值課徵淨值財產稅之德國、瑞典、印度。

(三) 課徵不動產稅

　　係將土地與地上建築物合併課徵不動產稅或房地產稅，如按不動產價值課徵者之美國若干州政府、德國、瑞士地方政府；及按不動產租賃之純收益，即不動產純租賃價值課徵者有英國、法國、義大利之地方稅。

(四) 對土地單獨課徵土地稅

　　係以課稅標準不同，按土地面積依劃一稅率或按土壤肥瘠依分等稅率課稅者，有巴拉圭、非洲衣索比亞；按土地總生產量或粗收益分等課稅之南韓、摩洛哥；按土地租賃純收益或經濟地租課稅之伊朗、埃及；按土地未改良價值課稅者之澳大利亞、紐西蘭、加拿大西部若干省、南非聯邦。

五　我國不動產稅之種類

　　我國不動產相關稅賦依課徵對象之不同，可涵括為下列三種：

不動產稅
- (一)以**土地**為範圍：地價稅、田賦、土地增值稅、空地稅、荒地稅。
- (二)以**土地改良物**為範圍：房屋稅、契稅、土地改良物稅。
- (三)以**財產（不動產）**為標的：遺產稅、贈與稅、工程受益費、都市建設捐、印花稅、所得稅、營業稅與特種貨物及勞務稅等。

(一) 以土地為課稅對象

　　即一般慣稱之土地稅。含地價稅、田賦、土地增值稅及懲罰性之空地稅、荒地稅及不在地主稅。

1. 地價稅（含空地稅）

　　土地稅分為地價稅、田賦及土地增值稅（土稅 1）。已規定地價之土地，除依第 22 條規定課徵田賦者外，應課徵地價稅（土稅 14）。

2. 田賦（含荒地稅）

　　非都市土地依法編定之農業用地或未規定地價者，徵收田賦。但都市土地合於規定者仍作農業用地使用者亦同（土稅 22）。

3. 土地增值稅

(1) 定期土地增值稅：定期土地增值稅，於土地法規定之，土地增值稅於土地所有權雖無移轉而屆滿 10 年時，徵收之（土 176）。依第 147 條實施工程地區，其土地增值稅於工程完成後屆滿 5 年時徵收之（土 177）。

(2) 移轉土地增值稅：已規定地價土地，於土地所有權移轉時，應按其土地漲價總數額徵收土地增值稅（土稅 28）。已規定地價之土地，設定典權時，出典人應依本法規定預繳土地增值稅（土稅 29），是目前我國所課徵之土地增值稅。

(二) 以土地改良物（房屋）為課稅對象

含房屋稅、契稅及未施行之土地改良物稅。

1. 房屋稅

房屋稅之徵收，依本條例之規定；本條例未規定者，依其他有關法律之規定（房 1）。房屋稅，以附著於土地之各種房屋，及有關增加該房屋使用價值之建築物，為課徵對象（房 3）。

2. 契稅

不動產之買賣、承典、交換、贈與、分割或因占有而取得所有權者，均應申報繳納契稅。但在開徵土地增值稅區域之土地，免徵契稅（契 2），契稅課稅對象為不動產，惟臺灣地區均屬開徵土地增值稅區域，故現時契稅課稅對象僅為房屋而不及土地。

3. 土地改良物稅

於土地法中規定，建築改良物得照其估定價值，按年徵稅（土 185）；農作物改良物不得徵稅（土 188）。土地改良物稅即純以建築改良物為課稅對象，惟我國並未依土地法規定徵收土地改良物稅。

(三) 以財產（不動產）為課稅對象

1. 遺產稅

謂財產所有人死亡時，就其所有遺產所課徵之租稅。

凡經常居住中華民國境內之中華民國國民死亡時遺有財產者，就其在中華民國境內或境外之財產，課徵遺產稅。經常居住中華民國境

外之中華民國國民，及非中華民國國民，死亡時在中華民國境內遺有財產者，應課徵遺產稅（遺贈 1）。所謂財產，係指動產、不動產及其他一切有財產價值之權利。

2. 贈與稅

凡經常居住中華民國境內之中華民國國民，就其在中華民國境內或境外之財產為贈與者，應依本法規定，課徵贈與稅。經常居住中華民國境外之中華民國國民，及非中華民國國民，就其在中華民國境內之財產為贈與者，應依本法規定，課徵贈與稅（遺贈 3）。

3. 工程受益費

土地及其改良物，因建築道路、堤防、溝渠或其他土地改良之水陸工程所需費用，得依法徵收工程受益費（土 147），而工程受益費徵收條例規定，各級政府應就直接受益之公私有土地及改良物徵收工程受益費，其無直接受益之土地者，就使用該項工程設施之車輛船舶徵收之（工 2），故工程受益費不僅以土地及其改良物為課徵對象，尚包括車輛及船舶，故也應歸類為不動產相關稅賦。

4. 都市建設捐

依《都市計畫法》第 77 條規定，地方政府及鄉、鎮、縣轄市公所為實施都市計畫所需經費，其籌措之款項中第 7 款，列有都市建設捐之收入。都市建設捐之徵收，則另以法律定之。

5. 印花稅

印花稅係以憑證為課徵對象，但依《印花稅法》第 5 條規定，列為印花稅課徵範圍包括銀錢收據、買賣動產契據、承攬契據與典賣、讓售及分割不動產契據四種，則印花稅與不動產仍有關聯性，故列為不動產稅之範疇應無不妥。

6. 所得稅

我國所得稅法中將財產交易所得列為應課徵所得稅之範圍，而財產自包括不動產，但個人及營利事業出售土地免納所得稅，因此僅房屋交易所得須課徵所得稅。

但個人及營利事業自中華民國 105 年 1 月 1 日起交易房屋、房屋及其坐落基地或依法得核發建造執照之土地（以下合稱房屋、土

地），符合《所得稅法》4-4 條之情形者，其交易所得應依第 14-4 條至第 14-8 條及第 24-5 規定課徵所得稅(房地合一稅)，不適用第 4 條第 1 項第 16 款規定個人及營利事業出售土地免納所得稅。相關規定請參考本書第十章房地合一課徵所得稅。

7. 營業稅

營業稅，係對營業人銷售貨物或勞務行為所課徵之一種銷售稅。土地所有權人以持有 1 年以上之自用住宅用地，拆除改建房屋出售，應按其出售房屋之所得課徵綜合所得稅外，營業人均應依法辦理營業登記，並課徵營業稅及營利事業所得稅。

8. 特種貨物及勞務稅

即俗稱奢侈稅，主要針對持有期間在 2 年以內之房屋及其坐落基地或依法得核發建造執照之都市土地及非都市土地之工業區土地為課稅項目。中華民國 100 年特種貨物及勞務稅條例之立法目的，是因應部分地區房價不合理飆漲，且現行房屋及土地短期交易之移轉稅負偏低甚或無稅負，又高額消費帶動物價上漲引發民眾負面感受。為促進租稅公平，健全房屋市場及營造優質租稅環境，以符合社會期待，故參考美國、新加坡、南韓及香港之立法例，對不動產短期交易、高額消費貨物及勞務，課徵特種貨物及勞務稅。

惟自中華民國 105 年 1 月 1 日起實施房地合一課徵所得稅制，因兩稅並存，恐會使房地產稅負有過重之嫌，因此房屋及土地部分，停止課徵特種貨物及勞務稅。

六 不動產相關賦稅之課徵架構

現行不動產賦稅之課徵架構分述如下：

(一) 持 有

1. 持有土地：地價稅、田賦（現已停徵）、工程受益費（現已停徵）。

2. 持有建物：房屋稅、工程受益費（現已停徵）。

(二) 出　租

　　不動產出租所有權人除應繳納地價稅及房屋稅外，出租財產之所得稱為租賃所得，應併同其餘各類所得申報綜合所得稅。

(三) 移　轉

1. 買賣

　　(1) 買賣土地：土地增值稅、所得稅（房地合一所得稅或營利事業所得稅）。

　　(2) 買賣建物：契稅、印花稅、所得稅（房屋財產交易所得稅或房地合一所得稅、營利事業所得稅）、營業稅。

2. 贈與

　　(1) 贈與土地：土地增值稅、贈與稅。

　　(2) 贈與建物：契稅、贈與稅。

3. 繼承

　　(1) 繼承土地：遺產稅（免課土地增值稅）、印花稅（遺產分割）。

　　(2) 繼承建物：遺產稅（免課契稅）、印花稅（遺產分割）。

表 1-2　現行不動產相關賦稅課徵情形

種類		地價稅	土地增值稅	房屋稅	契稅	遺產稅贈與稅	印花稅	工程受益費	綜合所得稅	營利事業所得稅	房地合一所得稅	營業稅
土地	個人	✓	✓	✕	✕	✓	✓	✓	✓	✕	✓	✕
	公司	✓	✓	✕	✕	✕	✓	✓	▲	✓	✓	✕
建物	個人	✕	✕	✓	✓	✓	✓	✓	✓	✕*	✓	✕*
	公司	✕	✕	✓	✓	✕	✓	✓	▲	✓	✓	✓

註：1.「個人」指自然人；「公司」指法人。
　　2.「✓」表示課徵；「✕」表示免課徵；「▲」表示課徵股東分配盈餘。
　　3.「✕*」表示建屋出售者，除土地所有權人以持有 1 年以上之自用住宅用地，拆除改建房屋出售，應按其出售房屋之所得課徵綜合所得稅外，均應依法辦理營業登記，並課徵營業稅及營利事業所得稅（81.1.31 臺財稅字第 811657956 號函）。

七 不動產稅相關法律

(一) 憲 法

《憲法》是國家根本大法，其於第 19 條明定人民有依法律納稅之義務，並於第 143 條規定私有土地應照價納稅，土地價值非因施以勞力資本而增加者，應由國家徵收土地增值稅，歸人民共享之。此即為我國課徵土地稅之基本法律依據。

(二) 土地法

《土地法》第 4 篇土地稅篇，列有通則、地價及改良物價、地價稅、土地增值稅、土地改良物稅、土地稅之減免、欠稅等 7 章，原為我國課徵土地賦稅之基本法律，惟目前已由其他特別法所取代而不加以適用。

(三) 平均地權條例

《平均地權條例》第 2 章規定地價、第 3 章照價徵稅、第 5 章漲價歸公，為我國目前辦理規定地價，課徵地價稅、田賦及土地增值稅之主要法律。而實務上稅捐稽徵機關均以土地稅法為執行依據，故適用上，僅辦理規定地價事項依《平均地權條例》為之，至於地價稅、田賦及土地增值稅之稽徵則依《土地稅法》辦理。

(四) 土地稅法

《土地稅法》係規範地價稅、田賦及土地增值稅稽徵之法律，分總則、地價稅、田賦、土地增值稅、稽徵程序、罰則、附則 7 章。另行政院亦訂有〈土地稅法施行細則〉；以及為發展經濟，促進土地利用，增進社會福利，《土地稅法》第 6 條規定對特定使用及重劃、墾荒、改良土地者，得予適當之減免，並授權行政院訂定〈土地稅減免規則〉一種，以為地價稅、田賦及土地增值稅減免之依據。

本書架構之編排，將於第 2 章至第 4 章分別闡明地價稅、田賦及土地增值稅重要規定。

(五) 房屋稅條例

《房屋稅條例》係目前課徵房屋稅之法律依據，各直轄市或縣（市）政府並分別訂有直轄市或各縣（市）房屋稅徵收自治條例（細則），以為執行之依據。本書將於第 5 章介紹房屋稅相關規定。

（六）契稅條例

《契稅條例》為徵收契稅之法律依據。本書編於第 6 章中討論契稅相關規定。

（七）遺產及贈與稅法

《遺產及贈與稅法》為課徵遺產稅及贈與稅之法律依據，因遺產稅及贈與稅具有相輔相成之關聯關係，乃將二種稅目合併規定，該法分總則、遺產稅之計算、贈與稅之計算、稽徵程序、獎懲、附則 6 章，財政部並訂定〈遺產及贈與稅法施行細則〉。將分述於本書之第 7 章及第 8 章。

（八）稅捐稽徵法

為使個別稅法共同適用事項予以統一，並對個別稅法未明確規定者予以補充，亦訂有《稅捐稽徵法》，其適用稅目除關稅外，其他稅目均為稅捐稽徵法適用範圍，全法分總則、納稅義務人權利之保護、納稅義務、稽徵（包括繳納通知文書、送達、徵收、緩繳、退稅、調查）、行政救濟、強制執行、罰則、附則等。本書納入於第 9 章中介紹。

（九）其他

為徵收工程受益費，制定有《工程受益費徵收條例》一種，並由內政部會同財政部、經濟部、交通部訂定〈工程受益費徵收條例施行細則〉。另《加值型及非加值型營業稅法》、《所得稅法》（**房地合一課徵所得稅**）、《印花稅法》及《特種貨物及勞務稅條例》等，其部分條文內容與不動產亦有關聯。而為充裕地方政府財政收入，民國 91 年實施之《地方稅法通則》，規定直轄市政府、縣（市）政府、鄉（鎮、市）公所課徵地方稅，依本通則之規定。本書歸於第 10 章其他稅法中一併簡介。

註　釋

註 1：　改寫自王建煊，租稅法，2000.6，頁 5～6。

註 2：　改寫自王建煊，租稅法，2000.6，頁 26～27。

註 3：　稅捐稽徵法，張昌邦著，頁 1～2。

註 4：　改寫自王建煊，租稅法，2000.6，頁 33～38；商景明，土地稅，2000.2，頁 16～21。

註 5：　改寫自王建煊，租稅法，2000.6，頁 39～40。

註 6：　李鴻毅，土地法論，頁 677～679。

自我評量

1. 國家徵稅權力之根據有所謂利益說及義務說，你贊成哪一說？理由何在？

2. 何謂租稅？租稅法有何特性？

3. 屬於直轄市及縣（市）稅之稅捐有哪幾種？

4. 從價稅與從量稅何者優點較多？

5. 何謂逃稅、避稅及節稅？請舉例說明之。

6. 請舉出五種不動產稅法委任立法行政規章之名稱？

7. 試列述稅法適用之原則，並舉例說明之？ （73 高）

8. 租稅程序法與實體法在適用上何者優先？

9. 租稅刑事罰與租稅行政罰之適用原則有何不同？

10. 何謂租稅法律主義？其主要內容為何？ （78 基乙、69 升等、79 高）

11. 何謂新普通法不能變更舊特別法原則？

12. 何謂實體從舊程序從新原則？請舉例說明之。

13. 請舉例說明實質課稅原則？

14. 何謂不動產？何謂土地？何謂定著物？何謂建築改良物？

15. 我國目前有哪些與不動產相關之稅賦？其所依據之法律為何？

16. 土地法、平均地權條例及土地稅法三者適用之優先順序為何？

CHAPTER

02

地價稅
Land Value Tax

Essentials Practical
Real Estate Tax Law

壹　概　述

一　意　義

　　地價稅，係政府就已規定地價之土地，除依法課徵田賦外，按土地之地價總額，每年向土地所有權人或典權人所課徵之稅賦。

二　課稅理論

　　地價稅是按土地價值課稅，土地之所以有價值，是因為土地能為其所有人帶來經濟地租，產生收益。因此，「**地價**」就是預期將來無限年內，未來每年經濟地租還原成為現在價值的總和。地租是由最低生產力或最低邊際點之生產值所決定。在邊際點上之土地生產，僅足支付生產者之工資與利息，無經濟地租之可言。在理論上，無地租之土地即無地價，故亦不課地價稅；有地租即有地價，隨之課以地價稅。

　　早期古典學派經濟學者李嘉圖(Ricardo)提出差額地租的說法。他認為土地生產力的增加，並非造成地租增加的原因，地租是人口增加，社會進步之結果，斷定地租是不勞所得，應全部稅去歸公。亨利喬治(Henry George)之土地單一稅理論，發生於 1879 年前後，是基於美國之社會經濟環境而發，土地單一稅的目標，就是在稅去不勞而獲性質之地租。但喬治之論地租不限於農地，同時擴及其他非農業用地；不限於出租地，亦適用於自耕地（註 1）。

　　依地價理論而言，地價係**原始價值**、**改良價值**及**未來價值**三部分所構成。**原始價值**（素地價值）係指由土地天然能力所產生之收益，此收益既係由土地原生的自然力所形成，而應當歸全體國民所共有。**改良價值**則係因人為投施勞力、資本所形成的收益，原則上可歸私人所有，就此項價值課徵財產稅性質之地價稅，基本稅率宜輕。至於**未來價值**則由將來個人改良可能發生之價值（可歸私），與社會進步自然之漲價（應歸公）所構成，社會改良價值或自然增值或原始素地價值屬於社會公有財產，應全部收歸公有。因為社會改良價值或原始素地價值，很明顯並無私人改良成分在內，應從重課稅，亦即本取之於社會，用之於社會的原則。

由此可知，地價之構成有歸私之部分，有應歸公之部分，二者自應予以劃分。而劃分公私有土地價值範圍之方式即是規定地價。理論上，規定地價之對象是原始地價，原始價值本質上應屬公有，所以透過地價稅之課徵而予以歸公。

惟就現行我國規定地價制度觀之，由於純粹之原始地價已因土地大都經歷過相當長久時間之換手與改良，而早已經與改良價值混合為一，難以估計。事實上，所謂規定地價之範圍實際上已包含了原始價值及改良價值在內（註2）。

所以現行我國地價稅，因同時對私人改良的財產價值課稅，故基本稅率僅為 10‰，並不很重。但為防止財產過度集中，造成社會貧富懸殊，又另採分級累進稅率，以加重過多財產所有人之地價稅負擔。

⊜ 特　性

因此地價稅可歸納出下列四種特性（註3）：

(一) 按地價總額課徵，是一種從價稅、收益稅與財產稅

地價稅按地價總額來課徵，所以是一種從價稅；地價反應土地的收益能力，地價稅可視為收益稅；土地的收益能力具永續性，常為保值的對象，地價稅亦屬於形式上的財產稅。

(二) 課徵具有普遍性

人類依存土地而生活，有土地即能估出土地價格，有地價即可徵收地價稅，故地價稅的稅源非常普遍。

(三) 課稅成本低，稅源穩定確實

由於土地的固定性及不可移動性，納稅義務人無法隱匿課稅對象，不僅地價稅的課稅成本低，其稅源具穩定與確實性。

(四) 符合量能課稅原則

地價稅採累進稅率，土地愈多，地價愈高，納稅能力愈強，稅負愈重，符合量能課稅原則，平均社會財富。

(五) 促進地用的政策目的重於財政目的

　　地價稅採累進稅率及課徵空地稅，持有大量土地之土地所有人，土地持有成本加重，可以防止地權集中及投機壟斷，增加土地的流動性，具有調節土地供需與穩定地價，促進土地利用之政策功效。

四　法令依據

1. 《中華民國憲法》第 143 條第 1 項規定，中華民國領土內之土地屬於國民全體，人民依法取得之土地所有權，應受法律之保障與限制，私有土地應照價納稅，政府並得照價收買。這是我國課徵地價稅的基本規定。

2. 《土地法》第 4 編土地稅中之第 3 章地價稅，及《土地法施行法》。

3. 《平均地權條例》第 3 章照價徵稅，及〈平均地權條例施行細則〉。

4. 《土地稅法》第 2 章地價稅，及〈土地稅法施行細則〉。

5. 〈土地稅減免規則〉。

6. 〈增繳地價稅抵繳土地增值稅辦法〉。

　　現行地價稅的課徵以《土地稅法》及《平均地權條例》為主。

五　立法沿革

　　我國地價稅之課徵，係根據孫中山先生平均地權之主張。在我國工商業尚未發達之前，全國各縣應速規定地價，實行照價徵稅、照價收買、漲價歸公。故地價稅之課徵，係實行「照價徵稅」之主張。

(一) 民初至抗戰前

　　民國 19 年，立法院依據平均地權理論制定《土地法》。該法第四編定為「土地稅」，對於規定地價、地價稅與土地增值稅之徵收，皆詳加規定，是為地價稅與土地增值稅立法之開始，二稅在土地法中合稱「土地稅」。24 年 5 月 8 日國民政府公布《土地法施行法》，並明令土地法及土地法施行法自 25 年 3 月 1 日起施行。

(二) 抗戰時期

在對日抗戰期間，後方各城市大鎮人口激增，地價高漲，政府為制止土地壟斷與投機，決定開徵地價稅。惟以土地法原有規定未盡妥善，乃決定制定戰時法，以利執行。民國 30 年 12 月 11 日於國民政府公布施行《非常時期地價申報條例》，嗣於 32 年又重加修正，改稱《戰時地價申報條例》，於 32 年 11 月 25 日公布施行。

(三) 抗戰勝利後迄今

民國 34 年秋，對日抗戰勝利，抗戰時期所頒法律已不能施用。行政院乃決定廢止上述各條例，將土地法重新修正，於 35 年 4 月 29 日公布施行制定《土地法》及《土地法施行法》草案。

民國 43 年，政府決定繼農地改革之後，在臺灣省實施都市土地改革，行政院特制定《實施都市平均地權條例》以臺灣省為該條例之施行區域。《實施都市平均地權條例》為我國實施土地改革、促進地用的重要法律依據，也是《土地稅法》未立法前的重要課稅準則。

之後，有鑑於土地稅之課徵，凌亂散雜於《土地法》、《實施都市平均地權條例》、《田賦徵收實物條例》等各法中，造成稽徵機關與人民無所適從，為符合賦稅制度基本原則，建立完整統一性之土地稅法。遂於民國 66 年制訂**《平均地權條例》**與**《土地稅法》**，我國乃有正式而統一的土地稅法規。

 課徵範圍

已規定地價之土地，除農業用地符合課徵田賦者外，應課徵地價稅（土稅 14）。至於土地稅法施行區域，由行政院以命令定之（土稅 57）。關於已規定地價之土地，徵收地價稅或田賦之範圍如何區分，原則上以土地使用編定狀況為準。凡屬編定作為農業使用之土地，徵收田賦，其餘各種使用地，均應徵收地價稅。

參　納稅義務人

一　納稅義務人

　　為明定公、私有土地之繳納義務人，以為徵收對象，土地稅法規定地價稅或田賦之納稅義務人如下（土稅 3）：

(一) 土地所有權人。

(二) 設有典權土地，為典權人。

(三) 承領土地，為承領人。

(四) 承墾土地，為耕作權人。

(五) 信託土地，為受託人。

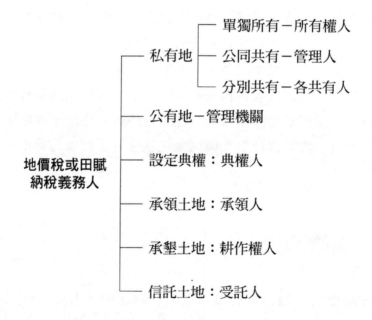

　　茲分述如下：

(一) 土地所有權人

　　若土地所有權屬於公有或公同共有者，以**管理機關**或**管理人**為納稅義務人。其為分別共有者，以**共有人各按其應有部分**為納稅義務人。

1. 分別共有土地

　　指數人按其應有部分，對土地有所有權之謂（民 817）。各共有人有其應有部分，也就是有其持分，因此得按人設立地價稅稅籍。

2. 公同共有土地

　　是指依法律規定、習慣或法律行為，成一公同關係之數人，基於其公同關係而共有土地之謂（民 827）。因其無應有部分，無法分別以公同共有人設立稅籍，只能以**土地**設立地價稅稅籍，亦即只能按地號之不同，分開地價稅單，以**管理機關**或**管理人**為納稅義務人。若未設管理人者，則以**全體公同共有人**為納稅義務人（稽 12）。

(二) 設有典權土地，為典權人

　　所謂「**典權**」，謂支付典價在他人之不動產為使用、收益，於他人不回贖時，取得該不動產所有權之權（民 911）。

　　土地設定有典權者，則土地已交由典權人使用、收益、管理，故規定應由**典權人**負繳納地價稅之義務。

　　設典土地應合併**歸戶原所有權人**之土地核計地價稅，再按該項出典土地所占地價比例，就典權土地應負稅額分單向典權人課徵（財政部 68.11.6 臺財稅第 37736 號函）。

(三) 承領土地，為承領人

　　所謂「**承領土地**」，是政府為推行耕者有其田政策，將耕地、山坡地等土地，依農業發展條例、山坡地保育利用條例及森林法等規定，放領給自耕農或團體使用及收益之土地。

1. 承領面積之限制

　　公有宜農、牧、林、山坡地，得放租或放領予農民，其承租、承領面積，每戶合計不得超過 20 公頃，但基於地形限制，得為 10 % 以內之增加（山 20）。

2. 承領人行使權利之限制

(1) 承領人承領公有山坡地，在繳清地價後可取得土地所有權。未取得土地所有權之前，不得轉讓或出租。承領人轉讓或出租者，其轉讓或出租行為無效。

(2) 承領人繳清地價，取得土地所有權後，其屬宜林地者，承領人應依規定先行完成造林，始得移轉；屬宜農、牧地者，其移轉之承受人以能自耕者為限（山 27）。

(四) 承墾土地，為耕作權人

所謂「**承墾土地**」，是政府為促進土地利用，獎勵人民開墾，依照土地法等法規，將所有之公有荒地、海埔新生地等，開發給人民墾荒之土地。

公有荒地之開墾方式有二：一為招民開墾，一為設置墾務機關開墾。公有荒地之承墾人以中華民國人民為限（土 128）。

承墾人自墾竣之日起，無償取得所領墾地之耕作權，應即依法向該管市縣地政機關聲請為耕作權之登記。但繼續耕作滿 10 年者，無償取得土地所有權。前項耕作權不得轉讓，但繼承或贈與於得為繼承之人，不在此限。

墾竣之土地，得由該管直轄市或縣（市）政府酌予免納土地稅 2 年至 8 年（土 133）。

而〈土地稅減免規則〉規定已墾竣之土地，仍由原承墾人耕作並經依法取得耕作權者，自有收益之日起，免徵田賦 8 年（土減 14）。

(五) 信託土地為受託人

土地為信託財產者，於信託關係存續中，以**受託人**為地價稅之納稅義務人。

前項土地應與**委託人**在同一直轄市或縣（市）轄區內**所有之土地合併計算地價總額**，依《土地稅法》第 16 條規定稅率課徵地價稅，分別就各該土地地價占地價總額之比率，計算其應納之地價稅。但信託利益之受益人為非委託人且符合下列各款規定者，前項土地應與**受益人**在同一直轄市或縣（市）轄區內所有之土地合併計算地價總額：

1. 受益人已確定並享有全部信託利益。

2. 委託人未保留變更受益人之權利（土稅 3-1）。

前項規定以更新地區內之土地為信託財產者，亦適用之（都更69）。

所謂「**信託**」，是指委託人將財產權移轉或為其他處分，使受託人依照信託本旨，為受益人的利益或特定目的，管理或處分信託財產（信1）。並得指定監察人盡善良管理人之注意，代為監督受託人應盡之責任及義務。

【立法意旨】

因以土地或房屋為信託財產者，在信託成立後，應將其土地或房屋所有權移轉為受託人所有，**受託人於信託關係存續中對信託之土地或房屋負有管理義務，而地價稅乃信託土地於管理期間之必要支出**，故以**受託人**為地價稅之納稅義務人。

1. 自益信託之土地

信託土地，如屬自益信託（委託人與受益人為同一人），因信託行為而由委託人移轉與受託人後，於信託關係存續中，仍應與**委託人**在同一直轄市或縣（市）轄區內所有之土地**合併計算地價總額**，依土地稅法第 16 條規定稅率課徵地價稅，**分別就各該土地地價占地價總額之比例**計算其應納之地價稅（土稅 3-1）。

【立法意旨】

現行地價稅之課徵，係按每一土地所有權人在同一直轄市或縣市之地價總額合併計算適用累進稅率，**為避免委託人藉信託規避地價稅之累進稅率課徵**，所以明定信託土地應與委託人所有之土地合併計算地價總額，計課地價稅後，再按各自持有之比例分別計徵。

2. 他益信託之土地

他益信託，即指受益人中有委託人及其他人共同受益，或是受益權由他人全數享有之信託，謂之。

因此稅法規定信託利益之受益人為非委託人時，且符合下列各款規定者，前項土地應與**受益人**在同一直轄市或縣（市）轄區內所有之土地合併計算地價總額：

1. 受益人已確定並享有全部信託利益者。

2. 委託人未保留變更受益人之權利者。

❷ 代繳義務人

(一) 稅法規定

地價稅（或田賦）雖明定納稅義務人，但事實上仍會有下列情形產生而使稅單無法送達納稅義務人，此時主管稽徵機關得指定**土地使用人**為代繳義務人，代繳其使用部分之地價稅（或田賦）以利稽徵。

1. 納稅義務人行蹤不明者。

2. 權屬不明者。

3. 無人管理者。

4. 土地所有權人申請由占有人代繳者。

土地所有權人在同一直轄市、縣（市）內有兩筆以上土地，為不同之使用人所使用時，如土地所有權人之地價稅係按累進稅率計算，各土地使用人應就所使用土地之地價比例，負代繳地價稅之義務（土稅 4）。

(二) 代繳人之求償權利

上述第 1 款至第 3 款代繳義務人代繳之地價稅（或田賦），得用以抵付使用期間應付之地租或向納稅義務人求償。此項代繳之規定，並不能因此變更為合法之納稅義務主體（行政法法院 58 判 517），自得向納稅義務人求償之。

(三) 所有權人主動申請占有代繳之義務

但第 4 種占有之代繳規定必須由**土地所有權人主動**提出申請，以要求土地所有權人應善盡管理之職。

土地所有權人申請由占有人代繳地價稅案件，應由申請人檢附占有人姓名、住址、土地座落及占有面積等有關資料，向稽徵機關提出申請始予辦理分單手續。但所有權人所提供之上項資料占有人如有異議，應由所有權人或由稽徵機關協助查明更正，在有關資料未查明前，仍應向土地所有權人發單課徵。

至於經稽徵機關分單指定負責代繳地價稅之占有人逾滯納期限仍未繳納時，可先就代繳人之財產予以移送法院強制執行，倘代繳人之財產不足抵繳滯欠之地價稅時，再以占用之土地為標的移送執行（財政部 71.10.7 臺財稅第 37377 號函）。

[例一] 多筆土地之納稅人

甲在高雄市有下列 5 筆土地資料如下表所示，(1)請問各筆土地之納稅義務人或代繳人為何？甲會收到幾張稅單？(2)各需繳多少稅額？

編號	課稅地價總額（萬元）	權利狀況	稅　額	備　　　註
1	100 萬	甲自行開店使用		
2	150 萬	設定典權予乙	共 10 萬	
3	150 萬	被丙占有		
4	200 萬	與丁分別共有		各持分 1/2＝100 萬
5	200 萬	公同共有	5 萬	甲為管理人

解

(1) 同一人同一縣市內之土地，原則上是採地價總額合併計課地價稅。各筆土地納稅義務人分述如下：

第 1 筆： 甲，因甲為所有權人。

第 2 筆： 乙，因乙為典權人。但地價先併入甲之土地總額計稅後再分單向乙課徵。

第 3 筆： 丙，但甲需主動申請由占有人丙為代繳義務人。地價亦先併入甲之土地總額計稅後再分單向丙課徵。

第 4 筆： 甲與丁，因分別共有土地以各共有人按其應有部分納稅，地價各以持分 1/2 計，各併入甲及丁土地核計地價稅。

第 5 筆： 甲，因公同共有土地以管理人為納稅義務人。但公同共有土地以土地設立稅籍，不與管理人原有土地合併歸戶，而是單獨課稅，所以稅單另開。

所以甲的第 1 筆至第 4 筆土地合併地價總額，計課累進稅率地價稅後，典權人乙與占有人丙再就所使用土地之地價比例，分單負繳納地價稅之義務。上述土地甲會合併收到一張稅單，甲則負擔第 1 筆及第 4 筆土地之稅賦；另還會收到第 5 筆土地之稅單共 2 張稅單。

> (2) 甲第 1 筆至第 4 筆土地地價之總額為 100＋150＋150＋
> 100＝500 萬元，稅額 10 萬元。
>
> 甲應納稅額＝10 萬×(100＋100)/500＋5 萬（公同共有土地）
> 　　　　　＝9 萬元
> 乙應納稅額＝10 萬×150/500＝3 萬元
> 丙應納稅額＝10 萬×150/500＝3 萬元
> 丁應納稅額＝丁同一縣市其他土地資料未提供，無法計算。

肆　地價稅之稅基

課稅基礎

地價稅係按每一土地所有權人在每一直轄市或縣（市）轄區內之地價總額計徵之。所謂「**地價總額**」，指每一土地所有權人依法定程序辦理規定地價或重新規定地價，經核列歸戶冊之地價總額（土稅 15）。

 規定地價（公告地價）

規定地價之用意，在於劃分公私有土地價值之範圍，規定地價後始能照價徵稅、照價收買與漲價歸公。直轄市或縣（市）主管機關依程序調查規定地價或重新規定地價後，將此地價據以公告，即為「**公告地價**」。因此公告地價是作為地價稅納稅義務人於規定地價期限內，申報其土地地價之參考。

(一) 評定單位

規定地價或重新規定地價係由直轄市或縣（市）政府辦理。惟實際主辦業務單位，在直轄市或縣（市）政府地政單位。

(二) 評定程序

地價之規定，係由直轄市或縣（市）主管機關依下列 5 項程序辦理之（平 15）：

1. **分區調查最近 1 年之土地買賣價格或收益價格。**
   (1) **「買賣價格」**，是土地市場之交易價格，由市場的供給與需求所決定。
   (2) **「收益價格」**，是將土地純收益（總收益減除總費用），以一般通行利率予以資本還原所得之土地價格。土地經使用能產生收益，故具有使用價值，亦即收益價格＝純收益／還原利率。

2. **再依據調查結果，劃分地價區段並估計區段地價後，提交地價評議委員會評議。**
   (1) **「地價區段」**，是指地價經實例調查估計後，應就地價相近、地段相連、使用類別相同等因素之土地，劃為同一地價區段，繪成地價區段圖，以便計算區段地價。
   (2) **「區段地價」**，即是以區段內查估所得之土地正常買賣價格或正常收益價格，求其中位數、眾數或算術平均數，即為各該區段之區段地價。
   (3) **「地價評議委員會」**，由直轄市或縣（市）政府組織之，該會置委員 13~16 人，由相關機關代表及地政、不動產估價、法律、工程與都市計畫領域之專家學者或民間相關團體代表組成，其中專家學者與民間相關團體代表，不得少於委員總數 1/2；任一性別委員，不得少於委員總數 1/3（平 4）。職掌劃分地價區段及各區段地價、土地改良物價額、市地重劃前後及區段徵收後之地價、徵收補償市價。

3. **計算宗地單位地價。**
   　　「宗地地價」即是每一地號土地之地價。以單位區段地價乘以該宗土地總面積，再依該宗土地所處位置按其臨街深度，乘以深度指數計算之。宗地地價為公告地價參考之依據。

4. **公告及申報地價，其期限為 30 日。**
   　　應按土地所在地之鄉（鎮、市、區）公告其宗地單位地價；申報地價之 30 日期限，自公告之次日起算（平細 16）。
   　　土地所有權人申報地價時，應按宗填報每平方公尺單價，以新臺幣元為單位，不滿 1 元部分四捨五入，但每平方公尺單價不及 10 元者得申報至角位（平細 22）。

5. **地政機關並據以編造地價冊及總歸戶冊。**

　　編造總歸戶冊時，應以土地所有權人在同一直轄市或縣（市）之土地，為歸戶之範圍（平細 16）。

　　「地價冊」係以鄉、鎮、市、區為單位，依地號順序編造，記載每一宗土地與所權人之相關資料。而**「總歸戶冊」**，係以縣市為單位，依土地所有權人住所之鄉鎮村里鄰戶次序排列編造，將同一土地所有權人在同一縣市內所有各宗土地之地段、地號、地目、面積及地價等資料，統歸併於同一所有權人戶名下。

(三) 重新規定地價

　　地價受政治、經濟、社會、人口等種種因素之影響，會有變動，為期使規定地價與實際地價相符合，以維稅賦公平，並增加政府稅收，我國設有重新規定地價之制度。

　　經地價規定後，**每 2 年**重新規定地價一次。但**必要時得延長之**，重新規定地價者，亦同（平 14）。

(四) 施行區域

　　本條例施行區域內，未規定地價之土地，應即全面舉辦規定地價。但偏遠地區及未登記之土地，因實施上之困難，無法即時辦理，得由直轄市或縣（市）主管機關劃定範圍，報經中央主管機關核定後分期辦理（平 13）。至施行區域，由行政院以命令定之（平 85）。

　　目前臺灣省、臺北市、高雄市及金門、馬祖地區，依法均應全面規定地價。而臺灣地區自民國 45 年舉辦規定地價以來，均以都市地區為規定地價之主要區域；民國 66 年制定《平均地權條例》時，規定非都市土地等未規定地價之土地，應即全面規定之，故臺灣地區才於民國 66 年全面舉辦規定地價。

⊜ 申報地價

　　申報地價，係指規定地價時，土地所有權人在申報期限內，參考公告地價自行申報之地價稱之。

　　已規定地價之土地，應按**申報地價**，依法徵收地價稅（平 17 I）。

(一) 申報期限

申報地價之**期限為** 30 **日**，自公告之次日起算（平細 16）。

(二) 申報地點

直轄市、縣（市）政府於公告申報地價期間，應於直轄市、縣（市）政府土地所在地之鄉（鎮、市、區）公所或管轄之地政事務所設地價申報或閱覽處所（平細 17）。

(三) 申報人

1. 申報地價應由**土地所有權人**為之。並應按戶填繳地價申報書，其委託他人代辦者，並應附具委託書（平細 18）。

2. 分別共有土地，由所有權人按應有部分單獨申報地價。

3. 公同共有土地，由管理人申報地價，如無管理人者，由過半數之共有人申報地價。

4. 法人所有土地，由其代表人申報地價。

5. 若土地所有權人死亡未辦竣繼承登記者，應由合法繼承人檢具經切結之繼承系統表申報地價（平細 19）。

(四) 申報限制

1. 舉辦規定地價或重新規定地價時，土地所有權人**未於公告期間申報地價者**，以**公告地價** 80%為其**申報地價**。由於多數地主為減輕地價稅之負擔，大都按公告地價之 80%來申報，故為節省主管單位之人物力，乃有此規定。

2. 土地所有權人於公告期間申報地價者，其申報之地價**超過**公告地價 120%時，以**公告地價** 120%為其申報地價。

3. 申報之地價**未滿**公告地價 80%時，得**照價收買**或以**公告地價** 80%為申報地價（平 16），二者擇一為之。但照價收買之土地是以其所申報地價來收買（平 31），藉以制裁低報地價之行為。

(五) 免予申報

　　公有土地及依申報地價低於公告地價 80%而**照價收買之土地**，以各該宗土地之**公告地價**為申報地價，免予申報。但公有土地已出售尚未完成所有權移轉登記者，公地管理機關應徵詢承購人之意見後，依規定辦理申報地價（平細 21）。

四 標準地價與法定地價

　　以上所述為現行法《土地稅法》與〈平均地權條例〉有關「公告地價」與「申報地價」之相關規定，惟《土地法》以「**標準地價**」與「**法定地價**」稱之，其規定略有差異，茲分述如後：

(一) 標準地價

　　市縣地政機關辦理規定地價，其地價調查，應抽查最近 2 **年內**土地市價或收益價格，以為查定標準地價之依據，其抽查宗數，得視地目繁簡、地價差異為之（土 150）。

　　依據調查結果，就地價相近及地段相連或地目相同之土地，劃分為地價等級，並就每等級內抽查宗地之市價或收益價格，以其平均數或中數，為各該地價等級之平均地價（土 151）。

　　每地價等級之平均地價，由該管直轄市或縣（市）地政機關報請該管直轄市或縣（市）政府公布即為「**標準地價**」（土 152）。

(二) 法定地價

　　土地所有權人依《**土地法**》所申報之地價，為「**法定地價**」（土 148）。土地所有權人聲請登記所有權時，應同時申報地價，但僅得為標準地價 20%以內之增減（土 156）。

　　土地所有權人聲請登記而不同時申報地價者，以標準地價為法定地價（土 158）。

伍　稅率與稅額

一 稅率結構

　　依《土地稅法》之規定，地價稅之課徵，基本上乃採比例稅率與超額累進稅率並行，且按地價總額為課稅基礎。因此稅法明定以所謂的「累進起點地價」作為劃分適用基本稅率 10‰ 或累進稅率 15‰ 至 55‰ 之標準。

(一) 累進起點地價

　　所謂「**累進起點地價**」，係指開始通用地價稅累進稅率計稅之地價數額。以各該直轄市或縣（市）土地 **7 公畝**（700 平方公尺）之平均地價為準。但不包括**工業**用地、**礦業**用地、**農業**用地及**免稅土地**在內（土稅 16 Ⅱ）。

　　累進起點地價，應於舉辦規定地價或重新規定地價後當年地價稅開徵前計算完竣，並分別請財政部及內政部備查。另累進起點地價以**千元**為單位，以下四捨五入（土稅細 6）。其計算公式如下（土稅細 6 附件）：

$$
累進起點地價 = \frac{\dfrac{直轄市或縣（市）規定地價總額}{直轄市或縣（市）規定地價總面積（公畝）} - （工業、礦業及農業用地地價＋免稅地地價）}{- （工業、礦業及農業用地面積＋免稅地面積）（公畝）} \times 7（公畝）
$$

(二) 基本稅率

　　地價稅**基本稅率**為 10‰。土地所有權人同一縣市之地價總額未超過土地所在地直轄市或縣（市）累進起點地價者，其地價稅按基本稅率徵收（土稅 16 Ⅰ）。

(三) 累進稅率

　　土地所有權人在同一縣市之地價總額若已超過土地所在地直轄市或縣（市）之累進起點地價者，依下列規定累進課徵（土稅 16 Ⅰ）（平 19）：

1. 超過累進起點地價未達 5 倍者，就其**超過部分**課徵 15‰。

2. 超過累進起點地價 5 至 10 倍者，就其超過部分課徵 25‰。

3. 超過累進起點地價 10 至 15 倍者，就其超過部分課徵 35‰。

4. 超過累進起點地價 15 至 20 倍者，就其超過部分課徵 45‰。

5. 超過累進起點地價 20 倍以上者，就其超過部分課徵 55‰。

即地價稅其所採用者為超額累進稅率，即將地價稅稅基適用之稅率劃分若干階段。稅基在一定標準以下者，適用前述基本稅率；稅基超過一定標準者，就超過之部分適用較高級距之稅率計算稅額後，再合併計徵之。其稅率結構之計算公式如下表 2-1 所示（土稅細 5 附件）：

表 2-1　地價稅之計算公式

稅級別	計　　算　　公　　式
第一級	應徵稅額＝課稅地價（未超過累進起點地價者）×稅率(10 ‰)
第二級	應徵稅額＝課稅地價（超過累進起點地價未達 5 倍者）×稅率(15‰)－累進差額（累進起點地價×0.005）
第三級	應徵稅額＝課稅地價（超過累進起點地價在 5 倍至 10 倍者）×稅率(25‰)－累進差額（累進起點地價×0.065）
第四級	應徵稅額＝課稅地價（超過累進起點地價在 10 倍至 15 倍者）×稅率(35‰)－累進差額（累進起點地價×0.175）
第五級	應徵稅額＝課稅地價（超過累進起點地價在 15 倍至 20 倍者）×稅率(45‰)－累進差額（累進起點地價×0.335）
第六級	應徵稅額＝課稅地價（超過累進起點地價在 20 倍以上者）×稅率(55‰)－累進差額（累進起點地價×0.545）

二 稅額計算

［例二］

假定臺中市地價稅累進起點地價為 100 萬元，（一）王媽在臺中市之地價總額為 80 萬元，地價稅應納稅額為何？（二）若王媽在臺中市之地價總額為 400 萬，則王媽地價稅應納稅額為何？

解　（一）80 萬 ×10‰＝0.8 萬元（未達累進起點地價）

（二）1. 100 萬 ×10‰＋(400－100)萬 ×15‰＝5.5 萬元

2. 依速算公式：

（超過累進起點未達 5 倍，適用 15‰稅率計算）

（400 萬－100 萬）÷100 萬＝3 倍

應納稅額＝地價總額×稅率－（累進起點地價×0.005）

400 萬×15‰－100 萬×0.005＝5.5 萬元

［例三］

小陳在臺南有土地三筆，甲地 100m²，申報地價 1.4 萬/m²；乙地 70m²，申報地價 2.4 萬/m²；丙地 800m²，申報地價 0.8 萬/m²，假設臺南土地累進起點地價為 140 萬元，請問小陳每年應納地價稅若干？

解　（甲地地價）1.4 萬/m²×100 m²＝140 萬

（乙地地價）2.4 萬/m²×70 m²＝168 萬

（丙地地價）0.8 萬/m²×800 m²＝640 萬

（地價總額）140 萬＋168 萬＋640 萬＝948 萬

1. 基本算法：

(1) 未超過累進起點地價×稅率＝稅額

140 萬×10‰＝1.4 萬

(2) 超過累進起點地價未達 5 倍部分

（140 萬×5 倍＝700 萬）×稅率＝稅額

700 萬×15‰＝10.5 萬

(3) 超過累進起點地價 5~10 倍部分

（948 萬－140 萬－700 萬）×稅率＝稅額

108 萬×25‰＝2.7 萬

(4) 小陳全年應納地價稅額：

1.4 萬＋10.5 萬＋2.7 萬＝14.6 萬元

2. 速算法：（即依表 2-1 地價稅計算公式）

（948 萬－140 萬）÷140 萬≒5.77 倍

（超過累進起點地價 5～10 倍，適用 25‰稅率）

應納稅額＝地價總額×稅率－（累進起點地價×0.065）

＝948 萬×25‰－（140 萬×0.065）

＝23.7 萬－9.1 萬＝14.6 萬元

[例四]

　　小許在新北市有土地二筆，設公告地價皆為 8,000 元/m²，甲地面積 200m²，申報地價 9,000 元/m²，乙地 300m²，申報地價 6,000 元/m²，若新北市地價稅累進起點地價為 600 萬元，試問小許全年應納地價稅額若干？

解　甲地：$8,000 \times 80\% < 9,000 < 8,000 \times 120\%$，以 9,000 元/m²，
　　　　　為申報地價。

　　　乙地：$6,000 < 8,000 \times 80\%$，仍應以公告地價之 80%，
　　　　　即 6,400 元/m² 為申報地價課稅地價。

　　9,000 元/m² × 200 m² + 6,400 元/m² × 300 m² = 372 萬

　　372 萬 < 600 萬（未達累進起點地價，適用 10‰ 稅率）

　　應納稅額 372 萬 × 10‰ = 3.72 萬元

陸　特別（優惠）稅率

一　自用住宅用地

(一) 意　義

　　指土地所有權人或其配偶、直系親屬於該地辦竣戶籍登記，且無出租或供營業用之住宅用地（土稅 9）。

(二) 優惠稅率：2‰

(三) 適用要件

1. **設籍限制**：土地所有權人或其配偶、直系親屬於該地辦竣戶籍登記。

2. **使用限制**：需無出租或供營業使用。

3. **面積限制**：都市土地面積未超過 3 公畝部分、非都市土地面積未超過 7 公畝部分。

4. **處數限制**：土地所有權人與其配偶及未成年之受扶養親屬，適用自用住宅用地稅率繳納地價稅者，以一處為限。

5. **建物產權限制**：自用住宅用地，以其土地上之建築改良物屬土地所有權人或其配偶、直系親屬所有者為限。

　　茲分述如下：

1. **設籍限制**

　　　　即土地所有權人或其配偶、直系親屬於該地辦竣戶籍登記。

　　土地所有權人或其配偶或其直系親屬任何一人之戶籍設於該地即可，惟直系親屬包括直系血親（如子女、父母、祖父母等）及直系姻親（如配偶之父母、祖父母等）。至於設籍時間需多長土地稅法並無規定。實務上，以申請時已有上述人員設籍即符合規定。

2. **使用限制**

　　　　需無出租或供營業使用。

　　實務上，以無土地所有權人或其配偶、直系親屬，三親等內親屬以外之他人於該址設立戶籍，或綜合所得稅內無租賃所得資料來認定之。

　　但雖有他人設籍，但經該設籍之他人或土地所有權人說明，並填具申明書表示確無租賃之事實者，仍得予以認定無出租。

3. **面積限制**

(1) **都市土地面積未超過 3 公畝（約 90.75 坪）。**

(2) **非都市土地面積未超過 7 公畝（約 211.75 坪）。**

　　　（按：1 公畝＝100 平方公尺；1 平方公尺=0.3025 坪）

　　　　土地所有權人申請之自用住宅面積超過規定時，應依**土地所有權人擇定**之適用順序計算至該規定之面積為止；土地所有權人未擇定者，以申請當年之自用住宅用地**地價稅額由高至低**之適用順序計算之；其稅額相同者，適用順序如下：

A. 土地所有權人與其配偶及未成年之受撫養親屬之戶籍所在地。

B. 直系血親尊親屬之戶籍所在地。

　　C. 直系血親卑親屬之戶籍所在地。

　　D. 直系姻親之戶籍所在地。

　　前項第 B 款至第 D 款之認定順序，依**長幼次序**定之（土稅細9）。

　　土地所有權人如在都市及非都市計畫範圍內均有自用住宅用地，准**同時**享受自用住宅用地稅率課徵地價稅（財政部 67.3.23 臺財稅第31950 號函）。

4. 處數限制

　　土地所有權人與其配偶及未成年之受扶養親屬，適用自用住宅用地稅率繳納地價稅者，以**一處**為限（土稅 17）。

　　因依民法規定，夫妻與未成年之子女戶籍必須設於一處，以履行同居之義務，故所稱一處，是指全國以一處為限。而土地所有權人，在本條例施行區域內申請超過一處以上之自用住宅用地時，認定一處適用住宅用地稅率，以**土地所有權人擇定之戶籍所在地**為準；土地所有權人未擇定者，以申請當年之自用住宅用地**地價稅額最高者**為準；其稅額相同者，依土地所有權人、配偶、未成年受扶養親屬戶籍所在地之順序適用。

　　前項土地所有權人與其配偶或未成年之受扶養親屬分別以所有土地申請自用住宅用地，應以**共同擇定**之戶籍所在地為準；未擇定者，應以土地所有權人與其配偶、未成年之受扶養親屬申請當年度之自用住宅用地**地價稅額最高者**為準（土稅細 8）。

　　第一項後段未成年受扶養親屬戶籍所在地之適用順序，依長幼次序定之（土稅細 8）。

5. 建物產權限制

　　自用住宅用地，以其土地上之建築改良物屬**土地所有權人或其配偶、直系親屬**所有者為限（平細 4、土稅細 4）。

6. 空地不適用

　　就自用住宅用地之意義觀之，以辦竣戶籍登記為要件，而欲設籍則需先有房屋門牌，而欲有門牌，必須先有建物。因此，空地應不得申請適用自住宅用地稅率。

[例五]

　　某人在某縣市有 7 筆符合自用住宅用地都市土地如下表，假設處數及面積適用順序，土地所有權人均未擇定，且各筆土地申報地價都一樣，試判定何處可適用自宅用地優惠稅率？

編　號	土地所有權人	設　籍　人	面積（公畝）	適用順序
A	本　　人	本　　人	1.0	1
B	本　　人	配　　偶	0.8	不適用
C	本　　人	長女（25 歲）	0.5	3
D	本　　人	次女（18 歲）	0.4	4
E	本　　人	父　　母	0.5	2
F	本　　人	岳　　母	0.2	5
G	本　　人	哥　　哥	0.7	不適用

解　適用優惠稅率的處數和都市土地面積超過 3 公畝規定時，因所有權人未擇定，以地價稅額由高至低適用順序列示如下：

都市土地編號：A──→E──→C──→D──→F

本人→父母→長女→次女→岳母設籍

$$1 ＋ 0.5 ＋ 0.5 ＋ 0.4 ＋ 0.2 ＝ 2.6（公畝）$$

上述 2.6 公畝的都市土地可適用優惠稅率，其中 C 與 E 地稅額相同，尊親屬優先卑親屬。其餘如 A、B 因本人與配偶、未成年子女只限一處；G 地則設籍人為哥哥屬旁系血親，B 與 G 地均不適用。

惟基於節稅考量應選擇自用住宅用地「地價稅額」較高的土地由符合要件的直系親屬設籍，否則都市土地 3 公畝，尚有 0.4 公畝未能享受自用稅率，實屬租稅規劃節稅之錯誤。

[例六]

某人在某縣市有 4 筆符合自用住宅用地都市土地如下表，假設面積適用順序，土地所有權人未擇定，且各筆土地申報地價都一樣，請判定何筆土地可適用自用住宅用地優惠稅率及適用面積？

編　號	土地所有權人(A)	設籍人(B)	建物所有權人(C)	面積(公畝)	適用順序	適用面積
甲	本　人	本　人	配　偶	1.5	1	1.5
乙	本　人	20 歲女兒	妹　夫	1.0	不適用	0
丙	本　人	父　親	母　親	1	2	1
丁	本　人	岳　父	父　親	0.8	3	0.5

解 假設面積適用順序，土地所有權人未擇定下，依稅額高低適用：

甲地：符合設籍限制（本人）及建物產權限制（A 與 C 為夫妻），第 1 順位適用全部面積 1.5 公畝。

乙地：符合設籍限制（A 與 B 為直系血親關係），但不符合產權限制（A 與 C 為旁系親屬），不適用。

丙地：符合設籍限制（A 與 B 為直系親屬），及產權限制（A 與 C 為直系血親），第 2 順位適用，全部面積 1 公畝。

丁地：符合設籍限制（A 與 B 為直系姻親），及產權限制（A 與 C 為直系血親），第 3 順位適用。但面積受都市土地 3 公畝之限，(3－1.5－1)＝0.5 公畝

所以丁地只有 0.5 公畝部分適用，餘 0.3 公畝無法享受優惠稅率。

⚫二 國民住宅及勞工宿舍用地

國民住宅及企業或公營事業興建之勞工宿舍，自動工興建或取得土地所有權之日起，其用地之地價稅，適用 2‰稅率計徵（土稅 17 Ⅱ）。

所稱**企業或公營事業興建之勞工宿舍**，指興建之目的專供勞工居住之用（土稅細 10）。

三 都市計畫公共設施保留地

(一) 意 義

所謂「**公共設施保留地**」，係指都市計畫範圍內，經劃定為公共設施用地而未經開闢或使用之公有、私有土地而言。即指城市區域道路溝渠及其他公共使用之土地，應依都市計畫法預為規定之（土 90）。

所稱**公共設施用地**，都市計畫地區範圍內，應視實際狀況，分別設置下列公共設施用地：

1. 道路、公園、綠地、廣場、兒童遊樂場、民用航空站、停車場所、河道及港埠用地。

2. 學校、社教機構、社會福利設施、體育場所、市場、醫療衛生機構及機關用地。

3. 上下水道、郵政、電信、變電所及其他公用事業用地。

4. 其他公共設施用地。

前項各款公共設施用地，應儘先利用適當之公有土地（都計 42）。

(二) 優惠稅率

都市計畫公共設施保留地，在保留期間**仍**為**建築使用者，除自用住宅用地外**，統按 6‰計徵地價稅；其**未作任何使用**並與使用中之土地隔離者，**免徵**地價稅（土稅 19）。因被劃為公共設施保留地之土地，其使用多受限制，故明定給予優惠與免徵。

四 公有非公用土地

公有非公用土地按 10‰基本稅率徵收地價稅。但公有土地**供公共使用者，免徵**地價稅（土稅 20）。

五　事業直接用土地

　　事業直接使用之土地，按 10‰ 優惠稅率計徵地價稅。但未按目的事業主管機關核定規劃使用者，不適用之（土稅 18）。

(一) 工業用地、礦業用地

　　礦業用地，指經目的事業主管機關核准開採礦業實際使用地面之土地（土稅細 13）。

　　工業用地，指依法核定之工業區土地及政府核准工業或工廠使用之土地（土稅 10），即為依區域計畫法或都市計畫法劃定之工業區或依其他法律規定之工業用地，及工業主管機關核准工業或工廠使用範圍內之土地，經按目的事業主管機關核定規劃使用者（土稅細 13）。由於工、礦業為國家經濟發展之命脈，關係到國家之興盛與人民福祉，故在政策上，應予獎勵，以協助其發展。

　　在依法劃定之工業區或工業用地公告前，已在非工業區或工業用地設立之工廠，經政府核准有案者，其直接供工廠使用之土地，亦按 10‰計稅（土稅 18 II）。

(二) 私立公園、動物園、體育場所用地

　　指為經目的事業主管機關核准設立之私立公園、動物園及體育場所使用範圍內之土地（土稅細 13、平細 33）。因此種用地，有助於國民休閒及健康，應予鼓勵。

(三) 寺廟、教堂用地、政府指定之名勝古蹟用地

　　為已辦妥財團法人或寺廟登記之寺廟，專供公開傳道布教之教堂及政府指定之名勝古蹟使用之土地（土稅細 13、平細 33）。因此種用地，有助於教化人心，應予鼓勵。

(四) 經主管機關核准設置之加油站及依都市計畫法規定設置之供公眾使用之停車場用地

　　為經目的事業主管機關核准設立之加油站用地，及依都市計畫法劃設並經目的事業主管機關核准供公眾停車使用之停車場用地（土稅細 13）。因此種用地，有助於國民行之便利性，應予鼓勵。

(五) 其他經行政院核定之土地：為經專案報行政院核准之土地

已核定按 10‰ 稅率課徵地價稅之土地，如逾目的事業主管機關核定之期限尚未按核准計畫完成使用或停工、停止使用滿 1 年以上者，應由土地所有權人申請按一般用地課稅（平細 33）。

前述各款土地之地價稅，符合第 6 條減免規定者，依該條減免之。即可依行政院所訂之〈**土地稅減免規則**〉減免之。

六 優惠稅率之計算

[例七]

小玉在臺南市有土地 2 筆，甲地 90m²，申報地價 1.2 萬/m²，乙地 68m²，申報地價 0.8 萬/m²，假設臺南市累進起點地為 140 萬元，又乙地按自用住宅用地稅率計課，請問小玉每年應納地價稅若干？

解
(1) 一般用地：一般稅率
　　申報地價×面積＝甲地地價總額＜累進起點地價 140 萬
　　1.2 萬/m²×90m²＝108 萬
　　108 萬×10‰＝10,800 元
(2) 自用住宅用地：優惠稅率 2‰
　　自用住宅用地稅率 2‰不累進，故單獨計算，不必與其它土地合併地價計算稅額。
　　0.8 萬/m²×68m²＝54.4 萬
　　54.4 萬×2‰＝1,088 元
(3) 甲地稅額＋乙地稅額＝小玉每年應納稅額
　　10,800 元＋1,088 元＝11,888 元

[例八]

小華在高雄市有都市土地 6 公畝，其中 4 公畝為自用住宅用地，1 公畝為公共設施保留地，未作任何使用且與使用中土地隔離，其餘建屋租超商使用，設每公畝申報地價 1,300 萬元，假設高雄市累進起點地價為 2,200 萬元，則小華全年應納地價稅若干？

解 (1) 4 公畝自用：但超過都市土地 3 公畝之限，僅能有 3 公畝享受優惠 2‰

1,300 萬 × 3 ＝ 3,900 萬

(2) 1 公畝公設保留地未使用：1,300 萬＝免稅地

(3) 其餘尚有一般稅率土地：6 − 3 − 1 ＝ 2 公畝適用 10‰～55‰

1,300 萬 × 2 ＝ 2,600 萬

(2,600 − 2,200) ÷ 2,200 ≒ 0.18 倍～最高稅率 15‰

應納稅額：

3,900 萬 × 2‰ ＋（2,200 萬 × 10‰ ＋（2,600 萬 − 2,200 萬）× 15‰）

＝ 7.8 萬 ＋（22 萬 ＋ 6 萬）＝ 35.8 萬元

柒 地價稅之減免

　　為發展經濟，促進土地利用，增進社會福利，對於國防、政府機關、公共設施、騎樓走廊、研究機構、教育、交通、水利、給水、鹽業、宗教、醫療、衛生、公私墓、慈善或公益事業及合理之自用住宅等所使用之土地，及重劃、墾荒、改良土地者，得予適當之減免；其減免標準及程序，由行政院定之（土稅 6）。而行政院依該條文授權所訂定之委任立法行政規章即為〈土地稅減免規則〉。

● 一 公有土地之免稅

　　所謂「**公有土地**」，指**國有土地、直轄市有土地、縣（市）有土地或鄉（鎮、市）有之土地**而言（土 4）；而公有土地按基本稅率徵收地價稅。但公有土地供公共使用者，免徵地價稅（土稅 20）。

　　但下列公有土地得**免徵地價稅**（土減 7）：

1. 供公共使用之土地。所稱「**供公共使用之土地**」，係指供公眾使用，不限定特定人使用之土地（土減 4）。

2. 各級政府與所屬機關及地方自治機關用地及其員工宿舍用地，但不包括供事業使用者在內。

3. 國防用地及軍事機關、部隊、學校使用之土地。

4. 公立之醫院、診所、學術研究機構、社教機構、救濟設施及公、私立學校直接用地及其員工宿舍用地，以及學校學生實習所用之直接生產用地。但外國僑民學校應為該國政府設立或認可，並依私立高級中等以下外國僑民學校及附設幼稚園設立及管理辦法設立，且以該國與我國有相同互惠待遇或經行政院專案核定免徵者為限；本國私立學校，以依私立學校法立案者為限。

5. 農、林、漁、牧、工、礦機關直接辦理試驗之用地。

6. 糧食管理機關倉庫用地。

7. 鐵路、公路、航空站、飛機場、自來水廠及垃圾、水肥、汙水處理廠（池、場）等直接用地及其員工宿舍用地。但不包括其附屬營業單位獨立使用之土地在內。

8. 引水、蓄水、洩水等水利設施及各項建造物用地。

9. 政府無償配供貧民居住之房屋用地。

10. 名勝古蹟及紀念先賢先烈之館堂祠廟與公墓用地。

11. 觀光主管機關為開發建設觀光事業，依法徵收或協議購買之土地，在未出賣與興辦觀光事業者前，確無收益者。

12. 依停車場法規定設置供公眾使用之停車場用地。

　　公有土地係徵收、收購或受撥用而取得者，於其尚未辦妥產權登記前，如經該使用機關提出證明文件，其用途合於免徵標準者，徵收土地自徵收確定之日起、收購土地自訂約之日起、受撥用土地自撥用之日起，準用上述規定。

　　原合於前述第 4 點供公、私立學校使用之公有土地，經變更登記為非公有土地後，仍供原學校使用者，準用第 1 項規定。

　　公立學校之學生宿舍，由民間機構與主辦機關簽訂投資契約，投資興建並租與該校學生作宿舍使用，且約定於營運期間屆滿後，移轉該宿舍之

所有權予政府者，於興建及營運期間，其基地之地價稅得由當地主管稽徵機關專案報請直轄市、縣（市）主管機關核准免徵。

二 私有土地之減免

　　《土地法》規定，中華民國領域內之土地屬於中華民國人民全體，其經人民依法取得所有權者，為私有土地（土 10）。而〈土地稅減免規則〉規定，私有土地，指公有土地以外，經自然人或法人依法取得所有權之土地。承墾人依法取得耕作權之墾竣土地及承領人依法承領之土地，準用本規則關於私有土地之規定（土減 3）。

　　下列私有土地得免徵或減徵地價稅，均係為達成特定政策目的而制定者，有為提昇教育文化水準之政策目的；或為鼓勵農業發展之政策目的；或為促進公益、慈善事業發展之政策目的而制定者。相關規定如下（土減 8）：

1. 財團法人或財團法人所興辦業經立案之私立學校用地、為學生實習農、林、漁、牧、工、礦等所用之生產用地及員生宿舍用地，經登記為財團法人所有者，**全免**。但私立補習班或函授學校用地，均不予減免。

2. 經主管教育行政機關核准合於〈私立社會教育機構設立及獎勵辦法〉規定設立之私立圖書館、博物館、科學館、藝術館及合於〈學術研究機構設立辦法〉規定設立之學術研究機構，其直接用地，**全免**。但以已辦妥財團法人登記，或係辦妥登記之財團法人所興辦，且其用地為該財團法人所有者為限。

3. 經事業主管機關核准設立，對外絕對公開，並不以營利為目的之私立公園及體育館場，其用地**減徵 50%**；其為財團法人組織者**減徵 70%**。

4. 經事業主管機關核准設立之私立農、林、漁、牧、工、礦試驗場，辦理 5 年以上，具有試驗事實，其土地未作其他使用，並經該主管機關證明者，其用地**減徵 50%**。

5. 經事業主管機關核准設立之私立醫院、捐血機構、社會救濟慈善及其他為促進公眾利益，不以營利為目的，且不以同業、同鄉、同學、宗親成員或其他特定之人等為主要受益對象之事業，其本身事業用地，

全免。但為促進公眾利益之事業，經由當地主管稽徵機關報經直轄市主管機關、縣（市）政府核准免徵者外，其餘應以辦妥財團法人登記，或係辦妥登記之財團法人所興辦，且其用地為該財團法人所有者為限。

6. 經事業主管機關核准設立之私立公墓，其為財團法人組織，且不以營利為目的者，其用地，**全免**。但以都市計畫規劃為公墓用地或非都市土地經編定為墳墓用地者為限。

7. 經事業主管機關核准興建之民營鐵、公路或專用鐵、公路，經常開放並附帶客貨運輸者，其基地，**全免**。

8. 經事業主管機關核准興辦之農田水利事業，所有引水、蓄水、洩水各項建造物用地，全免，辦公處所及其工作站房用地**減徵** 50%。

9. 有益於社會風俗教化之宗教團體，經辦妥財團法人或寺廟登記，其專供公開傳教布道之教堂、經內政部核准設立之宗教教義研究機構、寺廟用地及紀念先賢先烈之館堂祠廟用地，**全免**。但用以收益之祀田或放租之基地，或其土地係以私人名義所有權登記者不適用之。

10. 無償供給政府機關、公立學校及軍事機關、部隊、學校使用之土地，在使用期間以內，**全免**。

11. 各級農會、漁會之辦公廳及其集貨場、依法辦竣農倉登記之倉庫或漁會附屬之冷凍魚貨倉庫用地，**減徵** 50%。

12. 經主管機關依法指定之私有古蹟用地，**全免**。

　　前項第 1.點之私立學校，第 2.點之私立學術研究機構及第 5.點之私立社會救濟慈善各事業，其有收益之土地，而將全部收益直接用於各該事業者，其地價稅專案報請減免。第 3.、4.、6.、7.、8.及 11.點之各事業用地，應以各該事業所有者為限。但第 3.點之事業租用公地為用地者，該公地仍適用第 3.點之規定。

三 特定土地之減徵或免徵

(一) 無償供公眾通行之道路

　　無償供公眾通行之道路土地，經查明屬實者，在使用期間內，地價稅（或田賦）**全免**。但其屬建造房屋應保留之空地部分，不予免徵（土減9）。

(二) 公設保留地未作使用

　　都市計畫公共設施保留地，在保留期間未作任何使用並與使用中之土地隔離者，**地價稅（或田賦）全免**（土減11）。

(三) 無法使用之土地

　　因山崩、地陷、流失、沙壓等環境限制及技術上無法使用之土地，或在墾荒過程中之土地，地價稅（或田賦）**全免**（土減12）。

(四) 騎樓走廊地

　　供公共通行之騎樓走廊地，無建築改良物者，應免徵地價稅；有建築改良物者依下述規定減徵地價稅（土減10）：

1. 地上有建築改良物 1 層者，減徵 1/2。

2. 地上有建築改良物 2 層者，減徵 1/3。

3. 地上有建築改良物 3 層者，減徵 1/4。

4. 地上有建築改良物 4 層以上者，減徵 1/5。

　　所謂**建築改良物**，則係指附著於土地之建築物或工事。

(五) 軍事管制區土地

　　由國防部會同內政部指定海岸、山地或重要軍事設施區，經依法劃為管制區而實施限建或禁建之土地，地價稅（或田賦）減免標準如下（土減11-1）：

1. **限建**之土地，**得在 30%範圍內**，由直轄市、縣（市）主管機關酌予減徵。

2. **禁建**之土地，**減徵 50%**；但因禁建致不能建築使用且無效益者，**全免**。

(六) 古蹟保存用地

依法劃定為古蹟保存區或編定為古蹟保存用地之土地（土減 11-3）：

1. 其土地或建築物之使用及建造**受限制**者，**減徵** 30%。

2. **禁建**之土地，則**減徵** 50%；但因禁建致不能建築使用且無收益者，全免。

(七) 飛航管制區土地

飛航管制區依〈航空站飛行場助航設備四周禁止限制建築物及其他障礙物高度管理辦法〉規定**禁止建築**之土地，其地價稅**減徵** 50%。但因禁止建築致不能建築使用且無收益者，**全免**。

依上項辦法規定**限制建築**地區之土地，因實際使用確受限制者，其地價稅（或田賦）得在 30%**範圍**內，由直轄市主管機關、縣（市）政府**酌予減徵**（土減 11-4）。

(八) 水源特定區土地

水源水質水量保護區依都市計畫程序劃定為水源特定區者，依下列規定減徵地價稅（或田賦）（土減 11-2）：

1. 農業區及保護區，**減徵** 50%。

2. 住宅區，**減徵** 30%。

3. 商業區，**減徵** 20%。

(九) 區段徵收或重劃區土地

區段徵收或重劃地區內土地於辦理期間致無法耕作或不能為原來之使用而無收益者，**地價稅（或田賦）全免**；於辦理**完成後**，自完成之日起地價稅（或田賦）**減半徵收 2 年**（土減 17）。

(十) 已發布主要計畫尚未發布細部計畫之都市計畫地區

已發布主要計畫尚未發布細部計畫之都市計畫地區，其主要計畫變更案於本規則中華民國 96 年 12 月 19 日修正施行前，業經內政部都市計畫委員會審議，因受限於防洪計畫致尚未能核定者，於該地區細部計畫發布實施前，其地價稅或田賦得在 30%範圍內，由當地主管稽徵機關報請直轄市、縣（市）主管機關酌予減徵（土減 11-5）。

(十一) 無償供使用之農舍土地

依耕地三七五減租條例規定，出租人無償供承租人使用之農舍土地，地價稅（或田賦）全免（土減 16）。

(十二) 外國政府取得之土地

外國政府機關取得所有權或典權之土地，其土地稅之減免依各該國與我國互惠規定辦理（土減 18）。

(十三) 稅額起徵點

每年地價稅，每戶稅額在新臺幣 100 元以下者，免予課徵（土稅細 3）。

四　其他法規有關地價稅之減免

(一) 都市更新土地

更新**期間**土地無法使用者，**免徵**地價稅；其仍可繼續使用者，減半徵收。但未依計畫進度完成更新且可歸責於土地所有權人之情形者，依法課徵之。更新**以後**地價稅**減半徵收 2 年**（都更 67 條）。

(二) 獎勵民間參與建設用地

1. 依《獎勵民間參與交通建設條例》第 31 條之規定，依該條例所獎勵之民間機關在興建或營運期間，供直接使用之不動產應課徵之地價稅，得予適當減免。

2. 依《促進民間參與公共建設法》第 39 條之規定，參與重大公共建設之民間機構在興建或營運期間，供其直接使用之不動產應課徵之地價稅、房屋稅及取得時應課徵之契稅，得予適當減免。

3. 依「民間機構參與交通建設減免地價稅房屋稅及契稅標準」第 5 條規定，民間機構參與所獎勵之重大交通建設，其交通用地之地價稅減免標準如下：
   (1) 在興建或營運期間，路線、交流道及經主管機關核准設置之飛行場用地**全免**。
   (2) 在興建期間，前款以外之交通用地，**按 10‰**稅率計徵。

(三) 新市鎮開發土地

　　主管機關取得新市鎮特定區之土地，於未依該條例第 8 條之規定處理前，**免徵地價稅**（新 10）。新市鎮特定區內之建築物**興建完成**後，其地價稅第 1 年免徵，第 2 年減徵 80%，第 3 年減徵 60%，第 4 年減徵 40%，第 5 年減徵 20%，第 6 年起不予減免（新 25）。

(四) 國軍眷村改建之土地

　　依《國軍老舊眷村改建條例》第 25 條之規定，由主管機關規劃改建配售之住宅建築完工後，在產權未完成移轉登記前，**免徵地價稅**。

(五) 私有古蹟、歷史建築等

　　私有古蹟、遺址及其所定著之土地，免徵地價稅。

　　私有歷史建築、紀念建築、聚落建築群、文化景觀及其所定著土地，得在 **50%範圍內**減徵地價稅；其減免範圍、標準及程序之法規，由直轄市、縣（市）主管機關訂定，報財政部備查（文 99）。

(六) 住宅法

1. 接受自建住宅貸款利息補貼者，其土地於興建期間之地價稅，按**自用住宅用地稅率**課徵。土地經核准按自用住宅用地稅率課徵地價稅後，未依建築主管機關核定建築期限完工者，應自核定期限屆滿日當年期起，改按一般用地稅率課徵地價稅。

　　有關申請程序、申報改課程序及未依規定申報之處罰，依土地稅法相關規定辦理（住 14）。

2. 公益出租人出租房屋之土地，直轄市、縣（市）政府應課徵之地價稅，得按自用住宅用地稅率課徵。

　　前項租稅優惠之期限、範圍、基準及程序之自治條例，由直轄市、縣（市）主管機關定之，並報財政部備查。

　　第 1 項租稅優惠，實施年限為 5 年，其年限屆期前半年，行政院得視情況延長之（住 16）。

3. 社會住宅於興辦期間，直轄市、縣（市）政府應課徵之地價稅，得予適當減免。減免之期限、範圍、基準及程序之自治條例，由直轄市、縣（市）主管機關定之，並報財政部備查（住 22）。

（七）租賃住宅市場發展及管理條例

符合個人住宅所有權人將住宅委託代管業或出租予包租業轉租，契約約定供居住使用 1 年以上者之租賃住宅，直轄市、縣（市）政府應課徵之地價稅及房屋稅，得予適當減徵。

前項減徵之期限、範圍、基準及程序之自治條例，由直轄市、縣（市）主管機關定之，並報財政部備查。

第 1 項減徵地價稅及房屋稅規定，實施年限為 5 年；其年限屆期前半年，行政院得視情況延長之，並以 1 次為限（租 18）。

五 減免稅額之計算

同一所有權人在同一轄區內，擁有不同免稅或減稅種類土地時，計算地價稅之方式為：

（一）有免稅土地時

先從各種稅地種類土地之地價中扣除「免稅土地」之地價後，再分別適用一般稅率及特別稅率。

（二）有減稅土地時

先不考慮「減稅土地」，逕按一般稅地土地之總地價，應適用之一般稅率算出一般稅地之「毛應納稅額」，再按「減稅土地」所占總地價之比例算出「減徵稅額」，將之自「毛應納稅額」中扣除之，最後再加適用特別稅率算得之稅額，即為應納地價稅額。

即「減稅土地」計算應納地價稅額公式如下（財政部 76.8.19 臺財稅第 7622925 號函）：

---

1. 毛應納稅額＝減稅土地併入計算地價總額，按一般稅率計算出。

2. 減稅土地之毛應納稅額＝毛應納稅額×$\dfrac{減稅土地地價}{地價總額}$

3. 減稅土地應減徵稅額＝減稅土地之毛應納稅額×減徵比率

4. 應納地價稅額＝毛應納稅額－減稅土地應減徵稅額

[例九]

小王於花蓮縣有 2 筆土地，其中一筆是古蹟保存區遭限建土地，申報地價為 500 萬元，另一筆地申報地價為 1,500 萬元，設花蓮縣累進起點地價為 300 萬元，試算小王全年應納地價稅若干？

解 　500 萬＋ 1,500 萬＝ 2,000 萬

（2,000 萬－ 300 萬）÷ 300 萬 ≒ 5.67 倍

2,000 萬× 25 ‰－ 300 萬× 0.065 ＝ 30.5 萬（毛應納稅額）

30.5 萬×[500 萬÷（500 萬＋ 1,500 萬）]

　＝ 76,250 元　　　　　　　　　減稅土地之毛應納稅額

76,250 元× 30 ％＝ 22,875 元　　減稅土地應減徵稅額

305,000 元－ 22,875 元＝ 282,125 元　應納地價稅額

捌 地價稅之加徵

一 空地稅

空地稅之立法原意，即以重稅為手段，嚇阻坐擁土地低度利用或不予利用者，迫使空地所有權人儘速就其土地建築使用，或出售其空地，俾供他人之需，達成促進空地改良利用及都市建設發展之目的。

(一) 空地之定義

1. 土地稅法規定

所謂「**空地**」，指已完成道路、排水及電力設施，有自來水地區並已完成自來水系統，而仍未依法建築使用；或雖建築使用，而其建築改良物價值**不及**所占**基地申報地價 10%**，且經直轄市或縣（市）政府認定應予增建、改建或重建之私有及公有非公用建築用地（土稅 11、平 3）。

2. 土地法規定

凡編為建築用地，未依法使用者，為空地。土地建築改良物價值**不及**所占**地基申報地價** 20%者，視為空地（土 87）。

(二) 空地之劃定及限期增改建

直轄市或縣（市）政府於劃定私有空地限期建築、增建、改建或重建之地區範圍，應符合下列規定（平細 40）：

1. 依法得核發建造執照。

2. 無限建、禁建情事。

關於劃定私有空地限期建築使用之地區範圍，由直轄市、縣（市）主管機關報請中央主管機關核定後，通知土地所有權人限期建築、增建、改建或重建。

所稱**逾期未建築、增建、改建或重建**，指土地所有權人未於規定期限內請領建造執照開工建築而言。已請領建造執照開工建築，但未按該執照核定之建築期限施工完竣領有使用執照者亦同。請領建造執照開工建築之期限，在直轄市或省轄市為 2 年，在縣轄市或鄉鎮為 3 年（平細 41）。

經依規定限期建築、增建、改建或重建之土地，其新建之改良物價值**不及**所占基地申報地價 50%者，直轄市或縣（市）政府不予核發建築執照（平 26）。

(三) 空地稅之課徵

1. 土地稅法規定：直轄市或縣（市）政府對於私有空地，得視建設發展情形，分別劃定區域，限期建築、增建、改建或重建；逾期未建築、增建、改建或重建者，按該宗土地應納地價稅**基本稅額**加徵 **2 至 5 倍**之空地稅或照價收買（土稅 21、平 26）。

至於加徵空地稅之倍數，由直轄市、縣（市）主管機關，視都市發展情形擬訂，報**行政院**核定（土稅細 18、平細 42）。

所謂**基本稅額**，即該筆土地以基本稅率 10‰計算之稅額，不再予以累進。

2. **土地法規定**：私有空地經限期強制使用，而逾期未使用者，應於依法使用前加徵空地稅。空地稅**不得少於**應納地價稅之 **3 倍**，**不得超過**應納地價稅之 **10 倍**（土 173）。

(四) 停徵與復徵

臺灣地區已課徵空地稅之土地，曾自民國 **74 年起**已暫時停徵。但財政部與內政部於民國 **100 年** 1 月 26 日會銜發布廢止有關空地稅暫停徵措施，各地方政府可本於權責徵收空地稅。

⬤ 新市鎮建地之限期未使用

為促進新市鎮之發展，主管機關得依新市鎮特定區計畫之實施進度，限期建築使用。逾期未建築使用者，按該宗土地應納地價稅**基本稅額之 5 倍至 10 倍**加徵地價稅。

經加徵地價稅**滿 3 年**，仍未建築使用者，按該宗土地應納地價稅基本稅額之 **10 倍至 20 倍**加徵地價稅或由主管機關照當期公告土地現值強制收買。限期建築之土地，其限期建築之期限，不因移轉他人而受影響，對於不可歸責於土地所有權人之事而遲誤之期間，應予扣除（新 18）。

玖 稽徵程序

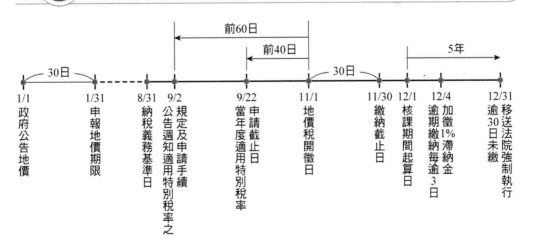

一　一般程序

(一) 納稅義務基準日與開徵日

地價稅以每年 8 月 31 日為納稅義務基準日，由直轄市或縣（市）主管稽徵機關按照地政機關編送之**地價歸戶冊及地籍異動通知資料**核定，於 **11 月 1 日起 1 個月內**一次徵收當年地價稅（土稅 40）。

各年地價稅以納稅義務基準日**土地登記簿**所載之所有權人或典權人為納稅義務人（土細 20）。

地價稅不採按月課徵，至於買賣雙方在買賣契約書中所約定之稅捐負擔，是屬當事人之私權行為，並不生稅法上的效力。

(二) 造冊

地政機關於舉辦規定地價或重新規定地價後，當期地價稅**開徵 2 個月前**，將總歸戶冊編造完竣，送一份由稅捐稽徵機關據以編造稅冊辦理徵稅。土地權利、土地標示或所有權人住址有異動時，地政機關應於登記完畢後於 **10 日**內通知稅捐稽徵機關更正稅冊（平細 26）。

(三) 核稅與送單

主管稽徵機關於查定納稅義務人每年應納地價稅額後，應填發地價稅稅單，分送納稅義務人或代繳義務人，並將繳納期限、罰則、繳納方式、稅額計算方法等公告週知（土稅 43）。至於地價稅單之內容，應載明繳納義務人之姓名或名稱、地址、稅別、稅額、稅率、繳納期限等項目，且應於該稅單所載開始繳納稅捐日期前送達（稽 16、18）。

(四) 繳納、延期及分期

地價稅於每年 **11 月 1 日起 1 個月內**一次徵收當年地價稅（土稅 40）。課徵所屬期間為當年 1 月 1 日至 12 月 31 日。

應納地價稅額因公告地價調整致納稅義務人繳納困難者，得於規定繳納期間內，向稅捐稽徵機關申請延期或分期繳納，延期繳納期間**不得逾 6 個月**，分期繳納期間**不得逾 1 年**。

前項延期或分期繳納辦法，直轄市及縣（市）政府得依社會經濟情況及實際需要定之（平 17）。

🈁 特別（優惠）稅率申請

(一) 公　告

　　主管稽徵機關應於每年地價稅**開徵60日前**（即9月2日前），將適用特別稅率課徵地價稅有關規定及其申請手續公告週知（土稅42），以曉示納稅義務人及時申請。

(二) 申請期限

　　合乎申請特別稅率之用地，土地所有權人應於每年**開徵 40 日前（即 9 月 22 日前）**提出申請，即可全年享特別稅率之優惠；若逾期申請者，則自申請之次年開始適用。前已核定而用途未變更者，以後免再申請。適用特別稅率之原因、事實消滅時，應即向主管稽徵機關申報（土稅41）。減免原因消滅，自次年恢復徵收（土減24）。

　　原經核准按自用住宅用地稅率課徵地價稅之土地，所有權移轉後，如買賣、繼承，其用途雖未變更，仍應由新所有權人重新提出申請，才可繼續適用。前項所稱**「前已核定用途未變更，以後免再申請」**者，係指**同一土地所有權人**。

(三) 檢附書件

1. 自用住宅用地

　　土地所有權人申請適用自用住宅用地特別稅率計徵地價稅時，應填具**申請書**並檢附**建築改良物證明文件**（建物權狀影本或建物勘測成果證明），向主管稽徵機關申請核定之（土稅細 11）。稅捐機關核准後會發一張函文通知准於按「自用」稅率核課。

2. 國民住宅及勞工宿舍用地

(1) 國民住宅用地：其屬政府直接興建者，檢附建造執照影本或取得土地所有權證明文件。其屬貸款人民自建或獎勵投資興建者，檢附建造執照影本及國民住宅主管機關核准之證明文件。

(2) 企業或公營事業興建之勞工宿舍用地：檢附建造執照或使用執照影本及勞工行政主管機關之證明文件（土稅細 12）。

3. 工業等其他用地

(1) 工業用地：應填具申請書，並檢附建造執照及興辦工業人證明文件；建廠前依法應取得設立許可者，應加附工廠設立許可文件。其已開工生產者，應檢附工廠登記證明文件。

(2) 其他按特別稅率計徵地價稅之土地：應填具申請書，並檢附目的事業主管機關核准或行政院專案核准之有關文件及使用計畫書圖或組織設立章程或建築改良物證明文件（土稅細 14）。

4. 公有土地

依本法第 20 條課徵地價稅之公有土地應由管理機關於每年地價稅開徵 40 日前，提供有關資料與主管稽徵機關核對稅籍資料（土稅細 17）。

(四) 申報改按一般稅率之情形

事業直接使用之土地已依《土地稅法》第 18 條特別稅率核定計徵地價稅之土地，有下列情形之一者，應由土地所有權人申報改按一般用地稅率計徵地價稅：

1. 逾目的事業主管機關核定之期限尚未按核准計畫完成使用者。

2. 停工或停止使用逾 1 年者。

第 2 款停工或停止使用逾 1 年之土地，如屬工業用地，其在工廠登記未被工業主管機關撤銷或廢止，且未變更供其他使用前，仍繼續按特別稅率計徵地價稅（土稅細 14）。

(五) 適用特別稅率原因、事實消滅時

適用特別稅率之原因、事實消滅時，土地所有權人應於 **30 日內**向主管稽徵機關申報，未於限期內申報者，依本法第 54 條第 1 項第 1 款之規定辦理處罰（土稅細 15）。

❸ 減徵免徵之申請

(一) 公　告

直轄市、縣（市）主管稽徵機關應於每年地價稅開徵 60 日前，將減免有關規定及其申請手續公告周知（土減 21），以曉示納稅義務人及時申請。

(二) 申請期限

合乎申請減免地價稅者，應於每年開徵 40 日前（即 9 月 22 日）提出申請；逾期申請者，自申請之次年起減免。減免原因消滅，自次年恢復徵收（土減 24）。

(三) 申請方式

依土地稅減免規則第 7 條至第 17 條規定申請減免地價稅或田賦者，公有土地應由管理機關，私有土地應由所有權人或典權人，造具清冊檢同有關證明文件，向直轄市、縣（市）主管稽徵機關為之。但合於下列規定者，應由稽徵機關依通報資料逕行辦理或由用地機關函請稽徵機關辦理，免由土地所有權人或典權人申請（土減 22）：

1. 依第 8 條第 1 項第 10 款規定全免者。

2. 經地目變更為「道」之土地（應根據主管地政機關變更登記為「道」之地籍資料辦理）。

3. 經都市計畫編為公共設施保留地（應根據主管地政機關通報資料辦理）。

4. 徵收之土地或各級政府、軍事機關、學校、部隊等承購之土地（應根據徵收或承購機關函送資料辦理）。

5. 私有無償提供公共巷道用地（應由工務、建設主管機關或各鄉（鎮、市、區）公所建設單位，列冊送稽徵機關辦理）。

6. 辦理區段徵收或重劃之土地（應由主管地政機關列冊送稽徵機關辦理）。

7. 依第 11-1 條規定軍事管制區減免之土地（應由國防軍事機關列冊敘明土地標示及禁、限建面積及限建管制圖等有關資料送稽徵機關辦理）。

8. 依第 11-2 條規定水源特定區減免之土地（應由水源特定區管理機關列冊敘明土地標示、使用分區送稽徵機關辦理）。

9. 依第 11-3 條規定古蹟保存區減免之土地（應由古蹟主管機關列冊敘明土地標示、使用分區送稽徵機關辦理）。

10. 依第 11-4 條規定飛航管制區減免之土地（應由民航主管機關提供機場禁建限建管制圖等有關資料送稽徵機關辦理）。

11. 依第 11-5 條規定已發布主要計畫尚未發布細部計畫之都市計畫地區減徵之土地（應由該管都市計畫主管機關提供該地區主要計畫變更案之範圍等有關資料送稽徵機關辦理）。

12. 經核准減免有案之土地，於減免年限屆滿，由稽徵機關查明其減免原因仍存在並准予繼續減免者。

(四) 勘 查

　　直轄市、縣（市）主管稽徵機關接到減免地價稅或田賦之申請後，應即會同會辦機關派員，依據地籍圖冊實地勘查，並得視事實需要，函請申請人到場引導。

　　實地勘查，其應勘查事項如下，會勘人員並應將勘查結果會報主管稽徵機關（土減 23）。

1. 核對原冊所列土地權屬、坐落、面積、地號、地價或賦額是否相符。

2. 查核申請減免案件是否與有關規定相符。

3. 逐筆履勘土地使用情形是否屬實。

4. 其他有關事項。

　　但下列情形，則免辦實地勘查或得自行派員實地勘查。

1. 徵收土地或各級政府、軍事機關、學校、部隊因公承購土地，於辦妥產權登記前，依徵收或承購土地機關之申請或檢附之證明文件核定減免，免辦實地勘查。

2. 公有土地，依管理機關或使用機關之申請或檢附之證明文件核定減免，免辦實地勘查。

3. 無償提供公共或軍事機關、學校、部隊使用之私有土地，依有關機關或使用機關之申請或檢附之證明文件核定減免，免辦實地勘查。

4. 合於減免規定之私有土地，依所有權人或典權人於申請減免時所檢附之相關資料，足資證明其地上建築物之土地標示者，得自行派員實地勘查。

(五) 核定及通知

直轄市、縣（市）主管稽徵機關受理申請土地稅減免案件，應於查核會勘**核定後 10 日內**，以書面通知申請人（土減 25）。

(六) 申報恢復徵稅

減免地價稅或田賦原因事實有變更或消滅時，土地權利人或管理人，應於 **30 日內**向直轄市、縣（市）主管稽徵機關申報恢復徵稅（土稅減 29）。

土地權利人或管理人未依前條規定申報，經查出或被檢舉者，除追補應納地價稅或田賦外，並依《土地稅法》第 54 條第 1 項之規定處罰。其為公有土地，該土地管理機關主管及經辦人員，應予懲處（土減 30）。

(七) 減免之撤銷

已准減免地價稅或田賦之土地，直轄市、縣（市）主管稽徵機關，應每年會同會辦機關，普查或抽查一次，如有下列情形之一，應即辦理撤銷或廢止減免，並依《土地稅法》第 54 條第 1 項之規定處罰。其為公有土地，該土地管理機關主管及經辦人員，應予懲處。

1. 未按原申請減免原因使用者。

2. 有兼營私人謀利之事實者。

3. 違反各該事業原來目的者。

4. 經已撤銷、廢止立案或登記者。

5. 土地收益未全部用於各該事業者。

6. 減免原因消滅者。

前項普查或抽查成果，應由直轄市、縣（市）主管稽徵機關函報直轄市、縣（市）主管機關備查（土減 31）。

四 稅款確保

欠繳土地稅之土地，在欠稅未繳清前，**不得辦理移轉登記或設定典權**（土稅 51），以確保稅捐。

拾　罰　則

一　逾期納稅

納稅義務人或代繳義務人未於稅單所載限繳日期內繳清應納稅款者，應加徵**滯納金**。經核准以票據繳納稅款者，以票據兌現日為繳納日（土稅 53）。

有關滯納金加徵標準及繳納期間屆滿 30 日後仍未繳清稅款者移送強制執行之規定，由**《稅捐稽徵法》第 20 條**統一規範。

二　逃匿稅額

納稅義務人藉變更、隱匿地目等則或於適用特別稅率、減免地價稅之原因、事實消滅時，未向主管稽徵機關申報者，其逃稅或減輕稅賦者，除追補應納部分外，**處短匿稅額 3 倍以下之罰鍰**。納稅義務人應於通知繳納之日起 1 個月內繳納之；屆期不繳納者，移送**強制執行**（土稅 54）。

但依〈稅務違章案件減免處罰標準〉規定應處罰鍰案件，其短匿稅額每案每年在新臺幣 35,000 元以下者，免予處罰（稅務違章案件減免處罰標準 18）。

但若納稅義務人、扣繳義務人、代徵人、代繳人、申報金融機構有下列情事之一者，不適用上述減輕或免予處罰之規定（稅務違章案件減免處罰標準 24）：

1. 1 年內有相同違章事實 3 次以上。

2. 故意違反稅法規定。

3. 以詐術或其他不正當方法逃漏稅捐。

稅制思考

　　任何一種稅制之設計不可能完美無缺，總有其程度上之優劣點，在不同之人、時、地、空背景下，配合不同政策或財政目的之需要，而有檢討調整之必要，因而衍生出不同之建議，以使其優點發揮到最高，缺點能降到最低。

　　本單元彙整專家學者不同思考方向之意見，以利讀者在研習現行稅務法規後，提供一個思考現行稅制問題點之空間。而相關建議有作者個人意見，也有各學者專家在不同時空背景下之建議，都僅供參考。更嚴謹可行之建議，則有賴更具體之統計數據與實證之學術研究。

思考一

地價稅稅率宜採比例稅率或累進稅率？　　　　　　　　　　　（69 高）

【論點】

一、主張採取比例稅率理由

(1) 世界各國之財產稅制均按財產價值之總額採取比例稅率。

(2) 現行實際按累進稅率課徵地價稅者，大部分均屬公司法人、公營事業機關、財團法人及祭祀公業等土地，已失去累進課稅之原意。

(3) 採取比例稅率，適用稅基較廣且稽徵手續簡便。

(4) 國父在民生主義中昭示：各國土地的稅法大概是值百抽一⋯，即說明地價稅應採行固定的比例稅率。

(5) 現行採累進稅率又有重新規定地價之制，地價雖有所上漲，但土地所有權人未出售，即未實現其利益，違反「收益實現」之原則，累進稅率益加加重長期持有土地地主之稅負，有欠公平。

(6) 再者重新規定地價之制，已屬定期性土地增值稅之性質，於是又有因重新規定地價增繳之地價稅可抵繳增值稅之規定，徒使地價稅與土地增值稅更形混淆。

二、主張採取累進稅率之理由

(1) 地價稅採取累進稅率，比所得稅、遺產稅及贈與稅之採取累進稅率，更具平均社會財富之政策意義。

(2) 累進課稅加重土地持有成本，有助遏止土地投機，防止地權集中，增進土地供給量，促進土地利用之效果。

(3) 累進課稅有助誘導資金轉向工商企業有效利用，促進經濟發展。

(4) 改行比例稅率等於以鉅額稅收補貼少數大戶。

三、結　論

　　以上分析可知，主張維持現行累進稅率者，係以財政與土地經濟政策之觀點為出發；而主張採比例稅率者，係以地價稅屬財產稅之性質，財政目的應重於社會公平目的，即應依世界各國現制及租稅理論，對財產稅課徵比例稅率。正反兩方意見各有其問題思考點，宜經更深入之基礎實證研究之比較，俾利政府作出更妥善之決策。

🔴思考二

各縣市地價稅之累進起點地價不同，有何優缺點？

【論　點】

一、優　點

(1) 依直轄市及各縣（市）繁榮程度取其平均度。

(2) 取土地有效使用之面積規模 7 公畝。

(3) 以繁榮程度及使用規模，雙重標準決定累進起點地價，合乎經濟條件、使用情形及地方財政之實際需要。

二、缺　點

(1) 在繁榮縣市，由於土地平均地價較高，造成累進起點地價較高，稅賦負擔相對較低；而偏遠縣市之平均地價較低，則累進起點地價相對低，稅負相對偏高，顯使各縣市及鄉鎮之間，負擔失平，不能適應負稅能力，未盡妥適。

(2) 由於各縣市之累進起點地價高低不一，因此在不同縣市間，造成面積相等地價相同之土地，納稅人之稅負並不相同，而互有差異，與照價徵稅，按累進之精神相違背。

(3) 累進起點地價會隨著都市計畫範圍之擴大，或課稅土地種類之變更而變動，地價稅負擔，亦必隨之改變。

三、建　議

為改正此一缺點各方之建議有：

(1) 可就各縣市土地使用狀況，劃分地區等級，分別訂定之。

(2) 或可考量直轄市及繁榮縣（市）仍以 7 公畝之平均地價為準，在鄉鎮（市）則擴大其面積（有學者建議以 10 公畝）之平均地價為準，以減輕鄉鎮（市）地區地價稅負擔加重之問題。

(3) 而站在地價稅加強累進稅制之功能考量上，有建議降低累進起點地價者，改以各縣（市）5 公畝之平均地價為準，再輔以獨立使用面積標準，如商業區 30 坪、住宅區 40 坪等，凡土地超過獨立使用面積之限且達累進起點地價者，始適用累進稅率課稅。

🔨思考三

地價稅優惠稅率其面積之限制是否合宜？

【論　點】

自用住宅用地地價稅之優惠稅率規定，乃為保障國民之基本生活，減輕自用住宅居住者之地價稅負擔，以顯示政府照顧人民生活之旨意。然現行地價稅有關自用住宅用地優惠稅率之制度，具有下列缺點：

(1) **面積限制過寬**：都市土地 3 公畝（約 90.75 坪）及非都市土地 7 公畝（約 211.75 坪）之面積限制，在現代進步之建築技術下，土地建築為自用住宅，似乎超過實際需要，易於鼓勵土地之奢侈使用，而有礙土地之有效利用。

(2) **違反立法意旨**：由於限制面積過寬，使富者自用住宅之大面積，與一般平民自用住宅土地之小面積，產生極大之差距，但卻可一律適用優惠稅率課徵地價稅，有欠公平。

(3) **不符課稅理論**：地價稅係按地價總額課徵之賦稅，而自用住宅優惠稅率卻以土地面積為限制標準，二者不相符合。

綜上所述，自用住宅用地按優惠稅率課徵地價稅之面積限制，宜改按地價總額為標準，以實現稅負公平之原則，並較能符合照顧人民生活之旨意。

實用重要釋函

1. 地上房屋為樓房或經拆除改建其適用自用住宅用地認定標準
   自用住宅用地核課土地增值稅，應如何認定乙案，經本部邀請內政部等有關單位多次研商，獲得會商結論如下：

(1) 地上房屋為樓房時：房屋不分是否分層編訂門牌或分層登記，土地為 1 人所有或持分共有，其土地增值稅准按各層房屋實際使用情形所占土地面積比例，分別按特別稅率及一般稅率計課。

(2) 毗鄰房屋合併或打通使用時：兩棟平房或樓房相鄰，其所有權人同屬一人，為適應自用住宅之需要，而打通或合併使用時，准合併按自用住宅用地計課（財政部 67.06.30 臺財稅第 34248 號函）。

2. 分別登記為夫妻名義房屋經打通使用設籍准適用自宅用地稅率
   相鄰地號之兩棟房屋，分別登記為夫、妻名義，經查明已打通使用，且同址設籍，如其他要件符合《土地稅法》第 9 條及第 34 條規定，准予比照本部 67 臺財稅第 34248 號函規定合併按自用住宅用地稅率計課土地增值稅（財政部 75.12.18 臺財稅第 7581333 號函）。

3. 地下街販賣店用地依上下各層房屋使用土地面積比例計徵地價稅
   捷運線地下街及道路地下街販賣店所使用之土地可否免徵地價稅一案，應以土地上下各層房屋實際使用情形所占土地面積比例計徵地價稅，其計算公式如下：

(1) 地上地下均有建築物者：
   應課稅土地面積＝各層應課稅建築物面積×（1÷地上地下建築物總層數）

(2) 地上無建築物者：

應課稅土地面積＝各層應課稅建築物面積×[1÷（地下建築物層數＋1）]

（備註：(1)應課稅建築物面積應以各層或各個課稅單位建築物面積分別計算。(2)建築物層數之計算應加計公共設施建築物層數。）

（財政部 87.11.13 臺財稅第 871173982 號函）

4. 鄉村住宅供民宿使用者按一般用地稅率課徵地價稅

民宿稅捐之核課，前經行政院觀光發展推動小組第 34 次會議決議：「鄉村住宅供民宿使用，在符合客房數 5 間以下，客房總面積不超過 150 平方公尺以下，及未僱用員工，自行經營情形下，將民宿視為家庭副業，得免辦營業登記，免徵營業稅，依住宅用房屋稅稅率課徵房屋稅，按一般用地稅率課徵地價稅及所得課徵綜合所得稅。至如經營規模未符前開條件者，其稅捐之稽徵，依據現行稅法辦理。」（財政部 90.12.27 臺財稅字第 0900071529 號函）。

5. 加油站用地按千分之十稅率課徵地價稅之適用範圍

經主管機關核准設置之加油站用地，除供加油站本業直接使用及兼營車用液化石油氣部分，得依《土地稅法》第 18 條第 1 項第 4 款規定按千分之十稅率計徵地價稅外，其依加油站設置管理規則第 26 條規定所設置汽機車簡易保養設施、洗車設施、簡易排汙檢測服務設施、銷售汽機車用品設施、自動販賣機及兼營便利商店、停車場、代辦汽車定期檢驗、經銷公益彩券使用部分，應按一般稅率計徵地價稅（財政部 91.12.20 臺財稅字第 0910457590 號令）。

6. 捷運路線穿越地之地價稅准依其地上建物層數按比例減徵

大眾捷運系統隧道工程穿越之土地，既於土地登記簿標示部註記「捷運系統路線穿越地」，應可認定部分無償供公共使用，其地價稅准依其地上建物層數，參照〈土地稅減免規則〉第 10 條規定之比例予以減徵（財政部 87.12.24 臺財稅第 871204144 號函）。

7. 個人利用自用住宅從事理髮等家庭副業，其地價稅按自用住宅用地稅率課徵

個人利用自用住宅從事理髮、燙髮、美容、洋裁等家庭手工藝副業，沒有營業牌號，也沒有僱用人員，免辦營業登記，免徵營業

稅，這種房屋准按住家用稅率課徵房屋稅，所以房屋的基地，如果符合自用住宅用地規定的要件，可以按自用住宅用地稅率課徵地價稅（財政部 74.12.9.臺財稅 25965 號）。

8. 房屋外側供人繪製或懸掛廣告或屋頂搭建廣告鐵架等收取租金，仍准按自用住宅用地課稅

土地所有權人把自己的房屋外側壁面提供他人繪製廣告或懸掛廣告招牌或屋頂搭建廣告鐵架等收取租金，如經查明其他要件符合《土地稅法》第 9 條、第 17 條、第 34 條規定者，其用地仍准按自用住宅用地稅率核課地價稅（財政部 73.6.6 臺財稅 54060 號函）。

9. 房屋拆除改建適用自用住宅用地稅率問題

(1) 凡符合《土地稅法》第 9 條規定之自用住宅，其地上房屋拆除改建，在新建房屋尚在施工未領到使用執照以前，准繼續按特別稅率課徵地價稅（財政部 67.8.4.臺財稅 35222 號函）。

(2) 拆除改建之前不合自用住宅用地規定者，不得適用特別稅率（財政部 70.8.28.臺財稅 37178 號函）。

10. 輻射屋坐落基地無免徵地價稅之適用

輻射汙染房屋坐落之基地，其無法使用之原因核與土地稅減免規則第 12 條規定要件不符，不得依上開條文免徵地價稅（財政部 84.01.28 臺財稅第 841604466 號函）。

11. 土地上建築物為平房，分別供營業及自用住宅使用時，統按一般稅率計算地價稅。

同一筆土地其地上建築物為平房，分別供營業及自用住宅使用時，其基地不得按實際使用的土地面積比例，分別按自用住宅用地稅率及一般稅率計算地價稅，而應全部按一般稅率計課地價稅（財政部 68.11.22 臺財稅第 38267 號）。

12. 地上建築物為樓房，分別供營業及自用住宅使用時，准按各層實際使用情形占土地面積比例，分別按自用及一般稅率計課地價稅。

同一筆土地其地上建築物為樓房，分別供營業及自用住宅使用時，房屋不分是否分層編訂門牌或分層登記，准按各層房屋實際使用情形所占土地面積比例，分別按自用住宅用地稅率及一般稅率計課地價稅（財政部 67.6.30 臺財稅第 34248 號函），以順應國人住商混合之居住習慣。

註 釋

註 1：　李金桐，租稅各論，五南圖書公司，1993 年，頁 239～242。

註 2：　莊仲甫，土地稅法規精要，永然文化，1998 年，頁 41～42。

註 3：　商景明，土地稅，文笙書局，2000 年，頁 97～98。

　　　　查公誠，土地稅法規精義及實務，大海文化事業公司，1992 年，頁 141～142。

自我評量

1. 何謂地價稅？具何特性？

2. 試述地價稅之課徵範圍（對象）、納稅義務人與代繳義務人？

（62、63乙特、71高、87土）

3. 何謂公告地價？申報地價？公告現值？三者在租稅上具何意義？

（72會、78高）

4. 何謂累進起點地價？現行之計算方式是否妥適？其在地價稅的計算上，有何作用？　　　　　　　　　　　　　　（74高、97地政士）

5. 何謂工業用地？其適用地價稅稅率如何？　　　　　　　　（79會）

6. 試述地價稅之稅率結構？有何優點？　　　　　　（74高、80土）

7. 何謂空地？空地稅？徵收空地稅之目的為何？估計其能否達成抑制地價上漲之效果？　　　　　　　　　　　　　　　　　　　（78普）

8. 現行地價稅的基本稅率是多少？自用住宅用地的優惠稅率多少？自用住宅用地指何種土地？適用優惠稅率之住宅用地之面積有何限制規定？　　　　　　　　　　　　　（80土、85土檢、86土檢）

9. 何謂自用住宅用地？地價稅優惠稅率之規定如何？有何條件限制？

（75高、76高、80土）

10. 自用住宅用地優惠稅率徵收地價稅之規定，是否妥適？

（77高、79高、80土）

11. 試分別就土地性質、稅率及限制條件三項，簡述土地稅法中有關地價稅之課徵優惠稅率有哪幾種？　　　　　　（83土特、88土特）

12. 哪些事業直接使用之土地，於依目的事業主管機關核定規劃使用者，得按千分之十計徵地價稅？試依土地稅法之規定說明之。

（88土特、92土普）

13. 試就下列土地說明其地價稅課徵稅率各如何課徵？
(1)自用住宅用地　(2)工業用地　(3)公共設施保留地　(4)依停車場法規定設置供公眾使用之停車場用地　(5)私有土地。　　　（84土檢）

14. 試依平均地權條例，說明地價稅適用優惠稅率，不予累進及徵收田賦之重要規定？　　　　　　　　　　　　　　　　　（75 高）

15. 政府興建之國民住宅用地是否可適用自宅用地稅率？其必備要件為何？試列述之。

16. 自用住宅用地與工業用地之地價稅（及土地增值稅），如何徵收？試分述之。　　　　　　　　　　　　　　　　　　　　　（76 高）

17. 請依土地稅法之規定說明下列名詞：
    (1) 農業用地。
    (2) 空地。
    (3) 公告現值。
    (4) 都市土地。　　　　　　　　　　　　　　　　　　　（88 土檢）

18. 地價稅之納稅義務基準日為何？其開徵日期為何？試述之。

19. 試述地價稅之徵收與繳納程序？　　　　　　　　　　　　（73 高）

20. 逾期繳納地價稅及逃匿地價稅額有何處罰？

21. 設王君於臺北市都市計畫區有一筆土地，面積 500m²，申報地價 1 萬元/m²，設臺北市之累進起點地價為 150 萬元，如王君係以自用住宅用地之優惠稅率申繳且合於自用住宅用地之要件，其應納稅之地價稅若干？

22. 張君在花蓮市有一筆土地申報地價為 600 萬元，設該市累進起點地價為 50 萬元，土地上現建有四層樓房一棟，第一層供營業使用、第二層出租其學生住用、第三層父母住用、第四層設籍自己居住，第三層、第四層房屋，均符合地價稅自用住宅用地優惠稅率之要件。各層應適用何種稅率課徵地價稅？試為張君計算其每年地價稅要繳納多少？

23. 李君在屏東市所有土地申報地價總額 8,000 萬元，設該市累進起點地價為 1,000 萬元，其中免稅土地 500 萬元，自用住宅用地 300 萬元，工業用地 700 萬元，公共設施保留地（不符合免稅及自用要件）600 萬元，問李君每年應繳之地價稅究係若干？

24. 楊君在新北市有都市土地 10 公畝，其中 3 公畝為工業用地；1 公畝為公共設施保留地，未作任何使用且與使用中之土地隔離；2 公畝為自用住宅用地；其餘建屋出租，設每公畝土地公告地價為 100 萬元，新北市累進起點地價為 350 萬元，楊君全年地價稅應納稅額為若干？

25. 供事業直接使用之土地及公共設施保留地之地價稅有何優惠規定？試依土地稅法之規定說明之。　　　　　　　　　　（92 土檢）

26. 郭君在臺南市都市土地擁有房地四處共 8 公畝，第一處由本人設籍自住，面積 2 公畝，公告地價每公畝 250 萬元；第二處由配偶設籍，面積 2 公畝，公告地價每公畝 200 萬元；第三處由未成年受扶養子女設籍，面積 2 公畝，公告地價每公畝 100 萬元；第四處由郭君父母設籍居住，面積 2 公畝，公告地價每公畝 150 萬元。假定郭君並未於規定期限內申報地價，臺南市累進起點地價為 800 萬元；郭君全年地價稅應納稅額最少為若干？

27. 雅文在新北市有土地地價總額 2,000 萬元，該縣地價稅累進起點為 150 萬元，請算雅文應納之地價稅？　　　　　　　　（74 省市升等考）

28. 某甲於臺北市擁有獨幢住宅壹戶，自行居住，其基地為 400 平方公尺，設民國 80 年與 81 年該基地之公告地價，每平方公尺分別為新臺幣 5 萬元及 6 萬元，而累進起點地價分別為 1,300 萬元及 1,900 萬元，試求某甲於 81 年應繳地價稅若干？　　　　　　　　（83 土檢）

29. 信託土地課徵地價稅時，其納稅義務人為何？又依遺產及贈與稅法規定，信託之財產在哪些情況下其移轉或為其他處分不課徵贈與稅？

　　　　　　　　　　　　　　　　　　　　　　　　　　（93 土）

30. 對於自用住宅及工業用地之地價稅優惠稅率與條件，土地稅法有何規定？請說明之。　　　　　　　　　　　　　　　　（93 土檢）

31. 地價稅之課徵，適用自用住宅用地優惠稅率之條件為何？又申報一處以上之自用住宅用地時，認定順序為何？請分別說明之。　　（94 普）

32. 土地稅法對於地價稅與田賦之納稅義務人，以及前述稅賦之代繳有何規定？請分別說明之。　　　　　　　　　　　　　（94 土檢）

33. 對於地價稅、田賦及土地增值稅之滯納與逃漏，土地稅法有何處罰規定？試分別說明之。　　　　　　　　　　　　　　（94 土檢）

34. 林先生於臺北市文山區及松山區分別有土地 50 平方公尺及 10 平方公尺，目前均供住宅使用，其民國 95 年之公告地價分別為每平方公尺 7 萬元及 21 萬元，地價合計並未超過累進起點地價。若兩筆皆適用一般土地之稅率，當年度其應繳多少地價稅？另假設其中有一筆選擇適用自

用住宅用地之優惠稅率，則選擇何者為自用住宅用地較能節稅？又此種情況下，其應繳多少地價稅？ （96 地政士）

35. 對於公共設施保留地之使用限制及其地價稅與土地增值稅之減免，都市計畫法及土地稅法各有何規定？試說明之。 （96 地政士）

36. 甲於民國 94 年 3 月間向乙購買位於 A 縣都市計畫住宅區二筆土地，於辦畢土地所有權移轉登記後發現其中一筆雖非公共設施保留地，但卻供作住宅社區內居民通行使用之巷道，甲不服氣乃於民國 97 年 5 月向 A 縣稅捐稽徵處申請免徵該筆土地之地價稅，經該處核准並自民國 97 年起至原因消滅時止免徵地價稅，惟甲主張該系爭土地自民國 94 年 3 月起即無償供公共通行使用，從而 A 縣稅捐稽徵處應退還其已繳納民國 94、95 與 96 年之地價稅，試問甲之主張有無理由？
（98 高考地政－土地法規與土地登記）

37. 王君 99 年於臺北市持有下列三筆土地：甲地面積 400 平方公尺，每平方公尺申報地價$16,000，公告現值$25,000。乙地面積 100 平方公尺，每平方公尺申報地價$24,000，公告現值$40,000。丙地面積 100 平方公尺，每平方公尺申報地價$20,000，公告現值$35,000。甲地為自用住宅用地，按土地稅法規定適用優惠稅率；王君並於 99 年初將乙地交付信託，受託人為張君，受益人為王君本人。設 99 年臺北市累進起點地價為 200 萬元，試問：以王君為納稅義務人，99 年應繳納臺北市地價稅總額多少？99 年乙地地價稅納稅義務人為何人？稅額多少？
（99 會計師－稅務法規）

38. 甄富貴在某都市有土地共 7 公畝，其中符合自用住宅用地要件者有 2 公畝，該地每公畝市價為新臺幣 400 萬元，公告土地現值為 300 萬元，公告地價為 250 萬元，申報地價為 200 萬元。若該市地價稅累進起點地價為 100 萬元，請依土地稅法規定回答下列問題：何謂累進起點地價？該年度全年應納之地價稅額（請分別列式計算一般用地稅額與自用住宅用地稅額）。請說明得適用自用住宅用地稅率課徵地價稅之要件。 （100 會計師－稅務法規）

39. 信託土地，其地價稅之納稅義務人為何人？又為課徵地價稅辦理地價歸戶，該信託土地應與何人土地合併計算？合併計算後之地價稅，應如何分算繳納？請分述之。 （100 地政士）

40. 目前非都市土地依法編定為農業用地，或依都市計畫編為農業區之土地，如於其上興建豪宅、經營民宿等，究竟是否須課徵地價稅？試按現行法令規定說明之。 （101 地政士）

41. 某甲位於 T 市擁有 7 筆土地，均為都市計畫住宅區之土地，其各筆土地之申報地價分別如下表所示。如民國 101 年地價稅開徵，T 市民國 101 年累進起點地價為新臺幣（下同）1000 萬元，甲各筆土地上之建物均無出租或供營業使用，且建物為合法登記之建物，均作為住家使用。請計算某甲民國 101 年該 7 筆土地應繳的地價稅總額。

（101 地政士）

土地	民國 101 年申報地價	設戶籍人	建物所有人	土地面積
A	45 萬元／m²	甲	甲	0.8 公畝
B	40 萬元／m²	甲妻乙及甲子丁（19 歲）	甲	0.8 公畝
C	30 萬元／m²	甲子丙（32 歲）	甲妻乙	0.2 公畝
D	10 萬元／m²	甲嫂己	甲兄戊	1.2 公畝
E	5 萬元／m²	甲兄戊	甲妻乙	0.5 公畝
F	20 萬元／m²	甲父辛	甲父辛	1.5 公畝
G	15 萬元／m²	甲女庚（33 歲）	甲母壬	0.5 公畝

42. 甲公司於 100 年 7 月底向乙公司購入新北市新莊區工廠土地，並於 100 年 8 月 1 日完成土地產權登記。該工廠土地各種用途及面積如次：直接供工廠使用土地 5,000 平方公尺，行政辦公室及自用停車場 1,500 平方公尺，勞工宿舍 1,000 平方公尺，廠內土地每平方公尺公告地價均為$12,500，每平方公尺申報地價均為$10,000。土地出售前，乙公司經核准工廠使用土地得適用 10‰稅率，勞工宿舍土地得適用 2‰稅率。100 年甲公司在新北市無其他土地，設新北市累進起點地價為 500 萬元。根據上述資料及以下所附之土地稅法第 16 條的稅率規定，試問：

(1) 若甲公司於 100 年 8 月 15 日重新申請適用地價稅各項優惠稅率，則 100 年甲公司應繳納新北市地價稅多少元？

(2) 若甲公司直至 100 年 10 月 1 日才重新申請適用地價稅各項優惠稅率，則 100 年甲公司應繳納新北市地價稅多少元？

(101 會計師)

43. 地價稅之課徵，有比例（單一）稅率與累進稅率兩種立法例，請分析其利弊得失。又我國係採行何種累進稅率？請就土地稅法之規定說明之。　　　　　　　　　　　　　　　　　　　　　　　(101 估價師)

44. 試分別依土地稅法、房屋稅條例及特種貨物及勞務稅條例之規定，說明「地價稅」、「房屋稅」及「銷售房屋、土地之特種貨物及勞務稅」之稅基及納稅義務人。　　　　　　　　　　　　(102 經紀人)

45. 何謂自用住宅用地？申請按自用住宅用地課徵地價稅之時機及應備文件為何？逾期申請者，應如何適用？適用特別稅率之原因及事實消滅時，土地所有權人負有何種義務？違者，處罰規定如何？

(103 地政士)

46. 地價稅、土地增值稅及房屋稅之稅基各為何？其又如何核定或計算？試分別依土地稅法及房屋稅條例之規定說明之。　　(104 地政士)

47. 何謂累進起點地價？地價稅之稅率為何？試就平均地權條例及土地稅法之規定敘述之。　　　　　　　　　　　　　　(105 地政士)

48. 依土地稅法及土地稅減免規則之規定，請說明公共設施保留地、無償供公眾通行之道路用地與供公眾通行之騎樓走廊用地，三者土地之地價稅依法如何課徵？試說明之。　　　　　　　　　(107 地政士)

49. 請依平均地權條例規定，說明地價稅之累進起點地價及課徵之一般稅率結構。　　　　　　　　　　　　　　　　　　(108 經紀人)

50. 試說明自用住宅的地價稅與土地增值稅在戶籍登記、面積、出租及營業、次數及處數限制、稅基上的規定有何異同？　　(108 地政士)

51. 請依土地稅法之規定，詳細說明地價稅之納稅義務人，又那些代繳義務人代繳之地價稅，得向納稅義務人求償。　　(109 經紀人)

52. 我國地價稅係採倍數累進方式課徵，但也針對土地使用或權屬規定不須累進之特別稅率或減免。試依土地稅法規定說明地價稅之特別稅率內容。　　　　　　　　　　　　　　　　　　(109 地政士)

53. 甲與其妻乙婚後購買 A、B 兩屋，甲、乙與未成年兒子丙共同居住於臺北市之 A 屋，登記之所有權人為甲，並由甲在此設立戶籍。新北市之 B 屋，登記之所有權人為乙，由乙和丙在此設立戶籍。請問依土地稅法及其施行細則之規定，自用住宅用地之地價稅特別稅率適用要件為何？如甲、乙之 A 屋及 B 屋均符合自用住宅用地要件，但是否均得申請適用特別稅率或應如何適用之？　　　　　　　（110 地政士）

54. 何謂「累進起點地價」？又地價稅課稅基礎及其稅率結構為何？試依《土地稅法》規定分別說明之。　　　　　　　　　　　（111 地政士）

55. 土地為信託財產，請依《土地稅法》相關規定說明信託土地其地價稅之納稅義務人？其應納之地價稅如何計算？並說明其立法原由。

　　　　　　　　　　　　　　　　　　　　　　　　　（112 地政士）

CHAPTER

03

田　賦
Rural Land Tax

Essentials Practical
Real Estate Tax Law

壹　概　述

一　意義與特性

(一) 意　義

　　田賦，係對未規定地價或已規定地價仍作農業用之土地，在平時按耕作收益所課徵之稅賦。

(二) 特　性

1. 收益稅性質，稅源穩定

　　田賦係以農地之收益為課徵對象屬收益稅性質，且其農地具不移性、面積固定，無法藏匿，除非有天然災害產生，否則稅源穩定，但自工商業日益發達，田賦稅收財政功能已日失。

2. 具對物稅性質

　　為穩定糧價，田賦的課徵採徵收稻米、小麥等實物制度，具有對物稅性質。

3. 具地方稅性質

　　田賦之稅收歸屬為直轄市及縣（市）政府之地方稅，而政府為減輕農民負擔，迭有減免，甚至停徵。加上耕地日漸減少，田賦占地方財源之比重亦日趨下降。

4. 稽徵成本高

　　田賦以徵收實物為主，實物有保管上之困難，同時折徵代金，其計算基礎仍為實物，價格之查定耗時費力，造成課徵之稅務行政成本高。

二　法令依據

　　田賦的課徵，原本以《田賦徵收實物條例》為依據，民國 66 年廢止前法並公布《土地稅法》，將田賦相關規定收納其中，現行即以**《土地稅法》**為施行田賦之主要依據。

1. 《土地稅法》暨其施行細則。

2. 《平均地權條例》暨其施行細則。

3. 〈土地稅減免規則〉。

⊟ 立法沿革

(一) 民國前

我國土地稅徵收田賦創行最早，田賦徵收史實始於夏后氏，唐代行租庸調法，名目繁多。明末則施行一條鞭法。

(二) 抗戰時期

民國 26 年 8 月 30 日行政院公布各省市田賦徵收通則，規定各省市未依法舉辦土地稅之區域，應照核定徵收田賦。民國 30 年 7 月 23 日行政院為因應戰時財政糧食需要，公布戰時各省市〈田賦徵收實物暫行通則〉，至此田賦恢復徵收實物。

(三) 抗戰勝利迄今

民國 43 年 12 月行政院公布《田賦徵收實物條例》。日後土地稅法的制定，有關田賦部分，即是以此條例為藍本。田賦徵實依據之法規，除《田賦徵收實物條例》及其實施辦法外，尚有《勘報災歉條例》及〈田賦徵收實物驗收規則〉。

同年度，政府決定繼農地改革之後，在臺灣省實施都市土地改革，行政院特制定〈實施都市平均地權條例〉，但為求平均地權政策能擴及全面貫徹實施，於民國 66 年 2 月 2 日將《實施都市平均地權條例》修正為《平均地權條例》，並經行政院以命令指定臺灣省及臺北市為本條例之施行區域，明定田賦之課徵範圍。

之後有鑑於現行賦稅制度，各項稅捐皆有單獨之稅法，以為徵納之依據。惟獨土地稅一項，分散附寄於十幾種法令規章之中，乃於民國 66 年 7 月 14 日公布《土地稅法》，並將田賦有關徵收之規定，概予納入本法。土地稅法即包括田賦、地價稅與土地增值稅。

㊃ 用辭定義

（一）地　目

地目，指各直轄（市）、縣（市）地籍冊所載之土地使用類別。

依《土地法》第 2 條規定，土地依其使用分為 4 大類 21 種地目，如表 3-1 所示。

表 3-1　各類地目名稱及意義表

土地使用種類	地　目	意　義
一、建築用地	建	房屋及附屬之庭院。
	雜	自來水用地、運動場、紀念碑、練兵場、射擊場、飛機場等用地。
	祠	祠廟、學院、佛堂、神社、教務所及說教所等均屬之。但兼用住宅者不在此限。
	鐵	車站、車庫、貨物庫等及在車站內之站長、車長之宿舍均屬之。
	公	公園用地。
	墓	墳墓用地。
二、直接生產用地	田	水田用地。
	旱	旱田用地。
	林	林地、林山均屬之。
	養	魚池。
	牧	畜牧用地。
	礦	礦泉地，但限於其湧泉口及其維持上必要之區域。
	鹽	製鹽用地。
	池	池塘。
三、交通水利用地	線	鐵道線路用地。
	道	公路、街道、衢巷、村道、小徑等公用或公共用之輕便鐵道線路均屬之。
	水	埤圳用地。
	溜	灌溉用之塘湖、沼澤。
	溝	一切溝渠及運河屬之。
四、其他用地	堤	堤防用地。
	原	荒蕪未經利用及已墾復荒之土地均屬之。

註：地目等則制度已自 106 年 1 月 1 日廢除，並停止辦理地目變更登記。

（二）等　則

指按各種地目土地單位面積（公頃）全年收益或地價高低所區分之賦率等級（土稅 13）。

等則即土地之分級，乃表示土地生產力優劣之等級。等則愈低者，生產力愈高，賦元數愈大，應納之田賦愈高；等則愈高者則反之。

臺灣地區除溝、堤二種地目因公用屬免稅外，其餘地目均定有等則，各地目等則不一，例如：田、旱地目分為 26 種等則數，養地目 19 種，池地目 8 種，鹽地目 11 種，礦地目 18 種，林地目 15 種，牧地目 1 種，建、雜地目 92 種，原地目 30 種，其餘八種地目則比照所在地鄰近地上述地目銓定田賦等則。

（三）賦　率

賦率，即為對每一課稅單位所徵賦稅之比例，現行田賦之賦率，例如田地目的賦率是 2%～3.5%、旱地目的賦率是 1.6%～3.1%二者均採全額累進賦率，隨等則之提高而遞增；又如建、雜地目的賦率是 5%採比例賦率。

賦率為決定賦額之主要依據，土地稅法未見相關規定，實有欠妥當。而僅於〈土地稅法施行細則〉第 36 條規定，田賦徵收實物之賦率，由行政院公告之。

（四）賦　元

指按各種地目等則土地單位面積全年收益或地價釐定全年賦額之單位。

每公頃土地每年應繳之賦元額，為計算田賦之基數，並非實際支付之流通貨幣。

土地收益－經營費用＝自耕收益
平均自耕收益x賦率＝賦元

（五）賦　額

指依每種地目等則之土地面積，各該地目等則單位面積釐定之賦元所得每筆土地全年賦元之積。

賦元x土地面積（公頃）＝賦額

(六) 實　物

指各地區徵收之稻穀、小麥或就其折徵之他種農作產物。

(七) 代　金

指應徵實物折徵之現金。

(八) 夾雜物

指實物中含帶之沙、泥、土、石、稗子等雜物。

貳　課徵範圍

一　非都市土地

(一) 非都市土地依法編定之農業用地或未規定地價者，徵收田賦（土稅 22）

所稱非都市土地依法編定之農業用地，指依區域計畫法編定為**農牧用地、林業用地、養殖用地、鹽業用地、水利用地、生態保護用地、國土保安用地**之土地及**國家公園區內**由國家公園管理機關會同有關機關認定合於上述規定之土地（土稅細 21）。

(二) 非都市土地編為其他用地，但合於下列規定者仍徵收田賦（土稅細 22）

1. 於民國 75 年 6 月 29 日平均地權條例修正公布施行前，經核准徵收田賦仍作農業用地使用者。

2. 合於非都市土地使用管制規定作農業用地使用者。

例如非都市之山坡地保育區林業用地，縱閒置不用，亦課徵田賦，不受地目之限制。

二 都市土地

都市土地合於下列規定者，徵收田賦（土稅 22）：

(一) 依都市計畫編為農業區及保護區，限作農業用地使用者

(二) 公共設施尚未完竣前，仍作農業用地使用者

所謂「**公共設施尚未完竣前**」，指道路、自來水、排水系統、電力等四項設施任何一項尚未建設完竣而言，前項道路以計畫道路（路寬 6 公尺以上）能通行貨車為準；自來水及電力以可自計畫道路接通輸送者為準；排水系統以能排水為準。

公共設施完竣之範圍，應以道路兩旁鄰接街廓之一半深度為準，但道路同側街廓之深度有顯著差異或毗鄰地特殊者，得視實際情形由直轄市或縣（市）政府劃定之（土稅細 23）（內政部 78.1.9 臺內地字第 661680 號函）。

(三) 依法限制建築，仍作農業用地使用者

(四) 依法不能建築，仍作農業用地使用者

(五) 依都市計畫編為公共設施保留地，仍作農業用地使用者

上述第（二）項及第（三）項，以自耕農地及依耕地三七五減租條例出租之耕地為限。

三 農民團體與合作農場所有直接供農業使用等用地

農民團體與合作農場所有直接供農業使用之倉庫、冷凍（藏）庫、農機中心、蠶種製造（繁殖）場、集貨場、檢驗場、水稻育苗用地、儲水池、農用溫室、農產品批發市場等用地，仍徵收田賦（土稅 22）。

參 納稅義務人

一 納稅義務人

田賦（或地價稅）之納稅義務人如下：

(一) 土地所有權人

(二) 設有典權土地，為典權人

(三) 承領土地，為承領人

(四) 承墾土地，為耕作權人

土地所有權屬於公有或公同共有者，以管理機關或管理人為納稅義務人。其為分別共有者，以共有人所推舉之代表人為納稅義務人。

(五) 土地為信託財產者，於信託關係存續中，以受託人為田賦之納稅義務人

二 代繳義務人

土地有下列情形之一者，主管稽徵機關得指定**土地使用人**為代繳義務人，代繳其使用部分之田賦（或地價稅），但下列第（一）至（三）款代繳義務人代繳之田賦（或地價稅），得用以抵付使用期間應付之地租或向納稅義務人求償（土稅4）：

(一) 納稅義務人行蹤不明者

(二) 權屬不明者

(三) 無人管理者

(四) 土地所有權人申請由占有人代繳者

田賦徵實與折徵代金

田賦之徵收以實物為主，折徵代金為輔，其目的在掌握糧源，充分供應糧食及平抑市價。

● 一 田賦徵實－生產稻穀或小麥土地

田賦徵收實物，就各地方生產之稻穀或小麥徵收之。不產稻穀或小麥之土地及其他特殊情形，得按應徵實物折徵當地生產雜糧或折徵代金。

實物計算一律使用公制衡器，以公斤為單位，公兩以下四捨五入（土稅 23）。

(一) 法定標準

徵收實物標準如下（土稅 24）：

1. 徵收稻穀區域之土地，每賦元徵收稻穀 27 公斤。

2. 徵收小麥區域之土地，每賦元徵收小麥 25 公斤。

(二) 實徵標準

前項法定標準係明定田賦徵收實物每賦元之最高限額，行政院得視各地土地稅捐之負擔情形，酌予減低。行政院降低田賦之重要措施如下：

1. 停徵附加教育捐—民國 61 年

民國 61 年起停徵田賦每賦元附加教育捐 0.65 公斤。

2. 降低田賦徵實標準—民國 66 年與 68 年

行政院於民國 66 年核定減低徵收實物之標準如下：

(1) **田地目**：按每賦額每賦元徵收稻穀 13 公斤（第一期徵收 8 公斤，第二期徵收 5 公斤）。

(2) **田以外各種地目**：按每賦額及上項規定的賦率，依各縣市核定之在稻穀價格折徵代金。

(3) **田、旱地目之三七五出租耕地**：按年賦額每賦元徵收稻穀 10 公斤
（第一期徵收 6 公斤，第二期徵收 4 公斤）。由於臺灣地區不產小
麥，田賦徵實乃以稻穀為準。

行政院復於 68 年起，第二期田賦不再徵收，只徵收第一期。

3. 全面停徵—民國 76 年第二期起

為調劑農業生產狀況或因應農業發展需要，行政院得決定停徵全
部或部分田賦（土稅 27-1）。政府為減輕農民負擔，提高農民收益，
且衡酌田賦之稽徵成本高，稅收不多，行政院經 76 年 8 月 13 日第
2044 次會議決議，於民國 **76 年第二期起全面停徵**田賦至今。

(三) 實物驗收標準

實物驗收，以新穀同一種類、質色未變及未受蟲害者為限；其所含
沙、石、泥土、稗子等類雜物及水分標準如下（土稅 25）：

1. 稻穀

夾雜物不得超過 5‰，水分不得超過 13%，重量一公石在 53 公斤
2 公兩以上者。

2. 小麥

夾雜物不得超過 4‰，水分不得超過 13%，重量一公石在 74 公斤
以上者。

因災害、季節或特殊情形，未達前述實物驗收標準時，得由直轄市或
縣（市）政府視實際情形，酌予降低。

● 二 折徵代金－不產稻穀或小麥地及特殊土地

(一) 適用之土地

不產稻穀或小麥之土地及有特殊情形地方，得按應徵實物折徵當地生
產雜糧或折徵代金。代金以元為單位（土稅 23）。

折徵代金之適用情形如下（土稅細 27、28）：

1. 田地目以外土地不產稻穀或小麥者，得按應徵實物折徵代金。

2. 田地目土地受自然環境限制不產稻穀或小麥，經勘定為**永久性單季田**、**臨時性單季田**及**輪作田**者，其不產稻穀或小麥之年（期），得按應徵實物折徵代金。

3. 永久性單季田如係跨兩期改種其他農作物者，每年田賦仍應一期徵收實物，一期折徵代金。

4. 永久性單季田及輪作田於原核定種植稻穀或小麥年（期），有土地稅法施行細則第 30 條所定情形之一（即稻田缺水，當期不產稻穀或小麥者）經勘查屬實，勘定為臨時性單季田者，當期田賦實物仍得折徵代金。

5. 納稅義務人所有課徵田賦實物之土地，按段歸戶後實際造單時，賦額未超過 5 賦元者，准予折徵代金（土稅細 28）。

上述所稱「**永久性單季田**」，是指田地目有下列情形之一者（土稅細 29），應勘定為永久性單季田：

(1) 土地因受自然環境限制、水量不足、氣候寒冷或水量過多時，每年必有一期不產稻穀或小麥者。

(2) 屬於灌溉區域內土地，每年必有固定一期無給水灌溉，不產稻穀或小麥者。

所稱「**臨時性單季田**」，是指田地目有下列情形之一，當期不產稻穀或小麥者，應勘定為臨時性單季田（土稅細 30）：

(1) 因災害或其他原因，致水量不足者。

(2) 灌溉區域之稻田，因當期給水不足者。

(3) 非灌溉區域之稻田，因當期缺水者。

所稱「**輪作田**」，是指田地目土地因非輪值給水灌溉年（期），不產稻穀或小麥者，應勘定為輪作田（土稅細 31）。

(二) 折徵代金之標準

田賦折徵代金標準規定如下（土稅細 36）：

1. 核定代金價格

田地目以外各地目按土地賦籍冊所載之年賦額及依規定賦率徵收稻穀數量，按各縣、市當地田賦開徵前第 20 日至第 16 日共 5 日期

間，各主要生產鄉、鎮、市（區）當期生產之在來種稻穀平均市價折徵代金。

臺灣省澎湖縣田賦折徵代金標準比照該省臺南市第一期公告之折徵代金價格折徵。

2. 調查與公告

前項稻穀市價，由行政院農業委員會會同當地縣（市）政府、議會、農會及米穀商業同業公會調查之。稻穀市價調查及資料通報等有關作業事項，依各縣（市）政府之規定，並於稻穀市價調查完畢次日，由縣（市）政府公告實施。

3. 直轄市之折徵代金標準

直轄市之折徵代金標準，應比照毗鄰之縣份當期公告之價格辦理。田地目土地、稻穀生產量較少及稻穀市價調查期間經常未有實際交易之稻穀市價可供調查之縣（市），其折徵代金標準，應比照毗鄰縣分當期公告之價格辦理。

三 賦額計算案例

［例一］ 課徵實物

王五有田地目一等則之土地，面積 5 公頃，每公頃應徵賦元 50.52 元，賦率為每賦元 13 公斤，若全年分兩期繳納，試算每期應納田賦若干？

解 每公頃全年賦元×土地面積×徵實賦率＝徵實數量
第一期　50.52（賦元）×5 公頃×8 公斤＝2,021 公斤
第二期　50.52（賦元）×5 公頃×5 公斤＝1,263 公斤

［例二］ 折徵代金

小張有旱地目八等則之土地折徵代金，面積 2 公頃，每公頃應徵賦額 18.46 元，假設在來種稻穀平均市價為 20 元，若全年分兩期繳納，則其每期應納田賦若干？

> **解**　應納田賦係按該筆土地應徵實物數量，依各縣市在田賦開徵
> 前調查核定的在來種稻穀價格折徵代金
> 每公頃全年賦元×土地面積×徵實賦率×折徵代金價格
> ＝應納田賦代金
> 第一期　18.46 賦元×2 公頃×8 公斤×20 元＝5,907 元
> 第二期　18.46 賦元×2 公頃×5 公斤×20 元＝3,692 元

伍　隨賦徵購

政府為掌握糧源，穩定糧價，避免糧商剝削，以保障農民之利益。規定徵收實物之地方，得視當地糧食生產情形，辦理隨賦徵購實物；其標準由**行政院**核定之（土稅 26）。亦即只在徵收實物之地方，才辦理隨賦徵購。

一　隨賦徵購標準

辦理隨賦徵購實物之標準，由行政院公告之（土稅細 36）。目前臺灣地區隨賦徵購實物，經行政院核定公告之標準如下：

(一) 一般田地目土地

每賦元每年隨賦徵購稻穀 35 公斤；第一期徵購 26 公斤，第二期徵購 9 公斤。

(二) 三七五出租耕地

每賦元每年隨賦徵購稻穀 17 公斤；第一期徵購 10 公斤，第二期徵購 7 公斤。

另行政院為減輕農民負擔，自民國 68 年起，第二期田賦不再徵收，但隨賦徵購仍依原訂標準實施。

二　徵購價格標準

有關隨賦徵購實物價格規定如下（土稅細 36）：

(一) 隨賦徵購稻穀價格

隨賦徵購稻穀價格以各縣、市當期田賦開徵前第 20 日至第 16 日共 5 日期間，各主要生產鄉、鎮、市（區）當期生產之蓬來種稻穀平均市價與在來種稻穀平均市價為準，報由各縣（市）議會與縣（市）政府有關單位組織之隨賦徵購稻穀價格評價委員會於當期田賦開徵前第 14 日分別訂定之，其標準應優於市價。

(二) 調　查

前項稻穀價格，由行政院農業委員會會同當地縣（市）政府、議會、農會及米穀商業同業公會調查之。

(三) 公　告

隨賦徵購稻穀價格由評價委員會評定後，3 日內送請行政院農業委員會公告實施。

(四) 直轄市隨賦徵購稻穀價格

直轄市之隨賦徵購稻穀價格，應比照毗鄰之縣分當期公告之價格辦理。田地目土地、稻穀生產量較少及稻穀市價調查期間經常未有實際交易之稻穀市價可供調查之縣、市，其隨賦徵購稻穀價，應比照毗鄰縣分當期公告之價格辦理。

▣ 隨賦徵購價額計算

[例三]

老王有田地目一等則之土地，面積 5 公頃，每公頃應徵賦元 50.52 元，如隨賦徵購每賦元 35 公斤，徵購價格為每公斤 20 元，若全年分兩期徵購，試算每期應領徵購價款若干？

解　第一期 20 元 ×50.52（賦元）×5 公頃×26 公斤 = 131,352 元
　　　第一期 20 元 ×50.52（賦元）×5 公頃×9 公斤 = 45,468 元

陸 田賦之減免

一 減免標準

為發展經濟，促進土地利用，增進社會福利，對於國防、政府機關、公共設施、騎樓走廊、研究機構、教育、交通、水利、給水、鹽業、宗教、醫療、衛生、公私墓、慈善或公益事業及合理之自用住宅等所使用之土地，及重劃、墾荒、改良土地者，得予適當之減免；其減免標準及程序，由行政院定之（土稅 6）。

二 公、私有土地之減免

每期田賦實際造單賦額，每戶未滿一賦元者，免予課徵（土稅細 3）。

另可減免地價稅之公私有土地，若該土地係課徵田賦者，均得減免其田賦，請參閱本書第 2 章柒、地價稅之減免。

三 特定土地之減免

(一) 森林、保安林地

經依法編定為森林用地，或尚未編定為森林用地之山林地目，業經栽植竹木之土地，田賦**減徵 50%**。但依法編定並實際供保安林使用之土地，田賦**全免**（土減 13）。

(二) 承墾土地

已墾竣之土地，仍由原承墾人耕作並經依法取得耕作權者，自有收益之日起，**免徵田賦 8 年**。

免徵田賦期間內，原承墾人死亡，仍由繼承人耕作者，得繼續享受尚未屆滿之免稅待遇（土減 14）。

(三) 改良土地

農地因農民施以勞力或資本改良而提高等則（包括地目等則變更）者，其增加部分之田賦**免徵 5 年**（土減 15）。

(四) 擴大農場耕地

家庭農場為擴大經營面積或便利農業經營，在同一地段或毗鄰地段購置或交換耕地時，於取得後連同原有耕地之總面積在 5 公頃以下者，其新增部分，**免徵田賦 5 年**（土減 15）。

(五) 繼承之農地

作農業使用之農業用地，由繼承人或受遺贈人承受者，自承受之年起，**免徵田賦 10 年**（土減 15）。

(六) 受贈之農地

作農業使用之農業用地，贈與民法 1138 條所定繼承人者，自受贈之年起，**免徵田賦 10 年**（土減 15）。

(七) 無償供用之農舍土地

依耕地三七五減租條例規定，出租人無償供承租人使用之農舍土地，**田賦全免**（土減 16）。

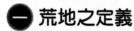

柒　田賦之加徵－荒地稅

一　荒地之定義

(一) 土地法

凡編為農業或其他直接生產用地，未依法使用者，為**荒地**。但因農業生產之必要而休閒之土地，不在此限（土 88）。

(二) 土地稅法

農業用地閒置不用，經直轄市或縣（市）政府報經內政部核准通知限期使用或命其委託經營，逾期仍未使用或委託經營者，課徵荒地稅。但有下列情形之一者不在此限（土稅 22-1）：

1. 因農業生產或政策之必要而休閒者。
2. 因地區性生產不經濟而休耕者。

3. 因公害汙染不能耕作者。

4. 因灌溉、排水設施損壞不能耕作者。

5. 因不可抗力不能耕作者。

　　所稱「**農業用地**」，指非都市土地或都市土地農業區、保護區範圍內土地，依法供下列使用者（土稅 10）：

1. 供農作、森林、養殖、畜牧及保育使用者。

2. 供與農業經營不可分離之農舍、畜禽舍、倉儲設備、曬場、集貨場、農路、灌溉、排水及其他農用之土地。

3. 農民團體與合作農場所有直接供農業使用之倉庫、冷凍（藏）庫、農機中心、蠶種製造（繁殖）場、集貨場、檢驗場等用地。

❷ 荒地稅稅額

(一) 土地法

　　私有荒地，經限期強制使用，而逾期未使用者，應於依法使用前加徵荒地稅。荒地稅不得少於應徵地價稅，**不得超過應徵地價稅之 3 倍**（土 174）。

(二) 土地稅法

　　農業用地閒置不用，經直轄市或縣（市）政府報經內政部核准通知限期使用或命其委託經營者，逾期仍未使用或委託經營者，按應納田賦加徵 **1 倍至 3 倍之荒地稅**；經加徵荒地稅**滿 3 年**，仍不使用者，得**照價收買**。

　　其實施辦法，依平均地權條例有關規定辦理（土稅 22-1）。

❸ 荒地稅與空地稅之比較

　　空地稅與荒地稅，均係對**未使用**或**低度利用**之土地，經政府限期強制使用而仍未依法使用之私有土地為課徵對象，同具有**懲罰性質**之稅賦。而二者之差異整理如下表 3-2 所示。

表 3-2　荒地稅與空地稅差異之比較表

	荒　地　稅	空　地　稅
1. 課徵範圍	閒置不用或未依法使用之私有農地或直接生產用地。	私有空地未作建築使用或低度使用之建地。
2. 加徵程序	荒地經直轄市或縣（市）政府報經內政部核准，即可通知限期使用或命其委託經營。	空地限期建築、增建、改建或重建，由直轄市或縣（市）政府視建設發展情形，分別劃定區域實施。
3. 課徵標準	按應納田賦加徵 1 至 3 倍荒地稅，係以田賦為加徵基礎。	按該宗土地地價稅基本稅額，加徵 2 至 5 倍空地稅，係以地價稅為加徵之基礎。
4. 照價收買之要件	加徵荒地稅滿 3 年後，仍不為使用者，得照價收買。	經限期建築、增建、改建或重建而逾期仍未建築者，即予加徵空地稅或照價收買，二者擇一。
5. 例外情形	荒地稅是對農業用地閒置不用，但因農業生產或政策上必要或不可抗力原因而休閒者，則不視為荒地。	無加徵之例外規定。

捌　稽徵程序

一　地目等則調整

　　徵收田賦土地，因交通、水利、土壤及水土保持等因素改變或自然變遷，致其收益有增減時，應辦理地目等則調整，其辦法由中央地政主管機關定之（土稅 27）。據此內政部訂定有〈徵收田賦土地地目等則調整辦法〉，以利執行。依該辦法規定，地目等則調整，**每 5 年**舉辦一次，必要時各級主管機關得變更之。

二 造冊建卡

依法課徵田賦之土地，主管稽徵機關應依地政機關及農業主管機關編送之土地清冊分別建立土地卡（或賦籍卡）及賦籍冊按段歸戶課徵（土稅細 26），以作為課徵田賦之依據。

三 異動之釐正

土地權利、土地標示或所有人住址有異動時，地政機關應於登記同時更正地價冊，並於 **10 日內**通知主管稽徵機關釐正土地卡（或賦籍卡）及賦籍冊（土稅細 26）。

四 納稅義務基準日

田賦之徵收，以直轄市、縣（市）各期田賦**開徵前第 30 日**為納稅義務基準日。各期田賦以納稅義務基準日土地登記簿所載之土地所有權人或典權人、承領人、耕作權人為納稅義務人（土稅細 40）。

五 減免之申請

田賦有合於土地稅減免規則所定之減免標準者，其減免之申請與地價稅之規定相同，請參閱本書第 2 章玖、稽徵程序之三、減徵免徵之申請。

六 賦額核定

田賦由直轄市及縣（市）主管稽徵機關依每一土地所有權人所有土地按段歸戶後之賦額核定，每年以分上下二期徵收為原則，於農作物收穫後一個月內開徵，每期應徵成數，得按每期實物收穫量之比例（上期 6 成，下期 4 成），就賦額劃分計徵之（土稅 45）。

七 公告送單

主管稽徵機關應於每期田賦開徵前 10 日，將開徵日期、繳納處所及繳納須知等事項公告周知，並填發繳納通知單，分送納稅義務人或代繳義務人，持憑繳納（土稅 46）。

八　繳　納

田賦納稅義務人或代繳義務人於收到田賦繳納通知單後，徵收實物者，應於 30 日內向指定地點繳納，折徵代金者，應於 30 日內向公庫繳納（土稅 47）。納稅義務人所有課徵田賦實物之土地，按段歸戶後實際造單時，賦額未超過 5 賦元者，准予折徵代金（土稅細 28）。

九　改徵代金

田賦徵收實物之土地，因受環境或自然限制變更使用，申請改徵實物代金者，納稅義務人應於當地徵收實物之農作物普遍播種後 30 日內，向鄉（鎮）（市）（區）公所申報。

申報折徵代金案件，鄉（鎮）（市）（區）公所應派員實地調查屬實後，列冊送由主管稽徵機關會同當地糧食機關派員勘查核定（土稅 48）。

十　申請退稅

納稅義務人或代繳義務人如有重複或錯誤繳納田賦及隨賦徵購稻穀時，得依規定申請主管稽徵機關會同當地糧政主管機關辦理退還或抵繳次期應繳田賦及隨賦徵購稻穀。但納稅義務人或代繳義務人得僅申請退還田賦實物；其申請退還或抵繳田賦代金者，免由當地糧政主管機關會辦。

依前項規定退還之田賦實物及隨賦徵購稻穀，應以退還當期之新穀，並以原繳納之同一種類稻穀退還之。其退還隨賦徵購稻穀，應先行按退還時當期政府核定隨賦徵購單位價格計算其徵購稻穀價款，繳付於指定退還實物經收公糧倉庫後予以退還（土稅細 38）。

十一　稅捐確保

欠繳土地稅之土地，在欠稅未繳清前，不得辦理移轉登記或設定典權。所欠稅款，土地承受人得申請代繳或在買價、典價內照數扣留完納；其屬代繳者，得向納稅義務人求償（土稅 51）。

玖 罰 則

一 逾期納稅

納稅義務人或代繳義務人未於稅單所載限繳日期內繳清應納稅款者，每逾 2 日按滯納數額加徵 1%滯納金；逾 30 日仍未繳納者，移送法務部行政執行署所屬行政執行分署強制執行。經核准以票據繳納稅款者，以票據兌現日為繳納日。

欠繳之田賦代金應發或應追收欠繳之隨賦徵購實物價款，均應按照繳付或徵購當時政府核定之標準計算（土稅 53）。

二 短匿稅額

納稅義務人藉變更、隱匿地目等則或於適用特別稅率、減免田賦之原因、事實消滅時，未向主管稽徵機關申報者，依下列規定辦理（土稅 54）：

1. 逃稅或減輕稅賦者，除追補應納部分外，處短匿賦額 3 倍以下之罰鍰。

2. 規避繳納實物者，除追補應納部分外，處應繳田賦實物額 1 倍之罰鍰。

前項應追補之賦額、隨賦徵購實物及罰鍰，納稅義務人應於通知繳納之日起 1 個月內繳納之；屆期不繳納者，移送強制執行。

依規定追補應繳田賦時，實物部分按實物追收之；代金及罰鍰部分，按繳交時實物折徵代金標準折收之；應發隨賦徵購實物價款，按徵購時核定標準計發之（土稅 55）。

稅制思考

思考一

田賦課徵制度廢止改課地價稅之可行性？

【論　點】

　　田賦之課徵雖有掌握糧源，穩定糧價，調節市場供需之優點，但亦有下列頗多缺點久為人們所詬病：

(1) **田賦糧食政策功能已失**：隨著經濟結構之改變，稻米生產已過剩，糧源之控制已無匱乏，自無再由政府控制糧源之必要。再則，糧價之波動對物價之影響已不若以往，穩定糧價之功能自然大為降低。因此，田賦已無作為糧食政策工具的必要。

(2) **不符租稅公平原則**：徵收田賦所依據之「臺灣地區各地目等則每公頃全年賦額表」，係於民國 33 年日據時代所查定。其間雖經幾次調整，但仍多有田賦之負擔與現況土地收益不能配合的情形，不符租稅公平原則。

(3) **不符租稅節約原則**：近年來，政府為減輕農民負擔，一再降低田賦的課徵標準，甚且已停徵多年，田賦占總稅收的比例甚微，對稅收助益不大。加上繳納驗收程序不便，稽徵成本較諸其他各稅偏高，不符租稅節約原則。

(4) **不符便民利課原則**：田賦徵實，農民須將實物運送至指定倉庫並排隊繳納，增加人民的不便。再則，驗收標準嚴格，手續繁複，易引起徵納雙方之爭執，頗不符便民利課原則。

　　現行田賦制度即基於上述諸多缺失，因而衍生出存廢問題。行政院為維護土地稅制之公平健全，減輕農民負擔，及維持現行田賦徵收制度，乃決定自民國 76 年第二期起全面停徵田賦。但目前臺灣地區幾乎已全面規定地價，田賦如廢除，農地不課稅，將有違土地稅制之立法精神與租稅公

平原則。是以，田賦改課地價稅之說，常為學者專家所建議，但以現行地價稅採累進稅率，恐將加重農民負擔。因此改課徵地價稅時，需另有配套措施之思考，以免影響農民利益。

思考二

地目等則存在之必要性？

【論　點】

地目等則最主要之作用在於課徵田賦，兼有管制土地使用之功用。但田賦自民國 76 年下期即已停徵，且恢復徵收田賦之可能性極微，即農業用地未來仍應以課徵地價稅為政策之走向，若此，地目等則則失其主要作用。

另以土地使用管制方面來考量，臺灣地區已實施區域計畫，若屬都市計畫範圍內之土地，依**《都市計畫法》**實施土地使用分區管制，非都市土地則依**《區域計畫法》**及**〈非都市土地使用管制規則〉**編定各種使用地並加以管制，也無需再以地目等則為管制之依據，加上臺灣地區之地目等則已有長久時間未調整，其與實際狀況大不相符，已無太大參考價值，因此，地目等則實無繼續存在之必要，而地目等則制度也已自 106 年 1 月 1 日廢除，並停止辦理地目變更登記。

自我評量

1. 試依稅法規定說明田賦之課徵範圍？　　　　　　　　　　　（71 高）

2. 試述田賦之納稅義務人、代繳義務人？　　　　　　　　　　（87 土）

3. 試述土地稅法規定之田賦徵收實物標準？

4. 解釋下列名詞：
   (1) 賦元。
   (2) 賦額。
   (3) 地目。
   (4) 等則。
   (5) 田賦實物。
   (6) 荒地稅。
   (7) 都市土地。
   (8) 非都市土地。
   (9) 農業用地。

5. 何謂都市土地？何謂非都市土地？何謂農業用地？現制何種土地徵收地價稅？何種土地徵收田賦？試述明之。　　　　　　（73 丙特）

6. 何謂田賦徵實？徵實之目的何在？

7. 試述空地稅與荒地稅之意義？　　　　　　　　　　　　　　（78 普）

8. 何謂荒地？荒地經政府限期使用、土地所有權人逾期未使用者，應如何處理？　　　　　　　　　　　　　　　　　　　　　（70 高）

9. 試由空地稅及荒地稅之功能及有關規定說明其異同？　　（82 土檢）

10. 田賦之稽徵程序為何？

11. 試列田賦災歉減免之申請手續及減免標準？

12. 試述逃漏田賦之處罰規定？

13. 田賦何時全面停徵？其停徵之立法意旨為何？

14. 都市中，有哪些農業用地仍然課徵田賦？　　　　　　　（91 土檢）

CHAPTER

04

土地增值稅
Land Value Increment Tax

壹、概　述　　　　　　捌、原地價之認定
貳、課徵範圍　　　　　玖、土地增值稅之減徵
參、租稅主體　　　　　拾、土地增值稅之退稅
肆、課稅基礎　　　　　拾壹、土地增值稅之抵繳
伍、稅率與稅額　　　　拾貳、稽徵程序
陸、土地增值稅之免徵　拾參、罰　則
柒、得申請不課徵和不課徵

Essentials Practical
Real Estate Tax Law

壹 概　述

一 意　義

　　土地增值稅係指對已規定地價之土地，在土地所有權移轉或設定典權時，就非屬於個人投資改良所造成之土地自然漲價總數額，向原所有權人或取得所有權人所課徵之租稅。

二 課稅理論

　　土地增值稅之構想，始於 1871 年英國學者約翰密爾(J.S.Mill)所起草之土地改革綱領。他認為土地自然增值，係屬不勞所得，應課以重稅。同一時期，美國學者亨利‧喬治，於 1879 年出版之「進步與貧窮」(Progress and Poverty)著作中，亦強調此種不勞所得性質之自然增值，應以徵收單一稅方式，全部徵收歸公。惟密爾與喬治的主張仍有一基本不同之點，密爾主張沒收今後發生之地租，而喬治則主張連同過去已經發生的地租，也一併予以沒收（註 1 ）。我國平均地權之理想，是沒收今後發生的全部地租，亦即漲價全部歸公。

　　中華民國《憲法》規定土地價值非因施以個人勞力、資本而增加者，應由國家徵收土地增值稅，歸人民共享之。由此可看出土地自然增值，在本質上屬於社會全民共有的財富，不應包含在私人今後取得的土地財產權範圍內。換言之，法律所保障的私有土地財產權，僅以私人投施資本勞力而產生之改良價值為限。因此，自規定地價後，土地所生的自然增值，不應屬於私有財產權範圍。

三 特　性

　　土地增值稅具有下列四項特性（註 2 ），分述於後：

(一) 徵收土地自然增值，促進地利共享目的

　　土地增值稅的課徵，乃將因社會改良進步所增加的財富收歸公有，以免社會大眾的利益成為地主的不勞利得，符合社會正義的原則。

(二) 地主不勞利得課稅，符合稅負公平原則

土地經買賣移轉之自然增值，歸於售地者享有，其收益業已實現；所謂移轉時課徵土地增值稅，乃對已實現的自然增值課徵，並不加重地主的實質負擔。

(三) 政府稅收無法逃漏，符合稅收確實原則

土地增值稅的徵收，於土地所有權移轉或設定典權時行之，若未完納應繳的土地增值稅，即無法辦理所有權移轉登記，自無逃漏的可能。同時，土地增值稅的徵收，優先於一切債權與抵押權；經法院執行拍賣或交債權人承受的土地，其土地增值稅應優先受償等規定，均使土地增值稅無逃漏之虞。

(四) 增值稅課徵成本低，符合稅務行政原則

土地增值稅未完納前，不得辦理土地所有權變更登記，且售地人逾期未申請登記者，應由買受人繳納土地增值稅，故買受人為保障其合法權利，將主動要求售地人共同向稅捐機關辦理繳納手續，稅捐機關自亦無須查證稅源或督促繳稅，降低課徵成本，是一種稽徵成本低的稅源。

四 法令依據

1. 中華民國《憲法》第 143 條規定，土地價值非因施以勞力資本而增加者，應由國家徵收土地增值稅，歸人民共享之。是我國各種稅目中，唯一明定於憲法中租稅。

2. 《土地法》第四編土地稅，第四章土地增值稅，及〈土地法施行細則〉第四編。

3. 《平均地權條例》第五章漲價歸公，及其施行細則第五章漲價歸公。

4. 《土地稅法》第四章土地增值稅，及其施行細則第四章土地增值稅。

5. 行政院公布實施的〈增繳地價稅抵繳土地增值稅辦法〉、〈土地所有權移轉或設定典權申報現值作業要點〉及〈土地稅減免規則〉。

現行土地增值稅的課徵，以**《土地稅法》**及**《平均地權條例》**的規定為依據。

五 立法沿革

　　土地增值稅之立法，始於民國 19 年 6 月 30 日公布之《土地法》，由於該法「土地稅」章節對地價稅與土地增值稅之徵收，皆有詳加規定，是土地增值稅立法之開始。其後從抗戰勝利後迄今土地增值稅與地價稅均在同一法規內相提並論，立法經過頗多相似。民國 66 年 2 月與 7 月分別制訂《平均地權條例》與《土地稅法》時，我國乃有正式而統一的土地稅法規。我國現行土地增值稅之徵收即以土地稅法為依據。

貳　課徵範圍

一 租稅客體

　　已規定地價之土地，於土地所有權移轉時，應按其土地漲價總數額徵收土地增值稅（土稅 28）。依上述條文內容可知，應課徵土地增值稅之客體為**已規定地價之土地**，尚未規定地價之土地則非土地增值稅課徵範圍。

二 課徵時機

(一) 土地所有權移轉時

　　已規定地價之土地，於土地所有權移轉時，應按其土地漲價總數額徵收土地增值稅。但**因繼承**而移轉之土地，各級**政府出售**或依法**贈與之公有土地**，及**受贈之私有土地**，免徵土地增值稅（土稅 28）。

【立法意旨】

1. 由於因繼承而移轉之土地，已按被繼承人死亡時之時價課徵遺產稅；此一時價，已包括土地漲價總數額在內，若再行課徵土地增值稅，勢將形成重複課稅現象，特將之排除於課徵範圍之外。

2. 而各級政府出售公有土地或私有土地贈與政府，其土地漲價部分已歸公，且其納稅義務人均為政府，自無課徵之必要，故規定免徵。

3. 至於各級政府依法贈與之公有土地，免徵土地增值稅，應係考量各級
   政府依法贈與之公有土地應有其政策上之目的，故免去其土地增值稅
   之負擔，以利目的之達成。

(二) 設定典權時

　　已規定地價之土地，設定典權時，**出典人**應依規定**預繳**土地增值稅。
但出典人回贖時，原繳之土地增值稅，應**無息退還**（土稅 29）。

　　所謂「**典權**」，謂支付典價在他人之不動產為使用、收益，於他人不
回贖時，取得該不動產所有權之權（民 911）。

【立法意旨】

　　由於土地設定典權，若典權定有期限者，於期限屆滿後，出典人得以
原典價回贖典物。出典人於**典期屆滿後**，經過 **2 年**，不以原典價回贖者，
典權人即取得典物所有權（民 923）。而典權未定期限者，出典人得隨時
以原典價回贖典物。但自出典後經過 30 **年不回贖**者，**典權人即取得典物
所有權**（民 924）。

　　因此，出典人於土地設定典權時，應預繳土地增值稅，以避免土地所
有權人（出典人）「藉典權之名，行移轉之實」，來規避土地增值稅之徵
收。

　　假使設定典權之土地經出典人回贖者，典權隨即消滅，土地所有權實
際上並未發生移轉之情事，原繳之土地增值稅應予退還；但因出典人於土
地設定典權時，因已取得典價，可為使用、收益之用途，故規定予以無息
退還。

(三) 交換、分割與合併時（土稅細 42）

1. 交換

　　土地交換，應分別向原土地所有權人徵收土地增值稅。

2. 共有土地分割前後價值不等時

(1) **分別共有土地**：分別共有土地分割後，各人所取得之土地價值與其
    分割前應有部分價值相等者，免徵土地增值稅；其價值減少者，就
    其**減少部分**課徵土地增值稅。

(2) **公同共有土地**：公同共有土地分割，其土地增值稅之課徵，準用前項規定。

　　共有土地分割，不論係法院判決分割或和解或當事人自行協議申請分割，其土地增值稅之核課，應依下列規定辦理：數人共有一筆之土地，其照原有持分比例計算所得之價值分割者，依土地稅法施行細則第 42 條第 2 項規定，不課徵土地增值稅。惟分割後取得之土地，如與原持分比例所算得之價值不等，其屬有補償者，應向取得土地價值減少者，就其減少價值部分課徵土地增值稅。如屬無補償者，應向取得土地價值增多者，就其增加價值部分課徵土地增值稅（財政部 71/03/18 臺財稅第 31861 號函）。

3. 土地合併前後價值不等時

　　土地合併後，各共有人應有部分價值與其合併前之土地價值相等者，免徵土地增值稅。其價值減少者，就其**減少部分**課徵土地增值稅。土地價值之計算，以分割或合併時之公告土地現值為準。

　　所謂「**土地合併**」，係指不同所有權人之土地合併而言。不同所有人之土地，如屬同一地段、地界相連、使用分區、使用性質相同，依法即可辦理合併（地籍測量實施規則 224 I）。

(四) 定期課徵增值稅－現行未實施

　　土地增值稅定期課徵之相關規定見於土地法中，目前現行法並不課徵。

　　依土地法規定，土地所有權無移轉，而屆滿 10 年時，應徵收土地增值稅（土 176）。但農人之自耕地及自住地，於 10 年屆滿無移轉時，不徵收土地增值稅（土 197）。另在政府實施工程地區，於公共工程完成後屆滿 5 年時，亦徵收土地增值稅，藉以避免土地所有權人會因公共工程之開發獲取不勞利益。

參 租稅主體

一 納稅義務人

　　土地增值稅之納稅義務人如下（土稅 5）：

(一) 土地為有償移轉者，為原所有權人

所謂「**有償移轉**」，係指**買賣、交換、政府照價收買**或徵收等方式之移轉，但民國 83 年 1 月 9 日土地稅法第 39 條修正後，被徵收之土地一律免徵土地增值稅。

(二) 土地為無償移轉者，為取得所有權人

所謂「**無償移轉**」，則係指**遺贈及贈與**等方式移轉（土稅 5）。

(三) 土地設定典權者，為出典人

(四) 信託土地

1. 受託人為納稅義務人

受託人就受託土地，於信託關係存續中，有償移轉所有權、設定典權或依信託法第三十五條第一項規定轉為其自有土地時，以**受託人**為納稅義務人，課徵土地增值稅（土稅 5-2）。

2. 他益信託以歸屬權利人為納稅義務人

以土地為信託財產，受託人依信託本旨移轉信託土地與委託人以外之歸屬權利人時，以該**歸屬權利人**為納稅義務人，課徵土地增值稅（土稅 5-2）。

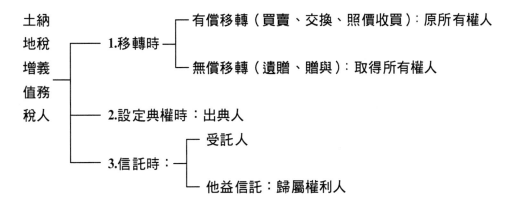

㊁ 代繳義務人

(一) 納稅義務人未於規定期限內繳納者－取得所有權之人代繳

土地所有權移轉，其應納之土地增值稅，納稅義務人未於規定期限內繳納者，得由**取得所有權**之人代為繳納（土稅 5-1）。至於取得所有權之人代為繳納後，自得向納稅義務人求償。

(二) 由權利人單獨申報土地移轉現值者－權利人代繳

依規定由權利人單獨申報土地移轉現值者，其應納之土地增值稅，應由**權利人**代為繳納（土稅 5-1）。而得由權利人單獨申請登記之情況，如法院、行政執行分署或公正第三人拍定、法院判決確定之登記；或依直轄市縣（市）不動產糾紛調處委員會設置及調處辦法作成調處結果之登記（土地登記規則 27），權利人得單獨申報土地移轉現值。

(三) 法院拍賣土地拍定價額不足扣繳土地增值稅時－拍定人代繳

經法院拍賣之土地，規定審定之移轉現值核定其土地增值稅者，如拍定價額不足扣繳土地增值稅時，拍賣法院應俟拍定人代為繳清差額後，再行發給權利移轉證書（土稅 51）。

經法院、行政執行分署執行拍賣或交債權人承受之土地、房屋及貨物，法院或行政執行分署應於拍定或承受 5 日內，將拍定或承受價額通知當地主管稅捐稽徵機關，依法核課土地增值稅、地價稅、房屋稅及營業稅，並由法院或行政執行分署代為扣繳（稽 6）。

已納之土地增值稅，倘發生退還情事，原則上應以繳款通知書上所載納稅義務人為退還之對象，惟如該應退稅款係由權利人向稽徵機關申請代繳有案，或權利人能提示證明該項應退稅款確係由權利人代為繳納並經稽徵機關查明屬實者，應准由代繳人辦理切結手續後，退還代繳人（財政部 74.6.12 臺財稅第 17451 號函）。

肆　課稅基礎

● 一 課稅基礎－土地漲價總數額

已規定地價之土地，於土地所有權移轉時，應按其土地漲價總數額徵收土地增值稅（土稅 28），由此可知**土地漲價總數額**即為土地增值稅之課稅基礎。茲將土地漲價總數額之計算規定及有關說明如後。

⚫ 二 土地漲價總數額之計算

(一) 稅法規定

土地漲價總數額之計算，應自該土地所有權移轉或設定典權時，經核定之申報移轉現值中減除下列各項之餘額後，即為漲價總數額（土稅31）：

1. 原規定地價或前次移轉現值

規定地價後，未經過移轉之土地，其原規定地價。規定地價後，曾經移轉之土地，其前次移轉現值。

2. 改良土地之全部費用

土地所有權人為改良土地已支付之全部費用，包括**已繳納之工程受益費、土地重劃費用**，及因**土地使用變更有無償捐贈一定比率土地作為公共設施用地者**，其捐贈時**捐贈土地之公告現值總額**。

前項第 1 款所稱之**原規定地價**，依平均地權條例之規定；所稱前次移轉時核計土地增值稅之現值，於因繼承取得之土地再行移轉者，係指**繼承開始時**該土地之公告現值。但繼承前依第 30-1 條第 3 款規定領回區段徵收抵價地之地價，高於繼承開始時該土地之公告現值者，應從高認定（土稅 31 II）。

(二) 計算公式

土地漲價總數額計算公式如下（土稅細 50、附件 4）。

$$
\begin{aligned}
土地漲價總數額 = &\ 申報土地移轉現值 - 原規定地價或前次移轉時所 \\
&\ 申報之土地移轉現值 \times \frac{臺灣地區消費者物價總指數}{100} \\
&\ -（改良土地費 + 工程受益費 + 土地重劃負擔總費用 \\
&\ + 因土地使用變更而無償作為公共設施用地其捐贈土 \\
&\ 地之公告現值總數額）
\end{aligned}
$$

(三) 申報土地移轉現值

1. 公告現值

(1) **意義：公告現值**，是指直轄市及縣（市）政府依平均地權條例公告之土地現值（土稅 12）。

即指直轄市及縣（市）政府對於轄區內之土地，應經常調查其地價動態，繪製地價區段圖並估計區段地價後，提經地價評議委員會評定，據以編製土地現值表於**每年 1 月 1 日**公告（平 46），此即為公告現值。

(2) **作用**：公告現值係作為**土地移轉及設定典權**時，**申報土地移轉現值之參考**，並作為為主管機關審核土地移轉現值及補償徵收地價之依據（平 46）。

(3) **公告地價與公告現值之比較**：茲將公告地價與公告現值二者之性質、公告時間、申報範圍與作用，以及 66 年發布實施兩價合一制與 79 年修法改採兩價分離制等比較，整理如表 4-1。

表 4-1　公告地價與公告現值之比較表

	公　告　地　價	公　告　現　值
1. 稅別	課徵地價稅之標準。	課徵土地增值稅之標準。
2. 價格性質	收益價格。	市場價格。
3. 公告時間	每 2 年重新規定地價一次，但必要時得延長之。	每年 1 月 1 日公告土地現值一次。
4. 申報範圍	「申報地價」應在公告地價 80%至 120%之間申報，（自民國 76 年起）未申報者統一按公告地價之 80%為申報地價。	「申報土地移轉現值」不得低於公告現值，否則照價收買或按公告現值課徵。 （申報現值≧公告現值）
5. 作用	1. 義務人申報地價之參考。 2. 核定申報地價之依據。	1. 義務人申報移轉現值之參考。 2. 審核土地移轉現值之標準。
6. 兩價合一	（民國 66 年 4 月 3 日實施）土地現值表，應每年公告一次。但在舉辦規定地價或重新規定地價之當年，**應以公告地價為公告土地現值**。即意謂公告地價與公告現值二者合一。 有重新規定地價而使兩價合一之年數為民國 67 和 76 年。	

表 4-1 公告地價與公告現值之比較表（續）

	公 告 地 價	公 告 現 值
7. 兩價分離	（民國 79 年 4 月 29 日實施）在舉辦規定地價或重新地價之當年，直轄市或縣（市）政府地價評議委員會**得以土地現值表，作為評定公告地價之參考**（平細 64）。 即有重新規定地價之年度，土地現值表僅為公告地價之參考，二者不再合一。兩價分離後，有重新規定地價之年度為民國 80、83、86、89、93、96、99、102、105、107、109、111 和 113 年。	

2. 申報移轉現值之審核標準

　　土地所有權移轉或設定典權時，**權利人**及**義務人**應於**訂定契約之日起 30 日內**，檢附契約影本及有關文件，共同向主管稽徵機關申報其土地移轉現值，依規定得由權利人單獨申請登記者，權利人得單獨申報其移轉現值（土稅 49）。

　　惟土地移轉現值並非任由申報人隨意申報。土地所有權移轉或設定典權，其**申報移轉現值之審核標準**，依下列規定（土稅 30）：

(1) 申報人於訂定契約之日起 30 日內申報者，以**訂約日**當期之公告土地現值為準。

(2) 申報人逾訂定契約之日起 30 日內申報者，以受理申報機關**收件日**當期之公告土地現值為準。

(3) 遺贈之土地，以遺贈人**死亡日**當期之公告土地現值為準。

(4) 依法院判決移轉登記者，以申報人向法院**起訴日**當期之公告土地現值為準。

　　　另法院和解成立分割移轉登記者，以起訴日當期之公告土地現值為準。法院調解成立之土地所有權移轉登記者，以聲請調解日當期之公告土地現值為準（財政部 78.12.9 第 780419512 號函、財政部 81.1.28 第 801791522 號函）。

(5) 經法院或法務部行政執行署所屬行政執行分署（以下簡稱行政執行分署）拍賣之土地，以**拍定日**當期之公告土地現值為準。但拍定價額低於公告土地現值者，以**拍定價額**為準；拍定價額如已先將設定抵押金額及其他債務予以扣除者，應以併同計算之金額為準。

(6) 經政府核定照價收買或政府協議購買之土地，以政府**收買日或購買日**當期之公告土地現值為準。但政府給付之地價低於收買日或購買日當期之公告土地現值者，以政府**給付之地價**為準。

前項第(1)款至第(4)款申報人申報之移轉現值，經審核**低於**公告土地現值者，得由主管機關照其自行申報之移轉現值**照價收買或照公告土地現值**徵收土地增值稅。

前項第(1)款至第(3)款之申報移轉現值，經審核**超過**公告土地現值者，應以其**自行申報之移轉現值**為準，徵收土地增值稅。

於中華民國 86 年 1 月 17 日起至 86 年 10 月 30 日期間經法院判決移轉、法院拍賣、政府核定照價收買或協議購買之案件，於期間屆至尚未核課或尚未核課確定者，其申報移轉現值之審核標準適用第 1 項第(4)款至第(6)款及前項規定。

由此可知，土地稅法並未強行規定，須以實際交易價格或公告現值申報土地增值稅。原則上係以申報移轉現值或公告現值較高者為計算標準，但如果土地之實際交易價格超過公告現值，當事人如以公告現值來申報，並不構成逃漏稅。所以現行實務上多數人多以公告現值申報。

3. 免徵之土地移轉現值審核標準

依法**免徵**土地增值稅之土地，主管稽徵機關應依下列規定核定其移轉現值並發給免稅證明，以憑辦理土地所有權移轉登記（土稅 30-1）：

(1) 依第 28 條但書規定（政府出售土地）免徵土地增值稅之公有土地，以實際出售價額為準；各級政府贈與或受贈之土地，以贈與契約訂約日當期之公告土地現值為準。

(2) 依第 28-1 規定（私人捐贈財團法人之土地），免徵土地增值稅之私有土地，以贈與契約訂約日當期之公告土地現值為準。

(3) 依第 39-1 第 3 項規定（區段徵收以抵價地補償其地價者），免徵土地增值稅之抵價地，以區段徵收時**實際領回抵價地之地價**為準。

(四) 原地價

原地價係指原規定地價或前次移轉時之地價（土 179）。即課徵土地增值稅時，計算土地漲價總數額，所採用之原規定地價或前次移轉現值。

1. 原規定地價

　　第一次規定地價後，未經過移轉之土地，其原地價即原規定地價。所稱「**原規定地價**」，係指**民國 53 年**規定之地價；其在民國 53 年以前已依土地法規定辦理地價及在民國 53 年以後舉辦規定地價之土地，均以其第一次規定之地價為原規定地價（平 38）。

　　由此可知，**所謂原規定地價即指該土地第一次規定地價而言**，臺灣地區自民國 45 年開始舉辦規定地價以來，至民國 66 年全面規定地價止，其間各地區陸續舉辦規定地價，故不同地區第一次舉辦規定地價之時間未必相同。

2. 前次移轉現值

　　規定地價後，曾經移轉之土地，其原地價即為其前次移轉現值。所稱前次移轉時核計土地增值稅之現值，於因繼承取得之土地再行移轉者，係指繼承開始時該土地之公告現值。但繼承前依第 30-1 條第 3 款規定領回區段徵收抵價地之地價，高於繼承開始時該土地之公告現值者，應從高認定（土稅 31 II）。

(五) 物價指數調整

　　第 31 條之原規定地價及前次移轉時核計之土地增值稅之現值，遇一般物價有變動時，應按政府發布之物價指數調整後，再計算其土地漲價總數額（土稅 32）。計算土地漲價總數額時，應按審核申報移轉現值所屬年月已公告之最近**臺灣地區消費者物價總指數**，調整原規定地價或前次移轉時申報之土地**移轉現值**（土稅細 49）。實務上，物價指數低於 100% 者，仍按 100%計算調整。

(六) 改良土地之費用

1. 改良土地費用

　　改良土地費用應提出**直轄市或縣（市）主管機關**發給之改良土地費用證明書，該證明書在適用上應依平均地權條例施行細則之規定，茲將其規定列明如下：

(1) 改良土地項目（平細 11）

　　A. 建築基地改良：包括整平或填挖基地、水土保持、埋設管道、修築駁嵌、開挖水溝、鋪築道路等。

B. 農地改良：包括耕地整理、水土保持、土壤改良及修築農路、灌溉、排水、防風、防砂、堤防等設施。

C. 其他用地開發所為之土地改良。

(2) **申請程序**：土地所有權人為本條例所定改良須申請核發土地改良費用證明者，應於改良前先依下列程序申請驗證；於驗證核准前已改良之部分，不予核發土地改良費用證明（平細 12）：

A. 於開始興工改良之前，填具申請書，向直轄市或縣（市）主管機關申請驗證，並於工程完竣翌日起 **10 日內**申請複勘。

B. 直轄市或縣（市）主管機關於接到申請書後派員實地勘查工程開始或完竣情形。

C. 改良土地費用核定後，直轄市或縣（市）主管機關應按宗發給證明，並通知地政機關及稅捐稽徵機關。

前項改良土地費用評估基準，由直轄市或縣（市）主管機關定之。

在實施建築管理之地區，建築基地改良得併同雜項執照申請驗證，並按宗發給證明。

2. 工程受益費

各級政府於該管區域內，因推行都市建設，提高土地使用，便利交通或防止天然災害，而建築或改善道路、橋樑、溝渠、港口、碼頭、水庫、堤防、疏濬水道及其他水陸等工程，應就直接受益之**公私有土地**及**其改良物**，徵收工程受益費；其無直接受益之土地者，就使用該項工程設施之**車輛、船舶**徵收之（工 2）。

其工程實際所需費用，包括工程興建費、工程用地之徵購費及公地地價、地上物拆遷補償費、工程管理費、借款之利息負擔等（工 3）。

3. 土地重劃負擔總費用

「**土地重劃**」即指將一定區域內，細碎分割、不合經濟使用之土地，予以重新整理，加強公共設施，使其成為整齊劃一，利於土地利用之宗地，而後仍分配予原所有權人之土地改良方式。土地重劃包括市地重劃及農地重劃。

土地所有權人之重劃負擔費用，包括**公共設施用地**負擔及**費用**負擔二種。依平均地權條例辦理市地重劃時，重劃區內公共設施用地，

除以原公有道路、溝渠、河川及未登記地等 4 項土地抵充外，其不足土地及工程費用、重劃費用與貸款利息，由參加重劃所有權人按其土地受益比例共同負擔，並以重劃後未建築之土地折價抵付（即「**抵費地**」），如無未建築土地者，改以現金繳納（平 60）。

市地重劃負擔總費用，公共用地部分，以土地所有權人實際負擔之土地按當期公告土地現值計算；工程費用、重劃費用及貸款利息部分，按土地所有權人實際應負擔之數額計算；其以現金繳納者，以實際繳納數額為準。所謂當期公告土地現值，以重劃土地**分配結果公告期滿時**之當期公告土地現值為準（平細 86）。

重劃分配土地公告確定後，應由主管機關按宗計算市地重劃負擔總費用，通知土地所有權人，並列冊檢送稅捐稽徵機關，作為抵扣土地漲價總數額之依據（平細 85）。

4. 因土地使用變更而捐贈土地之公告現值總額

依相關法令規定都市計畫農業區、工業區土地變更為住宅區、商業區，非都市土地由非建築用地變更為建築用地時均會要求土地所有權人**捐贈一定比率土地作為公共設施用地**，或規劃一定比率之公共設施用地，由土地所有權人共同來負擔。土地使用變更後，縱其地價上漲，亦係土地所有權人犧牲部分土地所致。因此，其捐贈時，捐贈土地之公告現值總額規定得自土地漲價總數額中扣除。

5. 申請扣減之期限

前項規定減除之費用，應由土地所有權人檢附工程受益費繳納收據、直轄市或縣（市）主管機關發給之改良土地費用證明書或地政機關發給之土地重劃負擔總費用證明書及因土地使用變更而無償捐贈作為公共設施用地其捐贈土地之公告現值總額之證明文件，向主管稽徵機關提出申請（土稅細 51 II）。

但為顧及納稅義務人之權益，未如期申請減除，仍准補辦，重新核算土地增值稅。如其稅款已完納者，並准依稅捐稽徵法規定 5 **年內**得申請退稅（財政部 70.2.17 臺財稅第 31233 號函）。

(七) 土地漲價總數額之計算

[例一]

　　小王向小李於民國 110 年 6 月購入臺南市一筆土地 600 萬元，雙方同意按公告現值申報，嗣於民國 113 年 2 月以 760 萬元出售該地給小張，雙方同意按公告現值申報移轉現值，近年來該土地之公告現值之總額如下表所示，最近一期物價指數為 105%，期間小王曾支付工程受益費費用為 10 萬元，問誰要繳土地增值稅？其土地漲價總數額為何？

年　度	110 年 1 月	111 年 1 月	112 年 1 月	113 年 1 月
公告現值	500 萬	510 萬	530 萬	550 萬

解 (一) 納稅義務人：
　　買賣係有償移轉，納稅義務人為原所有權人，亦即為賣方。
　　1.民國 110 年 6 月之買賣－應由賣方小李繳納
　　2.民國 113 年 2 月之買賣－應由賣方小王繳納。

(二) 漲價總數額：
　　1.小李之土地漲價總數額，因前次移轉現值資料不足，無法計算。
　　2.小王之土地漲價總數額為：
　　因雙方同意以公告現值來申報
　　(1)本次申報土地移轉現值：550 萬（民國 113 年 1 月公告）
　　(2)前次移轉現值：500 萬（民國 110 年 1 月公告）
　　(3)物價指數：105%
　　(4)工程受益費：10 萬
　　(5)土地漲價總數額為：
　　　　550 萬－500 萬×105%－10 萬＝15 萬

伍　**稅率與稅額**

 一般稅率－採超額累進稅率

（一）稅率結構

1. 一般稅率

(1) 土地漲價總數額超過原規定地價或前次移轉時核計土地增值稅之現值數額**未達 100%者**，就其漲價總數額徵收增值稅 20%。

(2) 土地漲價總數額超過原規定地價或前次移轉時核計土地增值稅之現值數額在 **100%以上未達 200%**者，除按第(1)點規定辦理外，就其**超過部分**徵收增值稅 30%。

(3) 土地漲價總數額超過原規定地價或前次移轉時核計土地增值稅之現值數額在 **200%以上**者，除按前兩點規定分別辦理外，就其**超過部分**徵收增值稅 40%。

因修正前項稅率造成直轄市政府及縣（市）政府稅收之實質損失，於財政收支劃分法修正擴大中央統籌分配稅款規模之規定施行前，由中央政府補足之，並不受預算法第 23 條有關公債收入不得充經常支出之用之限制。

前項實質損失之計算，由中央主管機關與直轄市政府及縣（市）政府協商之。

公告土地現值應調整至一般正常交易價格。

全國平均之公告土地現值調整達一般**正常交易價格 90%以上**時，第一項稅率應檢討修正（土稅 33）。

2. 長期持有土地之減徵

持有土地年限**超過 20 年以上**者，就其土地增值稅**超過**第 1 項最低稅率部分**減徵 20%**。

持有土地年限**超過 30 年以上**者，就其土地增值稅超過第 1 項最低稅率部分**減徵 30%**。

持有土地年限**超過 40 年以上**者，就其土地增值稅超過第 1 項最低稅率部分**減徵 40%**（土稅 33）。

表 4-2　土地增值稅各級距稅率表

	一般稅率	持有土地超過 20 年以上者	持有土地超過 30 年以上者	持有土地超過 40 年以上者
第 1 級	20%	20%	20%	20%
第 2 級	30%	28%*	27%	26%
第 3 級	40%	36%*	34%	32%

註* 持有土地年限超過 20 年以上者：
　　第 2 級稅率：28% = 30% -【(30%-20%)×20%】
　　第 3 級稅率：36% = 40% -【(40%-20%)×20%】

3. 速算公式

此一稅率結構之計算公式如下（土稅細 53 附件）：

表 4-3　土地增值稅應徵稅額之計算公式

稅級別	計算公式
第 1 級	應徵稅額=土地漲價總數額【超過原規定地價或前次移轉時申報現值（按臺灣地區消費者物價總指數調整後）未達百分之一百者】×稅率 (20%)
第 2 級	應徵稅額=土地漲價總數額【超過原規定地價或前次移轉時申報現值（按臺灣地區消費者物價總指數調整後）在百分之一百以上未達百分之二百者】×【稅率(30%)-[(30%-20%)×減徵率]】－累進差額（按臺灣地區消費者物價總指數調整後之原規定地價或前次移轉現值×A） 註：持有土地年限未超過 20 年者，無減徵，A 為 0.10 　　持有土地年限超過 20 年以上者，減徵率為 20%，A 為 0.08 　　持有土地年限超過 30 年以上者，減徵率為 30%，A 為 0.07 　　持有土地年限超過 40 年以上者，減徵率為 40%，A 為 0.06
第 3 級	應徵稅額= 土地漲價總數額【超過原規定地價或前次移轉時申報現值（按臺灣地區消費者物價總指數調整後）在百分之二百以上者】×【稅率(40%)-[(40%-20%)×減徵率]】－累進差額（按臺灣地區消費者物價總指數調整後之原規定地價或前次移轉現值×B） 註：持有土地年限未超過 20 年者，無減徵，B 為 0.30 　　持有土地年限超過 20 年以上者，減徵率為 20%，B 為 0.24 　　持有土地年限超過 30 年以上者，減徵率為 30%，B 為 0.21 　　持有土地年限超過 40 年以上者，減徵率為 40%，B 為 0.18

(二) 稅額計算

[例二]

　　小憲出售土地，該土地成本為 400 萬元，出售之市價為 900 萬元，當期公告現值為 800 萬元，前次取得時之土地移轉現值為 300 萬元，其物價指數為 120%，小憲出售時以土地公告現值申報，問（一）小憲出售該筆土地應納之土地增值稅為何？（二）若該筆土地為小憲持有 30 年以上的土地，則應納之土地增值稅為何？

解 （一）1. 前次移轉現值：300 萬 × 120% ＝ 360 萬元

　　　2. 土地漲價總數：800 萬 － 360 萬 ＝ 440 萬元

　　　3. 應納土地增值稅為：

　　　　(1) 一般公式：

　　　　　漲價總數額未達 1 倍之部分：360 萬 × 20% ＝ 72 萬元

　　　　　漲價總數額 1 倍至 2 部之部分：

　　　　　(440 － 360) 萬 × 30% ＝ 24 萬元

　　　　　應納稅額：72 萬 ＋ 24 萬 ＝ 96 萬元

　　　　(2) 速算公式－以表 4-3 土地增值稅速算表計算

　　　　　440 萬 ÷ 360 萬 ≒ 1.22 倍適用第 2 級級距

　　　　　440 萬 × 30% － 360 萬 × 0.1 ＝ 96 萬元

　　（二）若持有土地為 30 年以上者，應納土地增值稅為：

　　　　(1) 一般公式：

　　　　　漲價總數額未達 1 倍之部分：360 萬 × 20% ＝ 72 萬元

　　　　　漲價總數額 1 倍至 2 部之部分：

　　　　　(440 － 360) 萬 ×〔30% －（30% － 20%）× 30%〕

　　　　　＝ 80 萬 × 27% ＝ 21.6 萬元

　　　　　應納稅額：72 萬 ＋ 21.6 萬 ＝ 93.6 萬元

　　　　(2) 速算公式－以表 4-3 土地增值稅速算表計算

　　　　　440 萬 ÷ 360 萬 ≒ 1.22 倍適用第 2 級級距

　　　　　440 萬 ×〔30% －（30% － 20%）× 30%〕－ 360 萬

　　　　　× 0.07 ＝ 93.6 萬元

[例三]

張君所有土地一筆，面積 500m^2，於民國 53 年第一次規定地價為 5,000 元/m^2，張君後因生病於 94 年死亡，死亡時公告土地現值(94.1.1)為 1 萬元/m^2，土地由其兒子張一於 95 年 5 月辦竣繼承登記，當期之公告現值(95.1.1)為 1.5 萬元/m^2，若張一於 98 年 2 月將該筆土地出售，當時之公告現值(98.1.1)為 2 萬元/m^2，物價指數為 105%，其應納土地增值稅為何？

解　因繼承而取得之土地再行移轉時，其前次移轉現值以繼承開始時（被繼承人死亡之日）公告土地現值為準（土稅 31 II），與何時辦理完成繼承登記並無關聯。

1. 土地漲價總數額：2 萬/m^2×500m^2－（1 萬/m^2×105%）×500m^2
$$= 1,000 萬－525 萬=475 萬＜1 倍$$
2. 應納土地增值稅：475 萬×20%＝95 萬

[例四]

王五於 110 年 2 月以 500 萬購得土地一筆，以當時 110 年 1 月 1 日公告現值核計總價 420 萬元作為申報移轉現值。後因股票慘跌，急於 110 年 12 月以 550 萬元售出，臺灣地區消費者物價總指數為 102%，雙方同意，按出售時之公告現值申報移轉現值，則王五應納土地增值稅若干？

解

1. 前次移轉現值：420 萬
2. 本次移轉現值：420 萬
   公告現值於每年 1 月 1 日公告，即 110 年 1 月 1 日至 110 年 12 月 31 日期間之公告現值都一樣。
3. 土地漲價總數額：420 萬－420 萬×102%＝0 元
   無土地漲價總數額，即無增值，故不須繳稅。因此可知，土地增值稅額之計算，移轉時現值是不低於公告現值為準，只要在當年 1 月 1 日至當年 12 月 31 日內買進賣出即無增值稅額，現行稅法無異助長短期投機。

二 特別（優惠）稅率－採比例稅率

(一) 自用住宅用地

本法所稱自用住宅用地，指土地所有權人或其配偶、直系親屬於該地辦竣戶籍登記，且無出租或供營業用之住宅用地（土稅 9）。

1. 稅法規定

土地所有權人出售其自用住宅用地者，**都市土地**面積未超過 3 公畝部分或**非都市土地**面積未超過 7 公畝部分，其土地增值稅就該部分之土地漲價總數額按 10%徵收之；超過 3 公畝或 7 公畝者，其超過部分之土地漲價數額，依一般之稅率課徵。

土地所有權人，按此項稅率繳納土地增值稅者，**以一次為限**。

土地於出售前 1 年內，曾供營業使用或出租者，不適用。

自用住宅之評定現值**不及所占基地公告土地現值 10%**者，不適用之。但自用住宅建築工程完成滿 1 年以上者不在此限（土稅 34）。

2. 優惠稅率：10%

3. 適用條件（一生一次）

土地所有權人適用自用住宅優惠稅率課徵土地增值稅之限制條件有如下 6 點：

(1) **戶籍限制**：需土地所有權人**或**其配偶、直系親屬於該地辦竣戶籍登記，只要立約日前設籍，即得適用。

(2) **面積限制**：需都市土地面積未超過 3 公畝**或**非都市土地面積未超過 7 公畝部分，始得適用。

土地所有權人申報出售在本法施行區域內之自用住宅用地，面積超過本法第 34 條第 1 項或第 5 項第 1 款規定時，應依**土地所有權人擇定**之適用順序計算至該規定之面積限制為止；土地所有權人未擇定者，應以各筆土地依本法第 33 條規定計算之**土地增值稅，由高至低**之適用順序計算之。

本細則中華民國 103 年 1 月 13 日修正施行時適用本法第 34 條第 1 項或 110 年 9 月 23 日修正施行時適用同條第 5 項規定之出售自用住宅用地尚未核課確定案件，適用前項規定（土稅細 44）。

土地所有權人同時出售都市土地及非都市土地，其適用自用住宅用地稅率課徵土地增值稅之面積，得由土地所有人自行就都市土

地面積 3 公畝或非都市土地面積 7 公畝之範圍擇一適用；未超過部分，**都市土地按** 7/3 **比例，非都市土地按** 3/7 **比例**分別換算為非都市土地或都市土地適用（財政部 84/08/24 臺財稅第 841644298 號函）。

(3) **次數限制**：民國 66 年 2 月 4 日平均地權條例修正後，一人一生以 1 **次**為限。

　　多筆土地一次之適用：土地增值稅同一土地所有權人，持有多處自用住宅用地同時出售，合計面積在條件範圍內，可視為「一次」出售，按自用住宅優惠稅率繳納土地增值稅（財政部 66.8.30 臺財稅第 35773 號函）。至於「**同時出售**」，除了「**訂約日期**」應相同外，向稅捐機關「**申報移轉現值日**」也要相同（財政部 72.11.16 臺財稅 38135 號函）。若訂約日期相同，而不同日申報移轉現值，則並非同時出售（財政部 80.9.5 臺財稅 800710502 號函）。

(4) **使用限制**：需土地**出售前** 1 **年**內（以出售日之前 1 日起往前推算 1 年），不曾供出租或營業使用，始得適用。

(5) **建物價值限制**：需自用住宅之評定現值占基地公告土地現值 10%**以上者**，始得適用。

(6) **建物產權限制**：自用住宅用地，以其土地上之建築改良物屬土地所有權人或其配偶、直系親屬所有者為限（土稅細 4）。

　　土地移轉原因需為**出售、交換**（財政部 67.03.10 臺財稅第 31574 號函）。**贈與不適用**，但配偶及二親等間之買賣，因提不出付款證明，經核定視為贈與者，如符合自用住宅用地要件，仍得以買賣論（財政部 71.1.6 臺財稅第 30040 號函）。

4. 再適用要件（一生一屋）

　　土地所有權人適用前項規定後，再出售其自用住宅用地，符合下列各款規定者，不受前項一次之限制（土稅 34）：

(1) **面積限制**：出售都市土地面積未超過 1.5 公畝部分或非都市土地面積未超過 3.5 公畝部分。

(2) **戶數限制**：出售時**土地所有權人與其配偶及未成年子女**，無該自用住宅以外之房屋。

(3) **持有時間**：出售前持有該土地 6 **年**以上。

(4) **戶籍限制**：土地所有權人**或**其配偶、未成年子女於土地出售前，在該地設有戶籍且持有該自用住宅連續滿 6 **年**。

(5) **使用限制**：出售**前 5 年內**，無供營業使用或出租。

因增訂前項規定造成直轄市政府及縣（市）政府稅收之實質損失，於財政收支劃分法修正擴大中央統籌分配稅款規模之規定施行前，由中央政府補足之，並不受預算法第 23 條有關公債收入不得充經常支出之用之限制。

前項實質損失之計算，由中央主管機關與直轄市政府及縣（市）政府協商之。

5. 申請期限

土地所有權移轉，依規定由權利人單獨申報土地移轉現值或無須申報土地移轉現值之案件，稽徵機關應主動通知土地所有權人，其合於自用住宅用地要件者，應於收到通知之次日起 30 **日**內提出申請，逾期申請者，不得適用自用住宅用地稅率課徵土地增值稅（土稅 34-1）。

6. 申請應備文件

土地所有權人申請按自用住宅用地稅率課徵土地增值稅，應於土地現值**申報書**註明自用住宅字樣，並檢附**建築改良物證明文件**；其未註明者，得於繳納期間屆滿前，向當地稽徵機關補填申請書，逾期不得申請依自用住宅用地稅率課徵土地增值稅（土稅 34-1）。

應備文件中原需附戶口名簿影本作為審核是否符合設籍要件，或有無他人設籍而構成出租之情事。但為配合內政部推動「全面免附戶籍謄本」服務及稽徵實務，爰刪除檢附戶口名簿影本規定，以簡政便民。至於建築改良物證明文件，即作為證明出售之土地即為設立戶籍之建物基地。而所謂建築改良物證明文件，以建物所有權狀影本為主，若無建築改良物所有權狀，則可提出地政事務所核發之建物勘測成果表（應先向地政事務所申請未登記建物基地號勘測後取得），或建築管理機關所核發之房屋建築執照或使用執照影本，以資代替。

7. 書面審查

財政部為簡化自用住宅用地土地增值稅之審查作業，訂有「**自用住宅用地地價稅書面審查作業要點**」，依該要點規定，土地所有權人申請

適用，除有特殊情形外，即依據戶政機關及稽徵機關內部有關課稅資料，以**書面審查**方式辦理，不再實地勘查。

地價稅承辦人於收到申請按自用住宅用地稅率課徵地價稅之案件後，應依下列規定辦理：

(1) 函請自用住宅所屬戶政事務所查詢該址有無他人設立戶籍，或經洽商戶政事務所同意者，得指定人員前往查閱戶籍有關資料。

但經查其他資料足以證明無他人設籍者，得免向戶政事務所查閱資料。

(2) 土地所有權人或其配偶、未成年之受扶養親屬之戶籍，非設於本縣（市）或直轄市者，應函請該主管稽徵機關於文到 7 日內查復有無按自用住宅用地稅率課徵地價稅之土地及其面積。

(3) 查明地上建物有無供營業使用。

(4) 查明地上建物使用情形。

(5) 查明土地所有權人及其配偶、未成年之受扶養親屬在本縣（市）或直轄市內有無已按自用住宅用地稅率課徵地價稅之土地及其面積。

前項第(3)款至第(5)款，得利用電腦線上查詢營業稅、房屋稅及土地稅主檔資料，免予移會相關業務單位。

(二) 工廠用地遷移：20%

公司或中小企業因故遷廠於工業區、都市計畫工業區或於《中小企業發展條例》施行前依獎勵投資條例編定之工業用地，其原有工廠用地出售或移轉時，應繳之土地增值稅，按其**最低級距稅率** 20%徵收（企 34）。

［例五］

若阿旺同時出售符合自用住宅用地都市土地 4 公畝及非都市土地 9 公畝時，其土地增值稅適用自用住宅用地之面積如何計算？

解 （一）若阿旺選擇以都市土地為主，申報適用優惠稅率，則：

1. 自用住宅用地稅率適用面積：都市土地 3 公畝。

2. 一般稅率適用面積：都市土地 1 公畝（4－3＝1 公畝），非都市土地 9 公畝。

（二）若選擇以非都市土地為主，申報適用優惠稅率，則：

1. 自用住宅用地稅率面積：非都市土地 7 公畝。

2. 一般稅率適用面積：都市土地 4 公畝，非都市土地 2 公畝（9－7＝2 公畝）。

同時出售	選擇以都市土地適用自用稅率		選擇以非都市土地適用自用稅率	
	適用自用稅率之面積	適用一般稅率之面積	可適用自用稅率之面積	適用一般稅率之面積
都市土地 4 公畝	3 公畝	1 公畝	0 公畝	4 公畝
非都市土地 9 公畝	0 公畝	9 公畝	7 公畝	2 公畝

［例六］

　　若阿旺同時出售都市土地 2 公畝及非都市土地 5 公畝自用住宅用地時，其土地增值稅適用自用住宅用地之面積又如何計算？

解（一）阿旺若選擇以都市土地適用為主時：

1. 自用住宅用地稅率適用面積：其都市土地 2 公畝可適用

　　但因都市土地尚有 1 公畝（3－2＝1 公畝）之差額可按 7/3 比例換算為非都市土地面積。

　　$1 \times 7/3 = 2.33$ 公畝

　　即都市土地 2 公畝及非都市土地 2.33 公畝均可適用自用住宅用地稅率。

2. 一般稅率適用面積：其餘非都市土地 2.67 公畝（5－2.33＝2.67 公畝）按一般稅率課徵之。

（二）若選擇以非都市土地適用為主時：

1. 自用住宅用地適用面積：其非都市土地 5 公畝可適用

　　但因非都市土地尚有 2 公畝（7－5＝2 公畝）之差額可按 3/7 比例換算都市土地適用。

　　$2 \times 3/7 \fallingdotseq 0.86$ 公畝

則都市土地 0.86 公畝及非都市土地 5 公畝可適用自
用住宅用地稅率。

2. 一般稅率適用面積：其餘都市土地 1.14 公畝（2－
0.86＝1.14 公畝）按一般稅率課徵之。

同時出售	選擇以都市土地適用自用稅率		選擇以非都市土地適用自用稅率	
	適用自用稅率之面積	適用一般稅率之面積	可適用自用稅率之面積	適用一般稅率之面積
都市土地 2 公畝	2 公畝	0 公畝	0.86 公畝	1.14 公畝
非都市土地 5 公畝	2.33 公畝	2.67 公畝	5 公畝	0 公畝

(三) 自用住宅用地地價稅與土地增值稅之比較

《土地稅法》地價稅與土地增值稅（一生一次）均有自用住宅用地優惠稅率之規定，在適用上，二者有相同之處，亦有不同之處，茲說明如次：

1. 相同之處

(1) 均有土地所有權人或其配偶，直系親屬於該地辦竣戶籍登記。

(2) 均需無出租或供營業使用。

(3) 土地上之建築改良物均屬土地所有權人或其配偶、直系親屬所有者為限。

(4) 二者均需土地所有權人依規定向主管稽徵機關申請，經核准後始得適用。

2. 相異之處

(1) 二者雖均需為無出租或供營業用之住宅用地，惟土地增值稅尚有出售前一年內無出租或供營業用，而地價稅則只需申請時無出租或供營業用即可。

(2) 地價稅在土地所有權人與其配偶及未成年之受扶養親屬，適用自用住宅用地稅率方面，規定以一處為限。而土地增值稅則無處數之限制。

(3) 土地增值稅規定每一土地所有權人適用自用住宅稅率以一次為限，地價稅則無次數之限制。

(4) 面積之限制上，都市土地面積未超過 3 公畝部分，非都市土地面積未超過 7 公畝部分，地價稅二者可併計；但土地增值稅則是以都市土地 3 公畝或者非都市土地 7 公畝擇一適用。

(5) 在地上建築改良物價值方面，土地增值稅規定新建完成未滿一年之建物，其評定現值不及所占基地公告現值 10% 者，不適用自用住宅用地稅率，而地價稅則無此項價值限制之規定。

表 4-4 自用地價稅與自用土地增值稅之比較表

	自用住宅地價稅	自用住宅土地增值稅 （一生一次）
1. 性質	持有稅	移轉稅
2. 稅基	地價總額	土地漲價總數額
3. 稅率	2 ‰	10%
4. 辦竣戶籍登記	土地所有權人或配偶、直系親屬於該地辦竣戶籍登記（自用不須本人自己用，設籍多久無時間限制）	同左
5. 使用上	無出租、無營業使用（無時間之限制）	出售前一年內無出租、無營業使用（贈與不能辦自用）
6. 面積上	都市土地 3 公畝 非都市土地 7 公畝	都市土地 3 公畝或非都市土地 7 公畝
7. 處數限制	土地所有權人、配偶及未成年受扶養親屬以一處為限	—
8. 次數限制	—	66 年 2 月 4 日後土地所有權人一生以一次為限（同日訂約、同日申報）
9. 建物產權	用地上之建築改良物屬土地所有權人或其配偶、直系親屬所有者為限	同左
10. 建物價值	—	自用住宅之評價現值不及所占基地公告現值 10% 者，不適用之。但建築工程完工滿一年者不在此限

(四) 土地增值稅優惠稅率之計算

[例七]

　　假定張三於 112 年 2 月第一次出售土地，面積為 500 平方公尺，每平方公尺 7 萬元賣出，公告現值為每平方公尺 5 萬，買進時之時價為每平方公尺 2 萬元，前次移轉公告現值為每平方公尺 1 萬元，假定以張三購買時期為基期，至 112 年張三申報土地現值時已公告之消費者物價指數為 120%，試就下列四個獨立情況，在合法範圍內，計算應繳土地增值稅為多少元？

1. 該土地為一般土地？

2. 該土地為都市土地，符合自用住宅用地條件？

3. 該土地為非都市土地，符合自用住宅用地條件？

4. 該土地為符合自用住宅用地之都市土地時，但曾支付改良土地費用 10 萬，有主管機關相關證明？

解 1.一般土地：移轉現值以公告現值申報，即適法。

(1) 本次移轉現值：5 萬 $\times 500m^2 = 2,500$ 萬元

(2) 前次移轉現值：1 萬 $\times 500m^2 \times 120\% = 600$ 萬元

(3) 漲價總數額：2,500 萬 － 600 萬 = 1,900 萬元

(4) 土地增值稅：(600 萬 $\times 20\%$) + (600 萬 $\times 30\%$) + (700 萬 $\times 40\%$)
　　　　　　= 580 萬元

2.都市土地自用住宅用地：

(1) 都市土地適用自用住宅用地有 3 公畝($300m^2$)之限
　本次移轉現值：5 萬 $\times 300m^2 = 1,500$ 萬元
　前次移轉現值：1 萬 $\times 300m^2 \times 120\% = 360$ 萬元
　漲價總數額：1,500 萬 － 360 萬 = 1,140 萬元
　土地增值稅：1,140 萬 $\times 10\% = 114$ 萬元

(2) 其餘 2 公畝為一般用地
　本次移轉現值：5 萬 $\times 200m^2 = 1,000$ 萬元
　前次移轉現值：1 萬 $\times 200m^2 \times 120\% = 240$ 萬元
　漲價總數額：1,000 萬 － 240 萬 = 760 萬元

土地增值稅：$(240 萬 \times 20\%) + (240 萬 \times 30\%) + (280 萬 \times 40\%)$

$= 232 萬元$

(3) 合計：$114 萬 + 232 萬 = 346 萬元$

3. 非都市土地自用住宅用地（5 公畝並未超過非都市土地在 7 公畝之限，全適用）：

(1) 漲價總數額：$5 萬 \times 500m^2 - 1 萬 \times 500m^2 \times 120\% = 1,900 萬元$

(2) 土地增值稅：$1,900 萬 \times 10\% = 190 萬元$

4. 自用住宅都市土地（改良土地費用 10 萬元）：

(1) 自用住宅用地：3 公畝

漲價總數額：$5 萬 \times 300m^2 - 1 萬 \times 300m^2 \times 120\% - 10 萬 \times \dfrac{300}{500}$

$= 1,134 萬元$

土地增值稅：$1,134 萬 \times 10\% = 113.4 萬元$

(2) 其餘 2 公畝為一般用地

漲價總數額：$5 萬 \times 200m^2 - 1 萬 \times 200m^2 \times 120\% - 10 萬 \times \dfrac{200}{500}$

$= 756 萬元$

土地增值稅：$(240 萬 \times 20\%) + (240 萬 \times 30\%) + (276 萬 \times 40\%)$

$= 230.4 萬元$

(3) 合計：$113.4 萬 + 230.4 萬 = 343.8 萬元$

陸 土地增值稅之免徵

　　土地增值稅免徵之相關規定，在土地稅法、土地稅法施行細則、土地稅減免規則及其他法令均有其適用，茲分別說明如次。

一 土地稅法暨施行細則及土地稅減免規則之規定

(一) 因繼承而移轉之土地

　　因繼承而移轉之土地，免徵土地增值稅（土稅 28、土減 20）。

(二) 政府土地

　　各級政府出售或依法贈與之公有土地及政府受贈之私有土地，均免徵土地增值稅（土稅 28、土減 20）。

(三) 私人捐贈財團法人土地

　　私人捐贈興辦社會福利事業或依法所設立之私立學校使用之土地，免徵土地增值稅。但以符合下列各款規定者為限：

1. 受贈人為財團法人。

2. 法人章程載明法人解散時，其賸餘財產歸屬當地地方政府所有。

3. 捐贈人未以任何方式取得捐贈土地之利益（土稅 28-1）。

　　(1) **社會福利事業及私立學校之範圍**：所謂**社會福利事業**，指依法經社會福利事業主管機關許可設立，以興辦社會福利服務及社會救助為主要目的之事業。所謂**依法設立私立學校**，指依私立學校法規定，經主管教育行政機關許可設立之各級、各類私立學校（土稅細 43 Ⅰ）。

　　(2) **適用免稅之要件**：

　　　A. 受贈人為財團法人。

　　　B. 法人章程載明法人解散時，其賸餘財產歸屬當地地方政府所有。惟若法人章程載明「法人解散時，其賸餘財產歸屬當地地方自治團體所有」，亦視為符合上述規定。

　　　C. 捐贈人未以任何方式取得所捐贈土地之利益。

　　(3) **申請免徵應附之文件**：應檢附社會福利事業主管機關許可設立之證明文件或主管教育行政機關許可設立之證明文件、捐贈文書、法人登記證書（或法人登記簿謄本）、法人捐助章程及當事人出具捐贈人未因捐贈土地以任何方式取得利益之文書（土稅細 43 Ⅱ）。

(四) 被徵收土地

　　被徵收之土地，免徵土地增值稅；依法得徵收之私有土地，土地所有權人自願售與需用土地人者，準用之（土稅 39）。依法得徵收之私有土地，土地所有權人自願按徵收補償地價售與需地機關者，免徵土地增值稅（平 42 Ⅲ）。

依《土地徵收條例》第 11 條規定以市價達成協議價購者，應屬《平均地權條例》第 42 條第 3 項規定自願按徵收補償地價售與需地機關，準用同條第 1 項免徵土地增值稅規定（臺財稅字第 10100665840 號）。

(五) 區段徵收土地

區段徵收之土地，以**現金補償其地價**者，免徵其土地增值稅。但依《平均地權條例》第 54 條第 3 項規定因領回抵價地不足最小建築單位面積而領取現金補償者亦免徵土地增值稅。

區段徵收之土地，依《平均地權條例》第 54 條第 1 項、第 2 項規定以**抵價地**補償其地價者，免徵土地增值稅（土稅 39-1）。

(六) 公共設施保留地尚未被徵收前

依都市計畫法指定之公共設施保留地尚未被徵收前之移轉，免徵土地增值稅。但經變更為非公共設施保留地後再移轉時，以該土地第一次免徵土地增值稅前之原規定地價或最近一次課徵土地增值稅時核定之申報移轉現值為原地價，計算漲價總數額，課徵土地增值稅（土稅 39II）。

依本法申請免徵土地增值稅時，應檢附都市計畫公共設施保留地證明文件；核定免徵土地增值稅之土地，主管稽徵機關應將核准文號建檔，並將有關資料送地政機關登載前次移轉現值（土稅細 55-1）。

(七) 非都市土地供公共設施使用

非都市土地經需用土地人**開闢完成**或依計畫核定**供公共設施使用**，並**依法完成使用地編定**，其尚未被徵收前之移轉，**經需用土地人證明者**，免徵土地增值稅。但經變更為非公共設施使用後再移轉時，以該土地第一次免徵土地增值稅前之原規定地價或最近一次課徵土地增值稅時核定之申報移轉現值為原地價，計算漲價總數額，課徵土地增值稅（土稅 39III）。

前項證明之核發程序及其他應遵行事項之辦法，由財政部會同有關機關定之。

依本法申請免徵土地增值稅時，應檢附非都市土地供公共設施使用證明書；核定免徵土地增值稅之土地，主管稽徵機關應將核准文號建檔，並將有關資料送地政機關登載前次移轉現值（土稅細 55-1）。

(八) 重劃土地

土地重劃時土地所有權人依法應負擔之**公共用地**及**抵費地**全部免徵土地增值稅，於重劃區內原土地所有權人應分配之土地因未達最小分配面積標準**改領差額地價**者，免徵（土減 20）。

(九) 土地分割前後價值相等

分別共有土地分割後，各人所取得之土地價值與其分割前應有部分價值相等者，免徵土地增值稅。公同共有土地分割，各人所取得之土地價值與分割前相等者，亦同（土稅細 42、土減 20）。即因分割前後價值相等，應無所有權移轉之事實，故規定免稅。

(十) 土地合併前後價值相等

不同所有人土地合併後，各共有人應有部分價值與其合併前之土地價值相等者，免徵土地增值稅。

前述土地分割、合併情事，其土地價值以共有土地分割或土地合併時之公告土地現值為準（土稅細 42、土減 20）。

(十一) 土地增值稅起徵點

土地增值稅稅額，在新臺幣 100 元以下者，免予課徵（土稅細 3）。

🄳 其他法規相關規定

(一) 新市鎮土地

新市鎮特定區土地協議價購時，於新市鎮特定核定後，主管機關對於新市鎮特定區私有之土地，應先與所有權人協議價購；協議價購成立者，免徵其土地增值稅（新 6）。

(二) 都市更新土地

1. 都市更新實施權利變換時，應分配之土地未達最小分配單元，而改領現金者，免徵土地增值稅。另外實施權利變換，以土地及建築物抵付權利變換負擔者，免徵土地增值稅及契稅（都更 67）。

2. 以更新地區內之土地為信託財產，信託之土地，因信託關係而於委託人與受託人間移轉所有權者，不課徵土地增值稅（都更 68）。

柒 得申請不課徵和不課徵

一 得申請不課徵

(一) 農業用地

作農業使用之農業用地，移轉與自然人時，**得申請不課徵**土地增值稅。

前項所稱不課徵土地增值稅之土地承受人於其具有土地所有權之期間內，曾經有關機關查獲該土地未作農業使用，且未在有關機關所令期限內恢復作農業使用者，或雖在有關機關所令期限內已恢復作農業使用而再有未作農業使用情事時，於再移轉時應課土地增值稅。

前項所定土地承受人有未作農業使用之情事，於配偶間相互贈與之情形，應合併計算（土稅 39-2）。

1. 農業用地之範圍

《土地稅法》第 39-2 條第 1 項所稱「**農業用地**」，其法律依據及範圍如下（土稅細 57）：

(1) 《農業發展條例》第 3 條第 11 款所稱之耕地。

(2) 依區域計畫法劃定為各種使用分區內編定之林業用地、養殖用地、水利用地、生態保護用地、國土保安用地及供農路使用之土地，或上開分區內暫未依法編定用地別之土地。

(3) 依區域計畫法劃定為特定農業區、一般農業區、山坡地保育區、森林區以外之分區內所編定之農牧用地。

(4) 依都市計畫法劃定為農業區、保護區內之土地。

(5) 依國家公園法劃定為國家公園區內按各分區別及使用性質，經國家公園管理機關會同有關機關認定合於前 3 款規定之土地。

2. 再移轉時原地價之認定（土稅 39-2）

(1) 作農業使用之農業用地，於土地稅法中華民國 89 年 1 月 6 日修正施行後第一次移轉，或依第一項規定取得不動產課徵土地增值稅之土地後再移轉，依法應課徵土地增值稅時，以該**修正施行日當期之公告土地現值**為原地價，計算漲價總數額，課徵土地增值稅。

(2) 89 年 1 月 6 日土地稅法修正後，曾經課徵土地增值稅之農業用地再移轉，依法應課徵土地增值稅，以該土地**最近一次課徵土地增值稅時核定之申報移轉現值**為原地價，計算漲價總數額，課徵土地增值稅。

3. 申請程序（土稅 39-3）

(1) **通知**：農業用地移轉，其屬無須申報土地移轉現值者，主管稽徵機關應通知權利人及義務人，其屬權利人單獨申報土地移轉現值者，應通知義務人。

(2) **申請**：作農業使用之農業用地申請不課徵土地增值稅者，應由權利人及義務人於申報土地移轉現值時，於土地現值申報書**註明農業用地**字樣提出申請；其未註明者，得於土地增值稅繳納期間屆滿前補行申請，逾期不得申請不課徵土地增值稅。但依規定得由權利人單獨申請土地移轉現值者，該權利人得單獨提出申請。

(3) **申請期限**：權利人或義務人應於收到通知之次日起 30 **日內**提出申請，逾期不得申請不課徵土地增值稅。

4. 申請不課徵檢附之文件（土稅細 58）

依《土地稅法》第 39-2 條第 1 項申請不課徵土地增值稅者，應檢附直轄市、縣（市）農業主管機關核發之農業用地**作農業使用證明文件**，送主管稽徵機關辦理。

直轄市、縣（市）農業主管機關辦理前項所定作農業使用證明文件之核發事項，得委任或委辦區、鄉（鎮、市、區）公所辦理。

5. 列管

核准不課徵土地增值稅之農業用地，主管稽徵機關應將核准文號註記列管，並於核准後 1 **個月**內，將有關資料送直轄市、縣（市）農業主管機關（土稅細 59）。

(二) 配偶相互贈與之土地

配偶相互贈與之土地，**得申請不課徵**土地增值稅。但於再移轉依法應課徵土地增值稅時，以該土地**第一次不課徵土地增值稅前之原規定地價**或**最近一次**課徵土地增值稅時核定之申報移轉現值為原地價，計算漲價總數額，課徵土地增值稅。

　　前項受贈土地，於再移轉計課土地增值稅時，贈與人或受贈人於其具有土地所有權之期間內，有支付第 31 條第 1 項第 2 款改良土地之改良費用或同條第 3 項增繳之地價稅者，準用該條之減除或抵繳規定；其為經重劃之土地，準用第 39-1 第 1 項之減徵規定。該項再移轉土地，於申請適用第 34 條規定稅率課徵土地增值稅時，其出售前 1 年內未曾供營業使用或出租之期間，應合併計算（土稅 28-2）。

信託土地移轉之不課徵

(一) 稅法規定

　　土地為信託財產者，於下列各款信託關係人間移轉所有權，**不課徵**土地增值稅（土稅 28-3）：

1. 因信託行為成立，委託人與受託人間。

2. 信託關係存續中受託人變更時，原受託人與新受託人間。

3. 信託契約明定信託財產之受益人為委託人者，信託關係消滅時，受託人與受益人間。

4. 因遺囑成立之信託，於信託關係消滅時，受託人與受益人間。

5. 因信託行為不成立、無效、解除或撤銷，委託人與受託人間。

(二) 信託土地原地價之認定

　　依第 28-3 條規定不課徵土地增值稅之土地，於所有權移轉、設定典權或依《信託法》第 35 條第 1 項規定轉為受託人自有土地時，以該土地**第一次不課徵土地增值稅前**之原規定地價或**最近一次課徵土地增值稅時**核定之申報移轉現值為原地價，計算漲價總數額，課徵土地增值稅。但屬第 39 條第 2 項但書或第 3 項但書規定情形者，其原地價之認定，依其規定。

　　因遺囑成立之信託，於成立時以土地為信託財產者，該土地有前項應課徵土地增值稅之情形時，其原地價指遺囑人死亡日當期之公告土地現值。

　　以自有土地交付信託，且信託契約明定受益人為委託人並享有全部信託利益，受益人於信託關係存續中死亡者，該土地有第 1 項應課徵土地增

值稅之情形時，其原地價指受益人死亡日當期之公告土地現值。但委託人藉信託契約，不當為他人或自己規避或減少納稅義務者，不適用之。

　　第 1 項土地，於計課土地增值稅時，委託人或受託人於信託前或信託關係存續中，有支付第 31 條第 1 項第 2 款改良土地之改良費用或同條第 3 項增繳之地價稅者，準用該條之減除或抵繳規定；第 2 項及第 3 項土地，遺囑人或受益人死亡後，受託人有支付前開費用及地價稅者，亦準用之。

　　本法中華民國 104 年 7 月 1 日修正施行時，尚未核課或尚未核課確定案件，適用前 2 項規定（土稅 31-1）。

三 「不課徵」、「免徵」與「記存」之比較

(一) 「不課徵」與「免徵」之比較

1. 不課徵僅表示移轉當時不予課徵，屬租稅債務之遞延，下次移轉時仍就上次不課徵部分予以課徵，因此**不課徵土地增值稅當時並未更動原地價**。

2. 免徵則免除租稅負擔，因此**免徵土地增值稅時必須更動原地價**。

(二) 「不課徵」與「記存」之比較

　　另外在《都市更新條例》第 60 條、《企業併購法》第 39 條及《金融機構合併法》第 13 條中，有關土地增值稅「記存」相關規定，茲說明差異。

1. 不課徵表示尚未核算已發生之增值稅，其原地價不更動，故時間愈長，漲價倍數愈高，累進稅效果愈顯著。

2. 記存則原地價變動，並結算已發生之增值稅，先記存帳上，暫時不課徵，但於下次移轉時，一併課徵繳納，故增值稅已記存發生部分不再繼續產生累進稅效果。

原地價之認定

原地價係指原規定地價或前次移轉時之地價（土 179）。即課徵土地增值稅時，計算土地漲價總數額，所採用之原規定地價或前次移轉現值。

(一) 配偶相互贈與後再移轉

配偶相互贈與之土地，得申請不課徵土地增值稅。但於再移轉依法應課徵土地增值稅時，以該土地**第一次不課徵土地增值稅前之原規定地價**或**最近一次**課徵土地增值稅時核定之**申報移轉現值**為原地價，計算漲價總數額，課徵土地增值稅（土稅 28-2）。

(二) 農業用地再移轉時原地價之認定

1. 作農業使用之農業用地，於土地稅法中華民國 89 年 1 月 6 日修正施行後第一次移轉，或依第一項規定取得不動產課徵土地增值稅之土地後再移轉，依法應課徵土地增值稅時，以該**修正施行日當期之公告土地現值（即 89.7.1 日公告之土地現值）**為原地價，計算漲價總數額，課徵土地增值稅。

2. 89 年 1 月 6 日土地稅法修正後，曾經課徵土地增值稅之農業用地再移轉，依法應課徵土地增值稅，以**該土地最近一次課徵土地增值稅時核定之申報移轉現值為原地價**，計算漲價總數額，課徵土地增值稅（土稅 39-2）。

(三) 信託土地原地價之認定

依第 28-3 條規定不課徵土地增值稅之土地，於所有權移轉、設定典權或依《信託法》第 35 條第 1 項規定轉為受託人自有土地時，以該土地**第一次不課徵土地增值稅前之原規定地價或最近一次課徵土地增值稅時核定之申報移轉現值為原地價**，計算漲價總數額，課徵土地增值稅（土稅 31-1 I）。

(四) 免徵之土地再移轉時原地價之認定（土稅 30-1）

依法免徵土地增值稅之土地，主管稽徵機關應依下列規定核定其移轉現值（**即該土地下次再移轉時原地價之認定**）並發給免稅證明，以憑辦理土地所有權移轉登記：

1. **公地出售**：依第 28 條但書規定免徵土地增值稅之公有土地，以**實際出售價額**為準。

2. **贈與或受贈之公地**：各級政府贈與或受贈之土地，以贈與契約（公契）訂約日當期之公告土地現值為準。

3. **私人捐贈財團法人之土地**：依第 28-1 規定私人捐贈供興辦社會福利事業或私立學校免徵土地增值稅之私有土地，以**贈與契約訂約日**當期之公告土地現值為準。

4. **區段徵收領回抵價地**：依第 39-1 第 3 項規定，免徵土地增值稅之抵價地，以區段徵收時**實際領回抵價地之地價**為準。

(五) 繼承後再移轉

因繼承取得之土地再行移轉者，以**繼承開始時該土地之公告現值**為原地價，計算漲價總數額，課徵土地增值稅但繼承前領回區段徵收抵價地之地價，高於繼承開始時該土地之公告現值者，**應從高認定**（土稅 31II）。

(六) 公保地變更為非公保地後再移轉

公保地尚未被徵收前之移轉，免徵土地增值稅。但經變更為非公共設施保留地後再移轉時，**以該土地第一次免徵土地增值稅前之原規定地價或最近一次課徵土地增值稅時核定之申報移轉現值為原地價**，計算漲價總數額，課徵土地增值稅（土稅 39II）。

(七) 非都公設地經變更為非公共設施使用後再移轉

依法完成使用地編定之非都市土地供公共設施使用，其尚未被徵收前之移轉，免徵土地增值稅。但經變更為非公共設施使用後再移轉時，以該土地第一次**免徵土地增值稅前之原規定地價或最近一次課徵土地增值稅時核定之申報移轉現值為原地價**，計算漲價總數額，課徵土地增值稅（土稅 39III）。

玖　土地增值稅之減徵

一　土地稅法之規定

(一) 重劃之土地

　　經重劃之土地，於重劃後第一次移轉時，其土地增值稅**減徵 40%**（土稅 39-1）。適用本項減徵土地增值稅之重劃土地，以下列土地，於民國 66 年 2 月 2 日《平均地權條例》公布施行後移轉者為限（土稅細 56）：

1. 在民國 53 年舉辦規定地價或重新規定地價之地區，於該次規定地價或重新規定地價以後辦理重劃之土地。

2. 在民國 53 年以前已依土地法規定辦理規定地價及在民國 53 年以後始舉辦規定地價之地區，於其第一次規定地價以後辦理重劃之土地。

　　所謂重劃土地，包括政府機關辦理重劃之土地及土地所有權人自辦重劃之土地，市地重劃及農地重劃均應包括在內。

(二) 區段徵收抵價地

　　區段徵收之土地以抵價地補償其地價者，領回抵價地後第一次移轉時，應以原土地所有權人**實際領回抵價地之地價為原地價**，計算漲價總數額，課徵土地增值稅，其土地增值稅**減徵 40%**（土稅 39-1）。

二　其他相關法規

(一) 都市更新之土地

1. 依權利變換取得之土地及建築物，於更新後第 1 次移轉時，減徵土地增值稅 40%。

2. 不願參加權利變換而領取現金補償者，減徵土地增值稅 40%。

3. 原所有權人與實施者間因協議合建辦理產權移轉時，經直轄市、縣（市）主管機關視地區發展趨勢及財政狀況同意者，得減徵土地增值稅 40%。

　　前項第 3 款實施年限，自本條例中華民國 107 年 12 月 28 日修正之條文施行之日起算 5 年；其年限屆期前半年，行政院得視情況延長之，並以一次為限。

　　都市更新事業計畫於前項實施期限屆滿之日前已報核或已核定尚未完成更新，於都市更新事業計畫核定之日起 2 年內或於權利變換計畫核定之日起 1 年內申請建造執照，且依建築期限完工者，其更新單元內之土地及建築物，準用前項第 3 款規定（都更 67）。

(二) 水源特定區

　　水質水量保護區依都市計畫程序劃為水源特定區者，其土地應視限制程度減免土地增值稅、贈與稅及遺產稅。前項土地減免賦稅區域及標準，由中央主管機關會同財政部、內政部及原住民族委員會擬訂，報請行政院核定（自來水法第 12 條之 1）。

三 稅額減徵計算例

[例八]

　　陳君有土地 500m^2 一筆，前次移轉現值為 1,000 元/m^2，該筆土地於去年經土地重劃完成，獲分配 300m^2，其重劃負擔總費用為 100 萬元，若陳君於今年將該筆土地全部出售，並按當期公告土地現值 3 萬元/m^2 申報土地移轉現值，期間物價指數漲幅為 250%，問其應納土地增值稅為何？

解 1. 土地漲價總數額：(3 萬 − 0.1 萬 × 250%) × 300m^2 − 100 萬 = 725 萬

2. 漲價倍數：
　 725 萬 ÷ (0.1 萬 × 250% × 300m^2) = 9.67(倍)⋯適用第三級稅率

3. 原應納土地增值稅：725 萬 × 40% − 75 萬 × 0.3 = 267.5 萬

4. 實際應納土地增值稅：因係重劃後第一次移轉，應減徵 40% 土地增值稅。
　 267.5 萬 × (1 − 40%) = 160.5 萬

拾　土地增值稅之退稅

一 出典人回贖時

出典人**回贖時**，原繳之土地增值稅，應**無息退還**（土稅 29）。土地設定典權時，出典人應預繳土地增值稅，係因出典人若於典權期限屆滿未回贖土地時，典權人即取得土地所有權。故出典人屆期回贖時，土地所有權並未移轉，其預繳之土地增值稅應予無息退還。

土地出典人依上開但書規定，於土地回贖申請無息退還其已納土地增值稅時，應檢同原納稅證明文件向主管稽徵機關申請之（土稅細 45）。

二 適用法令或計算錯誤溢繳時

因適用法令、認定事實、計算或其他原因之錯誤，致溢繳稅款者，納稅義務人得自繳納之日起 10 年內提出具體證明，申請退還；屆期未申請者，不得再行申請。但因**可歸責於政府機關之錯誤**，致溢繳稅款者，其退稅請求權自繳納之日起 **15 年間不行使而消滅**。

稅捐稽徵機關於前項規定期間內知有錯誤原因者，應自知有錯誤原因之日起 **2 年內**查明退還（稽 28）。

例如土地移轉時，土地所有權人為改良土地已支付之全部費用，未能在規定期限內提出申請，而其稅款已完納者，得依本條規定申請退稅。再如，所有權人於土地持有期間，因重新規定地價而增繳之地價稅，於辦理土地移轉時，稅捐稽徵機關未依法計算其應抵繳之土地增值稅，而納稅義務人已完納土地增值稅者，亦可依本條規定申請退稅。

三 重購土地之退稅

(一) 稅法規定

土地所有權人於出售土地後，自完成移轉登記之日起，**2 年內**重購土地，其**新購土地地價**超過原出售土地地價，**扣除繳納土地增值稅後之餘額者**，得向主管稽徵機關申請就**已納土地增值稅額內**，退還其不足支付新購土地地價之數額，其重購地須合於下列規定之一（土稅 35）：

1. 自用住宅用地出售後，另行購買都市土地未超過 3 公畝部分或非都市土地未超過 7 公畝部分，仍作自用住宅用地者。但於土地出售前 1 年內，曾供營業使用或出租者，不適用之。

2. 自營工廠用地出售後，另於其他都市計畫工業區或政府編定之工業用地內購地建廠者。

3. 自耕之農業用地出售後，另行購買仍供自耕之農業用地者。

　　前規定土地所有權人先於購買土地後，自完成移轉登記之日起 2 年內，始行出售土地者，準用之。

(二) 適用之限制條件

1. 適用之土地範圍

　　依上開土地稅法規定，因重購土地得申請退稅之土地限於**自用住宅用地、自營工廠用地、自耕農業用地**三種土地。

(1) 自用住宅用地出售後，重購土地仍需作自用住宅用地使用，且重購土地面積在都市土地未超過 3 公畝部分或非都市土地未超過 7 公畝部分始得適用。即出售或重購土地均需為自用住宅用。

(2) 自營工廠用地出售後，其新購土地位於其他都市計畫工業區或政府編定之工業用地，且需作為建廠之用。即出售與新購土地均需為自營工廠用地。

(3) 自耕之農業用地出售後，新購之土地仍需為自耕之農業用地。

2. 時間限制

　　土地出售之時間與重購土地之時間，二者相距應在 **2 年內**，至於**先賣後買**，或**先買後賣**均可。

　　2 年內之日期認定標準，先賣或先買之土地，係以「完成移轉登記日」起算；而後買或後賣土地日期之認定，如期申報者，以「訂立買賣契約日」為準，逾期申報者，以「申報日」為準。

3. 新購地價

　　新購土地地價必須超過出售土地地價，扣除繳納土地增值稅後之餘額者。若新購土地地價低於上開餘額者，則無法退稅。

4. 可退稅額

重購土地若符合上述規定者，係就其**已繳納**之土地增值**稅額內**，**退還**其**不足**支付新購土地地價之數額，亦即退稅額度最多以所繳納之土地增值稅為限。

5. 退稅之追繳

土地所有權人因重購土地退還土地增值稅者，其重購之土地，自完成移轉登記之日起，**5 年內再行移轉時**，除就該次移轉之漲價總數額課徵土地增值稅外，並應**追繳原退還稅款**；重購之土地，**改作其他用途**者亦同（土稅 37）。

［例九］　重購退稅

編號	原出售地價(一)	原納土地增值稅(二)	餘額(三)=(二)-(一)	重購土地地價(四)	不足額(五)=(四)-(三)	可退稅額
1	300 萬元	50 萬元	250 萬元	350 萬元	100 萬元	50 萬元
2	300 萬元	50 萬元	250 萬元	280 萬元	30 萬元	30 萬元
3	300 萬元	50 萬元	250 萬元	220 萬元	－30 萬元	0 萬元

解　1 號土地：新購地雖不足 100 萬元，但土地增值稅僅納 50 萬元，故所納增值稅全數可退還。

2 號土地：新購地不足 30 萬元，土地增值稅雖繳納 50 萬元，但只可退還不足款項 30 萬元。

3 號土地：新購地並無不足款，故增值稅無法退還。

(三) 申請程序與應備文件

1. 受理單位

土地所有權人因重購土地，申請依本法第 35 條規定退還已納土地增值稅者，應由土地所有權人檢同**原出售及重購**土地向地政機關辦理登記時之**契約文件影本**向**原出售土地所在稽徵機關**辦理（土稅細 55 I）。

2. 應備文件

重購土地與出售土地不在同一縣市者，依前項規定受理申請退稅之稽徵機關，應函請重購土地所在地稽徵機關查明有關資料後再憑辦理；其經核准退稅後，應即將有關資料通報重購土地所在地稽徵機關（土稅細 55 II）。

實務上，申請退稅之文件大略如下：

(1) 重購退稅申請書。

(2) 原出售及重購土地辦理登記時之契約文件影本。

(3) 原出售及重購土地之土地及建物所有權狀影本或其他證明文件。

(4) 原出售土地之土地增值稅繳款書收據聯正本（如無法提示，改立具切結書）。

3. 申請期限

土地所有權人重購土地申請退稅期限，自 102 年行政程序法修正第 131 條後，**重購退稅請求權時效為 10 年**。

表 4-5　自用住宅用地重購退稅

節 稅 項 目	自用住宅用地重購退稅
適用要件	1. 土地出售後 2 年內重購或先購買土地 2 年內再出售土地。 2. 新購土地地價超過原出售土地地價扣除土地增值稅後餘額。 3. 原出售土地及新購土地所有權人同屬一人。 4. 出售土地及新購土地地上房屋須為土地所有權人或其配偶、直系親屬所有，並且在該地辦竣戶籍登記。 5. 都市土地面積未超過 3 公畝或非都市土地面積未超過 7 公畝部分。 6. 出售土地於出售前一年內沒有供營業使用或出租行為。
檢附證件	1. 重購退稅申請書。 2. 原出售及重購土地辦理登記時之契約文件影本。 3. 原出售及重購土地之土地及建物所有權狀影本或其他證明文件。 4. 原出售土地之土地增值稅繳款書收據聯正本（如無法提示，改立具切結書）。 5. 如有三親等以外他人設立戶籍，檢附設籍人無租賃關係申明書及身分證影本。

表 4-5　自用住宅用地重購退稅（續）

節 稅 項 目	自用住宅用地重購退稅
申請地點	原出售土地之主管稽徵機關。
申請期限	1. 先賣後買者於重購後申請。 2. 先買後賣者於出售後申請。 3. 申請退稅請求權時效為 10 年。
節稅情形	就已繳納的土地增值稅額內，退還不足支付新購土地地價之數額。
退稅追繳	重購之土地，自完成移轉登記之日起，5 **年內再行移轉或改作其他用途時，追繳原退稅款。**

(四) 列管及清查

　　重購土地所在地稽徵機關對已核准退稅之案件及前項受通報之資料，應裝冊保管，每年定期清查，如發現重購土地 **5 年內改作其他用途或再行移轉者**，依本法第 37 條規定辦理（土稅細 55 III），追繳原退還之土地增值稅。

四 退稅計算例

［例十］

　　交交因調職北上，出售其擁有之一筆自用住宅用地，面積 50m^2，該筆土地前次移轉現值為 5 萬/m^2，本次申報移轉現值為 10 萬/m^2，其間物價總指數上漲 20%，試問其出售時之土地增值稅應納稅額為何？交交又於新職所在地重購自用住宅用地 60m^2，重購時該土地申報移轉現值 8.2 萬/m^2，其得申請退還土地增值稅若干？

解 (1) 土地增值稅應納稅額：
　　$10 \text{ 萬} \times 50(\text{m}^2) - 5 \text{ 萬} \times 50(\text{m}^2) \times 120\% = 200 \text{ 萬}$
　　$200 \text{ 萬} \times 10\% = 20 \text{ 萬}$

(2) 土地增值稅應退稅額：
　　$8.2 \text{ 萬} \times 60(\text{m}^2) = 492 \text{ 萬}$ .... 新買土地價
　　$500 \text{ 萬} - 20 \text{ 萬} = 480 \text{ 萬}$ .... 出售土地扣增值稅後餘額
　　$492 \text{ 萬} - 480 \text{ 萬} = 12 \text{ 萬} < 20 \text{ 萬}$ .... 新買地尚不足 12 萬

僅能申請退回土地增值稅 12 萬，亦即不足購新地之款項。

參考法條：土地稅法 31、34、35、36。

拾壹　**土地增值稅之抵繳**

　　地價稅係按規定地價時土地所有權人所申報之地價總額課徵，故如重新規定地價造成地價調漲後，勢必造成土地所有權人之地價稅增繳，為避免增繳之地價稅與土地增值稅有重複課稅之情事，故規定土地所有權人移轉該土地時，其增繳之地價稅得抵繳應納之土地增值稅。

一 稅法規定

　　土地所有權人辦理土地移轉繳納土地增值稅時，在其持有土地期間內，因**重新規定地價增繳之地價稅**，就其移轉土地部分，准予抵繳其應納之土地增值稅。但准予抵繳之總額，以不超過土地移轉時**應繳增值稅總額5%**為限。前項增繳之地價稅抵繳辦法，由行政院定之（土稅 31）。而行政院亦依據上述土地稅法規定，訂定〈增繳地價稅抵繳土地增值稅辦法〉，以利執行，依據該辦法規定，抵繳之方式有二種：

(一) 按年抵繳

　　土地所有權人在持有土地期間，經重新規定地價者，其增繳之地價稅，自重新規定地價起，亦即按新地價核計之稅額，每繳納**一年**地價稅抵繳該筆土地應繳土地增值稅總額 **1%**，繳納**半年**者，則可抵繳 **0.5%**（抵5）。

(二) 按實抵繳

　　如納稅義務人申請按實際增繳稅額抵繳其應納土地增值稅者，應檢附地價稅**繳納收據**，送該管稽徵機關**按實**抵繳。其計算公式如下（抵5）：

1. 原按特別稅率、公共設施保留地稅率及基本稅率課徵地價稅者

> **增繳之地價稅** ＝〔（最近一次重新規定地價之申報地價－取得土地時之原規定地價或重新規定地價之申報地價）×原課徵地價稅稅率〕×同稅率已徵收地價稅年數

2. 原按累進稅率課徵地價稅者

> $$增繳之地價稅 = \frac{各該戶累進課徵地價稅土地每年地價稅額}{各該戶累進課徵地價稅土地課徵地價總額} \times$$
>
> （最近一次重新規定地價之申報地價－取得土
> 地時之原規定地價或重新規定地價之申報地價）
> ×同稅率已徵收地價稅年數

　　依該辦法規定，稅捐稽徵機關於辦理課徵土地增值稅時，應先查明該土地有無欠繳地價稅。其有欠稅者，應於繳清欠稅後，再計算增繳稅額，並於查定之土地增值稅中予以扣除後，填發土地增值稅繳納通知書交由納稅義務人持向公庫繳納（抵6）。

二 計算釋例

［例十一］

　　美女有一筆自用住宅用地係於 110 年 1 月購進，面積 200 平方公尺，地價稅之課稅地價為 200 萬元，111 年 1 月重新規定地價後，課稅地價調整為 250 萬元。若於 113 年 12 月底出售該地，核定應納土地增值稅額 30 萬元，美女其因增繳之地價稅可抵繳土地增值稅若干？

解　111 年 1 月至 113 年 12 月重新規定地價約 3 年。

（一）採比率抵繳（1 年 1%，3 年 3%）：

　　30 萬 ×3% ＝ 0.9 萬

（二）採按實抵繳（自用住宅用地特別稅率）：

　　（250 萬－200 萬）×2‰×3 年＝0.3 萬元

（三）若擇高抵繳應採比率抵繳：

　　但需注意是否超過抵繳 5% 之限額 30 萬 ×5% ＝ 1.5 萬

　　0.9 萬＜1.5 萬，因此准予可抵繳稅額 0.9 萬元。

[例十二]

　　阿儒在南投縣有一筆一般用地係於 110 年 1 月購進，該地地價稅之課稅地價為 200 萬元，111 年 1 月重新規定地價後，課稅地價調整為 250 萬元，若於 113 年 12 月底出售該地，核定應納土地增值稅額 30 萬元，阿儒將所有在南投縣土地歸戶後地價總額為 2,000 萬元，適用累進稅率繳納了地價稅 50 萬元，試算其可抵繳土地增值稅之增繳地價稅若干？

解
（一）採比率抵繳（1 年 1%）　30 萬×3%＝0.9 萬
（二）採按實抵繳（累進稅率）$\dfrac{50萬}{2,000萬}$×（250 萬−200 萬）×3 年
　　　＝3.75 萬
（三）3.75 萬元＞1.5 萬元（但因受限抵繳限額 30 萬×5%＝1.5 萬元）
　　　所以准予抵繳土地增值稅之增繳地價稅額即為 1.5 萬元。

[例十三]

　　張三先生以往並無任何不動產，一直亟思購地興建自用住宅，乃於 74 年 2 月以每平方尺 3 萬元向三重市某地主購得某筆土地，登記面積為 200 平方公尺，土地使用分區為住宅。購地價款中有一半係向某銀行貸款，年息壹分，為期 1 年，惟每年均自動展期。79 年 10 月曾因附近道路拓寬，繳納工程受益費每平方公尺 500 元。80 年 2 月間因基地低窪，請在附近興工之甲建設公司代為填土 1000 立方公尺，每立方公尺代價為 50 元，有其收據為憑，三月完工後立即租予某商號作為儲存用，月租 5,000 元。82 年 7 月初，張三因需資金，將該筆土地以每平方公尺 10 萬元悉數賣給乙公司，並立即償還貸款，復請土地代書查得下列資料：

年度	73 年	74 年	75 年	76 年	77 年	78 年	79 年	80 年	81 年	82 年
公告現值 元/平方公尺		11,000	12,000		13,000	14,000		23,000	25,000	30,000
公告地價 元/平方公尺	10,000	10,000	10,000	**12,000**	12,000	12,000	**15,000**	15,000	15,000	15,000
年度/月	73 年 2 月	74 年 2 月	75 年 2 月	76 年 2 月	77 年 2 月	78 年 5 月	79 年 10 月	80 年 2 月	81 月 2 月	82 月 7 月
*躉售物價指數	120	110	100	110	120	130	150	130	115	100

* 指臺灣地區平均地權調整計算地價之一般躉售物價指數。

試計算乙建設公司與張三最多各須繳納若干土地增值稅？（如有任何資料遺漏，請自行假設，並據此試算其結果）　　　　【82 土檢】

解
(一) 土地增值稅的納稅義務人，於土地所有權有償移轉，為原土地所有權人，土地增值稅應由出賣人張三繳納，買受人乙建設公司無須繳納。

(二) 張三「最多」應納土地增值稅試算如下：

1. 本次土地移轉現值：張三於 82 年 7 月初出售予乙建設公司時，該土地當時公告現值 3 萬元/m^2，張三實際出售價格 10 萬元/m^2，依題旨所示，欲算出土地增值稅「最多」額度，即應依實際出售價格 10 萬元/m^2 來申報移轉現值。

$$10 \text{ 萬} \times 200 m^2 = 2,000 \text{ 萬元}$$

2. 前次移轉現值：74 年 2 月購入土地，該土地前次移轉現值應適用 73 年期土地公告現值 1 萬元/m^2，但應依 74 年 2 月當期物價指數(110%)調整。

$$1 \text{ 萬} \times 200 m^2 \times 110\% = 220 \text{ 萬元}$$

3. 私人改良費用：繳納工程受益費可以自土地漲價總數額中扣除，但土地改良填土支付甲建設公司代價，張三似未申請驗證，其收據不得自土地漲價總數額中扣除。

工程受益費：$0.05 \text{ 萬元} \times 200 m^2 = 10 \text{ 萬元}$

4. 土地漲價總數額：2,000 萬－220 萬－10 萬＝1,770 萬元

5. 原應納增值稅額：本題張三將土地出租故不能適用自用住宅優惠稅率（**註：民國 82 時，土地增值稅稅率為** 40%，50%，60%）

$$1,770 \text{ 萬} \times 60\% - 220 \text{ 萬} \times 0.3 = 996 \text{ 萬元}$$

6. 增繳地價稅之抵繳：張三持有土地期間 76 及 79 年兩次重新規定地價增繳之地價稅，可抵繳土地增值稅。

(1) 採比率抵繳：每年可抵繳土地增值總額 1%，但不超過應繳增值稅總額 5%。張三持有土地期間，因重新規定地價增繳地價稅已超過 5 年，故

$$996 \text{ 萬} \times 5\% = 49.8 \text{ 萬}$$

(2) 採按實抵繳：因土地座落縣市之累進起點地價未知，無法計算增繳之地價稅，故自行假設本題土地適用基本稅率 10‰：

① 76－78 年增繳地價稅額

$$(1.2 \text{ 萬} - 1 \text{ 萬}) \times 200\text{m}^2 \times 10‰ \times 3 \text{ 年} = 1.2 \text{ 萬元}$$

② 79－82 年增繳地價稅額

$$(1.5 \text{ 萬} - 1 \text{ 萬}) \times 200\text{m}^2 \times 10‰ \times 4 \text{ 年} = 4 \text{ 萬元}$$

③ 合計 1.2 萬＋4 萬＝5.2 萬元

7. 應納土地增值稅：為符合題意要求繳最多稅額，故抵繳採從低計算

$$996 \text{ 萬} - 5.2 \text{ 萬} = 990.8 \text{ 萬元}$$

(三) 法令依據：1. 土地稅法第 30、31 條。

2. 平均地權條例施行細則第 12 條。

拾貳 稽徵程序

一 申報現值

　　土地所有權移轉或設定典權時，權利人及義務人應於**訂定契約之日起 30 日內**，檢附契約影本及有關文件，共同向主管稽徵機關申報其土地移轉現值。但依規定得由權利人單獨申請登記者，權利人得單獨申報其移轉現值（土稅 47 I）。而內政部、財政部並據本條規定訂定〈土地所有權移轉或設定典權申報現值作業要點〉，以為執行之準則。

(一) 申報人

1. 由權利人及義務人共同申報

　　所謂**權利人**即指取得土地權利之人，如承買人、受贈人、典權人等，所謂**義務人**即指喪失土地權利之人或承受義務之人，如出賣人、贈與人、出典人等。一般而言，土地所有權移轉或設立典權時，其原因發生證明文件為移轉契約或典權設定契約者，應由權利人及義務人共同申報土地移轉現值。

2. 由權利人單獨申報

　　依規定得由權利人單獨申請登記者，權利人得單獨申報其移轉現值，如因**法院、行政執行分署或公正第三人拍定、法院判決確定或調處結果成立**等而取得土地權利者，因該等法律事實已相當明確，故規定得由權利人單獨申報其移轉現值，以維護權利人之權益。

(二) 申報地點

　　土地移轉現值應向**土地所在地**主管稽徵機關申報之。

(三) 申報期限

　　土地移轉現值之申報期限為訂定契約之日起 30 日內，至於所謂「**訂定契約之日起 30 日**」，其訂定契約之日不算入，應自訂定契約之次日起算；算至期間之末日若適逢星期六、星期日或例假日時，准予順延至次星期一或例假日之次日為末日（財政部 77.11.15 臺財稅第 770368839 號函）。

(四) 申報應備文件

申報人申報土地移轉現值時，應填具現值申報書，並檢附契約影本及有關文件。所謂有關文件，包括土地所有權狀影本及國民身分證或戶口名簿影本；但特殊案件依規定應另行檢附其他文件者，仍應依有關規定辦理。

❷ 核　稅

主管稽徵機關應於申報土地移轉現值收件之日起 **7 日內**，核定應納土地增值稅額，並填發稅單，送達納稅義務人。但申請按**自用住宅用地**稅率課徵土地增值稅之案件，其期間**得延長為 20 日**（土稅 49）。土地所有權人出售土地前，可先檢附身分證影本及土地權狀影本各乙份，向土地所在地之稽徵機關申請核算應納增值稅稅額，作為決定售價及申辦自用住宅用地優惠稅率參考之依據。

(一) 收　件

稅捐稽徵機關受理現值申報時，應於現值申報書加蓋收件之章及註明收件日期文號或黏貼收件貼紙，並製給收件收據（要點 3）。

(二) 審　核

稅捐稽徵機關受理現值申報後，應依土地稅法第 30 條及第 30-1 條規定，審核申報移轉現值，申報現值經審核低於公告土地現值者，應於 5 日內將申報書移送直轄市或縣（市）地政機關**決定是否照價收買**（要點 4）。

(三) 核稅發單

申報現值經審核不低於公告土地現值，或雖低於公告土地現值，但經核定不照價收買者，地政機關應查明有無欠稅費，並核發土地增值稅繳款書、免稅或不課徵證明書，送達納稅義務人或代理人（要點 4）。

(四) 繳　納

土地增值稅納稅義務人於收到土地增值稅繳納通知書後，應於 30 日內向公庫繳納（土稅 50）。

(五) 逾期未繳納

　　土地增值稅於繳納期限屆滿逾 30 日仍未繳清之滯欠案件，主管稽徵機關應通知當事人限期繳清或撤回原申報案，逾期仍未繳清稅款或撤回原申報案者，主管稽徵機關應逕行註銷申報案及其查定稅額（土稅細 60）。

⊜ 產權登記

　　權利人及義務人應於繳納土地增值稅後，共同向主管**地政機關**申請土地所有權移轉或設定典權登記。主管地政機關於登記時，發現該土地公告現值、原規定地價或前次移轉現值有錯誤者，立即送主管稽徵機關更正重核土地增值稅（土稅 49）。

⊗ 稅款確保

(一) 欠稅土地

　　欠繳土地稅之土地，在欠稅未繳清之前，不得辦理移轉登記或設定典權。所欠稅款，土地承受人得申請代繳或在買價、典價內照數扣留完納；其屬代繳者，得向納稅義務人求償（土稅 51）。

(二) 扣　　繳

1. 徵收或收買土地之土地增值稅扣繳

　　經徵收或收買之土地，該管直轄市、縣（市）地政機關或收買機關，應檢附土地清冊及補償清冊，通知主管稽徵機關，核算土地增值稅及應納未納之地價稅或田賦，稽徵機關應於收到通知後 **15 日內**，造具代扣稅款證明冊，送由徵收或照價收買機關，於發放價款或補償費時代為扣繳（土稅 52）。

2. 法院拍賣土地之土地增值稅扣繳

　　經法院、行政執行分署執行拍賣或交債權人承受之土地、房屋及貨物，法院或行政執行分署應於拍定或承受 **5 日內**，將拍定或承受價額通知當地主管稅捐稽徵機關，依法核課土地增值稅、地價稅、房屋稅及營業稅，並由法院或行政執行分署代為扣繳（稽 6）。

　　主管稽徵機關接到法院或行政執行分署通知之有關土地拍定或承受價額等事項後，應於 **7 日內**查定應納土地增值稅函請法院或行政執行分署代為扣繳，並查明該土地之欠繳土地稅額參與分配（土稅細61）。

　　經法院或行政執行分署拍賣之土地，依第 30 條第 1 項第 5 款但書規定審定之移轉現值核定其土地增值稅者，如拍定價額不足扣繳土地增值稅時，法院或行政執行分署應俟**拍定人**代為**繳清差額**後，再行發給權利移轉證書（土稅 51）。

🖮五 稅收用途

　　漲價歸公之收入，以供育幼、養老、救災、濟貧、衛生、扶助身心障礙等公共福利事業、興辦社會住宅、徵收公共設施保留地、興辦公共設施、促進農業發展、農村建設、推展國民教育及實施平均地權之用（平51）。

拾參　罰則

一 滯納金

　　納稅義務人或代繳義務人未於稅單所載限繳日期內繳清應納稅款者，應加徵滯納金。經核准以票據繳納稅款者，以票據兌現日為繳納日（土稅53）。

　　有關滯納金加徵標準及繳納期間屆滿 30 日後仍未繳清稅款者移送強制執行之規定，由《稅捐稽徵法》第 20 條統一規範。

二 未辦竣登記再出售

　　土地買賣未辦竣權利移轉登記，再行出售者，處再行出售**移轉現值**2%之罰鍰（土稅 54）。

　　但其移轉現值在新臺幣 100 萬元以下者，或辦竣權利移轉登記前經依規定撤回或註銷移轉現值者，免予處罰（稅務違章案件減免處罰標準 18）。

(一) 「買賣」與「再行出售」之意義

所稱**「買賣」**，指當事人約定一方移轉財產權於他方，他方支付價金之契約而言。另「贈與」、「繼承」之法律性質與「買賣」有別，不在處罰範圍內。

所稱**再行出售**，指承買人就所承買土地尚未經登記機關依土地登記規則第 6 條登記完畢前，即再行出售他人成立「債權契約」而言。

(二) 罰鍰之對象

指買賣土地，**未辦竣移轉登記之權利人（承買人）**，**亦即**未辦竣移轉登記**再行出售之義務人（出賣人）**而言（財政部 78.2.2 臺財稅第 780624752 號函）。

售地未辦竣登記再行出售，即違反上述規定，依法即應處罰，不因當事人在送罰前申請註銷現值申報而受影響（財政部 80.10.29 臺財稅第 800387876 號函）。

🉐 受贈土地之違規

依第 28-1 條受贈土地免徵土地增值稅之財團法人，有下列情形之一者，除追補其應納之土地增值稅外，並處應納土地增值稅額 **2 倍以下**之罰鍰（土稅 55-1）。

1. 未按捐贈目的使用土地者。

2. 違反各該事業設立宗旨者。

3. 土地收益未全部用於各該事業者。

4. 經稽徵機關查獲或經人舉發查明捐贈人有以任何方式取得所捐贈土地之利益者。

税制思考

思考一

現行公告土地現值有何缺失？改進之議為何？

【論　點】

一、公告現值之缺失

　　現行土地增值稅制度，有關申報移轉現值之審核，皆以公告土地現值為準，據以核計土地增值、計徵土地增值稅，此制度具有下列三點缺失而無法實現漲價歸公之目標：

(一) **公告現值偏低**：公告現值無法反映真實市價，其普遍較市價偏低，致使土地市價超過公告現值之土地漲價部分，無需負擔土地增值稅。而公告現值偏低之原因又可分析如下：

1. 土地現值之查估，係以最近一年內的市價或收益價格為依據，而土地現值從調查、計算、評議到公告，其時間上已有差距，故公告土地現值必然低於市價。

2. 各縣市地價評議委員會、地政機關，或基於穩定物價或基於減輕土地所有權人之稅負，常有抑低土地現值的傾向。

(二) **鼓勵短期投機**：現行公告現值每年調整一次，若土地買賣在同一年度時，因公告現值未作調整，其實際買賣土地之利益，亦無土地增值稅之負擔。

(三) **無法反應個別土地價值**：公告現值係區段土地之平均地價，區段內之土地一律以此為標準，無法與各筆土地之實際市價一致。

二、改進之議

由於公告現值具有上述缺失，故遂有以**實際移轉價格**替代公告現值之主張。

茲就租稅理論與稽徵實務之觀點評論此項建議之可行性於下：

(一) 租稅理論觀點

土地漲價總數額或土地增值，在理論上是一種資本增益，亦即是一種所得。因此，就租稅理論之觀點而言，在計算收入與成本時，以實際移轉價格替代公告現值核計土地增值，應屬正確，且能消除現制無法實現漲價歸公之缺失。

(二) 稽徵實務觀點

現行以公告現值核計土地增值之制度，其優點在於稽徵簡單易行，並無土地所有權人申報實際移轉價格不實之核價等爭議，故稅務行政成本低廉；若改採實際移轉價格核計土地增值，若納稅義務人有短報實際移轉價格之情事，務必增加稽徵之人物力以為糾正，且易引起徵納雙方之爭執與糾紛。因此，就稽徵實務之觀點而言，此一變革措施，極易增加稽徵成本及民怨，對實現漲價歸公未獲其益先受害。

三、建　議

綜上所述，就租稅理論之觀點而言，固宜以實際移轉價格替代公告現值，但從稽徵實務之觀點而言，此一措施易發生困擾及流弊。因此，欲採行此一措施時，在稽徵方面，則宜建立科學化的估價制度與配合現行不動產估價師專業人才之培育，查核正確地價並將土地買賣價格資料建檔，藉以發揮稽查、掌握稅源之作用，減少施行之阻力，庶幾實現「漲價歸公」之理想。

●思考二

> 現行土地增值稅，按漲價倍數累進課徵有何優缺點？如改按漲價金額課徵如何？

【論　點】

一、按漲價倍數累進課徵之優缺點

(一) 優　點

1. **避免土地細分**：土地所有權移轉時，不論面積之大小，漲價數額之多寡，一律以漲價超過原地價之倍數為累進課稅之基礎。因此，土地化整為零並無法減輕稅負，故不需分割移轉，或分年移轉土地，能夠避免土地化整為零，造成使用困難之缺點。

2. **低地價區漲價歸公效果大**：新發展地區或都市郊區之農地准許變更為非農地使用時，因漲價倍數大，可能適用最高累進稅率之機會大，而且不可能運用分割移轉，分批移轉方式，以圖減輕稅負，因而可能達到漲價歸公之比例亦較大。

(二) 缺　點

1. **稅捐之負擔，輕重失衡**：則在郊區土地原地價較低的地區，漲價倍數大而漲價金額小，需要負擔重稅；反之，在舊市區土地原地價較高，漲價金額大而漲價倍數小，卻僅負擔輕稅，顯失公平。

2. **鼓勵短期投機**：從事土地投機者多於短期即行移轉，以減輕土地保有成本，獲取鉅額利潤，惟短期內地價上漲幅度不高，可按較低稅率課徵增值稅，負擔較輕；然而，長期保有土地的地主，一旦出售土地時，因原地價較低，致漲價倍數升高，須負擔較重的增值稅，無異懲罰長期保有土地者，而鼓勵短期投機。

3. **虛偽移轉規避稅負**：少數土地投機者為逃避高稅率的適用，可採用虛偽移轉或輾轉買賣方式達成避稅的目的，如此其土地增值稅將永遠適用最低稅率課徵，以致土地增值稅的有效稅率偏低，漲價大部分歸私，嚴重損害地利共享的理想。

二、改按漲價金額課徵之優缺點

(一) **優點**：減少按漲價倍數課徵之缺點。

(二) **缺點**

1. **造成土地細分**：地主可藉「分批出售，化整為零」之方法，使每一次交易的土地漲價金額降低，以便適用最低級稅率，獲取更多漲價利益，以規避土地增值稅。

　　如此勢將造成土地細碎分割，不僅妨礙土地的經濟有效利用，同時也增加土地分割、測量及地籍管理方面的行政負擔。

2. **鼓勵郊區土地投機**：都市郊區及新發展地區土地，因原地價低，所以漲價金額小而漲價倍數大，如採金額累進，無異於鼓勵郊區及新發展地區的土地投機行為。

3. **短期投機仍存在**：土地投機者仍可採取短期輾轉買賣方式，以逃避較高稅率的適用。如此，仍無法改進按漲價倍數累進課徵的缺點。

4. **稅制缺乏穩定性**：以金額作為累進起徵點及累進級距的標準，缺乏客觀性，且遇幣值有所變動時，各級稅距的漲價金額，亦須按照物價指數的變動，每年實施適當的調整，增加行政上的不便，由於稅制缺乏穩定性，使民眾難以適應。

三、建　議

　　土地增值稅稅率結構為倍數累進或改採金額累進之基準，均各具優缺點，但若為達成「漲價歸公」理想，宜作如下之改進：

1. 採取倍數累進與金額累進併用之稅制，再視何者稅負較重即採行課徵該稅負。

2. 對正常交易之土地移轉，如長期持有、整批出售者，採較低稅率；對於投機交易之土地移轉，如短期持有、分批出售者，則適用較高之稅率，二者分別適用差別稅率課稅，以達抑制土地投機之作用。

●思考三

土地增值稅如改採比例稅有何缺點？

【論　點】

　　土地增值稅之課徵亦有主張改採比例稅，以簡化稽徵手續，但有其缺點如下：

1. **助長郊區及新發展地區的土地投機**：都市效區及發展地區，因地價上漲速度迅速，最易成為土地投機的對象，故應適用較高稅率徵收土地增值稅，藉以抑制土地投機之風。如稅率一律改為比例率，而未達現行有效稅率時，即因稅負減輕，無異助長土地投機，實不符合徵收土地增值稅的政策目的。

2. **不符稅負公平合理原則**：土地增值稅如採單一比例稅，則不論土地漲價倍數及漲價金額多寡，均按同一稅率徵稅，將使漲價歸私的部分增多，也不符稅負公平合理原則。

3. **土地流動性降低，阻礙土地有效利用**：土地增值稅如採單一比例稅，因稅率一定，則稅負輕重與土地持有期間的長短無關，也與土地漲價倍數多寡無關，無論何時出售，同負固定比例稅額，故地主不必為減輕稅負而提早出售土地，勢將降低售地意願，使土地經濟供給減少，則需用土地者難以取得所需土地，將阻礙土地積極有效利用。

4. **土地增值稅稅收勢將減少**：將來公告土地現值逐年提高後，採用累進稅將可大幅增長土地增值稅稅收，若採取單一比例稅，則有效稅率無法隨地價的增漲逐年提高，而減輕負擔者又均為高漲價的暴利所得者，有違平均地權的均富理想。

思考四

土地增值稅實施漲價全部歸公之可行性為何？

【論　點】

　　土地增值稅實施漲價全部歸公其可能產生之問題如下，結果可能不僅政策目的未能達成，同時也失去財稅目的。

1. **無法獲得社會最大總生產**：若漲價全部歸公，地主售地毫無利益可圖，很可能繼續保留自行使用而不予出售。惟自行使用者多非企業能力最高者，致土地未能作積極有效的利用，而使公經濟受到損失，無法獲得社會最大總生產。

2. **土地未能有效利用**：縱令地主願意出售土地，因不管售價多寡，皆僅能收回土地原價（即私人投資改良之費用），故無須尋覓出價最高的購地人。通常經營利用能力最高者，其出價也高，若土地未能售予出價最高者，勢必阻礙土地的有效利用。

3. **稅收不增反減**：地主可能既不出售，亦不自行使用土地，而利用出租方式或設立地上權方式處理土地。如此既不喪失土地所有權，又可年年取得源源不絕的租金收入，而其所有權因未移轉，政府根本無收取增值稅的機會。故本欲將漲價全部歸公以示公平，結果不僅政策目的未能達成，同時也未能達到財稅目的。

思考五

政府徵收土地應否予以免徵土地增值稅之優惠？

【論　點】

　　土地徵收或區段徵收，均是國家因公共事業之需要，或政府機關因實施國家經濟政策，行使其最高土地所有權，強制取得私有土地，給予補償，而消滅其所有權，另行支配使用之一種行政權利。

徵收土地課徵土地增值稅問題，贊成免徵及反對免徵之正反理由討論如下：

一、贊成免徵理由

1. 政府徵收土地，係政府行使公權力取得土地，此即徵收與買賣之性質不同；地主縱使不願意也必須出售土地，若再向地主課徵土地增值稅，有欠公允。

2. 地價上漲使土地公告現值不斷向上調整，部分土地被政府徵收時，增值倍數極高，即使有減徵之規定，土地增值稅繳納之後，土地所有權人實際所得之補償有限。

3. 政府徵收土地免徵土地增值稅，可提高地主配合意願，解決國家推動建設計畫徵收土地之困難。

二、反對免徵理由

1. 土地增值稅徵收原意，係為貫徹平均地權理論「漲價歸公」之理想，而針對土地政策所作分離課稅之特殊設計，今對政府徵收之土地免徵土地增值稅，並不符合稅負公平原則，且違反「漲價歸公」之理想。

2. 現行被徵收之土地，已按照徵收當期之市價補償其地價，在現行免徵之情況下，將使土地增值稅收大量減少，加上公共支出之增加，地方財政將更形惡化。

3. 被徵收之土地，已依市價補償其地價並免徵土地增值稅，對未修法前已依較低公告現值接受補償並繳納土地增值稅之地主而言，更不公平，又易形成糾紛與爭端。

三、結　論

政府徵收之土地免徵土地增值稅，除違反土地增值稅「漲價歸公」之課稅目的外；在稅負公平上，亦難免發生新、舊被徵收地主之不公平現象；而在財政方面，將大量減少土地增值稅收且又增加財政支出。因此，基於土地增值稅理論，係對土地移轉時課徵之資本增益稅，不論移轉之性質或方式如何，均不宜實施免徵土地增值稅之方法，若為減少政府徵收土地之阻力，則宜就土地徵收之正當性、程序及補償等各方面加以研究改進，才有利於國家建設計畫之推動與維持稅負之公平性。

思考六

土地增值稅可以約定由承買人繳納嗎？

【論　點】

土地增值稅以出賣人為納稅義務人，可由承買人來繳納嗎？此問題可由「法律規定」、「行政立場」、及「司法判決」等三方面加以解析如次：

一、法律規定

納稅是國民應盡之義務，土地稅法第 5 條明定：土地增值稅之「納稅義務人」為原所有權人或取得所有權人。義務不得免除，亦不得由他人取代，如服兵役等是。是以平均地權條例及土地稅法所定之「納稅義務人」，亦不得轉移由他人取代。除非是法定情況之代繳情形。

二、行政立場

土地增值稅，由土地原所有權人負責繳納，如土地原所有權人逾期未繳時，稽徵機關依法條規定，應向土地原所有權人催繳，與買受人無關。買賣當事人約定由買受人繳納土地增值稅，係屬私人間之約定，如發生糾紛，可循司法途徑解決……（財政部 66.8.12 臺財稅字第 35389 號函）。

三、司法判解

1. 主張違反強制規定而判決無效相關判例

(1) 若土地買賣契約內經雙方特約載明土地增值稅由買方負擔者，此項約定，顯屬違背《土地法》第 182 條規定，自不能認為有效（行政法院判例 61 判 114）。

(2) 當事人訂立契約，固可任意約定，但其約定如與現行法律上之規定不同，而影響人民之基本權利義務者，即不得藉口契約自由原則，而可違反法律上之規定。原告與買受人間縱令約定土地增值稅款由買受人繳納，自不生法律上之效力（行政法院判例 62 判 378）。

(3) 土地所有權人依法應繳之稅，公法上之義務，除法律另有規定外，不得以他人名義為之，亦即非可由當事人約定，變更其對於國家應履行之義務（行政法院判例 66 判 418）。

2. 主張契約自由原則而判決有效者

係最高法院之判決，時間較晚，惟似未著為判例。

(1) 最高法院 66 年臺上字第 1195 號判決：

土地法第 182 條之規定，不排除契約當事人間關於增值稅由誰負擔之特約。

(2) 最高法院 71 年臺上字 108 判決：

土地稅法之規定僅係規定土地增值稅課徵之對象（即義務人）而已，至實際上由何人支付，並非所問。苟由第三人以原義務人之名義繳付，自為法之所許。易之，土地移轉時，如約定由「買受人」負擔土地增值稅，並由其以出賣人之名義代為繳付，自不違背上開法條之規定，且符合民事契約自由之原則。

四、結　論

從上述之分析，傾向於納稅主體仍為原來之納稅義務人，因納稅影響人民之基本權利義務，故不得藉口契約自由原則，違反法律上之規定，因此不生公法上之效力。

實用重要釋函 ●●●

自用住宅用地之認定

1. **設籍限制：**

(1) 房地騰空待售：土地所有權人為騰空房地以待出售，以致在簽訂契約時，戶籍不在出售的土地上，與自用住宅的要件不符，原不得認為繼續供自用住宅使用，但是為了顧及納稅義務人實際上的困難，凡是遷出戶籍距離出售時間不滿一年，仍然可以享受自用住宅優惠稅率繳納土地增值稅（財政部 72.8.17 臺財稅第 35797 號函）。

(2) 他人設籍：自用住宅用地出售時，雖設有他人戶籍，但如經查明確無出租或營業事實者，可按優惠稅率計課（財政部 66.8.30 臺財稅第 35773 號函）。但應填具申明書聲明確無租賃之事實。

(3) 出售空屋土地：土地所有權人出售自用住宅用地，其戶籍經註記為空戶者，如符合有關要件，仍准按優惠稅率計稅（財政部 82.11.8 臺財稅第 820477162 號函）。

2. **使用限制：**

(1) 房屋為樓房或平房供營業及自用土地：地上房屋為**樓房**時，准按**各層房屋實際使用情形所佔土地面積比例**，分別按**特別稅率**及**一般稅率**計課土地增值稅，但權狀未記載之夾層部分不併入自宅面積比例計稅（財政部 72.9.8 臺財稅 36380 號函）。

(2) 同一樓層房屋部分供自用住宅、部分供非自用住宅使用：其供自用住宅使用與非自用住宅使用部分能明確劃分者，該房屋坐落基地得依房屋實際使用情形之面積比例，分別按自用住宅用地、一般用地稅率課徵土地增值稅。（財政部 89.3.14 臺財稅第 0890450770 號）

(3) 同時出售建物一樓及地下室：同時出售建物一樓及地下室，如其地下室登記時已計入房屋層數分配基地土地，則應按各層房屋（含地下室）實際使用情形所占土地面積比例，分別依自用住宅稅率及一般稅率計課（財政部 85.4.18 臺財稅第 851083987 號函）。

(4) 屋簷下設攤：屋簷下設攤販經查明無租賃關係准按優惠稅率核課（財政部 72.9.8 臺財稅第 36388 號函）。

(5) 收租廣告牆：房屋外側壁面供人繪製或懸掛廣告或屋頂搭建廣告鐵架等收取租金，仍准按自用住宅用地課稅（財政部 73.6.6 臺財稅第 54060 號函）。

(6) 村里長職務使用房地：房地部分供村里長職務使用，如果確實沒有出租，而且符合自用住宅要件，出售時可以享受自用住宅優惠稅率繳納土地增值稅（財政部 68.11.2.臺財稅第 37663 號）。

土地增值稅免徵

1. 拋棄土地為國有：

所謂「拋棄」，係指物權人不以其物權移轉他人，而使其物權絕對歸於消滅之行為而言（最高法院 32 年上字第 6036 號判例）故拋棄土地，不同於一般移轉行為，拋棄土地歸國有免徵土地增值稅（內政部 70.11.23 臺內地字第 54081 號函、財政部 71.8.30 臺財稅第 36420 號函）。

2. 辦理塗銷登記，恢復為原所有權名義時：

土地買賣已申報現值繳清土地增值稅，並向地政機關辦竣所有權移轉登記，經地方法院民事庭調解成立；已向地政機關辦理塗銷登記，恢復為原所有權名義者，免徵土地增值稅，其原已繳納之稅款，應予退還（財政部 71.1.14 臺財稅第 30316 號函）。

3. 寺廟原所有地捐贈移轉為寺廟財團法人時：

業經政府登記有案之寺廟，其不動產並經登記為寺廟所有，如因寺廟本身須成立財團法人而須將其不動產以捐贈方式移轉登記為財團法人所有時，應可免徵土地增值稅或契稅（財政部 68.11.1 臺財稅第 37603 號函）。

重購退稅

1. 出售或被徵收土地與重購土地需不同宗土地：

故土地所有權人於出售自用住宅用地後，復將原土地全筆購回，顯非另行購買，自不得適用退稅之規定（財政部 70.2.13 臺財稅第 3101 號函）。

2. 重購自用住宅用地申請退稅並無次數之限制：

是以該重購之土地屆滿 5 年如再移轉後又重購土地，仍得依規定申請退稅（財政部 72.11.11.臺財稅第 38045 號函）。

3. 出售或被徵收者與新購土地登記之所有權人需同一名義：

故土地所有權人出售自用住宅用地後，以妻名義重購自用住宅用地，即無退稅之適用，即令再更名為夫名義，亦不得退稅（財政部 73.8.2.臺財稅第 65634 號函）。

4. **重購自用住宅用地申請退稅不以重購一處為限：**

　　土地所有權人出售其自用住宅用地後，在 2 年之內重購二處自用住宅用地，除有《土地稅法》第 17 條第 3 項規定之一處為限外，應准以該二處土地合併計算自用住宅用地面積，依規定核退已納土地增值稅（財政部 73.11.1 臺財稅第 62212 號函）。

5. **退增值稅之權利得為繼承之標的：**

　　土地所有權人出售自用住宅用地後，於 2 年內另行購買自用住宅用地並完成移轉登記後死亡，依《土地稅法》規定申請退還已納土地增值稅之權利，得為繼承之標的（財政部 77.11.3 臺財稅第 770363608 號函）。

6. **購預售屋如於 2 年內建造完成土地亦適用：**

　　土地所有權人於出售自用住宅用地後，自完成移轉登記之日起，2 年內重購預售屋及土地，如該預售屋於此 2 年內建造完成，並符合《土地稅法》第 9 條、第 17 條規定者，准予適用規定退還土地增值稅，先購預售屋及土地 2 年內再出售亦適用（財政部 79.10.9.臺財稅第 790694252 號函、財政部 81.9.29.臺財稅第 810329866 號函）。

7. **先購後售將戶籍遷出新自用住宅用地可適用：**

　　土地所有權人因先行購買新自用住宅用地，必須將戶籍由原自用住宅用地遷至新自用住宅用地，致在 2 年內出售原自用住宅用地時，其戶籍已不在原址者，仍有依法退還土地增埴稅之適用（財政部 79.11.10 臺財稅第 790710657 號函）。

 **註　釋**

註 1：　李金桐，租稅各論，五南圖書公司，1993 年，頁 282～283。

註 2：　殷章甫，現行土地稅制對土地利用之影響，1981 年 8 月，頁 84～85。

　　　　李金桐，租稅各論，五南圖書公司，1993 年，頁 279～281。

　　　　商景明，土地稅，文笙書局，2000 年，頁 136～138。

自我評量

1. 試述土地增值稅之課徵範圍？納稅義務人？　　　　　　（71 高、77 高）

2. 土地漲價總數額如何計算？試述之。　　　　　　　　　　　　（79 會）

3. 土地增值稅之稅率結構係如何規定？有何優缺點？　　　　　（72 會）

4. 於土地增值稅之課徵時：

   (1) 土地為有償移轉時，納稅義務人為何？又何謂「有償移轉」？

   (2) 土地為無償移轉時，納稅義務人為何？又何謂「無償移轉」？

   (3) 因繼承而移轉之土地，其稅額如何計算？

   (4) 稅率之規定為何？　　　　　　　　　　　　　　　　（82 土特）

5. 土地漲價總數額如何計算？試述之。（79 會、85 土特、土檢、86 土檢）

6. 試述公告地價，申報地價與公告現值三者之意義及在稅法上之作用各為何？　　　　　　　　　　　　　　　　（70 高、72 高、78 高）

7. 土地增值稅之稅率結構係如何規定？有何優缺點？　　　　　（72 會）

8. 哪一種土地出售時，免徵土地增值稅？　　　　　　（73 基層二職等）

9. 土地增值稅對自用住宅用地如何優惠課稅？有無限制條件？應符合哪些規定及辦理哪些手續？試說明之？

　　　　　　（77 基丙、79 高、82 土檢、84 土特、土檢、86 土檢）

10. 土地所有權人出售自用住宅用地，得申請按優惠稅率，繳納土地增值稅，試就土地移轉面積及稅率、使用限制、住宅之評定現值、次數限制，說明出售自用住宅用地之適用條件為何？土地所有權人申請按自用住宅用地繳納土地增值稅，應向稅捐機關提供哪些文件？稅捐機關收到按自用住宅稅率課徵土地增值稅之申請文件，應於多久之內，核定應納土地增值稅額？　　　　　　　　　　　　　　　　（88 土特）

11 地價稅與土地增值稅有何區別？　　　　　　　　　（71 會、77 高）

12. 土地增值稅應否與所得稅發生聯繫？試以己見說明之。　　（80 會）

13. 土地增值稅究應單獨立法課徵？抑應併入所得稅課徵？試略論之。
　　　　　　　　　　　　　　　　　　　　　　　　　（71 省升等）

14. 現行土地稅法對於土地增值稅之課徵標準及其稅率如何規定？最近政府有何改進方案？試分述之。 （73 高）

15. 土地增值稅究宜以公告現值抑或實價作為計徵標準？試以己見說明之。 （81 土檢）

16. 土地增值稅之課徵，向採按漲價倍數累進課稅，現擬採按漲價金額累進課稅，此兩種方法之優點與缺點如何？究以何者較能實現漲價歸公的理想？試分述之。 （74 高、72 北、高市升等考）

17. 試述地價稅與土地增值稅之不同點？為何採累進稅率？ （71 乙特）

18. 農地移轉免徵土地增值稅之規定如何？農地移轉應否免徵土地增值稅？又變更使用捐是否適宜對農地課徵？試述之。
    （80 高、85 土檢、87 土特）

19. 土地增值稅有何減免規定？ （67 乙特）

20. 已納土地增值稅在何種情形下，可以申請退稅？試依土地稅法之規定說明之？ （81 土檢、83 土特）

21. 試列述重購自用住宅用地不足款項申請退還土地增值稅之條件？
    （70 高）

22. 土地徵收補償地價，應如何減徵土地增值稅？在何種情形下已繳土地增值稅得申請退還？ （74 高）

23. 何謂增繳地價稅？土地移轉准其抵繳土地增值稅？其立法意旨為何？其可抵繳之數額有無限制？

24. 土地增值稅是否有優先權？是否優先於抵押權？ （78 高）

25. 試述土地增值稅之徵收與繳納之程序？ （73 高）

26. 土地買賣未辦竣權利移轉登記，承買人再行出售土地應如何處罰？請分別就土地稅法及平均地權條例之規定分別說明之。

27. 私人捐贈土地時，須符合何種條件始得免徵土地增值稅？依法申請免徵時，應檢附何種證件？在何種情形下，除追補應納之土地增值稅外，尚須繳納罰鍰？ （89 土特）

28. 依土地稅法規定，農業用地在依法作農業使用時移轉與自行耕作之農民繼續耕作者免徵土地增值稅。試就所稱農業用地範圍及農民定義敘述之。又移轉後違規不繼續耕作須補稅與罰鍰之要件與處罰之規定如何？試說明之。　　　　　　　　　　　　　　　　　　（87 土特）

29. 董君於臺北市有都市土地一筆，面積 600m²，前次移轉現值 100 元/m²，本次移轉現值 500 元/m²，設物價指數為 150%，如董君申請依自用住宅優惠稅率計徵土地增值稅，其應繳之土地增值稅究係若干？

30. 鄭君有一筆土地，面積 300m²，前次移轉現值 1,200 元/m²，本次移轉現值 1,500 元/m²，物價指數漲 20%，該筆土地曾支出重劃負擔費用 2,000 元，工程受益費 6,000 元，問鄭君於重劃後第一次移轉應繳之土地增值稅究係若干？

31. 張君有都市土地 300m²，非都市土地 500m²，如均符合自用住宅條件，其面積如何適用自用住宅優惠稅率？

32. 柯君有土地一筆，面積 300m²，前次移轉現值 100 元/m²，本次移轉現值 600 元/m²，物價指數 150%，柯君出售後二年內重購自用住宅用地，面積 200m²，重購移轉現值 1,000 元/m²，柯君出售時未使用自用住宅優惠稅率繳土地增值稅，則柯君可申請退還之土地增值稅若干？

33. 試依土地稅法與平均地權條例及兩者之施行細則之規定，說明土地增值稅減徵百分之四十之情形為何？　　　　　　　　（90 土檢）

34. 私人捐贈設立學校使用之地，在何種情形下，須追補應繳之土地增值稅？　　　　　　　　　　　　　　　　　　　　　　（91 土檢）

35. 試依土地稅法規定，說明信託土地課徵土地增值稅之納稅義務人為何？又此納稅義務可否由當事人依契約予以變更？其理由為何？　　　　　　　　　　　　　　　　　　　　　　　　　（92 經紀人）

36. 試依土地稅法及平均地權條例之規定，土地為信託財產者在何種情形得不課徵土地增值稅？　　　　　　　　　　　　（93 經紀人）

37. 甲所有之 A 地號土地，於民國 87 年 6 月因參加市地重劃確定，經分配改為 B 地號土地；嗣於民國 90 年 10 月間，甲將該 B 地號土地贈與移轉登記予其妻乙。94 年 9 月，乙將該 B 地號土地出售予丙。試問：乙將土地移轉予丙時，得否適用土地稅法第 39 條第 4 項規定減徵百分之四十之土地增值稅？請附具理由申述之。　　　　　（94 地政士）

38. 依《平均地權條例》之規定，公告土地現值係作為主管機關審土地移轉現值及補償徵收土地地價之依據。試問：此項公告土地現值如何查估計算？請就現行地價法規之規定，說明並評論之。　　（94 估價師）

39. 請問自用住宅用地之土地增值稅優惠稅率為何？甲擁有住宅一棟，一向都是自用未曾出租或供營業使用，該住宅坐落的土地面積為 50 坪，惟其地價稅未曾申請按自用住宅用地課徵而是依一般稅率課徵；今甲欲將該土地出售，請分析說明甲能否申報依土地增值稅自用住宅優惠稅率課徵。　　　　　　　　　　　　　　　（95 地政士）

40. 試述公告地價與公告土地現值之差異。在舉辦規定地價或重新規定地價之當年，公告地價與公告土地現值，我國現制是採兩價合一或是兩價分離？並請分析其利弊。　　　　　　　　　　　　　　（95 估價師）

41. 土地所有權移轉或設定典權時，請問審核土地漲價總數額申報移轉現值之標準為何？　　　　　　　　　　　　　　　　　（96 地政士）

42. 試依《土地稅法》之規定，舉出八種免徵土地增值稅之情形？

　　　　　　　　　　　　　　　　　　　　　　　　（97 地政士）

43. 土地移轉時課徵之土地增值稅，在哪些情形下得申請不課徵？試依相關規定說明之。　　　　　　　　　　　　　　　（96 估價師）

44. 何謂「原地價」？甲將其所有土地於 92 年 12 月 12 日贈與其配偶乙，嗣後乙於 94 年 6 月 6 日又將該土地贈與甲。甲復於 96 年 1 月 23 日將該土地出售給丙，於計算土地漲價總數額時，其原地價以何為準？試說明之。　　　　　　　　　　　　　　　　　（97 地政士）

45. 甲於民國 92 年 8 月 1 日購買臺北市內 A 地號土地及其地上房屋一棟，並於同年 9 月 1 日完成所有權移轉登記後，隨即向稅捐機關申請獲准 A 地號土地為自用住宅用地。之後，於 92 年 10 月 15 日甲取得其配偶乙所贈與之臺南市 B 地號土地及其地上房屋一棟，也向稅捐機關

申請獲准 B 地號土地為自用住宅用地。93 年 6 月 30 日，甲將臺南市之房地出售予丙，並於同年 7 月 30 日完成所有權移轉登記後，隨即向稅捐機關申請退還其出售 B 地號土地時所繳納之土地增值稅。試問：甲之退稅申請，依法是否可行？試附具理由析論之。　　（97 估價師）

46. 甲君於 98 年 5 月 19 日第一次出售都市住宅土地，土地面積 500 平方公尺，公告現值為每平方公尺 80,000 元，前次移轉（23 年前）公告現值每平方公尺 2,000 元，假定 23 年前甲購買時為基期，至 98 年甲申報土地增值稅時公告之消費者物價指數為 500%，請問甲應繳一般用地之土地增值稅是多少？甲君就該土地申請依自用住宅用地優惠稅率課徵，所應繳土地增值稅又是多少？比較一般土地負擔，請問甲君有無可能依一般稅率申報？　　　　　　　　　　　　　　（98 地政士）

47. 甲所有位於市都市計畫範圍內土地一筆（下稱系爭土地），被都市計畫主管機關依法指定為「市場」公共設施保留地，惟迄未被徵收，都市計畫主管機關告以得為臨時建築使用，甲乃規劃興建為攤販集中場並出租他人供作擺攤之用。不久，A 市稅捐稽徵機關稽查人員發現系爭土地之使用內涵與毗鄰商業（場）用地相同，乃基於租稅法上「實質課稅原則」而以該商業用地之地價向甲發單課徵地價稅，甲不服並主張應以系爭土地之地價為稅基計徵地價稅，問甲之主張有無理由？倘若日後系爭土地被徵收時，其地價補償標準為何？若甲於系爭土地被徵收前將之出售予乙，A 市稅捐稽徵機關應如何徵收其土地增值稅？又，乙於取得期間系爭土地變更為非公共設施保留地，若乙打算將之出售予丙，則 A 市稅捐稽徵機關應如何徵收其土地增值稅？理由為何？　（99 經紀人）

48. 下列二種土地移轉，其土地增值稅之優惠規定各如何？配偶間相互贈與土地之移轉。重劃之土地，於重劃後第一次移轉。又，如夫之土地，重劃後贈與其妻，妻再出售與第三人時，妻得否享重劃後第一次移轉土地增值稅之優惠？法律依據各如何？請分述之。　　（100 地政士）

49. 張三有一筆都市土地面積 100 平方公尺，申報移轉時每平方公尺公告土地現值為 15 萬元，上次取得土地之申報移轉現值每平方公尺 2 萬元，最新公告之臺灣地區消費者物價指數為 200%，曾經繳納工程受益費 10 萬元，持有土地年限 35 年。試問：若該土地為自用住宅用地，未供營業使用或出租者，張三出售時要繳納之土地增值稅為多少元？若該土地為非自用住宅用地，則張三出售時要繳納之土地增值稅又為多少元？

（100 三等考－財稅行政）

50. 簡明宏於 96 年 2 月出售自用住宅用地，於 97 年 3 月另購都市土地 2 公畝作為自用住宅用地，該新購之核定移轉現值為 800 萬元，出售核定移轉現值為 828 萬元，原繳納土地增值稅為 80 萬元，則重購土地可退稅金額為多少？　　（98 四等稅務人員考試－財稅行政-稅務法規概要）

51. 試依據現行土地稅法之規定，分別說明納稅義務人出售自用住宅之土地時，其土地徵增值稅「一生一次」與「一生一屋」適用自用住宅優惠稅率的條件？　　　　　　　　　　　　（101 四等考－財稅行政）

52. 依平均地權條例規定，政府為建立並提供正常不動產交易價格資訊，要求權利人於不動產所有權移轉時，應申報移轉現值及登錄成交案件實際資訊，其規範要求為何？請闡述之。　　　　　　　（101 經紀人）

53. 按特種貨物及勞務稅條例規定有關不動產銷售之課稅，及按土地稅法規定課徵之土地增值稅，兩者之功能、稅基與稅率有何不同，試比較說明之。　　　　　　　　　　　　　　　　　　　　（101 地政士）

54. 作農業使用之農業用地，及一部分農業用地依法律變更為非農業用地，移轉與自然人時，得申請不課徵土地增值稅。試分別說明「農業用地」的法律依據及範圍，以及哪些情形下農業用地依法變更為非農業用地，亦得申請不課徵土地增值稅。　　　　　　（102 地政士）

參考答案

註：農業用地依法變更為非農業用地，得申請不課徵土地增值稅，原規定於土地稅法施行細則第 57-1 條，該條文已於 103.1.13 刪除。

55. 課徵土地增值稅之目的為何？又在哪些情況下得予以減徵？試申述之。　　　　　　　　　　　　　　　　　　　　　　（103 經紀人）

56. 因重購土地申請退還土地增值稅，其申請應備條件、出售與重購地價之認定、退稅額度、重購土地移轉或使用之限制各為何？請依土地稅法規定析述之。　　　　　　　　　　　　　　　　　（103 地政士）

57. 土地所有權移轉計算土地漲價總數額時，依規定應先就申報土地移轉現值減除原地價，試問何謂原地價？並任舉三項基於土地增值稅之連續性原則認定原地價之相關規定。　　　　　　　（104 估價師）

58. 土地所有權人出售其自用住宅用地者，土地增值稅享有特別稅率，但適用該特別稅率時，有面積及次數限制。試問，土地所有權人申報之自用住宅用地面積超過面積限制時，依何順序計算至規定之面積限制為止？又，在哪些情形之下，土地所有權人再出售其自用住宅用地時，適用增值稅特別稅率不受一次之限制？　　　　　　　　　（105 地政士）

59. 土地增值稅、遺產稅及贈與稅之納稅義務人各為何？試分別說明之。
　　　　　　　　　　　　　　　　　　　　　　　　　（105 地政士）

60. 試依《土地稅法》相關規定，詳述土地移轉時，關於免徵土地增值稅的情形為何？又以土地為信託財產時，在何種情形下，不課徵土地增值稅？　　　　　　　　　　　　　　　　　　　　（106 地政士）

61. 依《土地稅法》之規定，土地所有權移轉或設定典權，其申報移轉現值之審核標準，有哪些規定？　　　　　　　　　（107 地政士）

62. 依《土地稅法》第 28 條規定，已規定地價之土地，於土地所有權移轉時，應按其土地漲價總數額徵收土地增值稅。惟同法並對若干土地所有權移轉之場合，規定不課徵或得申請不課徵土地增值稅。試問：依《土地稅法》規定，不課徵或得申請不課徵土地增值稅之場合為何？又，已依法不課徵或申請不課徵土地增值稅之土地，於何種情形時，應課徵土地增值稅？請說明之。　　　　　　　　（106 估價師）

63. 稅捐稽徵機關對於土地申報移轉現值之審核標準為何？又，土地增值稅得重購退稅之情形為何？請依土地稅法之規定，分別說明之。
　　　　　　　　　　　　　　　　　　　　　　　　　（106 經紀人）

64. 甲將 A、B 二地自益信託於乙管理，乙將 A 地出典於丙，將 B 地出租於丁，並依約將典價及租金交付於甲。信託終了時，乙將 A 地回贖並移轉、交付於甲，但 B 地在信託關係存續中為政府所徵收。試問：上述各項設定、移轉、交付是否應課徵土地增值稅？如應課徵土地增值稅，何人為納稅義務人？　　　　　　　　　　（108 估價師）

65. 土地增值稅之課徵時機與納稅義務人為何？又在哪些情形下可以申請退稅？試分就土地法、平均地權條例及土地稅法之相關規定申述之。
　　　　　　　　　　　　　　　　　　　　　　　　　（109 估價師）

66. 土地稅法對信託土地在地價稅及土地增值稅課徵時，其有關納稅義務
人規定為何？　　　　　　　　　　　　　　　　　（109 地政士）

67. 不課徵土地增值稅與土地增值稅記存，兩者之異同為何？申請不課徵
土地增值稅之土地再移轉第三人時，於計算漲價總數額其原地價為
何？土地增值稅記存之土地再移轉時，於計算漲價總數額其原地價為
何？請分別說明之。　　　　　　　　　　　　　　（110 估價師）

68. 何謂「原地價」？「原地價」在課徵土地增值稅的作用為何？配偶相
互贈與之土地，不課徵土地增值稅。但於再移轉依法應課徵土地增值
稅時，其「原地價」為何？請依規定說明之。　　　（110 經紀人）

69. 甲於民國 90 年 1 月購買取得 A 地號土地；93 年 9 月，A 地號土地因
辦理市地重劃，甲經重劃公告確定分配取得 B 地號土地。嗣甲於 100
年 9 月死亡，B 地號土地於 101 年 7 月經辦竣繼承登記為甲之繼承人
乙之名義。110 年 8 月，乙出售 B 地號土地予丙，並依法申報移轉現
值。試問：關於乙應納之土地增值稅，是否有《土地稅法》第 39 條之
1 第 1 項規定：「經重劃之土地，於重劃後第一次移轉時，其土地增
值稅減徵百分之四十。」之適用？又，依《土地稅法》第 22 條第 1 項
規定，依法限制建築或依法不能建築，仍作農業使用之都市土地，徵
收田賦；其所稱「依法限制建築」及「依法不能建築」之意涵為何？
以上兩項問題，請申述之。　　　　　　　　　　　（111 估價師）

70. 試說明不動產交易所得稅、土地增值稅、契稅及房屋稅之課稅標的。
　　　　　　　　　　　　　　　　　　　　　　　（111 經紀人）

71. 土地增值稅於自用住宅用地所有權移轉時之優惠可分為「一生一次」
及 「一生一屋」之優惠稅率，請問依據《土地稅法》有何相關規
定？試說明之。　　　　　　　　　　　　　　　　（111 地政士）

72. 甲於 112 年 4 月 8 日死亡，甲名下的土地一筆，係一般農業區的農牧
用地，面積為 2,000 m^2，作農業使用，112 年 1 月 1 日之公告現值為
1,200 元/ m^2。甲之法定繼承人為配偶乙、女兒丙、兒子丁共三人。
112 年 8 月 20 日辦竣繼承登記，上述農業用地繼續作農業使用。假設
嗣經政府辦理農地重劃，於 115 年 7 月 31 日辦理重劃分配土地完竣，
丙、丁各獲配一宗土地，均無需繳納或領取差額地價。之後，丙 116

年 6 月 18 日將其獲配之上述農業用地（面積 850 m²）訂立買賣契約出賣予戊，丙戊兩人於 116 年 6 月 25 日向稅捐稽徵機關申報土地移轉現值，未檢附直轄市、縣（市）農業主管機關核發之農業用地作農業使用證明書予稅捐稽徵機關，請問此時丙戊之間之買賣是否適用農業用地移轉不課徵土地增值稅之規定？又已知 116 年 1 月 1 日公告現值為 1,500 元/ m²，物價指數為 105%，重劃負擔總費用證明書所載之金額為 120,000 元，請列出土地漲價總數額之計算方法及其結果？並列出土地增值稅應徵稅額之計算方法及其結果？　　　　（113 地政士）

CHAPTER

05

房屋稅
House Tax

Essentials Practical
Real Estate Tax Law

壹　概　述

一　意　義

房屋稅，是指附著於土地之各種房屋及增加其使用價值之建築物為課稅對象，就房屋評定現值每年向房屋所有人、典權人或共有人課徵的一種租稅。

二　課稅制度

房屋稅係以房屋為課徵對象所徵課的一種租稅。

各國對房屋課稅，有依其租金收入的多寡而決定，有依其房屋價值多寡而課徵，並且納稅義務人亦不限定所有人，也有及於房屋使用人。其徵課方法，常見者約有可分為下述二者（註1）：

1. **從量徵課**：即以房屋的面積、間數、大小等外部標幟，作為課稅的基本。其優點為計算確實簡便，納稅人不易隱匿；惟此種方法，並不能用為計量納稅人的納稅能力，又未能依納稅人所享之利益而課稅，為其缺點。

2. **從價徵課**：按房屋的價值作為課稅的標準，從房屋基地、面積、層數、裝潢、用途及建築材料、建築價格、所有地段與使用年代、折舊情形等等客觀因素中，以估定衡量此一房屋及其有關建築物的價值，從而依稅率徵課，我國現時的房屋稅即係採用此法。

三　特　性

(一) 房屋稅性質

房屋稅依其課稅主體或課稅客體之標準不同而產生不同之性質，分述如下：

1. 財產稅之性質

將房屋視為財產之一種，房屋稅係以各種房屋為課稅對象，是一種財產稅。其徵課方法有行從量課徵；有從價課徵者，已如前述。

2. 收益稅或所得稅之性質

凡房屋租賃之收益，為房屋所有者的所得，因此，若就房屋所發生之收益（租金）而課稅，則為收益稅性質或所得稅之性質。如我國課徵房捐時代，對出租的房屋，則按租金的多少而課徵；又如我國綜合所得稅第五類所得，即將房屋的收益列為個人所得之一，而對之課以財產租賃所得。

3. 消費稅之性質

房屋稅如歸使用人來負擔則屬於消費稅性質。房屋稅在普通情況下，房屋所有人常會將其負擔以租金之形態轉嫁給承租人，而由承租人所負擔，古典學派的學者都承認這種說法。

但塞里格曼(E.R.A. Sseligman)氏乃認為在某些所謂特殊情況下如(1)地方衰落、(2)獨占期間、(3)稅課普遍時，則會阻礙房屋稅的轉嫁。房屋稅除上述特殊情形之下，固然可能由房主自行負擔，或逆轉給地主，但在一般情形下，仍可由承租人負擔。至於承租人是否再將之轉嫁，則要視承租人之使用情形與職業而定（註 2）。因此，在形式上，房屋稅是財產稅或所得稅之性質，但有時已具消費稅的性質。

(二) 我國房屋稅之特性

我國現行房屋稅，具有以下幾種特性：

1. 房屋稅是種對物稅、從價稅與地方稅

房屋稅以附著於土地之各種房屋及有關增加該房屋使用價值之建築物為課徵對象，是種對物稅；房屋稅係以課稅客體之價格為課徵標準，稅賦隨課稅客體完稅價格之高低而不同，是從價稅；房屋稅之收入大部歸地方政府支配，取之地方用之地方，具地方稅之特性。

2. 具財產稅之性質

我國目前之房屋稅，依房屋稅條例規定，雖因使用性質不同而異其稅率，然均係依房屋現值而課徵，所以就性質言，其應歸屬於財產稅類，惟實際上是否會發生轉嫁，具有消費稅性質，則難以論斷。

3. 稅源普遍性，稅收穩定，逃漏困難

有人在的地方，則需要有房屋供居住，房屋具固定性，無法隱藏逃漏，所以有房屋則有房屋稅之課徵，稅源普遍與穩定。

4. 具潛在增長性

　　因技術不斷的革新，使房屋不斷地得以向空發展，房屋稅之稅收具潛在之增加性。

5. 財政目的多於政策目的

　　土地法對建築改良物採輕課原則，實有鼓勵土地利用之政策目的，然現行房屋稅之徵收，顯有違背之嫌，而著重其財政目的。

（四）法令依據

1. 房屋稅條例。

2. 各直轄市、縣市房屋稅徵收（率）自治條例（細則）。

（五）立法沿革

（一）孫中山先生未主張課房屋稅

　　我國房屋稅，源自春秋時代的民宅稅、市宅稅。清光緒年間，房屋稅則稱為房捐或舖捐。民初房捐之課徵，皆由地方徵收，留供地方建設事業之用。

　　但　國父元年在廣州幾次的演講中談到：「蓋地是天然的，非人為的，就地徵稅，即此已足國用，一切各稅皆可豁免，又只抽地之原價，凡需人力，如建築上蓋等，概不抽取，此中有三利：一可免地之荒廢，二可獎勵人工之進步，三可免資本家壟斷土地之弊，……（註 3）。」由前述可知　國父之遺教，主張只課徵地價稅，並不主張課徵房屋稅。

（二）土地法規定課徵土地改良物稅

　　我國《土地法》於民國 19 年 6 月 30 日由國民政府公布，並於民國 25 年 3 月 1 日施行迄今。其中第四編第五章為土地改良物稅，對於自住房屋及地價低廉之房屋乃不予課稅。民國 36 年 3 月 27 日地政署及財政部曾會同公布〈土地改良物稅徵收規則〉，該規則承土地法之立法精神，惟臺灣地區並未依據該規則開徵土地改良物稅。

（三）房捐條例課徵房捐

民國 30 年 11 月行政院公布《房捐徵收通則》，各省市關於房捐之徵收，始趨劃一。民國 31 年，為充裕自治財政收入，適應戰時地方需要，決定整頓房捐，乃將原訂《房捐徵收通則》修改為《房捐徵收條例》，於民國 32 年 3 月 11 日由國民政府頒布。至是房捐之課徵，乃完成立法程序。但房捐條例，並未遵循國父遺教立法，且變更了《土地法》規定，將自住房屋納入課稅範圍。

（四）房屋稅條例課徵房屋稅

民國 39 年復將《房捐徵收條例》更名為《房捐條例》，於民國 44 年 12 月 31 日修正公布施行。民國 49 年財政部為改進稅制，加強稽徵，參照房捐條例修改，擬具《房屋稅條例》草案，其立法完全承襲房捐條例立法精神，但將自住房屋稅率提高。唯各方意見分歧，前後歷經數年，卒於民國 56 年 4 月 11 日修正公布，更名為《房屋稅條例》，自民國 57 年 1 月 1 日施行，歷經多次增修至今。

貳　課徵範圍

一　適用法律之原則

房屋稅之徵收，依本條例之規定；本條例未規定者，依其他有關法律之規定（房 1）。即明定房屋稅之課徵，應優先依**《房屋稅條例》**之規定徵收房屋稅。

我國《土地法》早已規定，土地及其改良物，除依法免稅者外，均應依其規定征稅（土 143）；土地及其改良物，除依本法規定外，不得用任何名目征收或附加稅款（土 147）；建築改良物為自住房屋時，免予徵稅（土 187）。並規定建築改良物之價值，由該管直轄市或縣（市）地政機關於規定地價之同時估定之（土 161）。緣是，建築改良物原應依土地法徵收土地改良物稅。但我國在土地法未制定前，政府已開徵房捐，因房捐之捐率高於《土地法》所規定之建築改良物稅稅率；另則因建築改良物價值迄今尚未依《土地法》規定估定之，故《土地法》公布後，一直未實施建築改良物稅；三則《土地法》與《房屋稅條例》二者互有出入，適用時

易滋誤解，為杜爭議，故《房屋稅條例》第 1 條即明定房屋稅之徵收，依本條例之規定，以利房屋稅之徵收。

二　課徵對象

房屋稅，以附著於土地之**各種房屋**，及**有關增加該房屋使用價值之建築物**為課稅對象（房 3）。

(一) 房　屋

所謂「**房屋**」，指固定於土地上之建築物，供營業、工作或住宅用者（房 2）。

至於應課徵房屋稅之房屋，不以合法房屋為限，無照**違章房屋仍應課徵房屋稅**，但房屋稅之完納，僅表示納稅義務之履行，不能據以使無照違章房屋變成可辦理產權的合法房屋（財政部 67.3.4 臺財稅第 31475 號函），以避免助長違建之風。

但無論係位於地上或地下之房屋，均屬課徵房屋稅之對象，即地下室因屬房屋之基層建築物，依法應課徵房屋稅（財政部 62 臺財稅第 33884 號函）。

(二) 增加該房屋使用價值之建築物

所稱「**增加該房屋使用價值之建築物**」，係指附屬於該房屋之其他建築物，因而增加該房屋之使用價值者（房 2）。

所稱之「**建築物**」即指定著於土地上或地面下具有頂蓋、樑柱或牆壁，供個人或公眾使用之構造物或雜項工作物（建 4）。

所謂供「**公眾使用之建築物**」，為供公眾工作、營業、居住、遊覽、娛樂及其他供公眾使用之建築物（建 5）。

所謂「**雜項工作物**」，為營業爐竈、水塔、瞭望臺、招牌廣告、樹立廣告、散裝倉、廣播塔、煙囪、圍牆、機械遊樂設施、游泳池、地下儲藏庫、建築所需駁崁、挖填土石方等工程及建築物興建完成後增設之中央系統空氣調節設備、昇降設備、機械停車設備、防空避難設備、汙物處理設施等（建 7）。

參 納稅義務人

一 納稅義務人

房屋稅之納稅義務人如下（房 4）：

(一) 房屋所有人、使用權人或典權人

房屋稅向**房屋所有人**徵收之；以土地設定地上權之使用權房屋，向該**使用權人**徵收之；設有典權者，向**典權人**徵收之。

(二) 共有人推定一人繳納

共有房屋向共有人徵收之，由共有人推定一人繳納。

(三) 起造人、現住人或管理人

未辦建物所有權第一次登記且所有人不明之房屋，其房屋稅向**使用執照**所載**起造人**徵收之；無使用執照者，向**建造執照**所載**起造人**徵收之；無建造執照者，向**現住人或管理人**徵收之。

(四) 信託財產者為受託人

房屋為信託財產者，於信託關係存續中，以**受託人**為房屋稅之納稅義務人。

二 代繳義務人

房屋稅之代繳義務人如下（房 4）：

(一) 現住人或使用人

共有房屋，共有人未推定一人繳納，由**現住人或使用人**代繳。前項代繳之房屋稅，在其應負擔部分以外之稅款，對於其他共有人有求償權。

房屋為信託財產，受託人有二人以上者，準用上述共有房屋之規定。

(二) 管理人、現住人或承租人

所有權人、使用權人或典權人住址不明或非居住房屋所在地時，應由管理人或現住人繳納之。如屬出租，應由承租人負責代繳，抵扣房租。

代繳人得申請核發代繳房屋稅之稅籍證明，稅捐稽徵機關應予受理（財政部 74.8.12 臺財稅第 20362 號函）。

肆　房屋稅之稅基

　　房屋稅之稅基係按**房屋現值**課徵，主管稽徵機關應依據不動產評價委員會評定之標準，核計房屋現值（房 10）。目前房屋現值之評定，係採納稅義務人申報，而後由稅捐稽徵機關核計之方式為之。

一　房屋現值之評定

(一) 評定單位

　　房屋標準價格由**不動產評價委員會**評定之（房 11）。

　　本條例所定不動產評價委員會，由直轄市或縣（市）政府組織之；其組織及運作辦法，由財政部定之。

　　前項委員會委員，由相關行政機關代表、具有不動產估價、土木或結構工程、建築、都市計畫專長之專家學者或屬該等領域之民間團體代表組成，其中專家學者及民間團體代表，不得少於委員總數 1／2；任一性別委員，不得少於委員總數 1／3（房 9）。

　　而財政部即據此訂定〈**不動產評價委員會組織及運作辦法**〉，依據該辦法第 3 條規定，不動產評價委員會設置委員 13 至 16 人，由直轄市、縣（市）政府遴聘。

(二) 評定標準

　　房屋標準價格，由**不動產評價委員會**依據下列事項分別評定，並由直轄市、縣（市）政府公告之（房 11）：

1. 各種建造材料所建房屋，區分種類及等級。

2. 各種房屋之耐用年數及折舊標準。

3. 按房屋所處街道村里之商業交通情形及房屋之供求概況，並比較各該不同地段實價登錄之不動產交易價格減除土地價格部分，訂定標準。

　　茲分述如下：

1. 按各種建造材料所建房屋，區分種類及等級

　　　為簡化房屋標準價格之評定及房屋現值之核計作業，財政部訂定〈**簡化評定房屋標準價格及房屋現值作業之參考原則**〉。

其主要內容即依房屋之構造、用途、總層數統一訂定如表 5-1 之**「房屋標準單價表」**。房屋標準單價表，係依房屋的構造分六大項，次按用途別分類，用途別區分為 4 類，歸類依表 5-2**「用途分類表」**定之，最後，再按房屋的總層數分別訂定單價。

可知，房屋標準單價係依房屋使用執照上所載的構造、用途、樓層數三個項目要件分類別換算所得的：

(1) **構造別**：區分為鋼骨造、鋼筋混泥土造、加強磚造、磚造……等，其中鋼骨造評定價最高。

(2) **用途別**：區分為 4 類，第 1 類國際觀光旅館，第 2 類旅館，第 3 類店舖、住宅，第 4 類工廠，其中以第 3 類最多，但以第 1 類國際觀光旅館房屋評定單價最高。

(3) **房屋總層數**：樓層愈高單價愈高。另房屋內部如設有電梯、中央系統冷氣或房屋高度超過標準高度，應依標準單價予以加價，加價後即為核定單價。

表 5-1　房屋標準單價表　　單位（元／平方公尺）

構造	鋼骨造 鋼骨混凝土造 鋼骨鋼筋 混凝土造				鋼筋混 凝土造 預鑄混 凝土造				加強 磚造				鋼　鐵　造		木、石、磚造	土、竹造
													200 平方 公尺以上	未達 200 平方公尺		
用途 單價 總層數	第一類	第二類	第三類	第四類	第一類	第二類	第三類	第四類	第一類	第二類	第三類	第四類	各種用途	各種用途	各種用途	各種用途
50 樓 49 樓 ： · 2 樓 1 樓																

資料來源：簡化評定房屋標準價格及房屋現值作業之參考原則。

表 5-2　用途分類表

構造 用途分類	鋼骨造 鋼骨混凝土造 鋼骨鋼筋混凝土造	鋼筋混凝土造 預鑄混凝土造	加　強　磚　造
第一類	國際觀光旅館、夜總會、舞廳、咖啡廳、酒家、套房、歌廳、電視臺	國際觀光旅館、夜總會、舞廳、咖啡廳、酒家、套房、歌廳、電視臺	旅館、餐廳、遊藝場所
第二類	旅館、百貨公司、餐廳、醫院、商場、影劇院、遊藝場所、超級市場、圖書館、美術館、博物館、紀念館、廣播電臺	旅館、百貨公司、餐廳、醫院、大型商場、影劇院、遊藝場所、超級市場、圖書館、美術館、博物館、紀念館、廣播電臺	商場、影劇院、醫院、百貨公司、超級市場、圖書館、美術館、博物館、紀念館、廣播電臺
第三類	市場、辦公廳（室）、店舖、診所、住宅、校舍、體育館、禮堂、寺廟、教堂、開放空間、游泳池、農舍、納骨塔	市場、辦公廳（室）、店舖、診所、住宅、校舍、體育館、禮堂、寺廟、教堂、開放空間、游泳池、農舍、納骨塔	住宅、店舖、診所、農舍、市場、辦公廳（室）、校舍、體育館、禮堂、寺廟、教堂、開放空間、游泳池、納骨塔
第四類	工廠、倉庫、停車場、防空避難室、農業用房屋、油糟、焚化爐	工廠、倉庫、停車場、防空避難室、農業用房屋、油糟、焚化爐	工廠、倉庫、停車場、防空避難室、農業用房屋、油糟、焚化爐
備　註	表內用途欄內未列之房屋以其相近之用途歸類。 遊藝場所指保齡球館、溜冰場及其他類似之場所。		

資料來源：簡化評定房屋標準價格及房屋現值作業之參考原則。

2. 各種房屋之耐用年數及折舊標準

　　房屋標準價格，應依其耐用年數予以折舊，按年遞減其價格。現行作法即按各種房屋之耐用年數及折舊標準訂定「**折舊率標準表**」。折舊率參考基準如表 5-3，然各縣市為稅收考量，多有調整，仍應以各縣市公布之各類房屋折舊標準表為準。

表 5-3 房屋折舊率參考基準表

房屋構造種類	代號	折舊率	耐用年數	殘值率
鋼骨造 鋼骨混凝土造 鋼骨鋼筋混凝土造	P A S	1.17%	60	29.80%
鋼筋混凝土造 預鑄混凝土造	B T	1.17%	60	29.80%
加強磚造	C	1.38%	52	28.24%
鋼鐵造	U J	1.38%	52	28.24%
石造	H	1.60%	46	26.40%
磚造	F	1.60%	46	26.40%
木造（雜木以外）	D	2.21%	35	22.65%
木造（雜木）	E	2.70%	30	19.00%
土造	K	5.14%	18	7.48%
竹造	L	8.27%	11	9.03%
腐蝕性金屬類儲存槽 地下油槽	O	3.75%	20	25.00%
昇降機	N	5.55%	17	5.65%
充氣膜造	I	6.00%	15	10.00%

備註：房屋建築年數如已屆最高耐用年數而仍繼續使用者，自屆滿耐用年數之
次年起不再計算折舊。

資料來源：簡化評定房屋標準價格及房屋現值作業之參考原則

3. **按房屋所處街道村里之商業交通情形及房屋之供求概況，並比較各該不同地段實價登錄之不動產交易價格減除土地價格部分，訂定標準**

房屋價格常受所處街道區村里之商業交通發展情形及房屋的供需狀況，並受公共設施之完備與否所影響，依此所訂定之標準為「**房屋位置所在段落等級表**」，並依等級訂定調整率，稱之「**地段等級調整率**」。

路段調整率每縣市的標準都不一，例如臺北市房屋街路等級調整率自 90% 至 320%，臺南市房屋路段等級表地段率自 80% 至 180% 不等。

(三) 房屋現值評定

主管稽徵機關應依據**不動產評價委員**會評定之標準，核計房屋現值（房 10）。

> **房屋現值＝房屋標準單價×面積×（1－折舊率×折舊經歷年數）**
> **　　　　　×地段等級率**

(四) 重新評定

前項房屋標準價格，**每 3 年重行評定一次**，並應依其耐用年數予以折舊，按年遞減其價格（房 11）。

② 通知與異議處理

房屋現值核計後，主管稽徵機關應通知納稅義務人。納稅義務人如有異議，得接到通知書之日起 **30 日內**，檢附證件，申請重行核計（房 10）。

若未於該法定期間內提出異議，事後再補行申請，應予不准。若納稅義務人對房屋現值之計算如有不服，亦可依法申請**復查**（財政部 74.4.15 臺財稅第 14347 號函）。經復查決定後，若仍不服，自可依法提起**訴願及行政訴訟**。

③ 房屋現值之計算

[例一]

設阿財在高雄市中正三路有房屋一棟，供住家使用，面積 250m²，標準單價評定為 3,300 元/m²，於民國 99 年 6 月中旬新建造完工並完成申報稅籍，該屋每年折舊率 1%，中正三路地段等級率評定為 170%，問阿財 112 年度之房屋現值為何？

解 (1) 折舊經歷年數：

房屋稅課徵採舊會計年制，即 112 年度課稅所屬時間為 111 年 7 月至 112 年 6 月止。

> 從 100 年度至 112 年度房屋合計已使用 12 年（新建屋不滿
> 1 月當月不計課，99 年 6 月不計課，99 年 7 月已屬 100 年
> 度）。
>
> (2) 房屋現值＝房屋標準單價×面積×（1－折舊率×折舊經歷
> 年數）×地段等級率
> ＝0.33 萬元×250m^2×（1－1%×12 年）×170%
> ＝123.42 萬元

伍 稅率與稅額

一 稅率結構

(一) 稅法規定

房屋稅依房屋現值，採差別比例稅率，依其使用情形而訂定各種不同
稅率之上下限範圍。為擴大自用住宅與非自用住宅稅率的差距，提高房屋
持有成本，抑制房產炒作，並保障自住權益，113 年《房屋稅條例》修正
第 5 條，明定房屋稅依房屋現值，按下列稅率課徵之（房 5 I）：

1. 住家用房屋

(1) 供自住、公益出租人出租使用或以土地設定地上權之使用權房屋並
供該使用權人自住使用者，為其房屋現值 1.2%。但**本人、配偶及
未成年子女於全國僅持有 1 戶房屋**（全國單一自住房屋），供自住
且房屋現值在**一定金額以下**者，為其房屋現值 1％。

(2) 前目以外，出租申報租賃所得達所得稅法第 14 條第 1 項第 5 類規
定之當地一般租金標準者或繼承取得之共有房屋，最低不得少於其
房屋現值 1.5%，最高不得超過 2.4%。

(3) 起造人持有使用執照所載用途為住家用之待銷售房屋，於起課房屋
稅 2 年內，最低不得少於其房屋現值 2％，最高不得超過 3.6％。

(4) 其他住家用房屋，最低不得少於其房屋現值 2 ％，最高不得超過
4.8%。

第 1 項第 1 款第 1 目但書規定房屋現值一定金額之自治法規，由直轄市及縣（市）政府訂定，報財政部備查（房 5 V）。

2. 非住家用房屋

供營業、私人醫院、診所或自由職業事務所使用者，最低不得少於其房屋現值 3%，最高不得超過 5%；供人民團體等非營業使用者，最低不得少於其房屋現值 1.5%，最高不得超過 2.5%。

3. 同時作住家及非住家用者

房屋同時作住家及非住家用者，應以實際使用面積，分別按住家用或非住家用稅率課徵房屋稅。但**非住家用**者，課稅面積最低**不得少於全部面積** 1/6。即非住家用部分面積未超過 1/6 者，還是以 1/6 計課。

4. 各地方政府「應」訂定差別稅率

直轄市及縣（市）政府**應**依前項第 1 款第 2 目至第 4 目規定，按各該目納稅義務人全國總持有應稅房屋戶數或其他合理需要，分別訂定**差別稅率**；納稅義務人持有坐落於直轄市及縣（市）之各該目應稅房屋，應分別按其**全國總持有戶數**，依房屋所在地直轄市、縣（市）政府訂定之相應稅率課徵房屋稅（房 5 II）。

房屋稅第 5 條第 1 項第 1 款第 1 目但書規定房屋現值一定金額、第 2 項差別稅率之級距、級距數及各級距稅率之基準，由財政部公告之；直轄市及縣（市）政府得參考該基準訂定之（房 5 VI）。

5. 房屋為信託財產者

依前 2 項規定計算房屋戶數時，房屋為信託財產者，於信託關係存續中，應**改歸戶**委託人，與其持有第 1 項第 1 款規定之房屋，分別合併計算戶數。但**信託利益之受益人為非委託人**，且符合下列各款規定者，應改歸戶受益人：

(1) 受益人已確定並享有全部信託利益。

(2) 委託人未保留變更受益人之權利（房 5 III）。

6. 住家用房屋供自住使用的適用要件

供自住使用之住家用房屋，房屋所有人或使用權人之本人、配偶或直系親屬應於該屋辦竣戶籍登記，且無出租或供營業情形（房 5 IV）。

依「住家用房屋供自住及公益出租人出租使用認定標準」第 2 條，所有人或以土地設定地上權之房屋使用權人為個人之住家用房屋符合下列情形者，屬供自住使用：

(1) **房屋**無出租**或**供營業情形。

(2) 供本人、配偶或直系親屬實際居住使用，且應於該屋辦竣戶籍登記。

(3) **本人、配偶及未成年子女**全國合計 3 戶以內。

本人、配偶及未成年子女於全國僅持有 1 戶房屋，符合前項第 1 款及第 2 款規定，且房屋現值在一定金額以下者，適用 1%稅率。

7. 公益出租人出租使用之房屋

依「住家用房屋供自住及公益出租人出租使用認定標準」第 3 條，**房屋供公益出租人出租使用**，指經直轄市、縣（市）主管機關依住宅法及其相關規定核（認）定之公益出租人，於核（認）定之有效期間內，出租房屋供住家使用。

所謂「**公益出租人**」，依《住宅法》第 3 條定義，指住宅所有權人或未辦建物所有權第一次登記住宅且所有人不明之房屋稅納稅義務人將住宅出租予符合租金補貼申請資格或出租予社會福利團體轉租予符合租金補貼申請資格，經直轄市、縣（市）主管機關認定者。

8. 全國總持有住家用房屋戶數之房屋認定方式

依「房屋稅條例第 5 條與第 15 條第 1 項第 9 款規定住家用房屋戶數認定及申報擇定辦法」第 2 條規定，應計入本條例第 5 條第 1 項第 1 款及第 15 條第 1 項第 9 款規定全國總持有住家用房屋戶數之房屋認定方式如下：

(1) 已辦理建物所有權第一次登記者，以單獨建物所有權狀認定。

(2) 未辦理建物所有權第一次登記者，以戶政機關編釘門牌號碼認定；無門牌號碼者，依可獨立使用認定。

9. 不計入納稅義務人全國總持有非自住住家用應稅房屋戶數及不適用差別稅率

依「房屋稅條例第 5 條與第 15 條第 1 項第 9 款規定住家用房屋戶數認定及申報擇定辦法」第 4 條規定，房屋有下列情形之一者，不計

入本條例第 5 條第 1 項第 1 款第 2 目至第 4 目規定納稅義務人全國總持有應稅房屋戶數及適用差別稅率：

(1) 供住家使用之公有房屋。

(2) 經目的事業主管機關認定符合住宅法第 19 條規定興辦之社會住宅。

(3) 符合租賃住宅市場發展及管理條例第 17 條第 1 項規定之租賃住宅。

(4) 經勞工主管機關核發證明文件勞工宿舍及其附設員工餐廳。

(5) 依建物所有權狀或使用執照登載，屬區分所有建築物專有部分以外之共有部分，並領有單獨建物所有權狀。

(6) 專供停放車輛使用之停車空間。

(7) 公同共有房屋。

(8) 經目的事業主管機關依長期照顧服務法及老人福利法規定許可之長期照顧服務機構及老人福利機 構，提供其服務對象住宿之房 屋。

(9) 經直轄市、縣（市）政府依文化資產保存法登錄公告供住家使用之聚落建築群、史蹟及文化景觀。

(10) 屬促進民間參與公共建設法第 8 條第 1 項第 1 款規定民間參與公共建設案之公共建設、附屬設施 或附屬事業，其供住家使用之房屋。

(11) 於課稅所屬期間之上一年 7 月 1 日至當年 2 月末日焚燬、坍塌、拆除至不堪居住程度之房屋。

(12) 其他經財政部核定之房屋。

10. 全國單一自住房屋現值一定金額基準

全國單一自住房屋現值一定金額，由各地方政府自行訂定，其可參考財政部 113 年 4 月 1 日公告「全國單一自住房屋現值一定金額基準與房屋稅差別稅率之級距、級距數及各級距稅率基準」訂之。

財政部公告「全國單一自住房屋現值一定金額基準」，係以各直轄市或縣（市）轄內當期房屋稅課稅所屬期間首日，所有人或使用權人本人、配偶及未成年子女於全國合計僅持有 1 戶房屋，且符合房屋稅條例第 5 條第 4 項前段規定辦竣戶籍登記，無出租或供營業情形規

定要件者，按其自住應稅房屋現值由高至低排序，直轄市、新竹縣（市）取第 1%戶、其他縣市取第 0.3%戶（均取整數，小數點以下無條件捨去）房屋，低於該房屋現值之最大值為基準。

[舉例]

甲直轄市全國單一自住房屋戶數計有 30,050 戶，第 1%戶為 300.5，取整數為基準戶數（即第 300 戶=排除前 300 戶），第 300 戶應稅房屋現值為 140 萬元，假設低於該房屋現值 140 萬元之最大值為第 301 戶之 138 萬元，爰甲市全國單一自住房屋現值一定金額為 138 萬元，在該金額以下之甲市全國單一自住房屋均可適用單一自住稅率 1%，其他甲市全國單一自住房屋，其應稅房屋現值超過 138 萬元，適用自住住家用稅率 1.2%。

(二) 房屋稅實徵稅率之決定

直轄市及縣（市）政府在前條規定稅率範圍內訂定之房屋稅徵收率，應提經**當地民意機關通過，報財政部備查**（房 6 I）。

房屋稅稅率定有上下限之彈性，其用意方便各地方政府依其地方財政情形及開發建設等實際情形在法定範圍內自行訂定房屋稅稅率，但為預防政府任意藉故提高徵收稅率，增加人民納稅負擔，故實際徵收率需經民意機關通過後實施。

中華民國 113 年 7 月 1 日以後，直轄市及縣（市）政府各期開徵房屋稅已依第 5 條第 1 項第 1 款、第 2 項及第 5 項規定辦理，且符合第 5 條第 6 項所定基準者，如仍有稅收實質淨損失，於財政收支劃分法修正擴大中央統籌分配稅款規模之規定施行前，該期損失由中央政府補足之，不受預算法第 23 條有關公債收入不得充經常支出之用之限制（房 6 II）。

前項稅收實質淨損失之計算，由財政部與直轄市及縣（市）政府協商定之（房 6 III）。

(三) 房屋稅之法定稅率及現行徵收率

目前各縣（市）依房屋稅徵收自治條例規定徵收，其訂定之房屋稅稅率大同小異，依其現況實際之使用情形徵收，現將房屋稅之法定稅率及徵收率整理如表 5-4 所示：

表 5-4　房屋稅之法定稅率及現行徵收率

房 屋 類 型			房屋稅條例第 5 條		
			原規定稅率	113 年修法後稅率	徵收率
全國歸戶住家用	自住	全國單一自住房屋一定金額以下	1.2%	1%	1%
		3 戶以下自住使用	1.2%	1.2%	1.2%
	非自住	一般	1.5%~3.6%	2%~4.8%	2%~4.8%
		特殊 出租且申報租賃所得達租金標準或繼承取得共有房屋	1.5%~3.6%	1.5%~2.4%	1.5%~2.4%
		公益出租人	1.2%	1.2%	1.2%
		起造人持有住家用之待銷售房屋 2 年以內	1.5%~3.6%	2%~3.6%	2%~3.6%
		超過 2 年		2%~4.8%	2%~4.8%
非住家用	營業用		3%~5%	3%~5%	3%
	私人醫院、診所或自由職業事務所使用		3%~5%	3%~5%	3%
	人民團體等非營業使用		1.5%~2.5%	1.5%~2.5%	1.5%或 2%

備註:
1. 房屋稅已由按【月】課徵改採按【年】計徵,以每年 2 月末日為納稅基準日。
2. 房屋使用情形尚有變更,應於每期房屋稅開徵 40 日前(即 3 月 22 日)向當地主管稽徵機關申報。
3. 私有住家用房屋現值在 10 萬元以下免徵房屋稅,以自然人持有全國 3 戶為限。
4. 各縣市房屋稅徵收率請至地方稅稽徵機關網站查閱。

(四) 財政部公告之非自住住家用房屋差別稅率

　　中華民國 113 年 7 月 1 日以後,直轄市及縣(市)政府各期開徵房屋稅未依第 5 條第 2 項規定訂定差別稅率者,應依第 5 條第 6 項所定基準計課該期之房屋稅(房 6 IV)。

　　依上述房屋稅條例第 6 條規定,各地方政府必須在房屋稅條例第 5 條規定之法定稅率範圍內,就非自住住家用房屋之徵收率訂定差別稅率,提

經當地議會通過實施。未依規定訂定差別稅率則應依財政部公告之「房屋稅差別稅率之級距、級距數及各級距稅率基準」（如表 5-5）核課房屋稅。

各縣市房屋稅實際徵收率應向各縣市稽徵機關查詢。

表 5-5　房屋稅差別稅率之級距、級距數及各級距稅率基準

課稅分類	第1類 房屋稅條例第5條第1項第1款第2目 (1.5%~2.4%)		第2類 房屋稅條例第5條第1項第1款第3目 起造人待銷售房屋持有在2年以內 (2.0%~3.6%)	第3類 房屋稅條例第5條第1項第1款第4目 (2.0%~4.8%)					
				3.1 起造人待銷售房屋持有超過2年				3.2 除3.1起造人以外適用（分直轄市、非直轄市）	
所屬組別	戶數	稅率	1年以內	超過1年，2年以內	超過2年，4年以內	超過4年，5年以內	超過5年	戶數	稅率
			稅率	稅率	稅率	稅率	稅率		
直轄市	4戶以內 5~6戶	1.5% 2.0%	2.0%	2.4%	3.6%	4.2%	4.8%	2戶以內	3.2%
								3~4戶	3.8%
								5~6戶	4.2%
								7戶以上	4.8%
非直轄市	7戶以上	2.4%						1戶	2.6%
								2~4戶	3.2%
								5~6戶	3.8%
								7戶以上	4.8%

備註：
1. 資料來源：財政部訂定「全國單一自住房屋現值一定金額基準與房屋稅差別稅率之級距、級距數及各級距稅率基準」。
2. 非自住住家用房屋採「全國歸戶」，按納稅義務人全國總持有戶數「全數累進」課徵。

● 房屋稅稅額計算

［例二］

假設納稅義務人甲於臺北市及彰化縣共持有 A 至 G 共 7 戶非自住住家用房屋，其取得及使用情形如下，其各屋房屋稅徵收率為何？

取得及使用情形	臺北市	彰化縣
繼承取得共有	A、B	C
出租申報租賃所得達當地一般租金標準房屋	－	D
空置	E	F、G

解 假設臺北市及彰化縣均依財政部公告基準訂定轄內非自住住家用房屋差別稅率（請參考表5-5）。甲持有各屋應適用稅率如下：

1. 計算甲持有戶數：

項目		臺北市	彰化縣	全國持有總戶數
第 1 類	繼承取得共有住家用房屋	A、B	C	4 戶
	出租申報所得達租金標準房屋	－	D	
第 3 類	其他住家用房屋	E	F、G	3 戶

2. 各屋適用稅率：

非自住住家用房屋採「**全國歸戶**」，按納稅義務人全國總持有戶數「**全數累進**」課徵（超過一定戶數全部適用較高稅率，非分別適用各級距稅率），**臺北市採用直轄市稅率，彰化縣採非直轄市稅率**。

項目	臺北市		彰化縣	
	徵收率	適用稅率	徵收率	適用稅率
第 1 類	4 戶以內 1.5% 5~6 戶 2% 7 戶以上 2.4%	A、B：均 1.5%	4 戶以內 1.5% 5~6 戶 2% 7 戶以上 2.4%	C、D：均 1.5%

項目	臺北市		彰化縣	
	徵收率	適用稅率	徵收率	適用稅率
第 3 類	2 戶以內 3.2% 3~4 戶 3.8% 5~6 戶 4.2% 7 戶以上 4.8%	E：3.8%	1 戶以內 2.6% 2~4 戶 3.2% 5~6 戶 3.8% 7 戶以上 4.8%	F、G： 均 3.2%

資料來源：財政部房屋稅 2.0 常見問答

［例三］

　　小燕在全國僅有房屋一棟，該房屋評定現值為 120 萬元，假設該屋在下列各種情形下使用，應納房屋稅額各若干？

(1) 符合該縣市房屋現值在一定金額以下且全國單一自住房屋。

(2) 當公益出租人出租房屋供阿亮一家人住家使用。

(3) 出租給便利商店。

(4) 作地政士事務所使用。

(5) 若該屋有七層樓，一樓開店作生意，其餘樓層自住（符合全國單一自住房屋要件）時。

解 參考法條：房屋稅條例第 5、6 條。

(1) 全國單一自住用：

120 萬×1%＝1.2 萬

(2) 公益出租人：

120 萬×1.2%＝1.44 萬

(3) 營業用（便利商店）：

120 萬×3%＝3.6 萬

(4) 自由職業事務所（地政士事務所）：

120 萬×3%＝3.6 萬

(5) 同時作住家、非住家用：

非住家用面積占 1/7＜1/6，故仍應以 1/6 計

$$120 萬 \times 1 / 6 \times 3\% = 0.6 萬（營業用）$$
$$120 萬 \times 5 / 6 \times 1\% = 1 萬（全國單一自住用）$$
$$0.6 萬 + 1 萬 = 1.6 萬元$$

陸　房屋稅之減免

一　公有房屋之免稅

公有房屋供下列各款使用者，免徵房屋稅（房 14）：

1. 各級政府機關及地方自治機關之辦公房屋及其員工宿舍。
2. 軍事機關部隊之辦公房屋及其官兵宿舍。
3. 監獄、看守所及其辦公房屋暨員工宿舍。
4. 公立學校、醫院、社會教育學術研究機構及救濟機構之校舍、院舍、辦公房屋及其員工宿舍。
5. 工礦、農林、水利、漁牧事業機關之研究或試驗所所用之房屋。
6. 糧政機關之糧倉、鹽務機關之鹽倉、公賣事業及政府經營自來水廠（場）所使用之廠房及辦公房屋。
7. 郵政、電信、鐵路、公路、航空、氣象、港務事業，供本身業務所使用之房屋及其員工宿舍。
8. 名勝古蹟及紀念先賢先烈之祠廟。
9. 政府配供貧民居住之房屋。
10. 政府機關為輔導退除役官兵就業所舉辦事業使用之房屋。

二　私有房屋之免稅

私有房屋有下列情形之一者，**免徵**房屋稅（房 15 I）：

1. 業經立案之私立學校及學術研究機構，完成財團法人登記，其供校舍或辦公使用之房屋。
2. 業經立案之私立慈善救濟事業，不以營利為目的，完成財團法人登記，其直接供辦理事業所使用之房屋。
3. 專供祭祀用之宗祠、宗教團體供傳教布道之教堂及寺廟。但以完成財團法人或寺廟登記，且房屋為其所有者為限。

4. 無償供政府機關公用或供軍用之房屋。

5. 不以營利為目的，並經政府核准之公益社團自有供辦公使用之房屋。但以同業、同鄉、同學或宗親社團為受益對象者，除依工會法組成之工會經由當地主管稽徵機關報經直轄市、縣（市）政府核准免徵外，不予免徵。

6. 專供飼養禽畜之房舍、培植農產品的溫室、稻米育苗中心作業室、人工繁殖場、抽水機房舍；專供農民自用之燻菸房、稻殼及茶葉烘乾機房、存放農機具倉庫及堆肥舍等房屋。

7. **受重大災害，毀損面積占整棟面積 5 成以上**，必須修復始能使用之房屋。

8. 司法保護事業所有之房屋。

9. **住家用房屋**現值在新臺幣 **10 萬元**以下**屬自然人持有者**，全國合計以 **3 戶**為限。但房屋標準價格如依第 11 條第 2 項規定重行評定時，按該重行評定時之標準價格增減程度調整之。調整金額以千元為單位，未達千元者，按千元計算。

　　此款條文立法目的是為了避免苛擾、照顧簡陋房屋居住者、減輕農民及低收入者負擔，因此以自然人持有住家用房屋符合房屋現值在 10 萬元以下者才能適用，**非屬自然人（例如法人）無法適用**；又為了**避免**房屋所有人**藉編釘或增編房屋門牌號碼，將房屋分割為小坪數**，使房屋現值低於 10 萬元以下，形成租稅漏洞，因此訂定戶數限制，以自然人持有全國 3 戶為限。

10. 農會所有之倉庫，專供糧政機關儲存公糧，經主管機關證明。

11. 經目的事業主管機關許可設立之公益信託，其受託人因該信託關係而取得之房屋，直接供辦理公益活動使用。

😑 私有房屋之減徵

　　私有房屋有下列情形之一者，其房屋稅**減半徵收**（房 15Ⅱ）：

1. 政府平價配售之**平民住宅**。

2. 合法登記之**工廠**，供直接生產使用之自有房屋。

3. **農會**所有之**自用倉庫**及**檢驗場**，經主管機關證明者。

4. 受重大災害，毀損面積占整棟面積 **3 成以上不及 5 成**之房屋。

四　減免申請

依第 15 條第 1 項第 1 款至第 8 款、第 10 款、第 11 款及前項規定減免房屋稅者，應由納稅義務人於每期房屋稅開徵 40 日以前（即 3 月 22 日，適逢假日展延至次一工作日)向當地主管稽徵機關申報；**逾期申報者，自申報之次期開始適用**。經核定後減免原因未變更者，以後免再申報（房 15 III）。

自然人持有現值在新臺幣 10 萬元以下之住家用房屋於全國合計超過 3 戶時，應於每期房屋稅開徵 40 日以前，向當地主管稽徵機關申報**擇定適用**第 1 項第 9 款規定之房屋；逾期申報者，自申報之次期開始免徵。經核定後持有戶數未變更者，以後免再申報（房 15 IV）。

中華民國 113 年 7 月 1 日前，自然人已持有現值在新臺幣 10 萬元以下之住家用房屋於全國合計超過 3 戶者，應於 114 年 3 月 22 日以前（114 年 3 月 22 日適逢假日，展延至次一工作日）向當地主管稽徵機關申報擇定適用第 1 項第 9 款規定之房屋；屆期未申報者，由當地主管稽徵機關為其**從優擇定**（房 15 V）。

第 1 項第 9 款私有房屋持有戶數之認定、前 2 項申報程序、前項從優擇定之方式及其他相關事項之辦法，由財政部定之（房 15 VI）。

五　停　徵

房屋遇有焚燬、坍塌、拆除至不堪居住程度者，應由納稅義務人申報當地主管稽徵機關查實後，在未重建完成期內，停止課稅（房 8）。

六　其他法規特定房屋之減免

(一) 都市更新區之房屋

1. 更新後地價稅及房屋稅減半徵收 2 年。

2. 重建區段範圍內更新前合法建築物所有權人取得更新後建築物，於前款房屋稅減半徵收 2 年期間內未移轉，且經直轄市、縣（市）主管機關視地區發展趨勢及財政狀況同意者，得延長其房屋稅減半徵收期間至喪失所有權止，但以 10 年為限。本條例中華民國 107 年 12 月 28 日修正之條文施行前，前款房屋稅減半徵收 2 年期間已屆滿者，不適用之。

　　前項第 2 款實施年限，自本條例中華民國 107 年 12 月 28 日修正之條文施行之日起算 5 年；其年限屆期前半年，行政院得視情況延長之，並以一次為限。

　　都市更新事業計畫於前項實施期限屆滿之日前已報核或已核定尚未完成更新，於都市更新事業計畫核定之日起 2 年內或於權利變換計畫核定之日起 1 年內申請建造執照，且依建築期限完工者，其更新單元內之土地及建築物，準用前項第 2 款規定（都更 67）。

(二) 新市鎮特定區之房屋

　　新市鎮特定區之建築物於興建完成後，其房屋稅第 1 年免徵，第 2 年減徵 80%，第 3 年減徵 60%，第 4 年減徵 40%，第 5 年減徵 20%，第 6 年起不予減免（新 25）。

　　但其適用範圍以經該條例公布施行後興建並領有使照之建築物為限，違章建築房屋無此減免稅捐之適用（財政部 87.12.21 臺財第 871981061 號函）。

(三) 國軍眷村改建房屋

　　由主管機關配售住宅完工後，在產權未完成登記前，免徵房屋稅（眷改 25）。

(四) 獎勵參與交通建設之不動產

　　《獎勵民間參與交通建設條例》所獎勵之民間機構在興建或營運期間，供直接使用之不動產，應課徵之房屋稅，得予以適當減免（獎參 31）。至於是否符合獎參條例所獎勵之重大交通建設宜由主管機關認定（財政部 89.5.30 臺財稅第 890453646 號函）。

　　而依〈民間機構參與交通建設減免地價稅房屋稅及契稅標準〉第 5 條規定，民間機構參與本條例第 5 條所獎勵之重大交通建設，新建供直接使用之自有房屋，其房屋稅之減徵標準如下：

1. 供鐵路、大眾捷運系統及停車場使用之房屋，自該房屋建造完成之日起，減徵應納稅額 50%。

2. 供公路經營業經營公路使用之房屋，自該房屋建造完成之日起，減徵應納稅額 50%。

3. 供航空站、港埠及其設施、橋樑及隧道使用之房屋，自該房屋建造完成之日起 5 年內，減徵應納稅額 50%。

4. 供觀光遊憩重大設施使用之房屋，自該房屋建造完成之日起 3 年內，減徵應納稅額 50%。

(五) 重大公共建設之民間機構房屋

參與重大公共建設之民間機構在興建或營運期間，供其直接使用之不動產應課徵之地價稅、房屋稅及取得時應課徵之契稅，得予適當減免。

前項減免之期限、範圍、標準、程序及補繳，由直轄市及縣（市）政府擬訂，提請各該議會通過後，報主管機關備查（促參 39）。

(六) 私有歷史建築

依《文化資產保存法》規定，私有古蹟、考古遺址及其所定著之土地，免徵房屋稅。私有歷史建築、紀念建築、聚落建築群、史蹟、文化景觀及其所定著之土地，得在 50%範圍內減徵房屋稅，其減免之範圍、標準及程序之法規，由直轄市及縣（市）政府訂定，報財政部備查（文99）。

 柒 稽徵程序

 一 房屋稅籍之申報與核稅

(一) 申報人

房屋稅籍應由**納稅義務人**申報之（房 7）。

(二) 申報期限

納稅義務人應於**房屋建造完成之日起算 30 日**內檢附有關文件，向當地主管稽徵機關申報房屋稅籍有關事項及使用情形；其有增建、改建或移轉、承典時，亦同（房 71）。

(三) 核計房屋現值

主管稽徵機關應依據不動產評價委員會評定之標準，核計房屋現值。

依前項規定核計之房屋現值，主管稽徵機關應通知納稅義務人。納稅

義務人如有異議，得於接到通知書之日起 30 日內，檢附證件，申請重行核計（房 10）。

● 開徵期間與課稅時期

房屋稅以**每年 2 月之末日**為納稅義務基準日，由當地主管稽徵機關按房屋稅籍資料核定，於每年 5 月 1 日起至 5 月 31 日止一次徵收，其課稅所屬期間為**上一年 7 月 1 日起至當年 6 月 30 日止**（房 6-1 I）。

● 新建、增建、改建或拆除時

新建、增建或改建房屋，於當期建造完成者，**按月比例計課，未滿 1 個月者不計**；當期拆除者，亦同（房 6-1 II）。

每年 3 月 1 日起至 6 月 30 日止新建、增建或改建完成之房屋，該期間之房屋稅併入次期課徵；上一年 7 月 1 日起至當年 2 月末日止拆除之房屋，其尚未拆除期間之當期房屋稅仍應課徵（房 6-1 III）。

[**新建舉例**]

1. 甲新建之 A 屋，自 114 年 4 月 1 日起課房屋稅，該屋 114 年 4 月至 6 月之房屋稅，將與 115 年期房屋稅併同於 115 年 5 月開徵，其課稅所屬期間為 114 年 4 月 1 日至 115 年 6 月 30 日止，共計 15 個月。

2. 若新建 A 屋，自 113 年 10 月起課房屋稅，該屋 114 年期房屋稅將按 9 個月（113 年 10 月至 114 年 6 月）期間計算。

[**拆除舉例**]

乙於 113 年月 12 日 25 日拆除持有之 B 屋，雖於 114 年 2 月之末日（納稅義務基準日）已無 B 屋之房屋稅籍資料，惟乙仍須繳納 B 屋未拆除期間（113 年 7 月起至 113 年 11 月，計 5 個月）之房屋稅，於 114 年 5 月繳納；至於 113 年 12 月之房屋稅，未滿 1 個月，不計課房屋稅。

　　另依「房屋稅條例第五條與第十五條第一項第九款規定住家用房屋 戶數認定及申報擇定辦法」第 4 條規定，已拆除的 B 屋，不計入納稅義務人乙全國總持有非自住住家用應稅房屋戶數及適用差別稅率。

四 使用情形變更時

　　房屋使用情形變更，除致**稅額增加**，納稅義務人應於變更之**次期房屋稅開徵 40 日**以前向當地主管稽徵機關申報外，應於每期開徵 40 日以前（即 3 月 22 日以前）申報；經核定後使用情形未再變更者，以後免再申報。房屋使用情形變更**致稅額減少**，**逾期申報者**，自申報之**次期**開始適用；**致稅額增加者，自變更之次期**開始適用，逾期申報或未申報者，亦同（房 7）。

[舉例]

1. 丙所有 C 屋於 113 年 10 月 15 日由營業用變更使用為自住用，致稅額減少，倘丙於 114 年開徵 40 日以前向稽徵機關申報變更，C 屋可於 114 年期房屋稅 5 月開徵時即適用自住用稅率；倘丙遲至 114 年 4 月始向稽徵機關申報變更，則 C 屋自 115 年期房屋稅開徵時始能適用自住用稅率。

2. 倘若丙所有 C 屋於 114 年 2 月 10 日由自住用變更使用為營業用，致稅額增加，則丙應於變更之次期 115 年房屋稅開徵 40 日以前向稽徵機關申報變更，並自 115 年期房屋稅開徵時才會適用營業用稅率。

五 年度中房屋移轉，房屋稅歸屬

依房屋稅條例第 6-1 條規定，房屋稅以每年 2 月末日為納稅義務基準日，由當地主管稽徵機關按納稅義務基準日房屋稅籍資料所記載的房屋所有人或典權人等核定**整年期房屋稅**予納稅義務人。

[舉例]

甲賣 A 屋給乙，於 114 年 2 月訂立買賣契約，同年 3 月 1 日完成建物移轉登記，因 114 年 2 月 28 日 A 屋仍登記在原所有人甲名下，114 年期房屋稅應由甲繳納；若在 114 年 2 月 26 日完成建物移轉登記，因 114 年 2 月 28 日 A 屋已登記在乙名下，該期房屋稅則由乙繳納。

六 稅捐保全

欠繳房屋稅之房屋，在欠稅未繳清前，**不得辦理移轉登記**或**設定典權登記**。

前項所欠稅款，房屋承受人得申請代繳，其代繳稅額得向納稅義務人求償，或在買價、典價內照數扣除（房 22）。

七 房屋資料通報

房屋之新建、重建、增建或典賣移轉，主管建築機關及主辦登記機關應於核准發照或登記之日，同時通知主管稽徵機關（房 23）。

捌　罰　則

一 逾期申報

納稅義務人未依限於房屋建造完成之日起 30 日申報房屋現值及使用情形，因而發生漏稅者，除責令補繳應納稅額外，並照所漏稅額處以 **2 倍以下之罰鍰**（房 16）。

二 逾期納稅

　　納稅義務人未於稅單所載限繳日期以內繳清應納稅款者，應加徵滯納金（房 18）。有關滯納金加徵標準等規定，**稅捐稽徵法**已統一規範。

 思考一

> **房屋稅應採輕稅或重稅原則？其政策考量為何？**

【論　點】

房屋是土地改良物的一種，既為土地改良物，為了促進土地利用，鼓勵地主集約利用土地，增進房屋供給，達成住者有其屋的理想，理應採取輕稅原則。

所以土地法第 189 條規定：地價每畝不滿 500 元之地方，其建築物應免於徵稅。同法第 185 條規定：建築改良物得照其估定價值，按年徵稅。其最高稅率不得超過 10‰。又在第 187 條規定：建築改良物為自住房屋時，免予徵稅。由此可看出，土地法對建築改良物採取輕稅或免稅原則，以鼓勵土地利用。

重課房屋稅，易造成抑制對高稅負之土地改良物進行投資，而鼓勵對低稅負之未改良之土地投機購買，此種歪曲行為，即財產稅結構引起的經濟效果。

而財產稅向以租稅收入為目的，現行房屋稅條例之規定，即把房屋稅視為財產稅的一種；而土地法的規定，則以輕課的政策考量為出發點。二者間如何權衡，實有賴現時之社會、經濟背景及國家施政方針之所需而調整。

實用重要釋例 ●●●●

地下室房屋稅徵免規定

1. 各類建築物地下室，僅為利用原有空間設置機器房、抽水機、停放車輛等使用而未收取費用或未出租或由所有權人按月分擔水電、清潔、維護費而非營業者，均應予免徵房屋稅。

2. 各類建築物地下室如供營業、辦公或住宅使用者應按實際使用面積分別依有關稅率課徵房屋稅。

3. 各類建築物地下全供停車使用，而有按車收費或出租停車使用者，應按**非住家非營業用**稅率課徵房屋稅。

4. 各類建築物地下室其使用執照如為停車場，而不作停車使用者，應按地上建築物使用執照所載用途或都市計畫分區使用範圍分別計課房屋稅（財政部 66.2.26 臺財稅第 31250 號函）。

5. 商業大樓地下室其使用執照如為停車場，其空置未作停車使用者，應按非住家非營業用稅率計課房屋稅（財政部 84.7.21 臺財稅第 841637178 號函）。

增加房屋使用價值之建物

1. 屋頂搭建之棚架

　　屋頂搭建具有頂蓋、樑柱或牆壁之棚架，係屬增加房屋使用價值之建築物，自應併同房屋核課房屋稅，惟未設有門窗、牆壁之屋頂棚架，免予課徵房屋稅，但屋頂棚架如設有門窗、牆壁或遮陽防雨以外之目的使用者，仍應依法課徵房屋稅（財政部 70.7.14 臺財稅第 35738 號函）。

2. 房屋設置之電梯

　　凡增加房屋使用價值之建築物，均屬房屋稅課徵對象，電梯係屬附著於高層房屋必需設備，並增加房屋之使用價值，依法應課徵房屋稅。但專供生產設備使用之電梯，因與一般機器設備相同，應免課徵房屋稅（財政部 62.5.23 臺財稅第 33835 號函、臺灣省財政廳 61.5.9 財稅三字第 06068 號令）。

3. 冷氣機及太平梯

房屋內之太平梯、中央系統型冷氣機，因附著於房屋設備，增加房屋之使用價值，應予課徵房屋稅。但箱型冷氣機，屬活動式設備，不用併課房屋稅（財政部 62.5.31 臺財稅第 34074 號函、財政部 60.3.2 臺財稅第 31448 號令）。

4. 圍牆及露天游泳池

房屋之圍牆及不附屬於房屋之露天游泳池，不予課徵房屋稅，以簡化稽徵作業（財政部 73.10.22 臺財稅第 61736 號函）。

5. 頂樓廣告塔

房屋頂樓增建廣告塔，除加重其房屋負荷量外，並無增加房屋使用價值，不屬於房屋稅課徵對象（財政部 62.3.12 臺財稅字第 31872 號函釋）。

稅率之適用

1. 空屋

空置房屋如使用執照所載用途為非住家用（包括營業用與非營業用）者，一律按非住家非營業用稅率課徵房屋稅（財政部 75.11.26 臺財稅第 7575088 號函）。

2. 從事免辦營業登記之理髮、美容、洋裁房屋

個人利用自用住宅從事理髮、燙髮、美容、洋裁等家庭手工藝副業，未具備營業牌號，亦未僱用人員，免辦營業登記，免徵營業稅，准按住家稅率（財政部 74.12.9 臺財稅第 25965 號函）。

 註　釋

註 1： 李金桐，租稅各論，五南圖書公司，1993 年，頁 311～312。

註 2： 李金桐，租稅各論，五南圖書公司，1993 年，頁 313～317。

註 3： 陳銘福，認識土地稅，書泉出版社，1994 年，頁 171～174。

自我評量

1. 房屋稅之課稅對象？　　　　　　　　　　　　　　　　　　（85 土特）

2. 試述房屋稅之課徵範圍及納稅義務人？　　　　　　　　　　（68 乙特）

3. 試按優先順序，房屋稅之納稅義務人為何？在何種情況下，可由承租人（或使用人）代繳？（91 土檢）其於共有房屋時，房屋稅之繳納規定如何？（82 土特、92 土檢）？對於未辦建物所有權第一次登記且所有人不明之房屋、及以房屋為信託財產者，其房屋稅之納稅義務人分別為何？　　　　　　　　　　　　　　　　　　　　　（93 地政士）

4. 房屋稅課徵之標準評定為何？又住家與非住家用房屋之課稅有何差別？請扼要說明之。　　　　　　　　（68 乙特、80 代書、90 土特）

5. 不動產評價委員會應依據哪些事項分別評定房屋標準價格？又房屋若部分營業、部分住家時，應如何計徵房屋稅？　　（80 土特、84 土特）

6. 目前臺灣地區公有房屋在何種使用情形下，可免徵房屋稅？請依現行《房屋稅條例》說明之。　　　　　（77 普、83 土檢、92 經紀人）

7. 依現行《房屋稅條例》房屋稅之稅率如何規定？試述之。
　　　　　　　　　　　　　　　　　　　　　　（81 土檢、92 土普）

8. 房屋稅之種類有幾種？稅率各為何？納稅標準為何？其減免規定如何？　　　　　　　　　　　　　　　　　　　　　　　　（77 普）

9. 作為防空避難室之地下室應否課徵房屋稅？

10. 試列述私有房屋免稅之標準？　　　　　　　　　　　　　　（77 普）

11. 試依現行《房屋稅條例》之規定，私有房屋於哪些情形下，其房屋稅可減半徵收？　　　　　　　　　　　　　　　　　　　（88 經紀人）

12. 未申報房屋現值，如何處罰？

13. 民國八十八年九二一大地震，諸多房屋倒塌，試問此種房屋是否仍應課稅？我國《房屋稅條例》中有何規範？　　　　　　（89 經紀人）

14. 房屋有變更使用，變更使用之當月分其適用之稅率為何？又房屋有典賣移轉時，典賣移轉之當月分，其適用之稅率為何？

15. 房屋稅之徵收期限為何？新建、增建或改建房屋如何計算房屋稅課徵之月分？

16. 房屋之典賣、移轉，承受人如發現前業主有應繳未繳房屋稅稅額時，依照房屋稅條例規定應如何處理？如未依規定處理時，會受何種處罰？　　　　　　　　　　　　　　　　　　　　　　　（89 土特）

17. 阿娥有一棟鋼筋混凝土造五層樓之房屋，總面積 200m²，已使用 10 年，新建完成之房屋標準價格 5,000 元/m²，每年折舊率 1%，地段調整率 150%，試計算在下列情況下，房屋之全年房屋稅若干？
    (1) 該房屋符合全國單一自住房屋相關要件。
    (2) 該房屋作營業用。
    (3) 該房屋作事務所用。

18. 房屋所有權人以房屋之一部分供住家使用，另一部分供營業使用，其房屋稅應如何計徵？稅率應為多少？　　　　　　　　　（90 經紀人）

19. 請問房屋標準價格，如何評定？並說明其依據事項。　　（91 土特）

20. 依據《房屋稅條例》之規定，何者須繳納房屋稅？王伯伯擁有一棟做為住家使用的違章建築房屋，請問其是否該繳納房屋稅？若其應繳納房屋稅，可否以房屋稅收據，主張其為合法建築改良物之所有權人？
    　　　　　　　　　　　　　　　　　　　　　　　（96 地政士）

21. 李四有戶位於鋼筋混凝土造 7 層樓房屋第一層的房屋，其房屋面積為 200 m²，其評定標準單價為 5,000 元/ m²，已經使用二十年，每一年折舊率為 1%，經查路線調整率為 300%，試為李四計算作為自住用、便利商店以及地政士事務所之今年度房屋稅各為多少？其次，若李四擬於今年出售該戶房屋，並且按評定價格核課，則買方應支付多少之契稅？
    　　　　　　　　　　　　　　　　　　　　　　　（97 地政士）

22. 依現行《房屋稅條例》之規定，房屋標準價格由何層級政府公告？是由「地價評議委員會」或「標準地價評議委員會」，抑或是其他委員會評定？並說明其依據事項。　　　　　　　（98 地政士）

23. 出售自用住宅及其用地時，在住宅的部分以及土地的部分，有何租稅優惠之規定？請分別依相關稅法之規定加以說明。

（99 四等考－財稅行政）

24. 李先生擁有透天店面一棟，與某便利商店簽訂五年租約，請問在出租期間，李先生應負擔哪些稅負？稅率為何？ （100 經紀人）

25. 近來有政府官員與專家呼籲針對豪宅課徵豪宅稅，試問我國《房屋稅條例》中，評定房屋標準價格考量之因素有哪些？又現行房屋稅之稅率結構為何？是否有對豪宅課徵不同的稅率？試分別說明之。

（98 四等考－財稅行政）

26. 房屋稅之課稅基礎為何？據以計算房屋稅課稅基礎之房屋標準價格，其產生之程序及應考量之因素各為何？又，直轄市或縣市政府決定房屋稅徵收稅率應考量之因素及辦理程序各為何？請依《房屋稅條例》規定分述之。 （103 地政士）

27. 依房屋稅條例之規定，房屋稅之徵收，係以附著於土地之各種房屋及有關增加該房屋使用價值之建築物為對象。茲試問私有房屋有哪些情形，其房屋稅減半徵收？又依規定應申報減半徵收之查定手續為何？

（104 經紀人）

28. 房屋稅之稅率為何？在那些情形下，私有房屋之房屋稅減半徵收？試分別依《房屋稅條例》之規定說明之。 （104 地政士）

29. 試依《房屋稅條例》之規定，詳述房屋的定義、房屋稅課徵的對象，以及納稅義務人與代繳人為何？ （106 地政士）

30. 兄妹甲、乙、丙三人在相同行政區相同地段各擁有一棟鋼筋混凝土造 2 樓透天不動產，完工時間與房屋稅起課日期皆為民國 87 年 7 月 1 日，每層樓皆為 3 公尺高，每人的房屋面積皆為 300 m^2，房屋標準單價為 2,700 元/m^2。甲的房屋純供開業地政士事務所使用；乙的房屋非自住但借予其小叔供住宅使用；丙的房屋原供自住，但 108 年 1 月 1 日改為營業用。假設每年折舊率 1%，地段調整率 110%，則甲、乙、丙三人今年度（107 年 7 月 1 日至 108 年 6 月 30 日）各應繳納房屋稅額為何？（自用住宅稅率為 1.2%，非自住宅稅率 1.5%，非住非營稅率為 2%，營業用稅率為 3%） （108 地政士）

31. 試依房屋稅條例說明，受重大災害之私有房屋有何減免徵規定？其申請期限之規定為何？逾期申報者是否不予減免？　　（110 地政士）

32. 房屋稅之「自住房屋」及房地合一課徵所得稅之「自住房地」，其適用優惠之要件及稅率各為何？　　（112 地政士）

33. 按「房屋現值」為課徵房屋稅之稅基，而「房屋標準價格」又為「房屋現值」核計之基礎，則影響「房屋標準價格」之因素為何？有何問題？又若以「非自住住家用」之房屋為例，其徵收房屋稅之稅率為何？直轄市及縣（市）政府對該房屋稅「徵收率」應如何處理？有何問題？請依房屋稅條例等規定分述之。　　（112 經紀人）

34. 最近俗稱囤房稅 2.0 的房屋稅條例修正通過，預計 113 年 7 月上路、反映於 114 年房屋稅課徵，請問修正後的房屋稅條例第 5 條，關於住家用房屋，就自住、單一自住、出租、起造人待銷售、非自住，課稅之規定分別為何？　　（113 地政士）

MEMO

CHAPTER

06

契　稅
Deed Tax

Essentials Practical
Real Estate Tax Law

壹　概　述

一　意　義

　　「**契稅**」係對不動產之**買賣、承典、交換、贈與、分割**或因**占有**而取得所有權者，按**契價**向**權利取得人**所課徵之租稅。

　　所謂不動產，係指土地及其定著物而言（民 66），但在開徵土地增值稅區域之土地，免徵契稅（契 2）。亦即契稅之課徵範圍僅限於土地定著物，而又以房屋為主。

二　性　質

(一) 契稅性質

　　從契稅演進過程中觀察，契稅之性質因各時期立法之精神與課稅目的之不同而異，因此其性質為何？有下列不同之觀點，茲說明如下：

1. 契稅係規費

　　私人間於契約訂立、產權移轉之前，須向政府機關領取官契及加蓋印信之手續，是人民要求官署為特別行為時，所支付之費用，亦可說是政府對民眾提供服務所收取之費用，即是規費之性質。

2. 契稅為登記稅

　　登記稅或稱登錄稅，於權利人取得不動產時，以公定之契紙向政府登記，所徵課的賦稅。經地政機關登錄後，始具有法律上的絕對效力，足以對抗第三人不法的侵害。故契稅又為登記稅之一種。

3. 契稅為財產稅

　　契稅，係向不動產承受人或取得所有權人課徵，在形式上，雖為不動產權利移轉而徵課的賦稅，實際上則是針對取得這項財產的人來課稅，故契稅亦可視為財產稅之一種。

4. 契稅為不動產移轉稅

　　契稅為不動產移轉稅，又稱流通稅，流通稅之名稱是由德國斯坦因(Stein)所創，因在不動產移轉時課徵，移轉行為才是其實質課稅之目標，故契稅是種不動產取得稅，係當財產或權利之移轉流通時所課之租稅。

(二) 現行契稅之性質

現行實施之契稅其性質，多位學者主張第 4 說契稅屬不動產移轉稅為較允當（註 1）。

現從契稅之**課徵體制**來分析上述四種性質，就第 1 說及第 2 說而言，人民購用公定契紙，申報完納契稅，但完納契稅並不能代替登記，對產權並不產生絕對之保障作用，何況民間慣用私契，並無需要要求官署為加蓋印信等特別行為，來確定契約效力，因此認定契稅為規費或登記稅，在解釋上難以周延。

而第 3 說對財產課稅，其制度上，有就財產之所有事實課稅，為靜的財產稅；有對財產之變動或增加所課之稅，是為動的財產稅，而部分財稅學者，視前者為財產稅，後者則又解釋成為第 4 說之流通稅。反之，當不動產僅為持有或使用收益而不產生移轉時，並不需課徵契稅，因此契稅之課徵並非直接以財產本身為對象，故以第 4 說契稅是種**移轉或流通稅**實較妥適。

即「**契稅**」是就**取得**之「**契據**」（財產）予以課稅。但取得又可區分為「繼受取得」與「原始取得」，而前者之「**繼受取得**」才是契稅課徵之標的。

③ 法令依據

契稅的課徵，主要是以《**契稅條例**》為依據。

④ 立法沿革

(一) 民國前

我國契稅之課徵，始於晉，「隋書・食貨志」記載：「貨賣奴婢馬牛田宅有文券率。」此種文券之徵，可謂今日契稅之先河，宋朝沿晉舊規；元明之季有契本稅；清季田房契稅，亦稱契稅。凡民間買賣土地房屋者，官於其契尾鈐蓋官印以為證。

(二) 民 初

民國 3 年元月，中央頒布《契稅條例》，所定稅率，仍襲清季賣九典六，稅率偏高，稅課不多。民國 6 年，財政部為加強契稅之徵課，乃建立

官中制度與設立契紙發行所兩項措施。臺灣省在日據時代，對不動產移轉，徵收取得稅或法院登錄稅。光復之初，改徵契稅。

(三) 抗戰時期

民國 29 年國民政府公布《契稅暫行條例》，降低稅率，改為賣五典三。民國 30 年決議契稅隨同田賦，歸由中央接管。民國 32 年 5 月 15 日國民政府制定《契稅條例》，同時廢止《契稅暫行條例》，將徵課稅率提高並將徵課範圍擴大。

(四) 抗戰勝利迄今

民國 35 年，國民政府修正公布《契稅條例》，降低稅率，並劃為縣市地方稅，以充裕地方自治財源。民國 40 年國民各項稅捐，實施統一稽徵，契稅停止徵課，而改依土地法規定，收取土地登記費。民國 41 年為免地方自治財源短絀，又將契稅恢復徵課。

民國 45 年，依照《實施都市平均地權條例》之規定，契稅徵收範圍，限於未依法開徵土地增值稅之區域。民國 56 年 12 月 30 日全面修正《契稅條例》，規定不動產之買賣、承典、贈與、分割或占有而取得所有權者，均應購用公定契紙，申報繳納契稅，即為我國現行契稅執行的根本。

貳 課徵範圍

不動產之**買賣、承典、交換、贈與、分割或因占有**而取得所有權者，均應申報繳納契稅。但在**開徵土地增值稅區域之土地，免徵契稅**（契2）。

一 課徵對象

由上述可知，契稅以**不動產**為課徵對象。稱不動產者，謂土地及其定著物。不動產之出產物，尚未分離者，為該不動產之部分（民 66）。因此若土地連同地上出產物尚未分離者一同出售，為該不動產之部分，理應併同課徵契稅（行政法院判例 59 判 590）。

但在開徵土地增值稅區域之土地，免徵契稅，所謂**「開徵土地增值稅區域」，即指已規定地價之土地而言**（土稅 28、平 35）。

惟臺灣地區自民國 45 年起陸續實施都市平均地權，都市土地移轉開徵土地增值稅，停徵契稅。至民國 66 年 2 月 2 日施行《平均地權條例》，民國 67 年起，都市及非都市土地均已規定地價，移轉時全面課徵土地增值稅。

所以契稅課徵對象雖係以不動產為標的，但在**已規定地價之地區，僅限於土地之定著物，即一般之房屋為主**，不論該房屋是否已建造完成均屬之；**而在尚未規定地價之地區，則以土地及房屋為課徵對象。**

● 二 課徵時機

契稅之課徵時機，為不動產之**買賣、承典、交換、贈與、分割**或因**占有**而取得所有權時，因不動產移轉方式之不同，契稅分為買賣契稅、典權契稅、交換契稅、分割契稅、贈與契稅及占有契稅六種，分述如下：

(一) 買賣契稅

所謂**「買賣」**，乃當事人約定，一方移轉財產權於他方，由他方支付價金之契約（民 345）；因此，將不動產出售予他人，由買受人取得所有權者，應由**買受人**申報買賣契稅。

上述買賣除一般訂定買賣契約者外，尚包括**領買**或**標購公產**及向**法院標購拍賣**之不動產者（契 11）。

另凡以**遷移、補償**等變項方式支付產價，取得不動產所有權者，應照買賣契稅申報納稅（契 12）。

(二) 典權契稅

所謂**「典權」**，謂支付典價在他人之不動產為使用、收益，於他人不回贖時，取得該不動產所有權之權（民 911）。典權之標的物為不動產，且係透過典權人之支付典價，而由出典人移轉不動產之占有於典權人，不動產之所有權雖尚為出典人所有，但典權人已取得該不動產之使用及收益之權，依法應由**典權人**按契價報繳典權契稅。

先典後賣者，得以原納典權契稅額，抵繳買賣契稅。但以典權人與買主同屬一人者為限（契 10）。以簡化稽徵手續並防杜流弊。

其以**抵押**、**借貸等變相**方式代替設典，取得使用權者，亦應照**典權契稅**申報納稅（契 12）。

(三) 交換契稅

所謂「**交換**」，即互易。係當事人雙方約定，互相移轉金錢以外財產權之契約（民 398）。應由**交換人**估價立契，**各就其承受部分**申報交換契稅。但交換**有給付差額**價款者，其差額部分應按**買賣契稅**規定納稅（契 6）。

(四) 贈與契稅

所謂「**贈與**」，謂當事人約定，一方以自己之財產無償給與他方，經他方允受之契約（民 406）。將不動產贈與他人，應由**受贈人**估價立契，申報贈與契稅。

(五) 分割契稅

所謂「**分割**」，乃數人共有一物，因取消共有關係經協議或法院裁判而分割所有權。共有不動產之分割，分割移轉為個人單獨應有部分，應由該**分割人**申報分割契稅。但分割後仍為其餘共有人共有部分，則不必申報契稅。

1. 分割的種類（註 2）

(1) **標示分割**：所謂標示分割，就是將一筆土地分成二筆以上，或是將一建號（一戶）**分割成二建號**以上，其變動的部分，在於土地或建物的標示資料，並不影響權利的變動。因此，叫做「**標示分割**」或「**分筆分割**」或「**面積分割**」。標示分割非契稅課徵範圍。因此，**不必報繳契稅**。

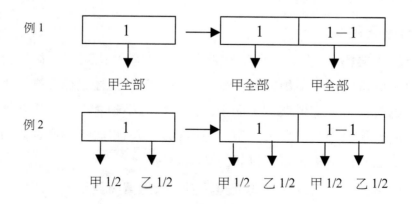

(2) **共有物分割**：所謂**共有物分割**，就是將共有物加以權利分割，使成為單獨所有，其變動的部分，在於土地或建物的所有權。因此，也叫做「**權利分割**」。其本質是原物取得。共有物分割才是契稅課徵的範圍。

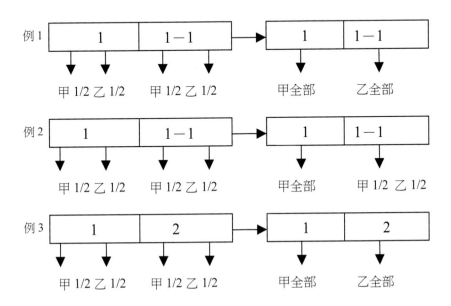

2. 交換是就交換取得之全部計徵契稅，而共有物分割後，有部分新取得者，有部分是原有者，契稅應只就**取得部分**計課，原有部分不應計課契稅。

(六) 占有契稅

所謂「**占有**」，乃對物有管領力之事實狀態。對於物有事實上管領之力者，為占有人（民 940）。不動產因占有而依法申請登記為所有人時，應由占有不動產依法**取得所有權人**估價立契，申報占有契稅。

民法相關規定，以所有之意思，20 年間和平、公然、繼續占有他人未登記之不動產者，得請求登記為所有人（民 769）。或以所有之意思，10 年間和平、公然、繼續占有他人未登記之不動產，而其占有之始為善意並無過失者，得請求登記為所有人（民 770）。

參 納稅義務人

1. 買賣契稅，應由**買受人**申報納稅（契 4）。

2. 典權契稅，應由**典權人**申報納稅（契 5）。

3. 交換契稅，應由**交換人**估價立契，各就**承受部分**申報納稅。交換有給付差額價款者，其差額價款，應依**買賣契稅**稅率課徵（契 6）。

4. 贈與契稅，應由**受贈人**估價立契，申報納稅（契 7）。

5. 以不動產為信託財產，受託人依信託本旨移轉信託財產與委託人以外之歸屬權利人時，應由**歸屬權利人**估價立契，依第 16 條規定之期限申報繳納**贈與**契稅（契 7-1）。

6. 分割契稅，應由**分割人**估價立契，申報納稅（契 8）。

7. 占有契稅，應由**占有**不動產依法**取得所有權人**估價立契，申報納稅（契 9）。

肆 課稅基礎

　　契稅之課稅基礎為**契價**。所謂**契價**以當地**不動產評價委員會**評定之**標準價格**為準。但納稅義務人領買或標購公產及向法院標購拍賣不動產，其取得不動產之移轉價格**低於**評定標準價格者，從其**移轉價格**（契 13）。換句話說，可以在「領買或標購取得價格」與「評定標準價格」兩者之間，**選擇較低的價格**申報課稅。

　　不動產移轉納稅義務人申報**契價**，一律按**申報時當地不動產評價委員會評定之標準價格課徵**（可向房屋所在地的稅捐機關查詢），亦即按照房屋移轉當期房屋稅單上所載的課稅現值再加上免稅現值（房屋免稅部分，如屬地下室則仍應再加計）課稅，而該項**課稅的房屋現值**就是契價。

　　但如當事人申報之移轉價格超過標準價格，准按移轉價格課徵。實際移轉價格超過標準價格，而當事人以標準價格申報繳納契稅；或申報移轉價格雖較標準價格為低，經稽徵機關核定按標準價格課徵契稅者，無短報補稅送罰問題（財政部 76.10.28 臺財稅第 760187534 號函）。

伍 稅率與稅額

一 稅 率

契稅稅率如下（契 3）：

1. 買賣契稅為其契價 6%。

2. 典權契稅為其契價 4%。

3. 交換契稅為其契價 2%。

4. 贈與契稅為其契價 6%。

5. 分割契稅為其契價 2%。

6. 占有契稅為其契價 6%。

茲將契稅之稅率及納稅義務人之規定，列表 6-1 於下：

表 6-1 契稅之稅率及納稅義務人

種 類	稅 率	納稅義務人
買賣契稅	6%	買受人
典權契稅	4%	典權人
交換契稅	2%	交換人
贈與契稅	6%	受贈人
分割契稅	2%	分割人
占有契稅	6%	占有人

二 監證與公證之廢除

契稅條例第 28 條刪除前（88 年 7 月 15 日前），原規定契稅附加監證費，以作為鄉鎮公所之財源，惟已辦理公證者，則不需辦理監證。

但因依土地稅法第 28 條規定，已規定地價之土地於所有權移轉時，應課徵土地增值稅，並無規定其移轉契約書應經公證或監證，而同屬不動產之房屋，卻需經公證或監證，並不合理。

另依民國 88 年修法前之公證法第 50 條規定公證費用之徵收，約為標的金額或價額之 1‰，而監證費為 1‰，二者收費標準相距達 10 倍之多，致不動產移轉案件多採公證，而鮮少監證；且監證費屬規費性質，亦不宜於契稅條例中規定，因此爰於 **88 年 7 月 15 日契稅條例修正時便刪除該附加監證費之規定。**

三 契稅稅額計算案例

契稅稅額＝契價（房屋評定現值）×稅率

［例一］

阿川有一房屋設定典權給阿財，典價為 500 萬元，典期屆滿後經過 3 年阿川仍未回贖，試問：

1. 設典時，誰應繳契稅？應納契稅若干？

2. 逾法定期限不回贖，是否尚有稅費應付？

解 1. 設典時，典權契稅應由典權人阿財來繳納。

應納之典權契稅：500 萬 ×4%＝20 萬元

2. 典權到期不贖，即視為絕賣，應再補足買賣與典權之間差額契稅：500 萬 ×(6%－4%)＝10 萬元

［例二］

阿彥和阿文各有一戶民國 102 年取得之房屋，前者評定標準價格為 550 萬元，後者為 650 萬元，兩人同意交換，各應負擔稅費若干？

解 一、若阿彥有給付差價 100 萬元時

1. 阿彥應納稅費為交換、買賣契稅及印花稅。

(1) 交換、買賣契稅＝550 萬 ×2%＋100 萬 ×6%＝17 萬元

(2) 印花稅＝申請物權登記之契據，須按契價 1‰ 貼用印花稅票＝650 萬 ×1‰＝6,500 元

2. 阿文應納稅費為交換契稅、印花稅及綜合所得稅。

(1) 交換契稅＝550 萬×2%＝11 萬元

(2) 印花稅＝550 萬×1‰＝5,500 元

(3) 另阿文應就取得差價 100 萬元申報房屋移轉價格，計算財產交易所得，併入當年度綜合所得稅。

二、若阿彥無付差價 100 萬元時

1. 阿彥應納稅費為交換、贈與契稅及印花稅。

(1) 交換及贈與契稅＝550 萬×2%＋100 萬×6%＝17 萬元

(2) 印花稅＝650 萬×1‰＝6,500 元

2. 阿文應納稅費為交換契稅、印花稅及贈與稅。

(1) 交換契稅＝550 萬×2%＝11 萬元

(2) 印花稅＝550 萬×1‰＝5,500 元

(3) 贈與稅＝阿文應以未取得之差價 100 萬作為贈與額，依法申報繳納贈與稅。惟依現行遺產及贈與稅法規定，贈與人每年有 244 萬元的免稅額，因此本題尚在免稅額內，阿文尚無需繳納贈與稅。

三、1. 贈與稅相關規定請參考本書第 8 章。

2. 印花稅相關規定請參考本書第 10 章。

［例三］

小王有一民國 101 年取得之房屋，房屋評定現值 200 萬元，擬與小張交換其土地，該土地公告現值為 100 萬元，小張土地前次申報移轉現值為 40 萬元，物價指數為 120%，請依有無給付差額計算二人各應負擔何種稅賦？稅費各若干？

解 一、**小張若有給付差價 100 萬元給小王時**

1. 小張應納稅賦為交換、買賣契稅及印花稅、土地增值稅。

(1) 交換及買賣契稅＝100 萬×2%＋100 萬×6%＝8 萬元

(2) 印花稅＝200 萬×1‰＝2,000 元

(3) 土地增值稅（交換為有償移轉，應由原所有權人繳土地增值稅）。

自然漲價總數額＝100 萬－40 萬×120%＝52 萬元

土地增值稅＝48 萬×20%＋4 萬×30%＝10.8 萬元

2.小王應納稅費有印花稅及申報財產交易所得（綜合所得稅）。

　　(1)印花稅＝100 萬×1‰＝1,000 元

　　(2)另小王須以取得差價 100 萬元，於年度結算時，申報財產交易所得。

二、小張若未給付差價 100 萬元時

1.小張應納稅賦為交換、贈與契稅及印花稅、土地增值稅。

　　(1)交換及贈與契稅＝100 萬×2%＋100 萬×6%＝8 萬元

　　(2)印花稅＝200 萬×1‰＝2,000 元

　　(3)土地增值稅＝10.8 萬元

2.小王應納稅費有印花稅、贈與稅。

　　(1)印花稅＝100 萬×1‰＝1,000 元

　　(2)贈與稅＝依現行遺產及贈與稅法規定，小王對小張之贈與額 100 萬元因未超過免稅額 244 萬元，尚無贈與稅負擔。

［例四］

　　甲、乙、丙共有 A 屋（評定現值 2 萬元）及 B 屋（評定現值 4 萬元），甲乙各持 1/4，丙持分 1/2，三人協議分割，由甲、乙取得 A 屋持分各 1/2，丙取得 B 屋，則應納契稅若干？

解 1.數人共有兩宗或兩宗以上不動產，同時辦理分割及持分交換，應由交換人各就其承受部分申報繳納交換契稅（財政部 70 臺財稅字第 30676 號函），至於所「承受部分」應不包括交換後取得不動產之原持分部分在內（財政部 74.7.10 臺財稅第 18631 號函）。

2.甲、乙取得 A 屋價值 2 萬元，扣除原持有之 1 萬元後，以交換稅率 2%課稅，應徵之契稅各為 100 元。

　　（2 萬－1 萬）×2%×1/2＝100 元

3.丙取得 B 屋 4 萬元，扣除原有持分 2 萬後，其承受為 2 萬元，但其中 1 萬元係給付差額，應以買賣稅率課徵契稅，1 萬元則為交換差額，應按交換稅率課徵契稅，其應繳之契稅為 800 元。

4 萬－2 萬＝2 萬元

買賣及交換契稅＝1 萬×6%＋1 萬×2%＝800 元

[例五]

兄弟二人共有一棟二層樓房屋，每層樓哥哥、弟弟各持分 1/2，假設一樓房屋評定現值為 120 萬元，二樓之現值為 100 萬元，現哥哥住一樓，弟弟住二樓，擬按實際使用情形將一樓登記為哥哥所有，二樓為弟弟所有，如何辦理較能節省契稅？

 解

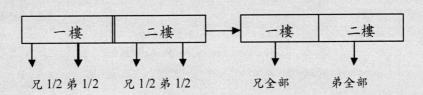

兄 1/2 弟 1/2　　兄 1/2 弟 1/2　　　兄全部　　　弟全部

一、法令依據

(一)數人共有**一宗**不動產，辦理分割，其分割契價之認定，依照契稅條例第 8 條「分割契稅，應由分割人估價立契，申報納稅。」之規定，以該共有物之**全部價額**為準，由分割人報繳分割契稅。

(二) 數人共有**兩宗或兩宗以上**不動產，同時辦理分割及持分交換，各單獨分得原共有之不動產所有權（例如甲、乙兩人共有 A 不動產，又共有 B 不動產，持分均為 1/2，A、B 契價相等，約定由甲取得 A 不動產，乙取得 B 不動產）。核其程序，固有先行分割，再行交換之行為，惟按其結果，乃係各共有人間以共有持分互為交換取得各宗不動產產權，應按**交換契稅**規定核課，**免再重複課徵分割契稅**（財政部 70/1/26 臺財稅第 30676 號函）。

二、稅額試算

　　兄弟二人所持有之房屋一、二樓，依題意既分別為標準價格 120 萬元與 100 萬元，則兄弟二人在現狀應各持有 120 萬元＋100 萬元＝220 萬元之 1/2 之權利值。亦即，兄弟二人各持有一樓 60 萬元及二樓 50 萬元之權利，計 110 萬元之權利價值。

(一) 若採買賣方式

1. 一樓部分由弟出售 1/2 權利於兄，二樓部分由兄出售 1/2 權利於弟，其契稅為：

　(1) 一樓之納稅義務人為兄，其契稅為：

　　60 萬元×6%＝3.6 萬元

　(2) 二樓之納稅義務人為弟，其契稅為：

　　50 萬元×6%＝3 萬元

(二) 若採交換方式

1. 弟以一樓之 1/2 權利（60 萬元）與兄之二樓 1/2 權利（50 萬元）交換。其中，交換前兄之權利價值為 50 萬元，弟之權利價值為 60 萬元。

2. 兄在交換後取得 60 萬元價值之權利（等值之 50 萬元與差額之 10 萬元），是以：

　(1) 兄之契稅為：

　　50 萬元×2%＋10 萬元×6%＝1.6 萬元

　(2) 弟之契稅為：

　　50 萬元×2%＝1 萬元

(三) 共有房屋分割方式

　　數人共有二宗不動產，同時辦理分割時，依前計算案例四財政部函釋，係認為同時辦分割及持分交換，應由交換人各就承受部分申報繳納交換契稅，且所稱承受部分，不包括交換後取得不動產之原持分部分在內。

　　是以，共有建物之權利分割契稅之計算方式如下：

1. 兄弟二人在共有房屋分割前之價值各為 110 萬（即一樓 120 萬元與二樓 100 萬元之各半）。分割後兄取得一樓 120 萬元價值，弟取得二樓 100 萬元價值。

2. 兄取得一樓值 120 萬元，但扣除原有 60 萬元後，承受部分為 60 萬元（其中 50 萬元為分割取得，10 萬為差額取得），其契稅為：

50 萬元×2%＋10 萬元×6%＝1.6 萬元

3. 弟取得二樓價值 100 萬元，扣除原有 50 萬元後，其契稅為：

（100 萬元－50 萬元）×2%＝1 萬元

(四) 因此，共有建物申辦所有權移轉時，買賣行為稅負較多，而申辦交換移轉或共有物分割移轉時，其契稅依現行財政部釋示，係屬相同，但較買賣省稅。

 # 減免與不課徵範圍

 ## 契稅免徵項目

　　下列各項情形可以免徵契稅，但納稅義務人必須先填具契稅免稅申請書，並檢附免徵契稅的相關證明文件，向主管稽徵機關申請發給契稅免稅證明書，才可以辦理權利移轉變更登記。

1. 已開徵土地增值稅區域之土地（契 2）。

2. 各級政府機關、地方自治機關、公立學校因公使用而取得之不動產。但供營業用者，不在此限（契 14）。

3. 政府經營之郵政、電信事業，因業務使用而取得之不動產（契 14）。

4. 政府因公務需要，以公有不動產交換，或因土地重劃而交換不動產取得所有權者（契 14）。

5. 建築物於建造完成前變更起造人者（契14）。

　　但建築物於建造完成前，因**買賣、交換、贈與**，以承受人為建造執照原始起造人或中途變更起造人名義並取得使用執照者，**仍須由使用執照所載起造人申報繳納契稅**（契12Ⅱ）。

6. 建築物於建造完成前，其興建中之建築工程讓與他人繼續建造未完工部分，因而變更起造人名義為受讓人，並以該受讓人為起造人名義取得使用執照者（契14）。

　　上述第5及第6點是88年7月契稅修正時之增訂款，其立法意旨為建築物於建造完成前之起造人名義變更，變更後之起造人並未取得所有權者，宜予免徵契稅，較為合理；而建造中房屋因建屋者經營不善，致無法完成該屋之興建工程，而由另一建屋者承受，繼續該屋之建造工程，實質上為營繕工程之承受，而非買賣，宜免徵契稅，俾早日完工，保障購屋者權益。

🄕 契稅不課徵項目

　　不動產為信託財產者，於下列各款信託關係人間移轉所有權，不課徵契稅（契14-1）：

1. 因信託行為成立，委託人與受託人間。

2. 信託關係存續中受託人變更時，原受託人與新受託人間。

3. 信託契約明定信託財產之受益人為委託人者，信託關係消滅時，受託人與受益人間。

4. 因遺囑成立之信託，於信託關係消滅時，受託人與受益人間。

5. 因信託行為不成立、無效、解除或撤銷，委託人與受託人間。

　　而上述不課徵是民國90年6月配合不動產信託所增訂之條文，由於各款信託關係人間所移轉之所有權，因屬信託財產之形式移轉，而非實質移轉，故不予課徵契稅。

🔢 其他法令有關契稅之減免

(一) 都市更新

1. 依權利變換取得之土地及建築物，於更新後第 1 次移轉時，減徵契稅 40%。

2. 實施權利變換，以土地及建築物抵付權利變換負擔者，免徵契稅。

3. 原所有權人與實施者間因協議合建辦理產權移轉時，經直轄市、縣（市）主管機關視地區發展趨勢及財政狀況同意者，得減徵契稅 40%。

　　前項第 3 款實施年限，自本條例中華民國 107 年 12 月 28 日修正之條文施行之日起算 5 年；其年限屆期前半年，行政院得視情況延長之，並以一次為限。

　　都市更新事業計畫於前項實施期限屆滿之日前已報核或已核定尚未完成更新，於都市更新事業計畫核定之日起 2 年內或於權利變換計畫核定之日起 1 年內申請建造執照，且依建築期限完工者，其更新單元內之土地及建築物，準用前項第 3 款規定（都更 67）。

(二) 新市鎮開發

　　新市鎮特定區內之建築物於興建完成後，其買賣契稅第 1 年免徵，第 2 年減徵 80%，第 3 年減徵 60%，第 4 年減徵 40%，第 5 年減徵 20%，第 6 年起不予減免。前項減免買賣契稅以 1 次為限（新 25）。

(三) 獎勵民間參與交通建設

　　依〈民間機構參與交通建設減免地價稅房屋稅及契稅標準〉第 6 條規定，民間機構參與《獎勵民間參與交通建設條例》（以下簡稱獎參條例）第 5 條所獎勵之重大交通建設，在興建或營運期間，取得或設定典權供直接使用之不動產，**減徵契稅 30%**。

　　前項不動產自申報契稅之日起 5 年內再行移轉或改作其他用途者，應追繳原減徵之契稅。但其再行移轉係依獎參條例第 44 條規定，由主管機關強制收買者，不在此限。

　　主管機關依獎參條例第 44 條第 1 項規定強制收買及第 45 條規定依原許可條件有償或無償概括移轉，取得民間機構之營運資產或興建中之工程，免徵契稅。

(四) 繼承及遺贈

　　因繼承而取得不動產所有權者，免徵契稅。因遺贈而取得不動產者亦同（財政部 60.08.19 臺財稅第 36479 號函）。

(五) 國軍眷村改建

　　由主管機關配售之住宅，免徵不動產買賣契稅（眷改 25）。

(六) 加工出口區內建物之取得

　　依《加工出口區設置管理條例》第 13 條規定，取得加工出口區內新建之標準廠房或自管理處依法取得建築物，契稅免徵。

(七) 國民住宅

　　依民國 104 年 01 月 07 日廢止之《國民住宅條例》第 15 條規定，政府直接興建之國民住宅，其為政府出售者，免徵不動產買賣契稅。同法第 35 條，民間自備土地，獎勵投資興建之國民住宅，其承購人免徵契稅。條例廢止前已興建完成之國宅，尚未出售者，仍可適用。

柒　稽徵程序

一　申　報

(一) 申報期間

　　納稅義務人應於不動產買賣、承典、交換、贈與、分割契約成立之日起，或因占有而依法申請為所有人之日起 **30 日內**，填具契稅申報書表，檢附公定格式契約書及有關文件，向當地主管稽徵機關申報契稅。但**未辦建物所有權第一次登記之房屋**買賣、交換、贈與、分割，應由**雙方當事人**共同申報（契 16）。

(二) 申報起算日

1. 不動產移轉發生糾紛時，其申報契稅之起算日期，應以**法院判決確定日為準**。

2. 向政府機關標購或領買公產，以政府機關**核發產權移轉證明書之日**為申報起算日。

3. 向法院標購拍賣之不動產，以法院**發給權利移轉證明書之日**為申報起算日。

4. 建築物於建造完成前，因買賣、交換、贈與，以承受人為建造執照原始起造人或中途變更起造人名義並取得使用執照者，以主管建築機關**核發使用執照之日起滿 30 日**為申報起算日（契 16）。

二 稽徵機關

契稅應向主管稽徵機關申報，而契稅由直轄市及縣（市）稅捐稽徵機關徵收或鄉、鎮、市、區公所代徵之（契 29）。

三 收　件

主管稽徵機關收到納稅義務人之契稅申報書表暨所附證件，應即填給收件清單，加蓋機關印信及經手人名章，交付納繳義務人執存（契 17）。

四 核稅與補正

主管稽徵機關收到納稅義務人契稅申報案件，應於 **15 日內審查完竣**，查定應納稅額，發單通知納稅義務人依限繳納。主管稽徵機關對納稅義務人所檢送表件，如認為有欠完備或有疑問時，應於**收件後 7 日內通知**納稅義務人**補正或說明**（契 18）。

五 納　稅

納稅義務人應於稽徵機關核定稅額通知書送達後 **30 日內繳納**（契 19）。惟實務上，契稅繳納期限仍以納稅通知書所載繳納期間為準。

先典後賣者，得以原納典權契稅額，抵繳買賣契稅。但以典權人與買主同屬一人者為限（契 10）。

（六）錯誤更正

納稅義務人接到納稅通知書後，如發現記載、計算錯誤或重複時，於規定**繳納期限**內，得要求稅捐稽徵機關查對更正（稽 17）。

（七）產權登記

凡因不動產之買賣、承典、交換、贈與、分割及占有而辦理所有權登記者，地政機關應憑繳納契稅收據、免稅證明書或同意移轉證明書辦理權利變更登記（契 23）。惟依法免徵契稅者，應填具契稅免稅申請書，並檢附契約及有關證件，向主管稽徵機關聲請發給契稅免稅證明書，以憑辦理權利變更登記（契 15）。

捌　罰則與獎金

一　罰　則

（一）怠報金

納稅義務人不依規定期限申報者，**每逾 3 日**加徵應納稅額 **1%怠報金**，最高以應納稅額為限。但不得超過新臺幣 **15,000 元**（契 24）。

其立法意旨，依司法院解釋字第 616 號解釋，行為罰依應納稅額固定比例計算，應有合理最高額限制。由於怠報金係屬違反稅法規定作為義務所處之行為罰，故規定最高金額，以符比例原則。

（二）滯納金

納稅義務人不依規定期限繳納稅款者，每逾 2 日，加徵應納稅額 1%之滯納金；逾期 30 日仍不繳納稅款及滯納金或前條之怠報金者，移送法院強制執行（契 25）。

另在規定申報繳納契稅期間，因不可抗力致不能如期申報或繳納者，應於不可抗力之**原因消滅後 10 日內**，聲明事由，經查明屬實，免予加徵怠報金或滯納金（契 30）。

上述規定在稅捐稽徵法 110 年年底修法後。有關滯納金加徵標準等規定，**優先適用稅捐稽徵法**。

(三) 短 報

納稅義務人應納契稅，匿報或短報，經主管稽徵機關查得，或經人舉發查明屬實者，除應補繳稅額外，並加處以應納稅額 **1 倍以上 3 倍以下**之罰鍰（契 26）。

但依〈稅務違章案件減免處罰標準〉規定，依《契稅條例》第 26 條規定應處罰鍰案件，其短匿稅額符合下列規定之一者，減輕或免予處罰：

1. 短匿稅額每件在新臺幣 6,000 元以下者，免予處罰。

2. 短匿稅額每件逾新臺幣 6,000 元至新臺幣 13,000 元者，按短匿稅額處 0.5 倍之罰鍰（稅務違章案件減免處罰標準 20）。

◼二 檢舉獎金

告發或檢舉納稅義務人逃漏、匿報、短報或以其他不正當之行為逃稅者，稽徵機關得以**罰鍰 20%獎金給舉發人**，並為舉發人絕對保守秘密。告發或檢舉獎金，稽徵機關應於**收到罰鍰後 3 日內**，通知原檢舉人，限期領取。公務員為舉發人，不適用本條獎金之規定（契 32）。

稅制思考

思考一

> 現行契稅在開徵土地增值稅區域，不課徵土地契稅，合理否？

【論　點】

一、檢　討

　　現行《契稅條例》規定，在開徵土地增值稅之區域，免徵契稅，使契稅與土地增值稅之課徵範圍產生以下缺失：

1. 契稅之課徵對象為不動產，係包括土地與房屋在內。土地因徵收土地增值稅，故不再課徵契稅；房屋因不課徵土地增值稅，故徵收房屋契稅。同屬不動產，課稅不同，產生不公平。

2. 契稅對取得房屋之人課稅；而土地增值稅，當有償移轉時，對原所有權人課徵，無償移轉時，則對取得所有權人課徵。其對象不盡相同，以買賣而言，課徵的是賣方之土地增值稅，卻免除買方之土地契稅，實欠合理。

二、契稅與土地增值稅之不同

1. 契稅係基於不動產移轉而對流通行為課稅，具不動產取得稅之性質；土地增值稅則對不勞而獲課稅，二者性質不同。

2. 契稅係按契價課稅，土地增值稅係按土地漲價總數額課稅，二者課徵標的不同。

3. 契稅係以取得所有權人為納稅義務人，土地增值稅則因移轉目的不同而以原所有權人或取得所有權人為納稅義務人，二者課徵之主體亦不盡相同。

三、建　議

契稅與土地增值稅既具不同課稅目的，故契稅與土地增值稅同時併徵，亦屬並行不悖，無所謂重複課稅問題。因此若基於充實地方自治財源之考量，凡不動產所有權移轉時，一律課徵契稅亦無不妥。

思考二

> **現行契稅稅率結構有何缺失？**

【論　點】

一、檢　討

現行契稅稅率，係按不動產移轉性質，而予差別課徵，其中以買賣、贈與、占有三種稅率最高，買賣納稅能力較強，贈與及占有係不勞而獲，故採用了較高稅率，但仍有些爭議之處：

1. 就房屋移轉而言，契稅屬不動產取得稅性質，按現行最高之稅率(6%)課徵，似嫌過重。

2. 不動產交換，其實質與買賣相同，現行交換契稅稅率僅為買賣契稅稅率之 1/3，易為取巧者利用為逃稅工具，有失租稅公平原則。

3. 不動產之分割，僅為共有人間產權之劃分，現行稅率為 2%，又似嫌過高。

二、建　議

民國 88 年《契稅條例》修法前之稅率最高為 7.5%，後因在不動產景氣一片蕭條聲中，為振興不動產產業經濟，減輕人民購屋之稅負，而有調降稅率為 6% 之舉。可見契稅各項稅率之規定，除顧及財政收入外，並應兼顧人民納稅能力，符合社會及經濟目的。至於 6% 是否仍偏高，則宜再考量財政目的與政策之目的而定；另交換契稅之稅率宜提高，以杜絕取巧逃稅之流弊；而分割契稅則宜降低稅率。

相關釋函

1. 有限公司依法變更組織為股份有限公司不課契稅

　　有限公司依照公司法規定變更該公司組織為股份有限公司，在該公司法人人格的存續不受影響的情形下，就該公司的不動產權利變更為股份有限公司名義的時候，因沒有不動產移轉的情形，所以不必繳納契稅（司法院大法官會議釋字第 167 號解釋）。

2. 經法院判決塗銷房屋移轉登記其已繳之契稅應予退還

　　買方所承買的房屋，既經查明是賣方的債權人向法院訴請判決確定而塗銷該房屋的所有權登記，以致於無法取得該房屋的所有權時，買方原已先繳納的契稅，可申請退還（財政部 81.6.2 臺財稅第 811666637 號函）。

3. 標購法拍屋無法點交經回復原狀登記其已繳之契稅准予退還

　　標購人向法院標購之拍賣房屋，既經查明係在拍賣時已因被第三人占用而無法辦理點交，嗣後又經地政機關依據法院通知作回復原狀之登記，其原已繳納的契稅可以准予退還（財政部 84.11.30 臺財稅第 841661079 號函）。

4. 以股票交換房屋應按買賣契稅核課

　　以土地、房屋與股票交換，非屬不動產間之互易，自無按交換稅率核課契稅之適用，其房屋移轉應按買賣契稅核課（臺灣省稅務局 79.3.16 稅三字第 20080 號函）。

5. 典權讓與僅變更典權人名義免徵契稅

　　不動產典權之讓與，如經查明僅為典權人之名義變更，原權利之內容、範圍均無變動者，因非另設新典權，不屬契稅條例所定契稅之課徵範圍，應免徵契稅（財政部 73.8.7 臺財稅第 57419 號函）。

6. 以土地委託他人代建房屋而取得所有權者免徵契稅

　　委建人（一般指地主、建設公司，或實際出資建築之人）以土地委託承包人代建房屋，其取得房屋所有權，應予免徵契稅。但是如經稅捐處查明實際上係向建屋者購買房屋，按照實質課稅原則，仍應課徵契稅（財政部 80.11.13 臺財稅第 801261566 號函）。

7. **供公眾通行之騎樓未私用者免合併房屋現值計課契稅**

    房屋供公眾通行之騎樓未經隔成房屋形狀私自使用者，免予計徵契稅（財政部 85.8.22 臺財稅第 851122672 號函）。

8. **地下室車位之受讓人僅享有使用權無契稅問題**

    地下室停車場車位的轉讓，受讓者雖未取得產權，但享有使用權，應屬於權利交易性質的一種，沒有課徵契稅的問題（財政部 76.2.4 臺財稅第 7524799 號函）。

9. **配偶一方依法行使剩餘財產差額分配請求權而取得不動產者非屬契稅課徵範圍**

    關於夫或妻一方依《民法》第 1030 條之 1 規定，行使剩餘財產差額分配請求權，申辦所有權移轉登記，有關契稅之徵免疑義一案。說明：二、依《契稅條例》第 2 條規定：「不動產之買賣、承典、交換、贈與、分割或因占有而取得所有權者，均應申報繳納契稅。」有關配偶一方依法行使剩餘財產差額分配請求權而取得不動產所有權，尚非上開條文所定應申報繳納契稅之範圍，應免予報繳契稅（財政部 89/06/20 臺財稅第 0890450123 號函）。

10. **以未成年子女名義購置之房地變更為父母所有應課契稅**

    不動產既以未成年子女名義購置，依法已屬子女所有，如再移轉登記為父母名義情事，自應依規定核課土地增值稅及契稅（財政部 63.5.18 臺財稅第 33464 號函）。

11. **以房屋抵繳遺產稅非契稅課稅範圍**

    以房屋抵繳遺產稅非契稅課稅範圍，該抵繳房屋於變更登記為國有財產時，應不課徵契稅（財政部 73.12.11 臺財稅第 64580 號函）。

12. **因繼承分割不動產不問應繼分是否相等均免課契稅**

    因繼承而分割不動產，不論分割之結果與應繼分是否相當均不課徵契稅；繼承人先辦理公同共有登記，再辦理分割登記者，亦同（財政部 75.3.7 臺財稅第 7533046 號函）。

13. 建築執照申請變更名義如何查課之規定

　　建築執照申請變更名義，應檢具變更名義之詳細理由書（加註工程完成進度），由原起造人及新起造人共同提出，主管建築機關核准後，應即將核准變更執照副本連同理由書，送當地稅捐稽徵機關，作為查核課稅之依據（財政部 58.7.3 臺內第 5454 號函）。

14. 私立學校取得不動產不得免徵契稅

　　私立學校取得不動產，現行稅法尚無免徵契稅之規定，仍應依法繳納（財政部 65.6.14 臺財稅第 33842 號函）。

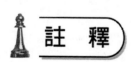

註　釋

註 1：　李金桐，租稅各論，五南圖書公司，1993 年 10 月，頁 348～351。

　　　　葉淑杏，財產稅法規，華立圖書公司，1999 年 2 月，頁 283～284。

註 2：　陳銘福，認識土地稅，書泉出版社，1994 年 11 月，頁 249～250。

自我評量

1. 試扼要說明契稅之意義與特性？　　　　　　　　　　　（68 高檢）

2. 契稅種類有幾？其稅率及納稅義務人各如何？
　　　　　　　　　（80 土、80 代書、86 土檢、87 土特、92 土普）

3. 試按現行《契稅條例》說明契稅之課稅計算標準？　　　（84 土檢）

4. 按契稅條例規定，於不動產所有權移轉或出典時，應予課徵契稅，然亦有免徵之規定。究竟，於何種情況下，契稅應予免徵？試說明之。
　　　　　　　　　　　　　　（85 土檢、88 土檢、93 經紀人）

5. 請說明契稅減徵之相關規定？

6. 試依《契稅條例》之規定，說明何種情形得免徵契稅？　（93 經紀人）

7. 建築執照起造人名義變更時，應否課徵契稅？又如何課徵契稅

8. 試就《契稅條例》規定，簡述契稅之申報與稽徵程序？　　（82 土檢）

9. A 君擁有房地乙幢，房屋評定標準價格為 150 萬元，公告土地現值為 200 萬元，該房地向 C 君購入時，房屋成本為 100 萬元，當時房屋評定標準價格為 50 萬元，公告土地現值為 80 萬元，物價總指數為 110%。現 A 君將該房地售與 B 君；試問 A、B 二君在此買賣房地行為時，各應負擔何種稅捐？其應納稅額各若干？

10. 王君於中正路有 A 屋一棟，面積 200m^2，評定價格 3,000 元/m^2，陳君於中山路亦有 B 屋一棟，面積 300m^2，評定價格 4,000 元/m^2，設兩人同意交換，其應繳之契稅各屬若干？

11. 張君以房屋一棟評定價值 300 萬元與李君交換等值 300 萬元之鑽石腕錶，問：
　(1) 張君、李君雙方是否皆應繳納契稅？如果是，應繳納何種契稅？
　(2) 若張君之房屋價值 500 萬元，交換李君鑽石腕錶價值 300 萬元，則張君、李君雙方應繳納何種租稅？其應繳納之金額若干？

12. 郭君以評定標準價格 250 萬元之房屋一棟，交換黃君公告現值 150 萬元之土地，試問郭君、黃君是否均應繳納契稅？或應繳納何種稅捐？其應納之稅捐各為若干元？

13. 以不動產為信託財產時，對於該財產之契稅，《契稅條例》有何規定？試說明之。 （92 土檢）

14. 在何種情形下，信託關係人間移轉不動產所有權不課徵契稅？另不動產為信託財產者，於哪些情況下不課徵契稅？試依《契稅條例》說明之。 （91 土檢）

15. 請問以何種方式取得不動產所有權時應申報契稅？其申報期限以及應申報納稅之義務人為何？ （92 地政士）

16. 《契稅條例》對於契稅之申報與申報起算日有何規定？

17. 《契稅條例》對於契稅之申報期限、申報起算日及怠報金有何規定？試分別說明之。 （94 土檢）

18. 試依《契稅條例》之規定，說明何種情形得免徵或不課徵契稅？
（93 土檢、經紀人、95 地政士）

19. 李四有戶位於鋼筋混凝土造 7 層樓房屋第一層的房屋，其房屋面積為 200 m^2，其評定標準單價為 5,000 元/m^2，已經使用 20 年，每一年折舊率為 1%，經查路線調整率為 300%，試為李四計算作為住家用、便利商店以及地政士事務所之今年度房屋稅各為多少？其次，若李四擬於今年出售該戶房屋，並且按評定價格核課，則買方應支付多少之契稅？
（97 地政士）

20. 應申報繳納契稅之事由如何？並請依事由之不同分別說明其納稅義務人、稅率及申報契價之限制。 （99 地政士）

21. 甲與乙各有房屋乙棟，甲所有之房屋評定標準價格為 60 萬元，乙所有之房屋評定標準價格為 100 萬元；今甲乙交換其房屋，差額以現金補償，契約於民國 102 年 4 月 1 日成立，甲於當年 5 月 5 日申報契稅，乙則於當年 5 月 7 日申報契稅。請依據現行《契稅條例》規定說明及試算甲、乙各需繳納之契稅及怠報金。 （102 地政士）

22. 不動產之買賣、承典、交換、贈與、分割或因占有而取得所有權者，均應申報繳納契稅。試問，在那些情形之下，免徵契稅？又在哪些情形之下，不課徵契稅？ （105 地政士）

CHAPTER

07

遺產稅
Estate Tax

Essentials Practical
Real Estate Tax Law

壹　概　述

一　意　義

　　遺產稅者，謂財產所有人死亡時，就其所有遺產淨額所課徵之租稅。所稱「**遺產**」，係指死亡人所遺留之一切動產、不動產及其他具有財產價值之權利而言。由於死亡為遺產稅課徵的要件，故一般稱為「死亡稅」。

二　稅制理論

　　遺產稅課徵之理由在於任何人皆不能因出生之偶然事由，而取得鉅額之財產，欲對此不勞而獲之所得課稅，以實現社會公平。稅制設計上，遺產稅與所得稅二種稅制同是達成平均社會財富之主要工具，所得稅是對個人生前所賺之所得來課稅，但所得稅由於政策及稅務行政上之需要而有免徵之規定，加上逃漏稅等因素，往往造成稅基侵蝕，而無法有效發揮財富重分配之效果；縱使所得未獲免徵亦未逃漏，稅後所得經由多年累積形成鉅額財富，任其交留子孫，仍將造成財富分配不均。因此，基於上述考量乃設有遺產稅制度，於個人死亡時，就其遺產累進課稅，以利進一步達到平均社會財富之目標（註1）。

(一) 各國稅制

　　又因各國課徵制度之不同，主要者可分為總遺產稅制、分遺產稅制及混合制等三種。通常所稱「**總遺產稅制**」者，係指在總遺產稅制下，就死亡人之遺產總額所課徵之遺產稅而言，如我國、英國、美國及紐西蘭等均屬之。

　　至於「**分遺產稅制**」，係以各繼承人所繼承或受遺贈人所獲得之遺產，並依繼承人與被繼承人或受遺贈人間關係之親疏，分別課以差別稅率之遺產稅制度，故通稱為「繼承稅」(Inheritance Tax)，如韓國、日本、法國及德國等採之。

　　所謂「**混合遺產稅制**」者，乃係先就被繼承人（死亡人）之遺產總額課徵遺產稅後，再就每一繼承人繼承額課徵繼承稅，即上述二者併課之遺產稅制度，如加拿大、菲律賓等是（註2）。

(二) 各稅制之優缺點

以上三種遺產稅制度互有其利弊得失：

1. 總遺產稅制

稅收豐實、稽徵簡便，且不致因累進稅率與親等遠近相互運用之結果，發生稅負不公平之現象，是為總遺產稅制之優點；但其未能考量繼承人與被繼承人之親疏關係，以及繼承人數之多寡，予以差別稅率，顯然違背量能課稅原則，又為其弊。

2. 分遺產稅制

對於繼承人與被繼承人間之關係及其實際繼承財產之多寡，加以縝密考慮，符合納稅能力原則，並具有鼓勵財富分散之作用等，則為分遺產稅制之所長；然其計算手續繁瑣，稽徵成本大，易造成一般繼承人取巧虛構事實，稅捐機關不勝困擾，是其缺點。

3. 混合遺產稅制

則綜合上述總遺產稅制與分遺產稅制之利弊，有平均社會財富之優點，但有重複課稅及造成更高之稽徵成本。

(三) 我國現行稅制

由於在我國現行民法制度之下，遺產之繼承不以遺囑為必要，更無須經法院確認之程序，始准分割遺產，因此每一位繼承人所受領之遺產多寡，無法確實掌握，若採用「分遺產稅制」將有稽徵行政上不易克服之困難。所以，我國現行遺產稅之課徵，乃採用**「總遺產稅制」**。

三 性　質

我國現行遺產稅具有以下之性質（註 3）：

(一) 遺產稅是財產稅

遺產稅以人之死亡為條件，按課稅遺產淨額為課稅標準，屬財產稅之性質。因繼承而取得遺產，就租稅理論來說，亦是一種所得，唯屬偶發性所得，具存量性質，與一般經常性所得屬流量性質不一，故宜歸為財產稅性質。

(二) 遺產稅是直接稅

遺產稅以財產所有之事實課稅，納稅義務人難以轉嫁稅負與他人負擔，最符合直接稅不轉嫁之本質，故屬直接稅之性質。

(三) 遺產稅屬中央稅

遺產稅係為平均社會財富目的而課徵，稅收歸屬中央政府所有，故為中央稅之性質。

(四) 遺產稅是累進稅

遺產稅之稅率隨被繼承人所遺留之遺產淨額之多寡採累進稅率，故為累進稅之性質。

四 法令依據

現行遺產稅的課徵以《遺產及贈與稅法》及其施行細則為依據。

五 立法沿革

(一) 民初：遺產稅條例，採分遺產稅制

我國於民國初年倡議課徵遺產稅，民國 4 年擬定《遺產稅徵收條例》；民國 18 年制訂《遺產稅條例》採分遺產稅制，但此二條例均未能見諸實施。

(二) 抗戰時期：遺產稅暫行條例，改採總遺產稅制

民國 26 年財政部擬訂《遺產稅暫行條例》草案，其間因中日戰爭爆發而停止；直至民國 29 年始經立法院通過，並由國民政府正式公布，明令民國 29 年 7 月 1 日起，全國試辦性施行改採總遺產稅制，稅率則為比例稅率與超額累進稅率併行。

(三) 抗戰勝利：遺產稅法、遺產及贈與稅法先後施行

我國抗日戰爭勝利後，財政部著手修改《遺產稅暫行條例》。於民國 35 年 4 月公布《遺產稅法》，至此遺產稅係成為永久定制。

惟為避免被繼承人生前將財產轉移贈與親屬或虛構財產買賣，作為規避死後遺產稅之課徵，行政院乃就施行中之《遺產稅法》增訂課徵贈與稅，合併兩稅成為《遺產及贈與稅法》，於民國 62 年 2 月 6 日公布施行，其間多次修正至今。

課徵範圍

凡經常居住**中華民國境內之中華民國國民**死亡時遺有財產者，應就其在中華民國**境內境外**全部遺產，依本法規定，課徵遺產稅。

經常居住**中華民國境外之中華民國國民**，及**非中華民國國民**，死亡時在中華民國遺有財產者，應就其在中華民國**境內**之遺產，依本法規定，課徵遺產稅（遺贈 1）。

一 課徵時機

(一) 被繼承人死亡時

遺產稅係於**被繼承人死亡且遺有財產**時課徵之，若被繼承人死亡時並無財產，則無課徵遺產稅問題。所謂「死亡」，包括經法院宣告死亡者，以判決內所確定死亡之時，推定其為死亡（民 9）。

(二) 遺囑信託及受益人死亡時

1. 遺囑信託之課徵遺產稅

因遺囑成立之信託，於遺囑人死亡時，其信託財產應依本法規定，課徵遺產稅（遺贈 3-2）。其立法理由為遺囑信託具有遺贈性質，其信託財產於遺囑人死亡時仍屬遺囑人所有，所以應併入遺囑人之遺產課徵遺產稅。

2. 受益人死亡未領受之受益權課徵遺產稅

信託關係存續中受益人死亡時，應就其享有信託利益之權利未領受部分，依本法規定課徵遺產稅（遺贈 3-2）。其立法理由為受益人死亡時，其所遺享有信託利益之權利未領受部分，因仍具有財產價值，為繼承之標的，應課徵遺產稅。

二 課徵對象

遺產稅之課稅對象，採屬人主義之原則，但亦採屬地主義。分述其規定於後：

（一）屬人主義

　　經常居住中華民國境內之中華民國國民死亡時遺有財產者，應就其在中華民國境內境外之全部遺產，依規定課徵遺產稅。所謂**中華民國國民**，係指具有中華民國國籍之人。

　　死亡事實發生前 2 年內，被繼承人自願喪失中華民國國籍者，仍應依本法關於中華民國國民之規定，課徵遺產稅（遺贈 3-1）。

　　所謂**「經常居住在中華民國境內」**，係指被繼承人有下列情形之一：

1. 死亡事實發生前 2 年內，在中華民國境內有住所者。

2. 在中華民國境內無住所而有居所，且在死亡事實發生前 2 年內，在中華民國境內居留時間合計逾 365 天者。但受中華民國政府聘請從事工作，在中華民國境內有特定居留期限者，不在此限（遺贈 4）。

　　所謂**「住所」**，指依一定之事實，足認以久住之意思，住於一定之地域者，即為設定其住所於該地。一人同時不得有兩住所（民 20）。而「居所」者，法無明定，指無久居之意思，而事實上居住之處所。

（二）屬地主義

　　經常居住中華民國境外之中華民國國民，及非中華民國國民死亡時其在中華民國境內遺有財產者，應就其中華民國境內之財產，依規定課徵遺產稅（遺贈 1）。

　　所謂**「經常居住中華民國境外」**係指不合上述「經常居住在中華民國境內」之規定者而言（遺贈 4）。

三 課稅標的物

（一）財產種類

　　遺產稅係就死亡人所遺留之**財產總額**為課徵標的。

　　而所謂**「財產」**，指動產、不動產及其他一切有財產價值之權利。

　　所謂**「不動產」**，謂土地及其定著物，不動產之出產物，尚未分離者，為該不動產之部分（民 66），土地及房屋即屬之；所謂「動產」，指不動產以外之物（民 67），如貨幣、黃金、珠寶、車輛、圖書、字畫、藝術品等。

所謂「**有財產價值之權利**」，如礦業權、漁業權、專利權、商標權、著作權、出版權、債權、股權、信託權益、承租權、地上權、農育權、典權或其他權利均屬之。

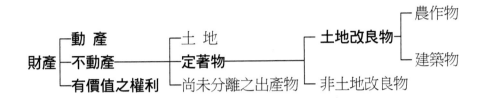

(二) 遺產範圍

1. 被繼承人**死亡時所遺留之全部財產**。

2. 視為遺產

被繼承人之**死亡前 2 年內贈與**下列個人之財產，應於被繼承人死亡時，視為被繼承人之遺產，應併入其遺產總額依法納稅（遺贈 15）：

(1) 被繼承人之配偶。

(2) 被繼承人依《民法》第 1138 條及 1140 條規定之各順序繼承人。

(3) 前款各順序繼承人之配偶。

被繼承人死亡前 2 年內應併入遺產課稅之贈與財產，包括前 2 年內每年免稅贈與之財產（遺細 6）。此目的在防止納稅義務人利用生前贈與以規避死後遺產稅之課徵。

3. 信託財產

因遺囑成立之信託，於遺囑人死亡時，其信託財產應依本法規定，課徵遺產稅。

信託關係存續中受益人死亡時，應就其享有信託利益之權利未領受部分，依本法規定課徵遺產稅（遺贈 3-2）。

(三) 境內境外財產之認定

中華民國境內境外之財產，按被繼承人死亡時（或贈與人贈與時）之**財產所在地**認定之，若其所在地之認定其有疑義時，由**財政部**核定（遺贈 9）：

1. 動產、不動產及附著於不動產之權利，以動產或**不動產之所在地**為準。但船舶、車輛、航空器，以其船籍、車輛或航空器登記機關之所在地為準。

2. 礦業權，以其礦區或礦場之所在地為準。

3. 漁業權，以其行政管轄權之所在地為準。

4. 專利權、商標權、著作權及出版權，以其**登記機關**之所在地為準。

5. 其他營業上之權利，以其營業所所在地為準。

6. 金融機關收受之存款及寄託物，以**金融機關之事務所或營業所所在地**為準。

7. 債權，以債務人經常居住之所在地或事務所或營業所所在地為準。

8. 公債、公司債、股權或出資，以其**發行機關**或被投資事業之**主事務所所在地**為準。

9. 有關信託之權益，以其承受信託事業之事務所或營業所所在地為準。

（四）財產價值估價原則

遺產價值之估定標準，是確認遺產價值總額之重要步驟。

遺產財產價值之計算，以**被繼承人死亡時之時價**為準；被繼承人如係受死亡之宣告者，以法院宣告死亡判決內所確定死亡日之時價為準。

本條文修正前發生死亡事實之案件，於本條文修正公布生效日（84年 1 月 15 日）尚未核課或尚未核課確定者，其估價適用前項規定辦理；其他財產時價之估定，本法未規定者，由財政部定之。

上項所稱**「時價」**，土地是以**公告土地現值或評定標準價格**為準（已依平均地權條例規定公告土地現值者，即為公告土地現值；若無公告土地現值，即以評定標準價格為準）。房屋以**評定標準價格**為準；其他財產時價之估定，本法未規定者，由財政部定之（遺贈 10）。

除土地及房屋外，其餘財產之估價原則如下：

(一) 信託利益之權利價值估價

受益人死亡其享有信託利益之權利，或他益信託受益人享受信託利益之權利價值時其計算原則為（遺贈 10-1；遺贈 10-2）：

1. 享有全部信託利益之權利者

該信託利益為金錢時，以信託金額為準，信託利益為金錢以外之財產時，以受益人死亡時（或贈與時）信託財產之時價為準。

2. 享有孳息以外信託利益之權利者

(1) 該信託利益為金錢時，以信託金額按受益人死亡時（或贈與時）起至受益時止之期間，依受益人死亡時（或贈與時）郵政儲金匯業局 1 年期定期儲金固定利率複利折算現值計算之。

(2) 信託利益為金錢以外之財產時，以受益人死亡時（或贈與時）信託財產之時價，按受益人死亡時（或贈與時）起至受益時止之期間，依受益人死亡時（或贈與時）郵政儲金匯業局 1 年期定期儲金固定利率複利折算現值計算之。

3. 享有孳息部分信託利益之權利者

(1) 以信託金額或受益人死亡時（或贈與時）信託財產之時價，減除依前款規定所計算之價值後之餘額為準。

(2) 但該孳息係給付公債、公司債、金融債券或其他約載之固定利息者，其價值之計算，以每年享有之利息，依受益人死亡時（或贈與時）郵政儲金匯業局 1 年期定期儲金固定利率，按年複利折算現值之總和計算之。

4. 享有信託利益之權利為按期定額給付者

其價值之計算，以每年享有信託利益之數額，依受益人死亡時（或贈與時）郵政儲金匯業局 1 年期定期儲金固定利率，按年複利折算現值之總和計算之。

5. 享有信託利益之權利為全部信託利益扣除按期定額給付後之餘額者

其價值之計算，以受益人死亡時信託財產之時價減除依前段規定計算之價值後之餘額計算之。

6. 享有前述各款所規定信託利益之一部者，按受益比率計算之。

（二）其他種類財產之估價

1. 國外財產

被繼承人在國外之遺產（或贈與人在國外之贈與財產），依本法第 1 條或第 3 條規定應徵稅者，得由財政部委託遺產（或贈與財產）所在地之**中華民國使領館**調查估定其價額，其無使領館者，得委託當地**公定會計師或公證人**調查估定之（遺贈細 23）。

2. 林木

林木依其種類、數量及林地**時價**為標準估定之（遺贈細 24）。

3. 珠寶、古物、美術品、圖書

動產中珠寶、古物、美術品、圖書及其他不易確定其市價之物品，得由**專家估定之**（遺贈細 25）。

4. 運輸工具

車輛、船舶、航空器以其**原始成本減除合理折舊後之餘額**為準；其不能提出原始成本之證明或提出原始成本之證明而與事實顯不相符者，得按其年式及使用情形估定（遺贈細 26）。

5. 債權

債權之估定，以其**債權額**為其價額。其有約定利息者，應加計至被繼承人死亡日（或贈與行為發生日）止已經過期間之**利息額**（遺贈細 27）。

6. 公開上市或上櫃之有價證券

凡已在證券交易所上市（以下簡稱上市）或證券商營業處所買賣（以下簡稱上櫃或興櫃）之有價證券，依**繼承開始日**或贈與日該項上市或上櫃有價證券之**收盤價**或興櫃股票之**當日加權平均成交價**估定之。但當日無買賣價格者，依繼承開始日或贈與日前最後 1 日該項上市或上櫃有價證券之收盤價或興櫃股票之加權平均成交價估定之，其價格有劇烈變動者，則依其繼承開始日或贈與日**前 1 個月內**該項上市或上櫃有價證券各日收盤價或興櫃股票各日加權平均成交價之平均價格估定之。

有價證券初次上市或上櫃者，於其契約經證券主管機關核准後至掛牌買賣前，或登錄為興櫃股票者，於其契約經證券櫃檯買賣中心同

意後至開始櫃檯買賣前，應依該項證券之承銷價格或主辦輔導推薦證券商認購之價格估定之（遺贈細 28）。

7. 私募之有價證券

公司依證券交易法規定私募之有價證券，繼承開始日或贈與日，於上市、上櫃或興櫃有同種類之有價證券買賣者，依下列方式估定之：

(1) 繼承開始日或贈與日該公司上市或上櫃有價證券當日收盤價與當日前 1 個月內各日收盤價之平均價格，從低估定之；當日無買賣價格者，以繼承開始日或贈與日前最後 1 日該有價證券之收盤價，與該日前 1 個月內各日收盤價之平均價格，從低估定之。但無前 1 個月內各日收盤價之平均價格者，以繼承開始日或贈與日之收盤價估定之；繼承開始日或贈與日無買賣價格者，以繼承開始日或贈與日前最後 1 日之收盤價估定之。

(2) 興櫃公司之私募股票，依繼承開始日或贈與日該公司興櫃股票當日加權平均成交價與當日前 1 個月內各日加權平均成交價之平均價格，從低估定其價值；當日無買賣價格者，以繼承開始日或贈與日前最後 1 日該興櫃股票加權平均成交價，與該日前 1 個月內各日加權平均成交價之平均價格，從低估定之。但無前 1 個月內各日加權平均成交價之平均價格者，以繼承開始日或贈與日之加權平均成交價估定之；繼承開始日或贈與日無買賣價格者，以繼承開始日或贈與日前最後 1 日之加權平均成交價估定之。

未上市、未上櫃且非興櫃之股份有限公司私募普通股股票，以繼承開始日或贈與日該公司資產淨值估價，並依第 29 條第 1 項及第 2 項規定調整估價（遺贈細 28-1）。

8. 未上市、未上櫃且非興櫃之股票

未上市、未上櫃且非興櫃之股份有限公司股票，除第 28 條第 2 項規定情形外，應以繼承開始日（或贈與日）該公司之**資產淨值**（所謂資產淨值，係指營利事業資產總額與負債總額之差額而言）估定之，並按下列情形調整估價：(1)公司資產中之土地或房屋，其帳面價值低於公告土地現值或房屋評定標準價格者，依公告土地現值或房屋評定標準價格估價。(2)公司持有之上市、上櫃有價證券或興櫃股票，依第 28 條規定估價。

前項所定公司，已擅自停業、歇業、他遷不明或有其他具體事證，足資認定其股票價值已減少或已無價值者，應核實認定之。

非股份有限公司組織之事業，其出資價值之估價準用前 2 項規定（遺贈細 29）。

9. 承租權

預付租金，應就該預付租金額**按租期比例計算其賸餘期間之租金額**，為其承租權之價額，但付押金者，應按押金額計算之（遺贈細 30）。

10. 地上權

地上權之設定**有期限**及**年租**者，其賸餘期間依下列標準估定其價額：

(1) 賸餘期間在 **5 年**以下者，以 **1 年地租額**為其價額。

(2) 賸餘期間在 **10 年**以下者，以 1 年地租額之 **2 倍**為其價額。

(3) 賸餘期間在 **30 年**以下者，以 1 年地租額之 **3 倍**為其價額。

(4) 賸餘期間在 **50 年**以下者，以 1 年地租額之 **5 倍**為其價額。

(5) 賸餘期間在 **100 年**以下者，以 1 年地租額之 **7 倍**為其價額。

(6) 賸餘期間**超過 100 年**者，以 1 年地租額之 **10 倍**為其價額。

地上權之設定，**未定有年限者**，均以 **1 年地租額之 7 倍**為其價額。但當地另有習慣者，得依其習慣決定其賸餘年限。

地上權之設定，**未定有年租者**，其年租按**申報地價年息** 4%估定之。地上權之設定一次付租、按年加租或以一定之利益代替租金者，應按其設定之期間規定其**平均年租**後依第 1 項規定估定價額（遺贈細 31）。

11. 永佃權（現行之農育權）

永佃權價值之計算，均依 **1 年應納佃租額之 5 倍**為標準（遺贈細 32）。民法物權編 99 年已刪除永佃權，增訂農育權相關規定。

12. 典權

典權以**典價**為價額（遺贈細 33）。

13. 礦業權、漁業權

礦業權、漁業權之價值，應就其賸餘年數依下列倍數估計之：

(1) 賸餘年數 **1 年**者，以其額外利益為價額。

(2) 賸餘年數 **3 年以下**者，以其額外利益額之 **2 倍**為其價額。

(3) 賸餘年數 **5 年**以下者，以其額外利益額之 **3 倍**為其價額。

(4) 賸餘年數 **7 年**以下者，以其額外利益額之 **4 倍**為其價額。

(5) 賸餘年數 **12 年**以下者，以其額外利益額之 **6 倍**為其價額。

(6) 賸餘年數 **16 年**以下者，以其額外利益額之 **7 倍**為其價額。

(7) 賸餘年數 **16 年以上**者（係就其超過數而言），以其額外利益之 **8 倍**為其價額。

前項「**額外利益額**」，謂由各該權利最近 3 年平均純益減除其實際投入資本，依年息 10% 計算之普通利益額後之餘額。未經設權之土法礦窯及未經領證之漁業，本無期限，不能認為享有礦業權、漁業權者，應就其營業利得，依週息 5% 還原計算其價額。

礦業權、漁業權除依前項規定，就各該權利課徵遺產稅（或贈與稅）外，就經營各該業所設商號權，不再課徵遺產稅（或贈與稅）（遺贈細 34）。

14. 無形資產

無形資產之估價，除另有規定外，準用前條（即礦業權、漁業權）之規定（遺贈細 35）。

15. 定期年金

定期年金之價值，就其未受領年數，依下列標準估計（遺贈細 36）：

(1) 未領受年數在 1 年以下者，以 **1 年年金額**為其價額。

(2) 未領受年數超過 **1 年**至 **3 年**以下者，以 1 年年金額之 **2 倍**為其價額。

(3) 未領受年數超過 **3 年**至 **5 年**以下者，以 1 年年金額之 **3 倍**為其價額。

(4) 未領受年數超過 **5 年**至 **7 年**以下者，以 1 年年金額之 **4 倍**為其價額。

(5) 未領受年數超過 **7 年**至 **9 年**以下者，以 1 年年金額之 **5 倍**為其價額。

(6) 未領受年數超過**9年**至**12年**以下者，以1年年金額之**6倍**為其價額。

(7) 未領受年數超過 **12 年**至 **16 年**以下者，以 1 年年金額 **7 倍**為其價額。

(8) 未領受年數超過 **16 年**至 **24 年**以下者，以 1 年年金額 **8 倍**為其價額。

(9) 未領受年數超過24年至100年以下者，以1年年金額9倍為其價額。

(10) 未領受年數超過 100 年者，以 1 年年金額之 10 倍為其價額。

16. 無期年金

無期年金或因特殊情形不能依前條規定計算之年金，其價值之計算，得按實際情形，比照定期年金所列標準估定之（遺贈細 37）。

17. 終身年金

終身年金以給付人或受領人或第三人之終身為給付之標準者，其年金價值之計算方法，依下列標準估定之（遺贈細 38）：

(1) 年齡未滿 10 歲者，以 1 年年金額之 9 倍為其價額。

(2) 年齡未滿 20 歲者，以 1 年年金額之 8 倍為其價額。

(3) 年齡未滿 30 歲者，以 1 年年金額之 7 倍為其價額。

(4) 年齡未滿 40 歲者，以 1 年年金額之 5 倍為其價額。

(5) 年齡未滿 50 歲者，以 1 年年金額之 3 倍為其價額。

(6) 年齡未滿 60 歲者，以 1 年年金額之 2 倍為其價額。

(7) 年齡在 60 歲以上，以 1 年年金額為其價額。

18. 附有條件之權利及不定期之權利

附有條件之權利及不定期之權利，就其權利之性質，斟酌當時實際情形估定其價額（遺贈細 39）。

19. 共有財產或共營財產

共有財產或共營財產之價額估定，應先估計其財產總淨值，再核算被繼承人遺產部分（或贈與人贈與部分）之價值（遺贈細 40）。

20. 被繼承人配偶剩餘財產差額分配部分

納稅義務人於本法第 17-1 條第 2 項(有關配偶剩餘財產差額分配)規定之 1 年期間內，給付被繼承人配偶之財產為遺產者，其價值之計算，應以該項財產核課遺產稅之價值為準；給付之財產為遺產以外之財產者，其價值之計算，以給付日為準，並準用有關遺產之估價規定辦理（遺贈細 40-1）。

21. 其他財產

遺產（或贈與）財產價值之計算，本細則無規定者，依市場價值估定之（遺贈細 41）。

納稅義務人

遺產稅之納稅義務人如下：

一、有遺囑執行人，為遺囑執行人。

二、無遺囑執行人，為繼承人及受遺贈人。

三、無遺囑執行人及繼承人者，為依法選定之遺產管理人。

其應選定遺產管理人，於死亡發生之日起 6 個月內未經選定呈報法院者，或因特定原因不能選定者，稽徵機關得依非訟事件法之規定，申請法院指定遺產管理人（遺贈 6）。

茲將遺產稅納稅義務人順序分述如下：

一 有遺囑執行人者，為遺囑執行人

所謂「**遺囑執行人**」，乃指被繼承人死亡後遺有財產而負責處分遺產之人。

遺囑人於不違反關於特留分規定之範圍內，得以遺囑自由處分遺產（民 1187）。遺囑人得以遺囑指定遺囑執行人，或委託他人指定之（民 1209），遺囑未指定遺囑執行人，亦未委託他人指定者，得由親屬會議選定之，不能由親屬會議選定時，得由利害關係人聲請法院指定之（民 1211）。而繼承人於遺囑執行人執行職務中，不得處分與遺囑有關之遺產，並不得妨礙其職務之執行（民 1216）。

所以，遺囑執行人係遺產稅之第一順位納稅義務人，故被繼承人死亡遺有財產，如經指定有遺囑執行人時，不論有無繼承人，該遺囑執行人均有繳納遺產稅之義務。如逾期不繳納稅款時，稽徵機關自應依法移送法院強制執行（財政部 66.1.22 臺財稅第 30523 號函）。

二 無遺囑執行人者，為繼承人及受遺贈人

遺產稅第二順位納稅義務人為繼承人及受遺贈人。

(一) 繼承人

遺產繼承人為法律規定應繼承之人，法定繼承人，除**配偶**外，依下列順序定之（民 1138）：

1. 直系血親卑親屬。

2. 父母。

3. 兄弟姊妹。

4. 祖父母。

配偶之間有相互繼承之權。配偶其應繼分，無規定之各順序繼承人時，得繼承遺產之全部；與第一順序繼承人同為繼承時，其應繼分與他繼承人平均；與第二、第三順序之繼承人同為繼承時，配偶其應繼分為遺產 1/2；與第四順序之繼承人同為繼承時，配偶之應繼分為遺產之 2/3（民 1144）。「**應繼分**」，指繼承人為多數人時，各繼承人應繼承之比例。

(1) **第一順位：配偶與直系血親卑親屬**。直系血親卑親屬包括子女、養子女、孫子女等婚生子女與養子女，其親等不同者，以親等近者為先（民 1139）。非婚生子女，若經其生父認領或有被其生父撫育之事實，即可視為婚生子女；而養子女與本生血親間無繼承權。

另依民法代位繼承之規定，第一順序之繼承人中，有一人或數人於繼承權開始前死亡或喪失繼承權者，則由其直系血親卑親屬代位繼承其應繼分（民 1140）。

(2) **第二順位：配偶與被繼承人之父母**。包括親生父母、養父母，但不包含繼父母。其中親生父母不得繼承出養子女之遺產。現行民法雖不認妾之制度，但妾對所生子女之遺產有繼承權。

(3) **第三順位：配偶與被繼承人之兄弟姊妹**。乃指同胞兄弟姊妹，包括同父異母或同母異父之兄弟姊妹。

(4) **第四順位：配偶與被繼承人之祖父母**。乃指內外祖父母及養父母之父母。

繼承人**拋棄繼承權**者，依規定應於知悉其得**繼承之時起 3 個月內**，以**書面**向**法院**為之。拋棄繼承後，應以書面通知因其拋棄而應為繼承之人（民 1174）。申報時應檢附法院准予核備之文件影本。

一般而言，稽徵機關在審查納稅義務人是否具有遺產繼承權時，係依據戶口名簿影本或戶籍謄本記載內容，以確定是否符合民法規定各順位繼承關係，或代位繼承關係。

(二) 受遺贈人

遺贈，遺囑人於遺囑中表示無償給與他人財產之行為。他人同意允受遺贈者，即為受遺贈人。受遺贈人取得被繼承人之遺產，故令其負有納稅義務。

(三) 有大陸地區人民繼承時

大陸地區人民繼承臺灣地區人民遺產，應於**繼承開始起 3 年內**以書面向被繼承人住所地之法院為繼承之表示；逾期視為拋棄其繼承權。大陸地區人民繼承該條例施行前已由主管機關（國軍退除役官兵輔導委員會）處理，且在臺灣地區無繼承人之現役軍人或退除役官兵遺產者，前項繼承表示之期間為 **4 年**。

繼承在本條例《臺灣地區與大陸地區人民關係條例》施行前開始，前 2 項期間自該條例施行之日（民國 81 年 9 月 18 日）起算（岸 66）。

🔴三 無遺囑執行人及繼承人者，為依法選定之遺產管理人

(一) 遺產管理人之產生

1. 由親屬會議選定

繼承開始時，繼承人之有無不明者，由親屬會議於 **1 個月**內選定遺產管理人，並將繼承開始及選定遺產管理人之事由，向法院報明（民 1177）。

2. 聲請法院指定

無親屬會議或親屬會議未於所定期限內選定遺產管理人，**利害關係人**或**檢察官**，得聲請**法院**選任遺產管理人（民 1178 II）。

其應選定遺產管理人，於死亡發生之日起 6 個月內未經選定呈報法院者，或因特定原因不能選定者，稽徵機關得依非訟事件法之規定，申請法院指定遺產管理人（遺贈 6）。

稽徵機關聲請法院核定遺產管理人者，應於申報期限屆滿後 1 個月內為之，並同時聲請法院依民法規定為公示催告（遺贈細 4），法院應依公示催告程序，定 6 個月以上之期限，公告繼承人，命其於期限內承認繼承（民 1178 I）。

（二）遺產管理人聲請公示催告

遺產管理人亦應於就任後1個月內，向法院為《民法》第1179條第1項第3款之聲請（遺贈細4）。聲請法院依公示催告程序，限定**1年以上**之期間，公告被繼承人之債權人及受遺贈人，命其於該期間內報明債權，及為願受遺贈與否之聲明，被繼承人之債權人及受遺贈人為管理人所已知者，應分別通知之（民1179第1項第3款）。

（三）無繼承人承認繼承時

遇有《民法》第 1185 條無繼承人承認繼承時，前項遺產管理人應於公示催告期限屆滿後 2 個月內，清償債務、交付遺贈物，並將膽餘財產連同有關簿冊、文件及計算書類報請主管稽徵機關及財政部國有財產署依第 51 條規定辦理（遺贈細 4、民 1185）。

肆　課稅基礎

遺產稅按被繼承人死亡時，依本法規定計算之**遺產總額**，**減除**各項**扣除額**及**免稅額**後之**課稅遺產淨額**為準（遺贈 17、17-1、18），再依規定稅率課徵之（遺贈 13）。可知遺產稅之課稅基礎為**遺產淨額**。

遺產稅稅基之計算公式為：

> 遺產總額－扣除額－免稅額＝**課稅遺產淨額**

有關遺產總額（及不計入遺產總額之財產）、得以減除之扣除額、免稅額之相關規定茲分述如下：

一　遺產總額

所謂「**遺產總額**」，即指被繼承人所遺留之財產價值總和。

(一) 遺產總額

　　包括被繼承人死亡時依第 1 條規定（中華民國境內、境外或境內）之全部財產，並依第 10 條規定（被繼承人死亡時）計算之財產價值。但第 16 條規定不計入遺產總額之財產，不包括在內（遺贈 14）。

(二) 視為遺產

　　「視為遺產」亦稱**「擬制遺產」**，是指**被繼承人死亡前 2 年內**（民國 87 年 6 月 25 日（含）以前之繼承案件為 3 年）**贈與被繼承人之配偶、各順序繼承人、各順序繼承人配偶之財產**，應於被繼承人死亡時，視為被繼承人之遺產，也應**併入其遺產總額**計算（遺贈 15）。

(三) 信託財產

　　因遺囑成立之信託，於遺囑人死亡時，其信託財產應依本法規定，課徵遺產稅。

　　信託關係存續中受益人死亡時，應就其享有信託利益之權利未領受部分，依本法規定課徵遺產稅（遺贈 3-2）。

● 不計入遺產總額之財產

　　下列各款不計入遺產總額（遺贈 16），所列金額尚未依物價指數上漲程度調整。113 年已調整總額，請參考表 7-1。

1. 遺贈人、受遺贈人或繼承人捐贈各級政府及公立教育、文化、公益、慈善機關之財產。

2. 遺贈人、受遺贈人或繼承人**捐贈公有事業機構或全部公股之公營事業**之財產。

3. 遺贈人、受遺贈人或繼承人捐贈於被繼承人死亡時，**已依法登記設立為財團法人組織且符合行政院規定標準之教育、文化、公益、慈善、宗教團體及祭祀公業**之財產。

　　　前述 3 款不計入遺產總額之遺產，納稅義務人於申報遺產稅時，應檢具受遺贈人或受贈人同意受遺贈或受贈之證明，列報主管稽徵機關核發不計入遺產總額證明書（遺贈細 7）。

4. 遺產中有關**文化、歷史、美術之圖書、物品**，經繼承人向主管稽徵機關聲明登記者。但繼承人將此項圖書、物品轉讓時，仍須自動申報補稅。

5. 被繼承人自己創作之**著作權、發明專利及藝術品**。

6. 被繼承人**日常生活必需之器具及用具**，其總價值在 72 **萬**元以下部分。

7. 被繼承人**職業上之工具**，其總價值在 40 **萬**元以下部分。

8. 依法**禁止或限制採伐之森林**。但解禁後仍須自動申報補稅。

9. 約定於被繼承人死亡時，給付其所指定受益人之人壽保險金額、軍公教人員、勞工或農民之**保險金額及互助金**。

10. 被繼承人**死亡前 5 年**內，繼承之財產**已納遺產稅**者。

11. 被繼承人**配偶及子女之原有財產或特有財產**，經辦理登記或確有證明者。

12. 被繼承人遺產中經政府闢為**公眾通行道路之土地**或其他無償供公眾通行之道路土地，經主管機關證明者。但其屬建築房屋應保留之法定空地部分，仍應計入遺產總額。

13. 被繼承人之**債權及其他請求權不能收取或行使確有證明**者。

　　所稱「債權及其他請求權不能收取或行使確有證明」者，係指下列各款情形：

(1) 債務人經依破產法和解、破產、依消費者債務清理條例更生、清算或依公司法聲請重整，致債權全部或一部不能取償，經取具和解契約或法院裁定書者。

(2) 被繼承人或繼承人與債務人於法院成立訴訟上和解或調解，致債權全部或一部不能收取，經取具法院和解或調解筆錄，且無在請求權時效內無償免除或承擔債務之情事，經稽徵機關查明屬實者。

(3) 其他原因致債權或其他請求權之一部或全部不能收取或行使，經取具證明文件，並經稽徵機關查明屬實者（遺贈細 9-1）。

14. **公益信託**，遺贈人、受遺贈人或繼承人提供財產，捐贈或加入於被繼承人死亡時已成立之公益信託並符合下列各款規定者，該財產不計入遺產總額（遺贈 16-1）。以鼓勵民間投入公益活動，增進公眾利益：

(1) 受託人為信託業法所稱之信託業。

(2) 各該公益信託除為其設立目的舉辦事業而必須支付之費用外，不以任何方式對特定或可得特定之人給予特殊利益。

(3) 信託行為明定信託關係解除、終止或消滅時，信託財產移轉於各政府、有類似目的之公益法人或公益信託。

❸ 扣除額

下列各款（遺贈 17）是為維持繼承人基本生活、避免重複課稅、被繼承人死亡必須支出之喪葬費用、稅捐及未償之債務等，應自遺產總額中扣除，免徵遺產稅。

以下扣除額金額尚未依財務部公告按消費者物價指數上漲程度調整之。113 年已調整之金額請參考表 7-1。

(一) 被繼承人遺有配偶者，自遺產總額中扣除 400 萬元。

(二) 繼承人為直系血親卑親屬者，每人得自遺產總額扣除 40 萬元。其有未成年者，並得按其年齡距屆滿成年之年數，每年加扣 40 萬元。

> 但親等近者拋棄繼承由次親等卑親屬繼承者，扣除之數額以**拋棄繼承前原得扣除之數額為限**。以避免親等近者藉拋棄繼承方式，由次親等卑親屬繼承，增加繼承人扣除額。

> 民法 110 年 1 月修正滿 **18** 歲為成年，但自 112 年 1 月 1 日施行。

(三) 被繼承人遺有父母者，每人得自遺產總額中扣除 100 萬元。

(四) 配偶、直系血親卑親屬及父母，如為《身心障礙者權益保障法》規定之重度以上身心障礙者，或《精神衛生法》規定之嚴重病人，每人得再加扣 500 萬元。

> 申報時應檢附社政主管機關核發之重度以上身心障礙手冊或身心障礙證明影本，或《精神衛生法》第 19 條第 1 項規定之專科醫師診斷證明書影本（遺贈細 10-2）。但是身心障礙者依順序取得繼承權卻拋棄繼承者，則不能享有**身心障礙**特別扣除額。

(五) 被繼承人遺有受其扶養之兄弟姐妹、祖父母者，每人得自遺產總額扣除 40 萬元；其兄弟姐妹中有未成年者，並得按其年齡距屆滿成年之年數，每年加扣 40 萬元。

但是，繼承人中如果拋棄繼承權者，就不能享受扣除額。

1. 如距屆滿成年之年數不滿 1 年或餘數不滿 1 年者，以 1 年計算（遺贈細 10-1）。

2. 所稱「**受扶養之兄弟姐妹、祖父母**」係指（遺贈細 10-3）：

(1) 被繼承人之兄弟姐妹未成年，或已成年而因在校就學、或因身心障礙或因無謀生能力，受被繼承人扶養者。

(2) 被繼承人之祖父母年滿 60 歲，或未滿 60 歲而無謀生能力，受被繼承人扶養者。

(六) 遺產中之農業用地及其地上農作物，由繼承人或受遺贈人承受者，扣除其土地及地上農作物價值之全數。

承受人自承受之日起 5 年內，未將該土地繼續作農業使用且未在有關機關所令期限內恢復作農業使用，或雖在有關機關所令期限內已恢復作農業使用而再有未作農業使用情事者，應追繳應納稅賦。但如因該承受人死亡、該承受土地被徵收或依法變更為非農業用地者，不在此限。

農業用地係指非都市土地或都市土地農業區、保護區範圍內，依法供下列使用之土地（農發 3）：

1. 供農作、森林、養殖、畜牧及保育使用者。

2. 供與農業經營不可分離之農舍、畜禽舍、倉儲設備、曬場、集貨場、農路、灌溉、排水及其他農用之土地。

3. 農民團體與合作農場所有直接供農業使用之倉庫、冷凍（藏）庫、農機中心、蠶種製造（繁殖）場、集貨場、檢驗場等用地。

(七) 被繼承人死亡前 6 年至 9 年內繼承之財產已納遺產稅者，按年遞減扣除 80%、60%、40% 及 20%。

此規定可避免同一財產在短期間內因再繼承而加重其稅賦負擔。

(八) 被繼承人死亡前，依法應納之各項稅捐、罰鍰及罰金。

可檢附證明文件自遺產總額中申報扣除，例如：被繼承人死亡年度所發生之地價稅與房屋稅，可按其生存期間占課稅期間之比例，自遺產總額中扣除。

> 即應納稅額×生存天數／365 天＝**可扣除數額**

(九) 被繼承人死亡前，未償之債務，具有確實證明者。

但是如果是被繼承人重病無法處理事務期間舉債、出售財產或提領存款，而其繼承人對該項借款、價金不能證明該款項的用途者，該項借款、價金或存款，仍應列入遺產課稅（遺贈細 13）。

所稱**「重病無法處理事務期間」**，以醫療診斷書載明被繼承人昏迷或無意識能力之時間為原則，作為課稅依據（行政法院 71 年判字第 781 號、71 判字第 574 號判決）。

(十) 被繼承人之喪葬費用，以 100 萬元計算。

(十一) 執行遺囑及管理遺產之直接必要費用。

例如會計師管理遺產所收取之酬勞金，為執行遺囑及管理遺產之直接必要費用，如未超過會計師公會之收費標準，應准自遺產總額中扣除。

以上所列之扣除額，被繼承人如為經常居住中華民國**境外之中華民國國民**，或**非中華民國國民**者則**不適用**前述**第(一)至(七)點**之規定；第(八)至第(十一)點之扣除，以在中華民國**境內發生**者為限；**繼承人中拋棄繼承權者，不適用第(一)至(五)點規定**之扣除（遺贈 17）。

🔲 剩餘財產分配請求權金額之扣除

被繼承人之配偶依《民法》第 1030-1 條規定主張配偶剩餘財產差額分配請求權者，納稅義務人得向稽徵機關申報自遺產總額中扣除。

納稅義務人未於稽徵機關核發稅款繳清證明書或免稅證明書之日起 **1 年內，給付**該請求權金額之財產予被繼承人之**配偶**者，稽徵機關應於前述期間屆滿之**翌日起 5 年內**，就未給付部分**追繳**應納稅賦（遺贈 17-1）。

　　又納稅義務人未於所定期間內給付該請求權金額之財產予被繼承人之配偶者，除有特殊原因，報經主管稽徵機關核准延期者外，應依法補徵遺產稅。

　　前項補徵稅款，應自原核定應納稅額繳納期間屆滿之次日起，至填發本次遺產稅補繳稅款繳納通知書之日止，依各年度 1 月 1 日郵政儲金 1 年期定期儲金固定利率，按日加計利息；原核定為免稅者，自核發免稅證明書之次日起算加計利息（遺贈細 11-1）。

　　《民法》第 1030-1 條規定，法定財產制關係消滅時，夫或妻現存之婚後財產，扣除婚姻關係存續所負債務後，如有剩餘，其雙方剩餘財產之差額，應**平均分配**。但下列財產不在此限：

1. 因繼承或其他無償取得之財產。

2. 慰撫金。

　　夫妻之一方對於婚姻生活無貢獻或協力，或有其他情事，致平均分配有失公平者，法院得調整或免除其分配額。

　　法院為前項裁判時，應綜合衡酌夫妻婚姻存續期間之家事勞動、子女照顧養育、對家庭付出之整體協力狀況、共同生活及分居時間之久暫、婚後財產取得時間、雙方之經濟能力等因素。

　　第 1 項請求權，不得讓與或繼承。但已依契約承諾，或已起訴者，不在此限。

　　第 1 項剩餘財產差額之分配請求權，自請求權人知有剩餘財產之差額時起，**2 年間不行使而消滅**。自法定財產制關係消滅時起，**逾 5 年者**，亦同（民 1030-1）。

🈟 其他法律有關扣除或免徵情形

(一) 遺產中之公共設施保留地

1. 公共設施保留地因繼承（或因配偶、直系血親間之贈與）而移轉者，免徵遺產稅（或贈與稅）（都 50-1）。但該公共設施保留地仍屬遺產之範疇，並非不計入遺產總額之財產，應列入遺產總額計算其遺產價值後，再予以同額扣除。

2. 公共設施保留地所有權人於公告徵收其間死亡，如補償費至死亡時尚未發給，該保留地仍應認定為遺產，並依都市計畫法第 50-1 條規定，免徵遺產稅（財政部 79.2.5 臺財稅第 780464372 號函）。

3. 又如在被繼承人死亡前，已經徵收單位公告徵收確定，雖徵收補償費（含加成補償部分）於死亡時尚未領取，然該土地已非被繼承人之遺產，不可扣除。至該未領取之徵收補償費，仍應列入遺產課稅。

4. 依法編定之「行水區」土地，非屬《都市計畫法》第 42 條規定之公共設施用地，不適用前述免徵遺產稅。

(二) 遺產中有新市鎮範圍內之徵收土地

1. 依新市鎮開發條例擬定、發布之特定區計畫及於該條例公布施行前，經行政院核定開發之新市鎮計畫，新市鎮特定區計畫範圍內之徵收土地，所有權人於新市鎮範圍核定前已持有，且於核定之日起至依平均地權條例實施區段徵收**發還抵價地 5 年**內，因繼承而移轉者，**免徵遺產稅**。前項規定於本條例 86 年 5 月 21 日公布施行前，亦適用之（新11）。

2. 前項抵價地必須係採區段徵收方式開發之土地。

3. 抵價地之價值：補償地價金額列為權利，仍應列入遺產總額計算其價值後，再予以同額扣除。

(三) 水源特定區土地

　　依「水源特定區土地減免土地增值稅贈與稅及遺產稅標準」第 3 條規定，水質水量保護區依都市計畫程序劃定為水源特定區之土地，於核課遺產稅（或贈與稅）時，除法律另有規定外，依下列規定辦理：

1. 農業區、保護區、行水區及其他使用分區管制內容與保護區相同者，**扣除該土地價值之半數**，但有下列情形之一者，**扣除全數**。
   (1) 水源特定區計畫發布實施前已持有該土地，於發布實施後發生之繼承、第一次移轉或繼承取得後第一次移轉者。
   (2) 本法（自來水法）第 12-1 條施行前已持有該土地，於施行後發生之繼承、第一次移轉或繼承取得後第一次移轉者。

2. 風景區、甲種風景區及乙種風景區，扣除該土地價值之 40%。但管制內容與保護區相同者，適用前款規定。

3. 住宅區，扣除該土地價值之 30%。

4. 商業區及社區中心，扣除該土地價值之 20%。

(四) 大陸地區人民

1. 大陸地區人民依《臺灣地區及大陸地區人民關係條例》第 66 條規定繼承臺灣地區人民之遺產，辦理遺產稅申報時，其扣除額適用《遺產及贈與稅法》第 17 條之規定。納稅義務人申請補列大陸地區繼承人扣除額並退還溢繳之稅款者，應依《稅捐稽徵法》第 28 條規定辦理（岸細61）。

2. 大陸地區人民死亡在臺灣地區遺有財產，納稅義務人應申報遺產稅之案件，其扣除額依《遺產及贈與稅法》第 17 條第 1 項第 8~11 款規定計算。但以在臺灣地區發生者為限（岸細 65Ⅱ）。

六 免稅額

　　免稅額係為維持繼承人基本生活之目的，而准許自遺產總額中減除者。

　　稅法規定，被繼承人如為經常居住中華民國境內之中華民國國民，自遺產總額中減除**免稅額 1,200 萬元（因應消費者物價指數連動調整，111 年已調至 1,333 萬元）**；其為軍警公教人員因執行職務死亡而有服務機關出具之執行職務死亡證明書者，加倍計算為 **2,400 萬元（因應消費者物價指數連動調整，111 年已調至 2,666 萬元）**。

　　被繼承人如為經常居住中華民國境外之中華民國國民，或非中華民國國民，其減除免稅額**比照前述規定**辦理（遺贈 18、遺贈細 15）。

七 物價指數連動法

　　為顧及日後物價變動，免稅額及課稅級距等如未能立法調整，則免稅額及課稅級距乃形同縮減，納稅義務人稅負變相增加。84 年 1 月 15 日修正生效之《遺產及贈與稅法》增訂第 12-1 條，明定下列各項金額，每遇

消費者物價指數較上次調整之指數累計上漲達 **10%以上時**，自次年起按上漲程度調整之，調整金額**以萬元為單位**，未達萬元者按千元四捨五入：

1. **免稅額。**
2. **課稅級距金額。**
3. **被繼承人日常生活必需之器具及用具、職業上之工具，不計入遺產總額之金額。**
4. **被繼承人之配偶、直系血親卑親屬、父母、兄弟姐妹、祖父母扣除額、喪葬費扣除額及身心障礙特別扣除額。**

　　財政部於每年 12 月底前，應依上述規定，計算次年發生之繼承案件所應適用之各項金額後公告之。

　　上述所稱**消費者物價指數**，係指行政院主計總處公布，**自前 1 年 11 月起至該年 10 月底為止 12 個月**平均消費者物價指數。

［例一］物價指數連動法範例

　　例如遺產稅原免稅額為 1,200 萬元，假設調整後第一年物價指數上漲 3%，物價指數上漲因未及 10%，故免稅額不調整仍為 1,200 萬元。但如之後各年度物價指數又再上漲合計值達 11.1%，已超過 10%，故可按 11.1%之物價指數調整。

　　免稅額（未達萬元者按千元四捨五入）：

　　1,200 萬 ×(1+11.1%)＝1,333 萬元。

🄏 扣除額等之調整

　　民國 113 年 1 月 1 日起發生之繼承案件，適用之免稅額、扣除額、課稅級距金額及不計入遺產總額金額，按消費者物價指數上漲程度已調整如表 7-1。

表 7-1　遺產稅相關扣除額及不計入遺產總額調整表　　　　單位：萬元

項目	內容	調整前	95 年調整	103 年調整	113 年調整
不計入遺產總額之金額	被繼承人日常生活必需之器具及用具	72	80	89	**100**
	被繼承人職業上之工具	40	45	50	**56**
扣除額	配偶	400	445	493	**553**
	直系血親卑親屬	40	45	50	**56**
	父母	100	111	123	**138**
	重度以上身心障礙特別扣除額	500	557	618	**693**
	受被繼承人扶養之兄弟姐妹祖父母	40	45	50	**56**
	喪葬費	100	111	123	**138**
	未滿 18 歲加扣之扣除額	40	45	50	**56**

［例二］ 扣除額

　　乙於 113 年 9 月因病死亡，遺有配偶、長子 22 歲、次子 15 歲 8 個月及重度身心障礙之父親，試算其扣除額為若干？

解　長子：22 歲已成年

次子：15 歲 8 個月…………………………以 15 歲計算，距 18 歲成年可加扣 3 年

553（配偶）＋56（長子）＋56＋3×56（次子）＋138（父親）＋693（身障特扣）+138（喪葬費）＝1,802 萬

九　遺產淨額之計算

[例三]

　　某甲為經常居住中華民國境內之國民，113 年死亡時在臺遺有下列財產，並由其配偶一人及已成年子女三人共同繼承，則其遺產淨額為何？

遺 產 種 類	數 量	價　　值	
土　地　A	100m^2	公告現值	2 萬/m^2
土　地　B	500m^2	公告現值	5 萬/m^2
房　屋		評定現值	100 萬
存　款			350 萬

解 1. 遺產總額＝(2×100＋5×500)＋100 萬＋350 萬＝3,150 萬

　　2. 扣除額：859 萬

　　　(1) 配偶之扣除額：553 萬

　　　(2) 子女之扣除額：56 萬×3＝168 萬

　　　(3) 喪葬費用：138 萬

　　3. 免稅額：1,333 萬

　　4. 遺產淨額＝3,150 萬－859 萬－1,333 萬＝958 萬

[例四]

　　同前題，但若其配偶拋棄繼承權，且三位子女中有一位 16 歲者，則其遺產淨額為何？

解 1. 遺產總額：3,150 萬

　　2. 扣除額：共 418 萬

　　　(1) 已成年子女之扣除額：56 萬×2＝112 萬

　　　(2) 未成年子女之扣除額：56 萬＋(18－16)×56 萬＝168 萬

　　　(3) 喪葬費用：138 萬

　　3. 免稅額：1,333 萬

[例五]

　　王君於 113 年逝世，遺有配偶及一子已成年，以及下列財產，試問（一）王君為經常居住中華民國境內之國民；（二）王君若為經常居住中華民國境外之國民時，其遺產稅課徵之標的有何不同？遺產淨額為何？

(1) 死亡時在美國遺有房屋市價 1,000 萬元，評定現值 800 萬元，但有向銀行抵押未償借款 600 萬元及已到期尚未支付之利息 5 萬元。另有在臺土地一筆市價 1,500 萬元，公告現值 1,200 萬元及職業上之工具 61 萬元。

(2) 王君生前售北市土地 800 萬元，公告現值 700 萬元，但尚未辦妥產權移轉登記，尚有尾款 500 萬元未收。

(3) 王君死亡時在臺世華銀行有存款 700 萬元；美國的花旗銀行有存款 500 萬元及保險箱內有臺塑在臺發行之股票 100 萬元。

(4) 生前借與北市陳君現金 200 萬元，至王君死亡日尚有利息 10 萬元未付王君。

(5) 死亡前 2 年內曾贈與長子南市土地一筆，該筆土地當時公告現值 500 萬元，並依規定已納贈與稅 85 萬元，王君死亡時該筆土地市價已 800 萬元，公告現值 700 萬元。

(6) 死亡前 3 年贈與妹夫國泰人壽股票 100 萬元，死亡時收盤價 120 萬元。已納贈與稅及利息 22 萬元。

(7) 同年贈與北市外甥現金 290 萬元，已納贈與稅及利息 5 萬元。

(8) 王君遺體在臺火葬，支出喪葬費 80 萬元，其中 60 萬元有合法單據，另 20 萬元則無。

解 （一）王君為經常居住中華民國境內之中華民國國民死亡時遺有財產，應就其在中華民國境內境外之全部遺產，依規定課徵遺產稅。

　　　　1. 本例應計入遺產總額之標的有：共計 5,415 萬

　　　　　(1) 800 萬（房屋）＋1,200 萬（土地）＋(61－56)萬（職業上工具）＝2,005 萬

(2) 售地及未收尾款：

700 萬（尚未辦妥移轉）＋500 萬＝1,200 萬

(3) 銀行存款及股票：700 萬＋500 萬＋100 萬＝1,300 萬

(4) 借款陳君及利息：200 萬＋10 萬＝210 萬

(5) 贈長子土地因時間及對象符合視為遺產：按死亡時之公告現值 700 萬元計。

(6) 贈妹夫之股票因時間不符不視為遺產，不計入遺產總額。

(7) 贈外甥之現金因對象不符不視為遺產，不計入遺產總額。

2. 扣除額：2,052 萬

553 萬（妻）＋56 萬（子）＋138 萬（喪葬費不需收據）＋605 萬（向銀行抵押未償借款及利息）＋700 萬（售地未辦妥移轉）＝2,052 萬

3. 免稅額：1,333 萬

4. 遺產淨額：5,415 萬－2,052 萬－1,333 萬＝2,030 萬

(二) 王君若為經常居住中華民國境外之中華民國國民，死亡時應就其在中華民國境內之遺產，課徵遺產稅。

1. 本例應計入遺產總額之標的有：共計 4,115 萬

(1) 1,200 萬（土地）＋(61－56)萬（職業上工具）＝1,205 萬

(2) 售地及未收尾款：

700 萬（尚未辦妥移轉）＋500 萬＝1,200 萬

(3) 在臺銀行存款及在臺發行之臺塑股票：

700 萬＋100 萬＝800 萬

(4) 借款陳君及利息：200 萬＋10 萬＝210 萬

(5) 贈長子土地因視為遺產：700 萬元。

(6)、(7)同上理由，不計入遺產總額。

2. 扣除額：838 萬

138 萬（在臺火葬，喪葬費可扣）＋700 萬（售地未辦妥移轉）＝838 萬

3. 免稅額：1,333 萬

4. 遺產淨額：4,115 萬－838 萬－1,333 萬＝1,944 萬

伍　稅率與稅額

一　稅率結構

遺產稅按課稅遺產淨額，依下列稅率課徵之（遺贈 13）：

1. 5,000 萬元以下者，課徵 10%。

2. 超過 5,000 萬元至 1 億元者，課徵 500 萬元，加超過 5,000 萬元部分之 15%。

3. 超過 1 億元者，課徵 1,250 萬元，加超過 1 億元部分之 20%。

二　重複課稅稅額之扣抵

(一) 國外稅額之扣抵

在屬人主義之原則下，將發生國際間重複課稅現象，為避免此一重複課稅，乃有國外稅額扣抵之規定。分述其稅法規定及扣抵條件於後：

1. 稅法規定

國外財產依所在地國法律已納之遺產稅，得由納稅義務人提出所在地國稅務機關發給之**納稅憑證**，並應取得所在地中華民國**使領館之簽證**，其無使領館者，應取得當地公定**會計師或公證人之簽證**，自其應納遺產稅額中扣抵。**但扣抵額不得超過因加計其國外遺產而依國內適用稅率計算增加之應納稅額**（遺贈 11）。

2. 扣抵條件

(1) 遺產稅之國外稅額扣抵，必須是依所在地國法律已納之遺產稅始得適用。

(2) 納稅義務人必須提出所在地國稅務機關發給之納稅憑證，所在地中華民國使領館之簽證或當地公定會計師或公證人之簽證，始得適用。

(3) 扣抵額不得超過加計國外遺產增加之應納稅額。

(二) 贈與稅併入之扣抵

被繼承人死亡前 2 年內贈與之財產，依規定併入遺產課徵遺產稅者，應將已納之**贈與稅與土地增值稅**連同按郵政儲金匯業局之一年期定期存款利率計算之**利息**，自應納遺產稅額內扣抵。但扣抵額不得超過贈與財產併計遺產總額增加之應納稅額（遺贈 11）。

> **應納遺產稅額＝遺產淨額×稅率－可扣抵稅額及利息**

❸ 遺產稅額之計算

[例六]

被繼承人林君於 113 年死亡，配偶尚未過世，膝下有二男二女，其中次男不幸為重度身心障礙者。林君辛苦多年擁有財產如下：

(1) 土地甲、乙、丙、丁 4 筆，公告現值總額各為 2,000 萬元、900 萬元、1,200 萬元、300 萬元。

(2) 有房屋一棟，死亡當時評定現值為 80 萬元。

(3) 銀行裡尚有活期儲蓄存款 30 萬元、定期存款 100 萬元。

其兒女於申報遺產稅時，其中配偶、次男、長女、次女皆拋棄繼承，由長男一人繼承，應繳多少遺產稅？若不拋棄繼承，是否可節省稅負？

解 一、本案計算如下

(一) 若配偶、次男、長女及次女皆拋棄繼承時：

　　1. 遺產總額：4,610 萬

　　　　土地 4 筆價值：2,000 萬＋900 萬＋1,200 萬＋300 萬
　　　　　　　　＝4,400 萬

　　　　房屋一棟：80 萬

　　　　銀行存款：30 萬＋100 萬＝130 萬

　　2. 免稅額：1,333 萬

3. 扣除額：194 萬

(1) 親屬扣除額：56 萬（長男一人）

(2) 喪葬費：138 萬

4. 課稅遺產淨額：4,610 萬－1,333 萬－194 萬＝3,083 萬

5. 應納遺產稅額：3,083 萬×10%＝308.3 萬

(二) 配偶、次子、長女及次女皆不拋棄繼承時：

1. 扣除額提高為：1,608 萬

(1) 配偶扣除額：553 萬

(2) 親屬扣除額：計 224 萬（子女 4 人）

(3) 身心障礙特別扣除額：693 萬

(4) 喪葬費：138 萬

2. 課稅遺產淨額：4,610 萬－1,333 萬－1,608 萬＝1,669 萬

3. 應納遺產稅額：1,669 萬×10%＝166.9 萬

(三) 合法繼承人全部繼承，比長子一人繼承而其他繼承人拋棄時節省了 141.4 萬遺產稅。

308.3 萬－166.9 萬＝141.4 萬

二、節稅方法

繼承人等為使遺產由繼承人中之一人繼承，多以拋棄繼承之方式達成，惟實務上可以協議分割繼承之方式辦理，如此即可享有《遺產及贈與稅法》第 17 條第 1 至第 5 款之各項扣除額又可達成遺產分配之目的。

例如本案例繼承人等可不拋棄繼承而將被繼承人所遺之財產中不動產協議由長子繼承，銀行存款之大部皆亦由長子繼承，僅活期儲蓄存款 30 萬由配偶及其他三子女繼承，即可達成遺產由長子繼承之目的，又可節省 141.4 萬之遺產稅，惟繼承人宜考量其他繼承人不拋棄繼承是否會發生困擾再決定以何種方式辦理較妥。

三、法令依據

1. 《遺產及贈與稅法》第 17 條。

2. 有關拋棄繼承相關規定，請參照《民法》第 1174 至 1176-1 條。

[例七]

被繼承人何君 113 年死亡，遺有土地 5 筆，死亡日該 5 筆土地公告現值總計 3,000 萬元、銀行存款 2,200 萬元，何君遺產由其配偶及二子女繼承。問：

(一) 設該 5 筆土地係何君死亡前 3 年繼承其父之財產，且已繳納過遺產稅，需繳納遺產稅為何？

(二) 若該 5 筆土地，係何君死亡前 7 年內繼承之財產且已繳納遺產稅者，需繳納遺產稅為何？

解 (一) 設何君繼承之 5 筆土地為其死亡前 3 年繼承之遺產已納遺產稅者，應納遺產稅計算如下：

1. 不計入遺產總額：3,000 萬（5 年內繼承之遺產可不計入遺產總額）

2. 遺產總額：2,200 萬

3. 遺產淨額：2,200 萬－1,333 萬－553 萬－（56 萬×2）－138 萬＝64 萬

4. 應納遺產稅額：64 萬×10%＝6.4 萬

(二) 設何君繼承之 5 筆土地為其死亡前 7 年繼承之遺產（可扣除 60%之遺產價值）已納遺產稅者，應納遺產稅計算如下：

1. 遺產總額：3,000 萬＋2,200 萬＝5,200 萬

2. 遺產淨額：5,200 萬－1,333 萬－553 萬－（56 萬×2）－138 萬－（3,000 萬×60%）＝1,264 萬

3. 應納遺產稅額：1,264 萬×10%＝126.4 萬

[例八]

　　黃君為經常居住中華民國境內之中華民國國民，於 112 年死亡時，遺有配偶一人，子女各一人均已成年，黃君遺產如下所示，其應納之遺產稅若干？

(一)設黃君遺產總額為 3,500 萬元。

(二)黃君於死亡前 2 年贈與其兒子房地乙棟，已依稅法規定繳納土地增值稅 120 萬元，契稅 30 萬元，並已納贈與稅 144.5 萬元，其依郵政儲金一年期定期存款利率加計之利息為 7.5 萬元，該房地贈與當年度之評定標準價格及公告現值合計 1,000 萬元。

解

1.　免稅額：1,333 萬

2.　扣除額：共 803 萬
　　553 萬（配偶）＋56 萬×2（子女）＋138 萬（喪葬費）＝803 萬

3.　加計死亡前 2 年贈與之財產（視為遺產）時：
　　（3,500 萬＋1,000 萬）－1,333 萬－803 萬＝2,364 萬（遺產淨額）
　　2,364 萬×10％＝236.4 萬（應納遺產稅）

4.　未加計死亡前 2 年贈與財產時：
　　3,500 萬－1,333 萬－803 萬＝1,364 萬（遺產淨額）
　　1,364 萬×10％＝136.4 萬（應納遺產稅）

5.　因加計死亡前 2 年贈與財產增加之應納稅額為：
　　236.4 萬－136.4 萬＝100 萬

6.　扣抵額（已納贈與稅、土地增值稅及利息）：
　　144.5 萬＋120 萬＋7.5 萬＝272 萬＞100 萬
　　但因扣抵額不得超過視為遺產併計遺產總額增加之應納稅額 100 萬，所以本案僅能扣抵 100 萬

7.　實際應納稅額：236.4 萬－100 萬＝136.4 萬

稽徵程序

一　通報與催報通知

(一) 通　報

戶籍機關受理死亡登記後，應即將死亡登記事項副本抄送稽徵機關（遺贈 37）。

(二) 催　報

稽徵機關於查悉死亡事實或接獲死亡報告後，應於 **1 個月內**填發申報通知書，並檢附遺產稅申報書表，送達納稅義務人，通知依限申報，並於限期**屆滿前 10 日**填具催報通知書提示逾期申報之責任，加以催促。

前項通知書應以明顯文字，載明民法限定繼承及拋棄繼承之相關規定。

但納稅義務人不得以稽徵機關未發上述通知書，而免除本法規定之申報義務（遺贈 28）。

二　申　報

(一) 申報義務

被繼承人死亡時遺有財產者，不論有無應納稅額，納稅義務人均應填具遺產稅申報書向主管稽徵機關據實申報。其依法有減免扣除或不計入遺產總額者，應檢同有關證明文件一併報明（遺贈細 20）。

如有委任情形，需填具委任申請書。

(二) 申報人

遺產稅之申報人為納稅義務人，若遺產稅納稅義務人為 2 人以上時，應由其全體會同申報，未成年人或受監護宣告之人應由其法定代理人代為申報，但納稅義務人一人出面申報者，視同全體已申報（遺贈細 22 條 I）。

被繼承人在臺灣地區無繼承人者，大陸地區人民繼承人身分，憑財團法人海峽交流基金會驗證之親屬關係證明文件，可據以辦理遺產稅申報（財政部 81.5.20 臺財稅第 810151803 號函）。

(三) 申報期限

1. 一般規定

　　被繼承人死亡時遺有財產者，納稅義務人應於被繼承人死亡之日起（財政部解釋為次日起）**6 個月內**，向戶籍所在地主管稽徵機關申報（遺贈 23）。

　　上述規定之遺產稅申報期間，如被繼承人為受死亡之宣告者，應自判決宣告之日起計算（遺贈細 21）。被繼承人死亡後始經法院判決確定為其所有之財產，遺產稅之納稅義務人應自判決確定之日起 **6 個月內**補申報遺產稅（遺贈細 21-1）。

2. 延期申報

　　遺產稅納稅義務人具有正當理由不能如期申報者，應於上述規定期限屆滿前，以書面申請延長之，**申請延長期限以 3 個月**為限，但因不可抗力或有其他特殊之事由者，得由稽徵機關視實際情形核定之（遺贈 26）。

3. 大陸人民繼承之申報

　　大陸地區人民依規定繼承臺灣地區人民之遺產者，應依遺產及贈與稅法規定辦理申報，其有正當理由不能如期申報，應於向被繼承人住所地之法院為**繼承表示之日起 2 個月內**，依前述規定辦理延期申報。但該繼承案件有大陸地區以外之納稅義務人者，仍應由大陸地區以外之納稅義人辦理申報（岸細 60）。

(四) 申報地點

　　被繼承人為經常居住中華民國境內之中華民國國民死亡時，向**戶籍所在地**之主管稽徵機關辦理申報。被繼承人為經常居住中華民國境外之中華民國國民或非中華民國國民死亡時，在中華民國境內遺有財產者，應向中華民國**中央政府所在地**之主管稽徵機關（**臺北市國稅局總局**）辦理遺產稅申報（遺贈 23）。

(五) 申報應附文件

1. 一般文件

(1) 遺產稅申報書乙份（向國稅局或其分支機構索取）。並加蓋全部繼承人及納稅義務人或代表人印章。繼承人中有不願會同申報者，應檢附申報繼承人之說明書。

(2) 被繼承人除戶戶籍謄本及繼承人之現在戶籍謄本乙份。合法繼承人已死亡者應檢附其除戶謄本。

(3) 繼承人中如有拋棄繼承權者，應一併檢附經法院准予備查之拋棄書影本。拋棄繼承權者，應於知悉其得為繼承之日起 **3 個月內**以書面向法院辦理（民法 1174）。

(4) 經核准延期申報者，應檢附核准延期申報函。

(5) 繼承系統表一份。

(6) 死亡人非中華民國國民或經常居住中華民國境外之中華民國國民，經於國外出具之證明文件，應經我國當地駐外機構簽證。

2. 財產價值證明

(1) 申報座落在被繼承人戶籍所在地所屬國稅局分局或稽徵所轄區以外之土地、房屋時，請檢附被繼承人死亡日之土地公告現值證明、當期房屋稅單影本或房屋稅籍證明。

(2) 申報存款遺產，應檢附存款餘額證明或銀行帳卡或存摺影本。

(3) 申報股份、股權遺產，如係未上市（上櫃）公司，應檢附公司之股東名冊影本、被繼承人死亡日之資產負債表、當年度截至被繼承人死亡日止之損益表。

(4) 申報訂有三七五租約土地之遺產，應檢附土地登記簿謄本。

(5) 以妻名義取得之財產（動產），主張係妻之原有或特有財產，應檢附有關證明文件。

3. 不計入遺產總額

(1) 再繼承之遺產及主張不計入遺產總額課稅或按比例扣除者，應檢附稽徵機關核發之遺產稅各項證明書影本，各項證明核（補）發之申請書。

(2) 遺產捐贈與政府、公有事業，及被繼承人死亡時，已依法登記設立為財團法人組織且符合行政院規定標準之教育、文化、公益、慈善、宗教團體及祭祀公業之財產，主張不計入遺產總額課稅，應檢附受贈同意書及符合行政院 84 年 11 月 15 日臺 84 財字第 40381 號令發布第 2 條規定之證明文件。

4. 免稅額

　　軍警公教人員因執行任務死亡者，檢附其死亡服務機關出具之執行任務死亡證明書。

5. 扣除額

(1) 農業用地得扣除者檢附土地分區使用證明、無訂定三七五租約證明、地籍圖及詳細位置圖。

(2) 死亡前 9 年內繼承之財產已納遺產稅者，檢附前次繼承繳納遺產稅證明書影本。

(3) 繼承人代納各項稅捐、罰鍰及罰金者，附繳納收據影本。

(4) 被繼承人死亡前未償之債務，檢附債務證明文件，如係被繼承人重病期間之舉債，應敘明債務發生之原因，並證明其用途。

(5) 申報扣除應納未納各項稅捐罰鍰及罰金，應檢附被繼承人死亡時，尚未繳納之證明文件。

(6) 申報農業用地作農業使用，扣除該農業用地價值之全數，應檢附「土地登記簿謄本」、「地籍圖謄本」及「農業用地作農業使用證明書」。

三 查估與核稅

(一) 作業期限

　　稽徵機關應於接到遺產稅申報書表之日起 **2 個月**內，辦理調查及估價，決定應納稅額，繕發納稅通知書，通知納稅義務人繳納。其有特殊情形不能在 2 個月內辦竣者，應於限期內呈准上級主管機關核准延期（遺贈 29）。但納稅義務人若對核定內容有疑義時，亦可申請更正。

　　遺產稅案件核定免徵免退金額，以新臺幣 100 元為限額（財政部83.9.1 臺財稅第 831608439 號函）。

(二) 會同點驗

　　被繼承人死亡前在金融機關或信託機關租有保管箱或有存款者，繼承人或利害關係人於被繼承人死亡後，依法定程序，得開啟被繼承人之保管箱或提取被繼承人之存款時，應先通知主管稽徵機關會同點驗、登記（遺贈 40）。

(三) 滯報之調查

遺產稅（或贈與稅）納稅義務人未依限辦理遺產稅（或贈與稅）申報，或未依規定申請延期申報者，該管稽徵機關應即進行調查，並於規定之期限內調查，核定其應納稅額，通知納稅義務人依規定之期限繳納（遺贈 33）。

四 繳　稅

(一) 繳納期限

遺產稅（及贈與稅）納稅義務人，應於稽徵機關送達核定納稅通知書之日起 **2 個月**內，繳清應納稅款；必要時，得於限期內申請稽徵機關核准**延期 2 個月**（遺贈 30 I）。

(二) 分期繳納

遺產稅（或贈與稅）應納**稅額在 30 萬元以上**，納稅義務人確有困難，不能一次繳納現金時，得於納稅期限內，向該管稽徵機關申請，分 **18 期**以內繳納，每期間隔以**不超過 2 個月**為限（遺贈 30 II）。

經申請分期繳納者，應自繳納期限屆滿之次日起，至納稅義務人繳納之日止，依郵政儲金一年期定期儲金固定利率，分別加計利息；利率有變動時，依變動後利率計算（遺贈 30 III）。

本法中華民國 98 年 1 月 12 日修正之條文施行前所發生未結之案件，適用修正後之前 3 項規定。但依修正前之規定有利於納稅義務人者，適用修正前之規定。

(三) 實物抵繳

1. 適用要件

遺產稅稅額在 **30 萬元以上**，納稅義務人確有困難，不能一次繳納現金時，得於規定納稅期限內，**就現金不足繳納部分**申請以在**中華民國國境內之課徵標的物**或納稅義務人所有**易於變價及保管之實物一次抵繳**。中華民國境內之課徵標的物屬不易變價或保管，或申請抵繳日之時價較死亡或贈與日之時價為低者，其得抵繳之稅額，以該項財產價值占全部課徵標的物價值比例計算之應納稅額為限（遺贈 30 IV）。

所稱中華民國境內之課徵標的物，指依本法規定計入本次遺產總額或贈與總額並經課徵遺產稅之遺產或課徵贈與稅之受贈財產，其所在地於中華民國境內者（遺贈細 43-1）。

所稱稅額包括遺產稅本稅、罰鍰，逾期申報補繳稅款加計之稅息在內。

抵繳財產價值之估定，由財政部定之（遺贈 30 VI）。

抵繳之財產為繼承人公同共有之遺產且該遺產為被繼承人單獨所有或持分共有者，得由**繼承人過半數及其應繼分合計過半數之同意**，或繼承人之**應繼分**合計**逾 2/3** 之同意提出申請，不受《民法》第 828 條第 3 項限制（遺贈 30 VII）。

2. 申請

納稅義務人依規定申請以實物抵繳遺產稅，應於核定繳納期限內繕具抵繳之財產清單，申請主管機關核准（遺贈細 45）。如有委任情形，應附上委任申請書。

3. 實物價值查估

納稅義務人申請以繼承（或受贈）之課徵標的物抵繳遺產稅（或贈與稅）者，其抵繳價值之計算，以**該項財產核課遺產稅（或贈與稅）之價值為準**。前項抵繳之標的物為折舊或折耗性之財產者，應扣除繼承發生日（或贈與日）至申請抵繳日之折舊或折耗額；其經設定他項權利者，應扣除該項權利之價值或擔保之債權額。

前項他項權利為抵押權者，其擔保之債權於抵繳後經債務人清償，致抵繳價值超過原抵繳稅款者，準用第 48 條第 1 項規定辦理。

納稅義務人申請以課徵標的物以外之財產抵繳遺產稅（或贈與稅）者，其抵繳價值之計算，以**申請日**為準，並準用有關遺產（或贈與財產）之估價規定辦理（遺贈細 46）。

4. 核定與繳納

主管稽徵機關應於接到申請後 **30 日內**調查核定，申請抵繳稅款之實物，不合於易於變價或保管，且未經設定他項權利之規定要件者，主管稽徵機關應即述明不准之理由，通知納稅義務人仍按原核定繳納期限繳納。

如不准抵繳之通知書送達納稅義務人時，已逾原核定繳納期限或距原核定繳納期限不滿 10 日者，應准納稅義務人於通知書**送達日起10 日內繳納**。

申請抵繳稅款之實物，如有部分不合抵繳規定者，應通知納稅義務人就不合部分補繳現金（遺贈細 45）。

5. 補足或退還

實物抵繳應納稅款者，用以抵繳之實物其價額如低於應納稅額，納稅義務人應於辦理抵繳時以現金補足。但應以現金補繳者，得申請分期繳納，或再申請以實物抵繳（財政部 71.7.3 臺財稅第 35237 號函）。

但其價額超過應納稅額者，應俟實物處理變價後，就賣得價款淨額，按抵繳時**超過稅額部分占抵繳實物全部價額之比例**，計算應退還之價額，於處理變價完竣之日起 1 個月內通知納稅義務人具領。

前項所稱賣得價款淨額，指抵繳實物處分之價款，扣除各項稅捐、規費、管理及處分費用後之餘額（遺贈細 48）。

［例九］

設陳君遺產稅應納稅額為 50 萬元，陳君以價值 60 萬元之實物抵繳。此一實物經稅捐稽徵機關處理變價後，得款 90 萬元，依規定應退還陳君之價款為何？

解 退稅額＝售價 × $\dfrac{實物價額－應納稅額}{實物價額}$

$90萬 \times \dfrac{(60-50)萬}{60萬} = 15萬元$

6. 送件

經主管稽徵機關核准以土地、房屋或其他實物抵繳稅款者，納稅義務人應於接到核准**通知書後** 30 日內將有關文件或財產檢送主管稽徵機關以憑辦理抵繳。

　　前項抵繳之財產為繼承人公同共有之遺產者，應檢送下列文件或財產：

(1) 繼承登記及移轉登記之申請書。

(2) 符合本法第 30 條第 7 項規定之繼承人簽章出具抵繳同意書一份，如有拋棄繼承權者，應附法院准予備查之證明文件。

(3) 土地或房屋之所有權狀、其他財產之證明文件或抵繳之財產。

(4) 符合本法第 30 條第 7 項規定之繼承人簽章出具切結書一份，聲明該抵繳之土地倘在未經辦妥移轉登記為國有財產前，經政府公告徵收時，其徵收補償地價，應由財政部國有財產署具領。

(5) 其他依法令應提出之文件。

　　第 1 項抵繳之財產為納稅義務人所有屬前項以外之財產者，應檢送下列文件或財產：

(1) 移轉登記之申請書。

(2) 土地或房屋之所有權狀、其他財產之證明文件或抵繳之財產。

(3) 其他依法令應提出之文件（遺贈細 49）。

7. 實物管理

　　經主管稽徵機關核准抵繳遺產稅（贈與稅）及第 47 條規定欠稅之實物，應移轉登記為國有，管理機關為財政部國有財產署，並依財政收支劃分法及本法第 58-2 條之規定註明直轄市、市、鄉（鎮、市）及長期照顧服務法設置之特種基金應分給之成數。但抵繳之實物為公共設施保留地且坐落於收入歸屬之直轄市、市、鄉（鎮、市）轄區內者，按其分給之成數分別移轉登記為國、直轄市、市、鄉（鎮、市）有。

　　抵繳實物應儘速處理，在管理期間之收益及處理後之價款，均應依規定成數分解各該級政府之公庫及長期照顧服務法設置之特種基金，其應納各項稅捐、規費、管理及處分費用，應由管理機關墊繳，就各該財產之收益及變賣或放領後之價款抵償（遺贈細 51）。

(四) 以公共設施保留地抵繳稅款

　　被繼承人遺產中依《都市計畫法》第 50-1 條免徵遺產稅之公共設施保留地，納稅義務人得以該項財產申請抵繳遺產稅款。

依本法第 7 條第 1 項之規定，以受贈人為納稅義務人時，納稅義務人得以受贈財產中依《都市計畫法》第 50-1 條免徵贈與稅之公共設施保留地申請抵繳贈與稅款。

前項之公共設施保留地，除於劃設前已為被繼承人或贈與人所有，或於劃設後因繼承移轉予被繼承人或贈與人所有，且於劃設後至該次移轉前未曾以繼承以外原因移轉者外，得抵繳之遺產稅或贈與稅款，以依下列公式計算之金額為限(遺細 44)：

> **公共設施保留地得抵繳遺產稅或贈與稅之限額＝**
> 依本法計算之應納遺產稅額或贈與稅額 × （申請抵繳之公共設施保留地財產價值 ÷ 全部遺產總額或受贈財產總額）

🈺 證明書之核發

證明書之用途，主要係供辦理產權移轉之用。地政機關及其他政府機關，或公私事業辦理遺產財產之產權移轉登記時，應通知當事人檢附稽徵機關核發之稅款繳清證明書，或核定免稅證明書或不計入遺產總額證明書，或同意移轉證明書之副本；其不能繳附者，不得逕為移轉登記（遺贈 42）。

(一) 繳清證明書

遺產稅納稅義務人繳清應納稅款、罰鍰及加徵之滯納金、利息後，主管稽徵機關應發給稅款繳清證明書（遺贈 41）。

(二) 免稅證明書

經核定無應納稅款者，應發給核定免稅證明書（遺贈 41）。

(三) 同意移轉證明書

1. 納稅義務人如有特殊原因必須於繳清稅款前辦理產權移轉者，得提出確切納稅保證（提供符合稅捐稽徵法第 11-1 條規定之擔保品所為之擔保），申請該管稽徵機關核發同意移轉證明書（遺贈 41、遺贈細 52-1）。

2. 繼承人為 2 人以上時，經部分繼承人按其法定應繼分繳納部分遺產稅款、罰鍰及加徵之滯納金、利息後，為辦理不動產之公同共有繼承登記，得申請主管稽徵機關核發同意移轉證明書（遺贈 41-1）。

(四) 不計入遺產總額證明書

不計入遺產總額之財產，經納稅義務人之申請，稽徵機關應發給不計入遺產總額證明書（遺贈 41）。

以上 4 種證明書除發給納稅義務人外，利害關係人亦得向主管稽徵機關申請核發副本（遺贈細 53）。

六 稅款保全

1. 遺產稅未繳清前，不得分割遺產、交付遺贈或辦理移轉登記。但依法於事前申請該管稽徵機關核准發給同意移轉證明書，或經稽徵機關核發免稅證明書、不計入遺產總額證明書者，不在此限（遺贈 8）。

2. 遺產中之不動產，債權人聲請強制執行時，法院應通知該管稽徵機關，迅依法定程序核定其遺產稅額，並移送法院強制執行（遺贈 8）。

3. 登記為公同共有之不動產，在全部應納款項未繳清前，不得辦理遺產分割登記或就公同共有之不動產權利為處分、變更及設定負擔登記（遺贈 41-1）。

4. 稽徵機關進行調查，如發現納稅義務人有故意以詐欺或不正當方法逃漏遺產稅時，得敘明理由，申請當地司法機關，實施搜索、扣押或其他強制處分（遺贈 39）。

七 無人繼承之財產

無人繼承之遺產，依法歸屬國庫。無繼承人承認時，遺產管理人應於**公示催告期限屆滿後 2 個月內**，清償債務，交付遺贈物，並將賸餘財產連同有關簿冊、文件及計算書類報請主管稽徵機關及財政部國有財產署，依規定接管（遺贈 2、遺贈細 4）。

八 稅收用途

本法中華民國 106 年 4 月 25 日修正之條文施行，依第 13 條及第 19 條第 1 項規定稅率課徵之遺產稅及贈與稅，屬稅率超過 10%至 20%以內之稅課收入，撥入依長期照顧服務法設置之特種基金，用於長期照顧服務支出，不適用財政收支劃分法之規定（遺贈 58-2）。

柒　獎　懲

一 罰　則

(一) 納稅義務人之處罰

1. 逾期申報

納稅義務人未依限辦理遺產稅申報者，按核定應納稅額加處 **2 倍**以下之罰鍰（遺贈 44）。

但有下列情事之一者，依〈**稅務違章案件減免處罰標準**〉，屬情節輕微，免予處罰（稅務違章案件減免處罰標準 13）：

(1) 未依限辦理遺產稅申報，經核定應納稅額在新臺幣 6 萬元以下者。

(2) 未依限辦理贈與稅申報，經核定應納稅額在新臺幣 1 萬元以下。

(3) 未申報財產屬應併入遺產總額課徵遺產稅之被繼承人死亡前贈與之財產，該財產於贈與稅申報期限內已申報或被繼承人死亡前已申報或核課贈與稅。

(4) 未申報財產屬應併入遺產總額課徵遺產稅之被繼承人死亡前以贈與論之贈與財產，繼承人已依稽徵機關通知期限補報贈與稅或提出說明。

(5) 逾期自動補報而有短報、漏報財產，其短報、漏報情事符合第 14 條各款規定之一。

(6) 未申報財產屬應併入遺產總額課徵遺產稅之配偶相互贈與財產，於被繼承人死亡前，已向稽徵機關申請或經核發不計入贈與總額證明書。

(7) 未申報財產屬被繼承人配偶於中華民國 74 年 6 月 4 日以前取得且應併入遺產總額課徵遺產稅之財產。

(8) 未申報財產屬被繼承人或贈與人於中華民國 89 年 1 月 27 日以前，因《土地法》第 30 條之限制，而以能自耕之他人名義登記之農地於中華民國 89 年 1 月 28 日以後，該項請求他人移轉登記之權利為遺產標的或贈與民法第 1138 條規定之繼承人，且繼承或贈與時該農地仍作農業使用。

2. 漏報短報

　　納稅義務人對依法應申報之遺產，已依規定申報而有漏報或短報情事者，應按所漏稅額處以 **2 倍**以下之罰鍰（遺贈 45）。

　　但有下列情事之一者，屬情節輕微，免予處罰（稅務違章案件減免處罰標準 14）：

(1) 短漏報遺產稅額在新臺幣 6 萬元以下或短漏報遺產淨額在新臺幣 60 萬元下者。

(2) 短漏報贈與稅額在新臺幣 1 萬元以下或短漏報贈與財產淨額在新臺幣 10 萬元以下。

(3) 短漏報財產屬同一年內以前各次所贈與應合併申報贈與稅之財產，該財產業已申報或核課贈與稅。

(4) 短漏報財產屬應併入遺產總額課徵遺產稅之被繼承人死亡前贈與之財產，該財產於贈與稅申報期限內已申報或被繼承人死亡前已申報或核課贈與稅。

(5) 短漏報財產屬應併入遺產總額課徵遺產稅之被繼承人死亡前以贈與論之贈與財產，繼承人已依稽徵機關通知期限補報贈與稅或提出說明。

(6) 短漏報財產屬應併入遺產總額課徵遺產稅之配偶相互贈與財產，於被繼承人死亡前，已向稽徵機關申請或經核發不計入贈與總額證明書。

(7) 短漏報財產屬被繼承人配偶於中華民國 74 年 6 月 4 日以前取得且應併入遺產總額課徵遺產稅之財產。

(8) 短漏報財產屬被繼承人或贈與人於中華民國 89 年 1 月 27 日以前，因《土地法》第 30 條之限制，而以能自耕之他人名義登記之農地，於中華民國 89 年 1 月 28 日以後，該項請求他人移轉登記之權

利為遺產標的或贈與民法第 1138 條規定之繼承人，且繼承或贈與時該農地仍作農業使用。

3. 重大漏稅

納稅義務人有故意以詐欺或其他不正當方法，逃漏遺產稅者，除依繼承發生年度稅率重行核計補徵外，並應處以所漏稅額 **1 倍至 3 倍**之罰鍰（遺贈 46）。

4. 罰鍰上限

前項規定之罰鍰，連同應徵之稅款，**最多不得超過遺產總額**（遺贈 47）。

5. 違背禁止處分

納稅義務人於遺產稅未繳清前，分割遺產、交付遺贈或辦理移轉登記，**處 1 年以下有期徒刑**（遺贈 50）。

6. 逾期納稅

納稅義務人對於核定之遺產稅應納稅額，逾規定期限繳納者，每逾 2 日加徵應納稅額 1%滯納金；**逾期 30 日**仍未繳納者，主管稽徵機關應即移送**強制執行**。但因不可抗力或不可歸責於納稅義務人之事由，致不能於法定期間內繳清稅捐，得於其原因消滅後 10 日內，提出具體證明，向稽徵機關申請延期或分期繳納經核准者，免予加徵滯納金。

前項應納稅款，應自滯納期限屆滿之次日起，至納稅義務人繳納之日止，依郵政儲金 1 年期定期儲金固定利率，按日加計利息，一併徵收（遺贈 51）。

但上述規定之適用，在 110 年底稅捐稽徵法修正後，**有關滯納金加徵標準等由稅捐稽徵法統一規範**。

(二) 執法單位之處罰

1. 執法人員違法之處罰

稽徵人員違反第 29 條（調查及估價）之規定，戶籍人員違反第 37 條（通報死亡登記義務）之規定應由各該主管機關從嚴懲處，並責令迅行補辦；其涉有犯罪行為者，應依刑法及有關法律處斷（遺贈 48）。

2. 公私機構違反登記注意義務之處罰

產權移轉登記時，未通知當事人繳驗遺產稅繳清證明書或核定免稅證明書或不計入遺產總額證明書或同意移轉證明書等之副本，即予受理者，其屬民營事業處新臺幣 15,000 元以下之罰鍰；其屬政府機關及公有公營事業者，由主管機關對主辦及直接主管人員從嚴議處（遺贈 52）。

二　獎　勵

告發或檢舉納稅義務人及其他關係人有短報、漏報、匿報或故意以虛偽不實及其他不正當行為之逃稅，或幫助他人逃稅情事，經查明屬實者，主管稽徵機關應以罰鍰提成獎給舉發人，並為舉發人保守秘密（遺贈 43）。

該舉發獎金，主管稽徵機關，應於收到罰鍰後 10 日內，通知原舉發人限期領取（遺贈細 54）。

稅制思考

🔵 思考一

課徵遺產稅之優、缺點為何？

【論　點】

課徵遺產稅之優點、缺點，分述如下：

一、優　點

(一) **稅負無法轉嫁**：遺產稅基於死亡的事實而課徵，納稅義務人依法納稅，最難轉嫁，甚至完全不能轉嫁，最符合直接稅的本質。

(二) **符合量能課稅原則**：遺產稅是依遺產淨額之多寡而課徵，是在財產稅中最適宜於採用累進稅率，符合量能課稅，也可達成重課財產之目的。

(三) **平均社會財富**：遺產稅的課徵，不僅可減少後輩子孫依賴之心理，而且可避免不勞而獲，實現社會公平與平均社會財富目的。

(四) **尊重家族情感**：遺產稅的課徵，有免稅額及扣除額之設計，並規定一定數額以下的遺產免稅，以資維持繼承人的生活，並尊重人類本性的家族情感。

(五) **具旁證作用**：遺產稅的課徵，納稅義務人難以逃避，更難作財產的隱蔽，對於所得稅的申報及其他財產稅的申報，都可產生旁證作用。

二、缺　點

(一) **鬆懈家庭組織的永固性**：遺產稅不適合於家族觀念較深的國家，蓋其忽視親屬的情感，鬆懈家庭組織的永固性，被繼承人會生前多方設法逃避。

(二) 降低儲蓄動機：為促進經濟發展，必先獎勵儲蓄，以加速資本的形成，但遺產稅之課徵最足以影響儲蓄的動機，阻礙永續經營的實行。

(三) 易稅及稅本：遺產稅的稅率高而負擔重，乃為實質的財產稅，係對過去業已形成的資本或累積的財產課稅，違反「課稅不得侵蝕財產本身或稅本所在」之原則。

(四) 影響工作意願：努力工作，是為追求財富之累積，得以擴展事業，並扶助後代，遺產稅之課徵，多少會影響其工作意願。

(五) 稅源之不易掌握：遺產稅的課徵，動產不易掌握，對於無記名資產之掌握，困難最大，最易逃漏。

(六) 阻礙資本之流通：遺產稅的重課，常使資本的流動發生困難，使資本作不生產的移轉，間接影響金融市場。

🔵 思考二

> **遺產稅稅收偏低之原因為何？**

【 論　點 】

　　我國目前遺產稅之徵收其稅收偏低，其原因可歸納為以下幾點（註4）：

(一) 動產課徵不易：遺產中之動產除非需經登記始得移轉者外，其他如現金、無記名之有價證券等，很難完全掌握對之課稅。

(二) 生前轉變不動產為動產：由於動產課稅不易，被繼承人往往於死亡前，即將不動產出售，並將所獲價款予以隱藏，以規避遺產稅稅負。

(三) 虛列債務：實際上，遺產稅係對繼承人死亡時之淨值課稅，故在其名下之遺產必須減去債務，始為其遺產淨額。而納稅義務人常利用此一規定虛列債務，以規避遺產稅稅負。

(四) 生前贈與：利用生前贈與規避死後之遺產稅，雖有贈與稅之課徵以為防杜，但其若為動產贈與即不易查獲。而不動產亦可先行出售，將價金贈與後，再由受贈人購回以規避稅負。

(五) **繼承糾紛**：繼承人間爭產發生糾紛，或部分繼承人行蹤不明，或旅居國外，辦理繼承困難，乃至無人願意出面申報遺產稅。

(六) **稅基不廣**：依理論看，遺產稅課稅基礎本應甚廣，但事實上，由於免稅額較高且有繼續提高之傾向，課稅遺產因而減小。同時，稅法對不動產現值之估價偏低，故多數人遺產均在免稅點以下。

(七) **申報期限太長**：遺產稅之申報期限為 6 個月，有正當理由者，尚可延長 3 個月。但由於申報期限太長，納稅義務人反有充分時間作各種逃漏稅負之安排。

(八) **兒女心重於愛國心**：父母對子女愛心無從衡量，處心將自己之財產移轉子女繼承外，也會規避部分遺產稅，使子女能獲更多之財產。

(九) **未實施財產總歸戶**：全國財產未實施總登記歸戶，對個人財產不易追查，同時國人無預留遺囑習慣，使得繼承人易於隱匿遺產，虛增債務。

實用重要釋函 ●●●●

1. 被繼承人生前提取之銀行存款於繼承時無此項財產不課遺產稅

　　被繼承人生前之所有銀行存款，其已經由被繼承人提取之款，於繼承開始時，已無此項財產，從而亦無遺產稅繼承之可言，除能具體證明或有其他積極證據證明被繼承人所提領之款，未經動用，由繼承人承受，或其生前所提領之款，經查明係贈與繼承人，得依規定，併同其他遺產課徵遺產稅外，則課繼承人對於被繼承人生前提領之款，負用途證明之責，於法無據（財政部 65.9.9 臺財稅第 36091 號函）。

2. 死亡員工之退職金、慰勞金及喪葬費應併遺產總額

　　公司給予死亡員工之退職金、慰勞金及喪葬費，係死亡人遺留之權利，應併入死亡人遺產總額（財政部 65.12.21 臺財稅第 38405 號函）。

3. 死亡前購地未辦妥登記仍屬遺產

　　被繼承人死亡前向他人購買土地，迄死亡時尚未辦理所有權移轉登記，但其繼承人基於該買賣關係，自有請求移轉登記之權利，此項債權核屬「有財產價值之權利」，應併入遺產總額內計課遺產稅（財政部 69.2.27 臺財稅第 31688 號函）。

4. 死亡前售地未辦妥登記者仍屬遺產

　　被繼承人生前出售土地，在未辦妥所有權移轉登記前死亡，該土地仍屬被繼承人之遺產，應列遺產課稅，惟被繼承人生前負有移轉所有權與買方之義務，應屬被繼承人生前未償之債務，應同額自遺產總額中扣除。又如尚有應收未收之價款，應屬被繼承人債權遺產，應併計遺產課稅（財政部 72.3.3 臺財稅第 31402 號函）。

5. 未納營利事業所得稅得扣除

　　被繼承人遺產中獨資經營商號應納未納之營利事業所得稅，准自遺產總額中扣除（財政部 75.6.17 臺財稅第 7541731 號函）。

6. 親屬同時罹難遺產稅扣除額之計算

　　夫妻因意外事故同時罹難，除各有遺產稅免稅額外，其中一人得再加扣配偶扣除額（財政部 83.6.3 臺財稅第 831596724 號函）。

另意外事故中父（母）與子女同為罹難者，依納稅義務人主張之死亡先後順序，分別予以適用扣除額。惟子女如尚未成年，因其與父（母）既已於同日死亡，無按年加扣規定之適用（財政部 84.12.22 臺財稅第 842150681 號函）。

7. 村里長因執行職務死亡者無加倍減除免稅額

村里長既非定有官等職第之文職人員，又非屬法定機關編制內有給之公職人員，不具備公務人員身分，非屬軍警公教人員，其因執行職務死亡者，應無加倍減除免稅額規定之適用（財政部 85.3.13 臺財稅第 850086125 號函）。

8. 生前徵收完竣但死亡後撤銷徵收之地不列入遺產課稅

被繼承人之土地生前經徵收完竣，如於死亡後撤銷徵收回復所有權，該土地應免列入遺產課徵遺產稅（財政部 85.9.12 臺財稅第 850485593 號函）。

 註　釋

註 1：　王建煊，租稅法，文笙書局，2000 年 8 月，頁 175。

　　　　葉淑杏，財產稅法規，華立圖書，1999 年 2 月，頁 147。

註 2：　李金桐，租稅各論，五南圖書公司，1993 年，頁 177〜178。

註 3：　商景明，土地稅，文笙書局，2000 年，頁 29。

註 4：　商景明，土地稅，文笙書局，2000 年，頁 80〜82。

自我評量

1. 為何需要遺產稅？為何要增列贈與稅？　　　　　　　　　　（62 乙特）

2. 試述遺產稅之課稅範圍及納稅義務人？　　　（67 高、76 高、94 土檢）

3. 試就遺產及贈與稅法規定，說明遺產稅免稅額如何？　　　（88 土特）

4. 試列舉遺產稅之免稅額及扣除額各如何？　　　　　　　　（88 土特）

5. 遺產（及贈與）財產中之有土地或房屋者，依遺產稅及贈與稅法之規定土地及房屋之價值如何計算？　　　　　　　　　　　　　（67 乙特）

6. 個人是否經常居住我國境內，對遺產稅（及贈與稅）之課徵有何影響？又「經常居住中華民國境內之標準」為何？試說明之。
　　　　　　　　　　　　　　　　　　　　　（81 土檢、85 土特）

7. 遺產及贈與稅法對視為遺產課稅，其規定及立法意旨各如何？
　　　　　　　　　　　　　　　　　　　　　　　　　（80 土特）

8. 為免物價上升致納稅義務人實質稅負加重，遺產及贈與稅法訂有物價指數連動法，請說明其規定之內容？　　　　（84 土特、土檢）

9. 遺產中有公開上市之有價證券，如何計價其價值？

10. 遺產中之公共設施保留地，減免遺產稅之規定如何？

11. 遺產中屬新市鎮特定區計畫範圍內之徵收土地，是否應課徵遺產稅？

12. 實物抵繳遺產稅之規定、目的各如何？　　　　　　　　　（87 土檢）

13. 試述申請抵繳遺產稅之實物標準及申請抵繳條件？

14. 請依遺產及贈與稅法說明遺產稅之申報期限及其申報地？（83 土檢）

15. 試述遺產稅之限繳期間及分期繳納之規定？

16. 未申報遺產稅之罰則為何？逃漏遺產稅之罰則為何？

17. 王君於民國 105 年 1 月 23 日死亡，死亡時遺有遺產存款 1,000 萬元，另查王君生前曾有下列贈與：
    (1) 民國 105 年 1 月 20 日贈與其兒子，臺塑公司股票 2,000 萬股。
    (2) 民國 99 年 12 月 21 日贈與其外甥，珠寶 10 萬元。

(3) 民國 103 年 5 月 1 日贈與其弟媳婦，A 屋一棟。

(4) 民國 104 年 3 月 16 日贈與其妹夫，B 地一筆。

(5) 民國 104 年 1 月 18 日贈與其舅舅，C 地一筆。

上述王君之何種財產，會被視為遺產而應列入遺產申報？

18. 若陳君為警察，於今年因公殉職死亡，死亡時遺有配偶一人，子女四人，長男 24 歲，次男 21 歲，三女 19 歲 2 個月，四女 16 歲 10 個月，另有受陳君扶養之妹妹 25 歲一人為重度身心障礙青年，則其免稅額及扣除額若干？

19. 張君為經常居住中華民國境內之中華民國國民。張君於今年逝世，遺有妻及受扶養之未成年子女三人年齡分別為 13 歲、11 歲及 9 歲，另有未成年 17 歲之弟弟一人在國外，亦係受張君所扶養而生活。就下列情形所述，張君之課稅遺產淨額為何？應納之遺產稅為何？

(1) 張君死亡時在臺遺有土地公告現值 3,500 萬元；房屋 1,800 萬元，但房屋尚有向交銀抵押借款 300 萬元及已到期尚未支付之利息 5 萬元；職業上之工具 50 萬元；日常生活器具 40 萬元。

(2) 張君死亡時在香港的匯豐銀行有存款 700 萬元，已到期未領之利息 5 萬元，銀行保險箱內存有在我國發行之臺積電公司股票時價 500 萬元。

(3) 張君遺體在臺火葬，支出喪葬費 90 萬元，其中 60 萬元有合法單據，另 30 萬元則無。

20. 設王君於今年死亡，在國內舉辦喪禮，設王君配偶健在，育有三子，長子、次子已成年，重度身心障礙長女 18 歲 5 個月，另王君其母健在，王君其遺產如下：

(1) 在臺有臺新銀行存款 5,000 萬元。

(2) 臺南市 A 土地乙筆，公告現值 1,000 萬元，死亡前 4 年繼承其父親遺產，已納遺產稅 200 萬元。

(3) 屏東市 B 土地乙筆，公告現值 3,000 萬元。

(4) 臺南市有 C 房屋乙棟，評定標準價值 250 萬元。

(5) 聯電公司股票，死亡日收盤價每股 15 元，共計 20 萬股。

(6) 美國夏威夷房屋乙棟，時價 2,000 萬元。

問：　(1) 設王君為經常居住在中華民國境內之中華民國國民。

　　　(2) 王君若為經常居住在中華民國境外中華民國國民時。

　　　王君應納之遺產稅有何不同？

21. 吳君為經常居住中華民國境內之中華民國國民，吳君有配偶，子女各一人均成年，長子已婚有一子一女，各為 11 歲、9 歲，長女育有一女為 7 歲，設吳君子女於法定期間拋棄繼承，並經法院准予備查在案。若吳君於今年死亡時之財產如下所示，則其應納之遺產稅為何？

(1) 擁有臺北市土地公告現值 8,000 萬元。

(2) 舊金山房地一棟，時價 3,000 萬元，依當地法律尚未達繳納遺產稅標準。

22. 郭君為經常居住中華民國境內之中華民國國民，今年死亡，其遺產及其繼承人如下，郭君應納之遺產稅為何？

(1) 郭君有配偶一人，成年子女二人，惟長女於前年死亡，遺有子女兩人，長子已成年，長女年僅 17 歲 5 個月。

(2) 郭君於加拿大有房地乙棟時價 3,000 萬，依當地法律規定，已納遺產稅 200 萬元。

(3) 花蓮市有農地乙筆，公告現值 1,500 萬，地上農作物價值 250 萬元，由長子繼承繼續經營農業生產，但長子無自耕能力。

(4) 銀行存款 5,000 萬元。

23. 遺產稅未繳清之前，能否將遺產分割、交付遺贈或辦理移轉登記？有無例外規定？請扼要說明之。　　　　　　　　　　　（91 土特）

24. 某甲為經常居住於中華民國境內之中華民國國民，於民國 95 年 4 月死亡，其遺有雙親、配偶以及 15 歲與 18 歲子女。請問依法其遺產總值不超過多少元，可不用繳納遺產稅？　　　　　　　　（96 地政士）

25. 被繼承人死亡之前，贈與他人之財產，在何種情形下，於被繼承人死亡時應併入其遺產總額計徵遺產稅？請依《遺產及贈與稅法》之規定敘述之。　　　　　　　　　　　　　　　　　　（99 地政士）

26. 李四於民國 100 年 4 月 1 日逝世於美國華盛頓之住處，李四死亡前 2 年在臺灣居留 366 天，具有中華民國國籍及美國國籍。李四並於民國 99 年 1 月 1 日正式放棄中華民國國籍，並經主管機關核准在案。李四死亡時遺有下列財產：在國內有一棟不動產，土地公告現值 400 萬元，房屋評定標準價格 200 萬元；該土地之市價 1,000 萬元，房屋之市價 400 萬元。應申報房地產多少元？　　（100 三等考－財稅行政）

27. 遺產稅繳清之前，得否就所遺土地辦理移轉登記？例外規定如何？繼承人為二人以上，而全體繼承人未能共同報繳遺產稅時，如何變通處理，以兼顧部分繼承人之繼承權益及確保政府之稅課收入？請依《遺產及贈與稅法》之規定分別敘述之。　　　　　　　　　（100 地政士）

28. 遺產及贈與稅價值之計算，以被繼承人死亡時或贈與人贈與之時價為準。請問土地、永佃權、典權及設定有期間與年租之地上權者，如何定其價值？試依據《遺產及贈與稅法》及其施行細則分別說明之。
　　　　　　　　　　　　　　　　　　　　　　　　（102 地政士）

29. 土地增值稅、遺產稅及贈與稅之納稅義務人各為何？試分別說明之。
　　　　　　　　　　　　　　　　　　　　　　　　（105 地政士）

30. 試依最新修正之《遺產及贈與稅法》規定，分別詳述遺產淨額如何計算？遺產稅率為何？又在何種情形下，被繼承人死亡時已成立公益信託之財產，符合哪些規定，不計入遺產總額？　　　（106 地政士）

31. 被繼承人林君於 107 年 1 月 7 日死亡，配偶健在，膝下有 2 男 2 女皆已滿 20 歲，其中次男不幸為重度殘障。林君辛苦多年擁有土地甲、乙、丙、丁 4 筆，公告土地現值總額各為 2,000 萬元、900 萬元、1,200 萬元、300 萬元；另有房屋 1 棟，於林君死亡當年評定現值為 80 萬元，且銀行裡尚有活期儲蓄存款 30 萬元、定期存款 100 萬元，其兒女於 107 年 3 月申報遺產稅。其中配偶、次男、長女及次女皆拋棄繼承，由長男 1 人繼承，應繳多少遺產稅？若皆繼承，其遺產稅負如何？　　　　　　　　　　　　　　　　　　　　　（107 地政士）

32. 依《遺產及贈與稅法》第 23 條之規定，被繼承人死亡遺有財產者，納稅義務人應於被繼承人死亡之日起 6 個月內，向戶籍所在地主管稽徵機關依本法規定辦理遺產稅申報。請說明若逾期申報有何處罰規定？繳納期限、延期繳納及分期繳納的相關規定又為何？　　（108 地政士）

33. 遺產稅之繳納期限與得以實物繳納之條件為何？試依遺產及贈與稅法之規定，說明之。　　　　　　　　　　　　　　　　（109 地政士）

34. 甲於民國 109 年 6 月 13 日死亡，由配偶乙及 4 名子女 A、B、C、D 共同繼承，經國稅局同年 12 月 5 日核定遺產總額新臺幣（下同）9,000 萬元，其中包括甲於民國 70 年買進的公共設施保留地 2,500 萬元、銀行存款為 200 萬元、未上市股票資產淨值 6,300 萬元，經核算應納遺產稅 300 萬元。嗣繼承人於民國 110 年 2 月 6 日申請以遺產中公共設施保留地抵繳遺產稅，申請日土地公告現值 3,000 萬元，請問：（未列計算式者不予計分，元以下四捨五入）

(1) 實物抵繳的適用要件為何？

(2) 本案准予實物抵繳的稅額為何？

(3) 本案以遺產中公共設施保留地抵繳遺產稅，其抵繳價值及抵繳限額各為若干元？　　　　　　　　　　　　　　　　（110 會計師）

35. 依遺產及贈與稅法規定，那些項目金額會依消費者物價指數之變動而調整？何時會調整？如何調整？所稱消費者物價指數如何規定之？　　　　　　　　　　　　　　　　　　　　　　　　　　（110 地政士）

36. 對於遺產及贈與稅之納稅義務人，在其應納稅款未繳清前，有哪些處分禁止之相關規定？請依《遺產及贈與稅法》規定說明之。　　　　　　　　　　　　　　　　　　　　　　　　　　　　　　（111 地政士）

37. 經常居住在我國境內之國民王君，於民國 112 年 5 月 6 日死亡，死亡時除了遺有國內財產外，尚有國外不動產 A 屋一棟依所在地國法律已繳遺產稅，以及民國 110 年 12 月 20 日王君將其名下另一棟 B 屋贈與其弟媳，行為當時並已依國內稅法規定申報完稅，但弟媳在民國 112 年 3 月已將 B 屋售出。試問 A 屋與 B 屋何者需併入王君之遺產總額中課稅？A 屋與 B 屋已納之稅額，可否自應納遺產稅額內扣抵？請依《遺產及贈與稅法》之規定詳述之。　　　　　　　　　　（112 地政士）

CHAPTER

08

贈與稅
Gift Tax

Essentials Practical
Real Estate Tax Law

壹　概　述

一　意　義

贈與稅，對自然人生前每年無償贈與他人，並經他人允受之財產淨額，向**贈與人**所課徵之一種租稅。

二　課稅理論

近代世界各國為補充遺產稅之不足，並密切相互配合，以防杜財產所有人藉生前贈與來規避遺產稅，乃相繼增訂贈與稅，俾使遺產稅制更臻完整與周密。是以，贈與稅為遺產稅之輔助稅。另贈與稅之課徵，亦可避免所得人藉由贈與財產以減少所得稅之累進，所以贈與稅也可說是所得稅之輔助稅。

依目前世界各國通例，凡採「總遺產稅制」者，其贈與稅原則上以贈與人為納稅義務人，並按其全部贈與總額課稅，稱「總贈與稅」或「贈與人稅」，期使生前贈與與死後遺贈兩者稅負儘量相等。反之，凡採「分遺產稅制」（即繼承稅制）者，其贈與稅通常以受贈人為納稅義務人，並就各受贈人受贈之財產分別課徵，稱為「分贈與稅」或「受贈人稅」。採混合遺產稅制（亦稱總分遺產稅制）者，自應同時採取「贈與人稅」與「受贈人稅」併課之制度，稱「混合贈與稅制」。

關於贈與稅制度，因其為遺產稅之輔助稅課，故必須與遺產稅制相互配合為宜；如**我國**現行採「總遺產稅」，贈與稅即採**「總贈與稅」**為是。在一般通俗觀念上或認為贈與稅應以受贈人為納稅義務人，似較妥適，切合情理。倘屬如此，在體制上遺產稅將與贈與稅無法配合，亦與世界各國通例不符；同時亦可避免生前贈與與死後贈與之稅負，造成懸殊之差距，導致遺產稅益形萎縮而成為有名無實。故現行遺產及贈與稅法第 7 條規定，原則上仍以**贈與人為納稅義務人**（註1）。

三 性　質

(一) 贈與稅是財產稅

贈與稅以無償贈與他人財產為條件，按課稅贈與淨額為課稅標準，屬財產稅之性質。

(二) 贈與稅是直接稅

贈與稅是以財產贈與之事實課稅，納稅義務人難以轉嫁，故屬直接稅之性質。

(三) 贈與稅屬中央稅

贈與稅係輔助遺產稅為平均社會財富目的而課徵，稅收歸屬中央政府所有，故為中央稅之性質。

(四) 贈與稅是累進稅

贈與稅之稅率隨贈與人每年所贈與財產淨額之多寡，採累進稅率徵收，故為累進稅之性質。

四 法令依據

贈與稅的課徵以《遺產及贈與稅法》及其施行細則為依據。

五 立法沿革

民國 35 年修正公布《遺產稅法》後，國民政府因遺產稅僅對人死亡時所遺財產課稅，生前長時期有計畫之財產贈與或變相贈與，乃成為規避遺產稅之合法手段；行政院賦稅改革委員會有鑑於此，故仿韓國、紐西蘭、菲律賓等國成例，就施行中之遺產稅法增訂課徵贈與稅之規定，以資配合課徵（註 2）。乃於民國 59 年擬訂《遺產及贈與稅法》草案，呈報行政院。62 年 1 月 26 日復經立法院審議完成立法程序，同年 2 月 6 日總統公布施行。

貳　課徵範圍

　　凡經常居住中華民國境內之中華民國國民，就其在中華民國**境內或境外**之財產為贈與者，依本法規定，課徵贈與稅。

　　經常居住中華民國境外之中華民國國民，及非中華民國國民，就其在中華民國**境內**之財產為贈與者，應依本法規定，課徵贈與稅（遺贈 3）。

一　課徵時機

　　贈與稅係於財產有**贈與行為**時或有「**擬制贈與**」或「**他益信託**」情事發生時課徵之。說明如下：

(一) 一般贈與

　　「**贈與**」，指財產所有人以自己之財產無償給予他人，經他人允受而生效力之行為（遺贈 4）。其主要成立要件為：

1. 贈與人無償給予。

2. 受贈人允受。

(二) 擬制贈與

　　所謂「**擬制贈與**」，是為防杜納稅義務人利用各種形式上或外觀上非贈與之假象，但行贈與之實，藉以逃避贈與稅之課徵，稅法特別規定財產之移動具有下列 6 款情形之一者，以贈與論，應課徵贈與稅（遺贈 5）。乃是租稅法「實質課稅原則」之具體運用。

1. 在請求權時效內無償免除或承擔債務者，其免除或承擔之債務。

　　　但債務人經依破產法和解、破產，依消費者債務清理條例更生、清算或依公司法聲請重整，以致債權人之債權無法十足取償者，其免除之差額部分，非本款之贈與（遺贈細 2）。另保證人因履行保證責任，而代主債務人清償債務並無償免除其債務者，應以贈與論，但主債務人宣告破產者，保證人之代償行為不視為贈與，以保證債務為目的而為連帶債務人者亦適用前項規定（遺贈細 3）。

　　　例如：債務保證人代主債務人清償債務時，原債權人對主債務人之債權，於清償限度內即移轉予保證人，**保證人如在請求權時效內無**

償放棄求償權利，就是屬於以免除債務方式對主債務人的贈與行為，依法應課徵贈與稅。

2. 以顯著不相當代價讓與財產、免除或承擔債務，其差額部分。

所謂「**顯著不相當代價**」，稅法並未明確規定，實務上，由稽徵機關參酌各項客觀因素決定之。

例如：土地所有人辦理土地交換或共有人辦理土地分割，各人取回的土地，按交換時或分割時公告現值計算土地價值，較原有持有的土地依相同公告現值計算之價值不等，其間產生的差額部分**如無補償約定者**，就是屬於**以顯著不相當代價讓與財產**情形，其差額應以贈與論課徵贈與稅，此時，以取得土地價值減少的人為贈與人，依法應申報贈與稅。

3. 以自己之資金，無償為他人購置財產者，其資金；但該財產為不動產者，為不動產。

例如：以未成年子女名義為房屋起造人，申領建造執照興建房屋，以房屋建築完成領取使用執照時為贈與行為發生日，依法申報贈與稅，如果在申請建造執照時子女未成年，而在領取使用執照時，該未成年人業已成年，則是屬於遺產及贈與稅法所規定「以自己的資金，無償為他人購置財產」的贈與行為，應該課徵贈與稅。

4. 因顯著不相當之代價出資為他人購置財產者，其出資與代價之差額部分。

例如：小王收取小李 200 萬元之代價額，卻以自己之資金 500 萬為小李購置一房屋，故其出資額 500 萬與代價額 200 萬之間差額 300 萬，即視為小王對小李之贈與。

5. 限制行為能力或無行為能力人所購置之財產，視為法定代理人或監護人之贈與。但能證明支付之款項屬於購買人所有者，不在此限。

(1) 滿 **18 歲**為成年；未滿 **7 歲**之未成年人，**無行為能力**；滿 7 歲以上之未成年人，有**限制行為能力**（民 12、13）。

對於因精神障礙或其他心智缺陷，致不能為意思表示或受意思表示，或不能辨識其意思表示之效果者，法院得因本人、配偶、四親等內之親屬、最近 1 年有同居事實之其他親屬、檢察官、主管機關、社會福利機構、輔助人、意定監護受任人或其他利害關係人之

聲請，為監護之宣告（民 14）。受監護宣告之人，無行為能力（民 15）。

(2) 至所稱**「能證明支付之款項屬於購買人所有者」**，係指確能證明購買人所支付之款項，確係購買人所有，且確實以該本人所有之資金支付價款而言。而所謂**「證明」**，一般以該限制行為能力或無行為能力之銀行存款簿紀錄，證明確係其資金，則不視為贈與（財政部 67.2.2 臺財第 30806 號函）。

(3) **實務上**，該資金若係歷年贈與所得，且已申報贈與稅者，較能獲稅捐機關之採信。惟購置之財產係不動產，不論是否係限制行為能力人或無行為能力人自有資金所購置，均應申報贈與稅，以取得贈與稅繳清證明書或免稅證明書，俾據以辦理贈與所有權移轉登記。亦即是否視為贈與，係屬稽徵機關之權責，而非由當事人自行認定。

6. **二親等以內親屬間財產之買賣。但能提出已支付價款之確實證明，且該已支付之價款非由出賣人貸與或提供擔保向他人借得者，不在此限。**

　　而所謂「二親等以內親屬」，係包括二親等以內之血親及姻親。血親親等之計算，直系血親，從己身上下數，以一世為一親等；旁系血親，從己身數至同源之直系血親，再由同源之直系血親，數至與之計算親等之血親，以其總世數為親等之數（民 968）。請參考圖 8-1、8-2 所示之親等圖。

　　另所謂「已支付價款之確實證明」，並無形式上之限制，凡能提出支付價款之金錢來源及支付憑證，足以證明其買賣行為確屬真實，而非取巧虛構以逃避贈與稅之課徵等，自不應以贈與論課（財政部 62.5.17 臺財稅第 33670 號函）。實務上，如買賣標的為不動產，不論是否能提出支付價款之確實證明者，均應申報贈與稅。

(三) 個人依信託契約成立他益信託之課徵贈與稅

　　信託契約明定信託利益之全部或一部係以第三人為受益人之他益信託，其受益人雖未實際取得該信託利益，但實質上已取得享受該信託利益之權益，亦即視為委託人已將該信託利益受益權贈與受益人，依法應課徵贈與稅。

1. 個人成立他益信託

　　信託契約明定信託利益之全部或一部之受益人為非委託人者，視為委託人將享有信託利益之權利贈與該受益人，依本法規定，課徵贈與稅（遺贈 5-1）。

2. 個人自益信託變更為他益信託

　　信託契約明定信託利益之全部或一部之受益人為委託人，於信託關係存續中，變更為非委託人者，於變更時，適用前項規定課徵贈與稅（遺贈 5-1）。

3. 個人追加他益信託

　　信託關係存續中，委託人追加信託財產，致增加非委託人享有信託利益之權利者，於追加時，就增加部分，適用第一項規定課徵贈與稅（遺贈 5-1）。

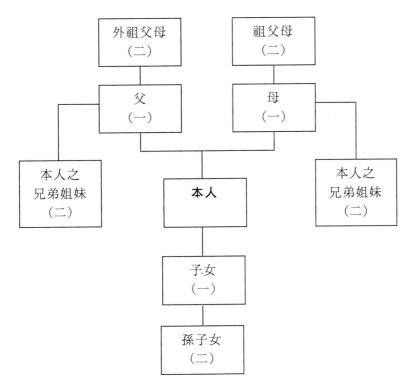

圖 8-1　二親等內血親圖

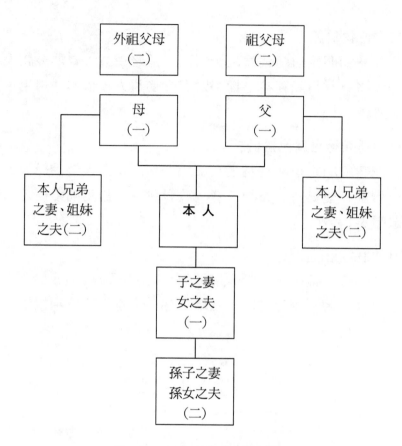

圖 8-2　二親等內姻親圖

附　註：

1. （　）表示親等數。

2. 擬制血親本無血親關係（如養子女、養父母），而法律上認為有血統關係之血親亦應包括在內。

3. 後父、後母均為直系姻親，妻之後父、後母亦同。

● 課徵對象

贈與稅之課稅對象，採屬人主義之原則，但亦兼採屬地主義。分述其規定於後：

(一) 屬人主義

經常居住中華民國**境內之中華民國國民**，就其在中華民國**境內或境外**之財產為贈與者。所謂中華民國國民，係指具有中華民國國籍之人。

贈與事實發生前 2 年內，贈與人自願喪失中華民國國籍者，仍然依本法關於中華民國國民之規定，課徵贈與稅（遺贈 3-1）。

所謂**「經常居住在中華民國境內」**，係贈與人有下列情形之一：

1. 贈與行為發生前 2 年內，在中華民國境內有住所者。
2. 中華民國境內無住所而有居所，且在贈與行為發生前 2 年內，在中華民國境內居留時間合計逾 365 天者。但受中華民國政府聘請從事工作，在中華民國境內有特定居留期限者，不在此限（遺贈 4）。

(二) 屬地主義

經常居住中華民國**境外之中華民國國民**，及**非中華民國國民**，就其在中華民國**境內**之財產為贈與者，依規定課徵贈與稅（遺贈 4）。

所謂**「經常居住中華民國境外」**係指不合上述「經常居住在中華民國境內」之規定者而言。

● 課稅標的物

(一) 財產種類

贈與稅係就贈與人於一年內所贈與之財產總額為課徵標的。而所謂**財產**，指動產、不動產及其他一切有財產價值之權利。

(二) 境內境外財產之認定

中華民國境內境外之財產，按贈與人贈與時之**財產所在地**認定之，其所在地之認定有疑義時，由財政部核定（遺贈 9）。

有關境內境外財產之認定標準同遺產稅相關規定，請參閱本書第 7 章遺產稅貳之三課稅標的物（三）境內境外財產之認定。

（三）財產價值估價原則

1. 贈與財產價值之計算，以贈與人贈與時之時價為準

贈與財產價值之計算，以贈與人贈與時之**時價**為準。

本條文修正前發生贈與行為之案件，於本條文修正公布生效日前贈與行為（84 年 1 月 15 日）尚未核課或尚未核課確定者，其估價適用修正後之前項規定辦理。

所稱**「時價」**，土地是以**公告土地現值或評定標準價格**為準（已依平均地權條例規定公告土地現值者，即為公告土地現值；若無公告土地現值，即以評定標準價格為準）；房屋以**評定標準價格**為準（遺贈 10）。

2. 國外財產

贈與人在國外之贈與財產，依本法第 1 條或第 3 條規定應徵稅者，得由財政部委託贈與財產所在地之**中華民國使領館**調查估定其價額，其無使領館者，得委託當地**公定會計師或公證人**調查估定之（遺贈細23）。

3. 共有財產或共營財產

共有財產或共營財產之價額估定，應先估計其財產總淨額，再核算贈與人贈與部分之價值（遺贈細 40）。

4. 信託利益及其他財產

有關贈與財產之估價原則同遺產稅規定，請參閱本書第 7 章遺產稅貳、課徵範圍之四、財產價值估價原則。

參　納稅義務人

贈與稅之納稅義務人為**贈與人**。而依「信託契約」成立之他益信託，其贈與稅之納稅義務人為**委託人**。但贈與人（或委託人）有下列情形之一者，以**受贈人**（或受託人）為納稅義務人：

1. 行蹤不明者。

2. 逾本法規定繳納期限尚未繳納，且在中華民國境內無財產可供執行者。

3. 死亡時贈與稅尚未核課。

依前項規定受贈人有 2 人以上者，應按**受贈財產之價值比例**，依遺產及贈與稅法之規定計算應納稅額，負納稅義務（遺贈 7、遺贈 5-1 IV）。

上述以受贈人為納稅義務人時，其應納稅額仍應按贈與人為納稅義務人時之規定計算之（遺贈細 5）。

肆　課稅基礎

贈與稅按贈與人每年贈與總額，減除各項扣除額及免稅額後之贈與淨額，再依贈與稅稅率課徵之（遺贈 19）。所以贈與稅之課稅基礎為**課稅贈與淨額**，由該贈與淨額決定贈與稅稅率，並進而計算贈與稅稅額。其計算公式：

> **贈與淨額**＝贈與總額－扣除額－免稅額

茲將有關贈與總額（及不計入贈與總額之財產）、得以減除之扣除額、免稅額之相關規定分述如下：

一 贈與總額

所謂**贈與總額**，係指贈與財產之價值總和（含贈與財產與擬制贈與財產），但 **1 年內有 2 次以上**贈與者，應**合併計算其贈與額**，依規定計算稅額，減除其已繳之贈與稅額後，為當次之贈與稅（遺贈 19）。

所稱 1 年內，係按曆年制計算（遺贈細 21-2）。

二 不計入贈與總額之財產

但贈與總額之計算，係不包括下述不計入贈與總額之財產（遺贈 20）。

(一) 捐贈各級政府及公立教育、文化、公益、慈善機關之財產

(二) 捐贈公有事業機構或全部公股之公營事業之財產

(三) 捐贈依法登記為財團法人組織且符合行政院規定標準之教育、文化、公益、慈善、宗教團體及祭祀公業之財產

(四) 扶養義務人為受扶養人支付之生活費、教育費及醫藥費

本項支出僅限於目前所需且為合理之需求，不能以長期預付之觀念給付。

所稱之「**受扶養人**」指符合下列各款情形之一者（遺贈細 17）：

1. 贈與人及其配偶之直系尊親屬年滿 60 歲或未滿 60 歲而無謀生能力，受贈與人扶養者。

2. 贈與人之直系血親卑親屬未成年者，或已成年而因在校就學、或因身心障礙、或因無謀生能力，受贈與人扶養者。

3. 贈與人之同胞兄弟姊妹未成年者，或已成年而因在校就學、或因身心障礙、或因無謀生能力，受贈與人扶養者。

4. 贈與人之其他親屬或家屬，合於《民法》第 1114 條第 4 款（即家長家屬相互間互負扶養之義務者）及第 1123 條第 3 項之規定（即雖非親屬而以永久共同生活為目的同居一家者，視為家屬者），未成年，或已成年而因在校就學、身心障礙或無謀生能力，確係受贈與人扶養者（遺贈細 17）。

(五) 作農業使用之農業用地及其地上農作物，贈與民法第 1138 條所定繼承人者，不計入其土地及地上農作物價值之全數

受贈人自**受贈之日起 5 年內**，未將該土地繼續作農業使用且未在有關機關所令期限內恢復作農業使用，或雖在有關機關所令期限內已恢復作農業使用而再有未作農業使用情事者，應追繳應納稅賦。但如受贈人死亡、該受贈土地被徵收或依法變更為非農業用地者，不在此限。

(六) 配偶相互贈與之財產

鑑於夫妻同居共財，財產不易劃分，於民國 84 年 1 月 13 日修正時爰訂本款。

(七) 父母於子女婚嫁時所贈與之財物，總金額不超過 100 萬元

聘金、嫁妝是國人婚嫁禮俗，為因應國人風俗民情而訂。本款於父母分別贈與時，分別適用之（財政部 85.4.10 臺財稅第 850161844 號函）。

(八) 公益信託

因委託人提供財產成立、捐贈或加入符合本法第 16-1 條各款規定之公益信託，受益人得享有信託利益之權利，不計入贈與總額（遺贈 20-1），以鼓勵民間投入公益活動，增進公家利益。

三 扣除額

(一) 贈與附有負擔之扣除

贈與附有負擔者，由**受贈人負擔部分**應自贈與額中扣除（遺贈 21）。**贈與附有負擔**，即指贈與契約附有約款，使受贈人負擔應為一定給付之債務者而言。因贈與而附有負擔，則其贈與財產之價值因而減低，故由受贈人負擔部分應自贈與額中扣除。

但該項負擔，以具有財產價值，業經履行或能確保其履行者為限，負擔內容係向贈與人以外之人為給付，得認係**間接之贈與**者，**不得**主張**扣除**。前項負擔之扣除，**以不超過該負擔贈與財產之價值為限**（遺贈細 18）。

贈與附有負擔，例如贈與之財產尚有未支付之價款，或附帶有債務、應繳未繳之稅捐、工程受益費等而確由受贈人償付並取得證明者。間接贈與，例如甲贈土地於乙，要求乙需付丙 20 萬元，若經查甲原無義務需付丙 20 萬元，則該 20 萬元視為甲對丙之間接贈與，依法不能扣除。

(二) 贈與稅捐之扣除

不動產贈與移轉所繳納之**契稅**或**土地增值稅**，得自贈與總額中扣除（遺贈細 19）。

1. 稅費由受贈人繳納

不動產因贈與移轉而發生之土地增值稅、契稅（及監證費），依法應由**受贈人繳納**，而實際上確為受贈人自行繳納者，得自**贈與總額內**扣除後計課贈與稅（財政部 65.9.7 臺財稅第 36067 號函）。

2. 稅費由贈與人代繳

上述稅費若實際上係由**贈與人出資代受贈人為繳納**者，則該代繳之各項稅費應以贈與論，**併入贈與總額中計算**，但該項代繳之稅費**仍得依法自贈與總額中扣除**。

㊃ 其他扣除或免徵、不課徵情形

(一) 信託行為間之不課徵

信託財產於下列各款信託關係人間移轉或為其他處分者，因信託財產只是形式移轉，而非實質移轉，所以**不課徵**贈與稅（遺贈 5-2）：

1. 因信託行為成立，委託人與受託人間。

2. 信託關係存續中受託人變更時，原受託人與新受託人間。

3. 信託關係存續中，受託人依信託本旨交付信託財產，受託人與受益人間。

4. 因信託關係消滅，委託人與受託人間或受託人與受益人間。

5. 因信託行為不成立、無效、解除或撤銷，委託人與受託人間。

(二) 公共設施保留地之贈與

公共設施保留地**因配偶、直系血親間**之贈與而移轉者，**免徵贈與稅**（都 50-1）；惟仍應列入贈與總額計算其贈與價值後，再予以同額扣除。

(三) 新市鎮範圍內抵價地之贈與

1. 依新市鎮開發條例擬定、發布之特定區計畫及於該條例公布施行前，經行政院核定開發之新市鎮計畫，新市鎮特定區計畫範圍內之徵收土地，所有權人於新市鎮範圍核定前已持有，且於核定之日起至依平均地權條例實施區段徵收發還抵價地 5 年內，因配偶、直系血親間之贈與而移轉者，免徵贈與稅。前項規定於本條例民國 86 年 5 月 21 日公布施行前，亦適用之（新 11）。

2. 前項抵價地必須係採區段徵收方式開發之土地。

3. 抵價地之價值，即補償地價金額列為權利，仍應列入贈與總額計算其價值後，再予以同額扣除。

(四) 更新區之信託土地

以更新地區內之土地為信託財產，訂定以委託人為受益人之信託契約者，**不課徵**贈與稅（都更 68）。

五 免稅額

　　贈與稅納稅義務人，每年得自贈與總額中減除**免稅額 220 萬元（因應消費者物價指數連動調整，111 年已調至 244 萬元）**（遺贈 22），無論其同一年內贈與次數為何。

六 贈與淨額計算釋例

[例一]

　　甲贈與乙房地一幢，土地公告現值 500 萬元，房屋評定現值 300 萬元，過戶時繳納土地增值稅 100 萬元、契稅 18 萬元。問：

(1)若上述稅費由乙（受贈人）自行繳納時，則甲之贈與淨額為何？

(2)若上述稅費由甲（贈與人）代為繳納時，則甲之贈與淨額又為何？

解

(1) 稅費由受贈人乙自行繳納時：
　　贈與淨額＝贈與總額－免稅額－扣除額
　　甲贈與淨額＝(500＋300)萬－244 萬－(100＋18)萬＝438 萬元

(2) 稅費由贈與人甲代為繳納時：
　　甲贈與淨額＝(500＋300＋100＋18)萬－244 萬－(100＋18)萬
　　　　　　　＝556 萬元

伍 稅率與稅額

一 稅率結構

　　贈與稅按課稅贈與淨額，依下列稅率課徵之（遺贈 19）：

1. 2,500 **萬元**以下者，課徵 10%。

2. 超過 2,500 萬元至 5,000 萬元者，課徵 250 萬元，加超過 2,500 萬元部分之 15%。

3. 超過 5,000 **萬元**者，課徵 625 萬元，加超過 5,000 萬元部分之 20%。

二　物價指數連動法

　　為顧及日後物價之變動，84 年 1 月 15 日修正生效之遺產及贈與稅法增訂第 12-1 條，明定**免稅額、課稅級距金額等**，每遇消費者物價指數較上次調整之指數累計**上漲達 10%以上**時，自次年起按上漲程度調整之，調整金額以**萬元**為單位，未達萬元者按千元四捨五入。

　　財政部於每年 12 月底前，應依上述規定，計算次年發生之贈與案件所應適用之各項金額後公告之。所稱消費者物價指數，係指行政院主計總處公布，自前 1 年 11 月起至該年 10 月底為止 12 個月平均消費者物價指數。

三　重複課稅稅額之扣抵

(一) 同年度以前各次贈與所納之贈與稅

　　1 年內有 2 次之以上之贈與者，應合併計算其贈與總額，依規定稅率計算贈與稅額後，減除其前次已繳之贈與稅額後，為當次之贈與稅額（遺贈 19）。申報時應檢附前次繳納收據。

(二) 國外已納稅額之扣抵

　　在屬人主義之原則下，贈與人如為經常居住在境內之中華民國國民，其就境內境外財產為贈與時皆需課稅。若其國外財產，依財產所在地國法律亦被課贈與稅時，將形成國際間重複課稅現象，為避免此一重複課稅，乃有國外稅額扣抵之規定。分述其稅法規定、扣抵條件於後：

1. 稅法規定

　　贈與人就其國外財產為贈與時，國外財產依所在地國法律已納之贈與稅，得由納稅義務人提出所在地國稅務機關發給之**納稅憑證**，並應取得所在地中華民國**使領館之簽證**，其無使領館者，應取得當地**公定會計師或公證人之簽證**，自其應納**贈與稅額**中扣抵。**但扣抵額不得超過因加計其國外贈與而依國內適用稅率計算增加之應納稅額**（遺贈 11）。

2. 扣抵條件

(1) 贈與稅之國外稅額扣抵，必須是依所在地國法律已納之贈與稅始得適用。

(2) 納稅義務人必須提出所在地國稅務機關發給之納稅憑證,所在地中華民國使領館之簽證或當地公定會計師或公證人之簽證,始得適用。

(3) 扣抵額不得超過加計國外贈與財產增加之應納稅額。

四 法人贈與

依遺產及贈與稅法的規定,贈與稅的課徵,是以中華民國國民及非中華民國國民所為之贈與為限,也就是只對自然人的贈與行為課徵贈與稅,法人贈與不屬於課徵贈與稅的範圍。

但在所得稅課徵方面,依《所得稅法》第 4 條第 17 款規定,因繼承、遺贈或贈與而取得之財產,免徵所得稅,但取自營利事業贈與之財產,不在此限。亦即受贈人取自自然人贈與之財產,免徵所得稅。但取自營利事業（法人）贈與之財產,需課徵**受贈人之所得稅**。

> **贈與稅額＝贈與淨額×稅率－扣抵額**

五 稅額計算

[例二]

王君於同一年 4 月贈與甲 150 萬元;於 6 月又贈與乙 100 萬元;又於 10 月贈與丙房屋乙棟,房屋評定標準價格為 200 萬元,尚有 20 萬元未付銀行貸款約定由丙繳納,契稅係由丙自行繳納,試問王君各次贈與應納贈與稅若干?

解 (一)4 月第一次贈與:

150 萬＜244 萬免稅額,尚可不用申報,故贈與稅額為 0。

(二)6 月第二次贈與:

1.贈與淨額:（150 萬＋100 萬）－244 萬＝6 萬

2.第二次贈與稅額:6 萬×10%＝0.6 萬

(三)10月第三次贈與：

　　1.丙需繳房屋贈與契稅：200萬×6%＝12萬

　　2.總額－免稅額－扣除額＝贈與淨額

　　　(150萬＋100萬＋200萬)－244萬－(20萬＋12萬)＝174萬

　　3.174萬×10%＝17.4萬

　　4.第三次贈與稅額：17.4萬－0.6萬＝16.8萬

(四)參考法條：

　　1.遺產及贈與稅法第19、21、22、25及遺贈細19。

　　2.契稅條例第7條。

[例三]

　　交交將房屋一棟贈與阿寶，房屋評定標準價格200萬元，土地移轉現值380萬，前次土地申報移轉現值為150萬元，從取得至贈與物價指數為120%，試依法令規定二人各應負擔多少稅費？

解 (一)阿寶應納稅費

　　1.土地增值稅：

　　　380萬－150萬×120%＝200萬（土地漲價總數額）

　　　180萬×20%＋20萬×30%＝42萬

　　2.贈與契稅：200萬×6%＝12萬

　　3.印花稅：(200萬＋380萬)×1‰＝5,800元

(二)交交應納稅費

　　贈與稅：

　　（200萬＋380萬）－244萬－（42萬＋12萬）＝282萬

　　282萬×10%＝28.2萬

稽徵程序

一 申 報

(一) 申報人

　　贈與稅之申報人，依遺產及贈與稅法規定，應為**贈與人**，若贈與人行蹤不明而無法申報時，則由**受贈人**申報之。

(二) 申報期限

1. 一般申報

　　除不計入贈與總額外，贈與人在**一年內**（按曆年制 1 月 1 日至 12 月 31 日計算）贈與他人之財產總值**超過**贈與稅**免稅額 244 萬元**時，應於超過免稅額之贈與行為（**贈與日**）發生**後 30 日內**，向主管稽徵機關依法辦理贈與稅申報（遺贈 24）。

　　贈與稅申報期間之計算，應自贈與行為發生之次日起算，但經法院判決確定者，應自判決確定日起算。

　　所稱「**贈與日**」就是贈與**契約訂約日**，如果以未成年人名義興建房屋時，以取得房屋使用執照日為贈與日；未成年人購置財產，或者二親等以內親屬間財產的買賣，以贈與論者，則以買賣契約訂約日為贈與日；夫妻間依民法規定以契約訂定特有財產者，以契約訂約日為贈與日；因兩願離婚約定給予配偶之贍養費或其他財產，以離婚協議書訂定日為贈與日。

2. 低於免稅額之申報

　　贈與人在同 1 年內各次贈與他人的財產**總額**在免稅額 244 **萬元以下**時，可以**免辦申報**，但因為辦理產權移轉登記需要贈與稅免稅證明書時，仍然應該辦理申報。

3. 以贈與論之申報

　　以贈與論課徵贈與稅之案件，稽徵機關應先通知當事人於**收到通知後 10 日內**申報，如逾期仍未申報，並經課稅確定者，始得依漏報裁罰。財產價值之計算，以贈與日為準，並免加計利息（財政部 76.5.6 臺財稅第 7571716 號函）。

4. 延期申報

　　　　贈與稅納稅義務人具有正當理由不能如期申報者，應於規定期限屆滿前，以**書面申請延長**之，申請延長期限以 **3 個月**為限，但因不可抗力或有其他特殊之事由者，得由稽徵機關視實際情形核定（遺贈26）。

5. 合併申報

　　　　同一贈與人同 1 年內有 **2 次以上**依本法規定應申報納稅之贈與行為者，應於辦理後一次贈與稅申報時，將同 1 年內以前各次之贈與事實及納稅情形合併申報（遺贈 25）。

6. 分期付款方式之贈與

　　　　按贈與**標的總額一次**申報繳納贈與稅。

（三）申報地點

　　　贈與人為經常居住中華民國境內之中華民國國民者，向**戶籍所在地**主管稽徵機關申報。贈與人為經常居住中華民國境外之中華民國國民，或非中華民國國民就其在中華民國境內之財產為贈與者，向中華民國**中央政府所在地**主管稽徵機關申報（遺贈 24）。

（四）申報應附文件

　　　所需檢附之資料及附件，如以影本替代者，須在申報書首頁中之「本贈與稅申報案件有關之附件影本與正本相符，如有不實，願負法律責任」字樣欄位加蓋印章。如果是申報再行補報之案件，應將前次申報日期及核定證明書文號填列申報。

1. 一般文件

(1) 贈與稅申報書 1 份（向國稅局或其分支機構免費索取）。並加蓋納稅義務人或代表人印章。
(2) 經核准延期申報者，應檢附核准延期申報函。
(3) 贈與人及受贈人戶籍謄本或戶口名簿影本 1 份。
(4) 贈與契約書或買賣契約書影本 1 份（指公契）。

2. 贈與財產證明文件

(1) 贈與土地者，請檢附已繳納之土地增值稅繳稅通知書收據或該土地免納土地增值稅證明。

(2) 贈與房屋者，應檢附已繳納之該房屋契稅繳納通知書收據或當期房屋稅單影本 1 份；若係贈與新建房屋，應檢附建築物使用執照影本及稅捐稽徵機關發給之房屋評價證明各 1 份。

(3) 申報贈與現金或存款，請檢附存款證明書或銀行帳卡或存摺影本。

(4) 申報贈與股份、股權，如係未上市（上櫃）公司，應檢附公司之股東名冊影本、贈與當日之公司資產負債表、當年度截至贈與日止之損益表。

(5) 以妻名義登記之財產（動產）為贈與時，主張係妻之原有或特有財產，應檢附有關證明文件；若為夫妻聯合財產，應併計夫之贈與稅，則檢附夫之戶籍謄本或戶口名簿影本 1 份。

(6) 贈與農業用地作農業使用，主張扣除該農業用地價值之全數，應檢附「土地登記簿謄本」、「地籍圖謄本」及「農業用地作農業使用證明書」。

3. 不計入贈與總額

　　捐贈與政府、公有事業、已依法登記設立為財團法人組織且符合行政院規定標準之教育、文化、公益、慈善、宗教團體及祭祀公業之財產，主張不計入贈與總額課稅，應檢附受贈同意書及符合行政院 84 年 11 月 15 日臺 84 財字第 40381 號令發布第 2 條規定之財團法人組織章程證明文件。

4. 扣除額

　　贈與附有負擔者，應提出有關證明文件。

● 查估與核稅

(一) 作業期限

　　稽徵機關應於接到贈與稅申報書表之日起 **2 個月內**，辦理調查及估價，決定應納稅額，繕發納稅通知書，通知納稅義務人繳納。其有特殊情形不能在 2 個月內辦竣者，應於**限期內**呈准上級主管機關**核准延期**（遺贈 29）。而納稅義務人對核定內容有疑義時，應申請更正。

(二) 滯報之調查

　　贈與稅納稅義務人未依限辦理贈與稅申報，或未依規定申請延期申報者，該管稽徵機關應即進行調查，並於規定之期限內調查，核定其應納稅額，通知納稅義務人依規定之期限繳納（遺贈 33）。

三　繳　稅

(一) 繳納期限

　　贈與稅納稅義務人，應於稽徵機關送達核定納稅通知書之日起 2 個月內，繳清應納稅款；必要時，得於限期內申請稽徵機關核准延期 2 個月（遺贈 30）。

(二) 分期繳納

　　贈與稅應納稅額在 30 萬元以上，納稅義務人確有困難，不能一次繳納現金時，得於前項規定納稅期限內，向該管稽徵機關申請，分 18 期以內繳納，每期間隔以不超過 2 個月為限。

　　經申請分期繳納者，應自繳納期限屆滿之次日起，至納稅義務人繳納之日止，依郵政儲金 1 年期定期儲金固定利率，分別加計利息；利率有變動時，依變動後利率計算（遺贈 30）。

(三) 實物抵繳

　　贈與稅應納稅額在 30 萬元以上，納稅義務人確有困難，不能一次繳納現金時，得於納稅期限內，就現金不足繳納部分申請以在**中華民國境內之課徵標的物**或納稅義務人所有**易於變價及保管之實物一次抵繳**。中華民國境內之課徵標的物屬不易變價或保管，或申請抵繳日之時價較死亡或贈與日之時價為低者，其得抵繳之稅額，以該項財產價值占全部課徵標的物價值比例計算之應納稅額為限（遺贈 30）。

　　所稱**「稅額」**包括贈與稅本稅、罰鍰，逾期申報補繳稅款加計之利息在內。

　　另依規定，以受贈人為納稅義務人時，得以受贈財產中依《都市計畫法》第 50-1 條免徵贈與稅之公共設施保留地申請抵繳贈與稅款（遺贈細 44 Ⅱ），但贈與稅之納稅義務人為贈與人者，贈與人則不得以其公共設施預定地申請抵繳應納稅額（財政部 81.12.3 臺財稅第 811685542 號函）。

相關贈與稅實物抵繳之規定與遺產稅相同，請參閱本書第 7 章陸、稽徵程序四之(三)。

四 證明書之核發

贈與稅納稅義務人繳清應納稅款、罰鍰及加徵之滯納金、利息後，主管稽徵機關應發給稅款繳清證明書；其經核定無應納稅款者，應發給核定免稅證明書；其有特殊原因必須於繳清稅款前辦理產權移轉者，得提出確切納稅保證，申請該管主管稽徵機關核發同意移轉證明書。

不計入贈與總額之財產，經納稅義務人之申請，稽徵機關應發給不計入贈與總額證明書（遺贈 41）。

五 稅款確保

1. 贈與稅未繳清前，不得辦理贈與移轉登記。但依法於事前申請該管稽徵機關核准發給同意移轉證明書，或經稽徵機關核發免稅證明書、不計入贈與總額證明書者，不在此限（遺贈 8）。
2. 稽徵機關進行調查，如發現納稅義務人有故意以詐欺或不正當方法逃漏贈與稅時，得敘明理由，申請當地司法機關，實施搜索、扣押或其他強制處分（遺贈 39）。

柒 獎 懲

一 罰 則

(一) 納稅義務人之處罰

1. 逾期申報

納稅義務人未依限辦理贈與稅申報者，應按核定應納稅額加處 2 倍以下之罰鍰（遺贈 44）。

2.漏報短報

　　納稅義務人對依法應申報之贈與財產，已依規定申報而有漏報或短報情事者，應按所漏稅額處 **2 倍**以下之罰鍰（遺贈 45）。

3.重大漏稅

　　納稅義務人有故意以詐欺或其他不正當方法，逃漏贈與稅者，除依贈與發生年度稅率重行核計補徵外，並應處以所漏稅額 **1 倍至 3 倍**之罰鍰（遺贈 46）。

4.罰鍰上限

　　前述 3 項規定之罰鍰，連同應徵之稅款，最多不得超過贈與總額（遺贈 47）。

5.違背禁止處分

　　納稅義務人違反第 8 條之規定，於贈與稅未繳清前，辦理贈與移轉登記者，處 **1 年以下有期徒刑**（遺贈 50）。

6.逾期納稅

　　納稅義務人對於核定之贈與稅應納稅額，逾規定期限繳納者，**每逾 2 日加徵應納稅額 1%滯納金；逾期 30 日**仍未繳納者，主管稽徵機關應移送強制執行。但因不可抗力或不可歸責於納稅義務人之事由，致不能於法定期間內繳清稅捐，得於其**原因消滅後 10 日內**，提出具體證明，向稽徵機關申請延期或分期繳納經核准者，免予加徵滯納金。

　　前項應納稅款，應自滯納期限屆滿之次日起，至納稅義務人繳納之日止，依郵政儲金 1 年期定期儲金固定利率，按日加計利息，一併徵收（遺贈 51）。

　　但上述規定之適用，在 110 年底稅捐稽徵法修正後，**有關滯納金加徵標準等由稅捐稽徵法統一規範**。

(二) 執法單位之處罰

1.執法人員違法之處罰

　　稽徵人員違反第 29 條（調查及估價）之規定，應由各該主管機關從嚴懲處，並責令迅行補辦；其涉有犯罪行為者，應依刑法及有關法律處斷（遺贈 48）。

2. 公私機構違反登記注意義務之處罰

產權移轉登記時，未通知當事人繳驗贈與稅繳清證明書或核定免稅證明書或不計入贈與總額證明書或同意移轉證明書等之副本，即予受理者，其屬民營事業處新臺幣 15,000 元以下之罰鍰；其屬政府機關及公有公營事業者，由主管機關對主辦及直接主管人員從嚴議處（遺贈 52）。

二 獎　勵

告發或檢舉納稅義務人及其他關係人有短報、漏報、匿報或故意以虛偽不實及其他不正當行為之逃稅，或幫助他人逃稅情事，經查明屬實者，主管稽徵機關應以罰鍰提成獎給舉發人，並為舉發人保守秘密（遺贈 43）。

該舉發獎金，主管稽徵機關，應於收到罰鍰後 10 日內，通知原舉發人限期領取（遺贈細 54）。

稅制思考

 思考一

遺產稅與贈與稅併行制度下，此兩稅之稅率應如何配合？

【論點】

遺產稅與贈與稅併行制度下，此兩稅之稅率應如何配合，有二種不同之觀點，分述於下：

(一) 主張贈與稅稅率應較遺產稅略低之理由

其理由為贈與愈多，財產愈分散，愈能達成平均社會財富之目的；且財產自年長者的一代移轉予年輕一代，更可促進生產，刺激經濟之進步，故贈與稅之稅率應較遺產稅略低。

此主張係鼓勵生前贈與，以利經濟發展與社會目的之達成，但現實上卻應考慮下列現象：

1. **對死亡之忌諱：** 死亡乃不定性且為一般人不願觸及的問題，因此，多數人即使是極富裕的人，亦很少於生前將財產作有計畫之安排。

2. **對財產之控制權：** 財產所有者，多希望對其財產或企業保有控制權，不願因贈與而喪失控制權。

3. **希望子女自立：** 財產所有人希望給與子女獨立創業之機會，待子女有所成就之後，再為財產之贈與。

4. **對稅制之不甚瞭解：** 多數人對稅法一知半解，又不願對他人坦誠財產之多寡或接受租稅專家之建議，鼓勵生前贈與，未必有效果。

5. **後代子孫之金錢觀：** 後代子孫之用錢觀，是否會積極投入產業生產，刺激經濟之進步，仍有存疑。

(二) 主張贈與稅稅率應較遺產稅略高之理由

其理由為計畫性的將財產分散於各年度贈與，其稅負必較死亡後遺產稅之一次課徵為輕，故贈與稅之稅率應較遺產稅略高，以防杜財產所有人藉生前贈與規避遺產稅。

(三) 建　議

由於後者基於租稅公平之觀點，主張贈與稅稅率應略高於遺產稅之觀點，應較為合理可行。蓋因課徵贈與稅立法之主要目的，即在補充遺產稅之缺失，防堵逃漏，故贈與稅稅率應較遺產稅略高，才能有效嚇阻逃漏稅。

 註　釋

註 1：　李金桐，租稅各論，五南圖書公司，1993 年，頁 178～179。

註 2：　李金桐，租稅各論，五南圖書公司，1993 年，頁 188。

自我評量

1. 為何需要遺產稅？為何要增列贈與稅？　　　　　　　　　　（62 乙特）

2. 遺產稅及贈與稅之產生原因或課稅目的何在？兩者應如配合？

　　　　　　　　　　　　　　　　　　　　　　　　　　　（79 高）

3. 試述贈與稅之意義、種類及課稅目的？　　　　　（79 高、82 關特）

4. 試述贈與稅之課徵範圍？　　　　　　　　　　　（68 乙特、76 高）

5. 贈與稅之課徵，係採屬人主義或屬地主義？

6. 個人是否經常居住我國境內，對遺產稅及贈與稅之課徵有何影響？又「經常居住中華民國境內之標準」為何？試說明之。

　　　　　　　　　　　　　　　　　　（81 土檢、85 土特、土檢）

7. 贈與稅之納稅義務人為何？在何種情形下，依法應以另外的何人為納稅義務人？分述之。

　　（68 乙特、68 關特、69 乙特、76 高、79 高、84 土檢、94 土檢）

8. 依《遺產及贈與稅法》規定，財產之贈與應課徵贈與稅，試問何謂贈與？又哪些情形下之財產移動，以贈與論，應課徵贈與稅？

　　　　　　　　　　　　　　　　　　　　　　（86 土檢、94 土檢）

9. 何謂「擬制贈與」？何種財產移轉行為是擬制贈與？分散所得與擬制贈與有何不同？擬制贈與之立法意旨何在？　　　　　　（79 高）

10. 遺產及贈與之土地設定有地上權時，該地上權價額之估定標準為何？試說明之。　　　　　　　　　　　　　　　（85 土檢、92 土普）

11. 依據我國《遺產及贈與稅法》規定，不計入贈與總額之財產有哪些？試說明之。　　　　　　　　　　　　　　　　　　　　（83 高）

12. 試就遺產及贈與稅法規定，試述贈與稅之免稅範圍，及免稅額如何？

　　　　　　　　　　　　　　　　　　　　　（88 土特、97 地政士）

13. 試述遺產及贈與稅法有關物價指數連動法之規定？　　（84 土特）

14. 請依遺產及贈與稅法說明贈與稅之申報期限及其申報地？

15. 實物抵繳遺產稅、贈與稅之規定、目的各如何？　　（87 土檢）

16. 贈與稅的申報期限有何規定？納稅期限如何？在何種情形下，才能申請分期繳納或以實物抵繳？　　　　　　　　　　（80 普、84 土特）

17. 遺產稅及贈與稅在何種情況下得申請以實物抵繳？經主管機關核准以土地、房屋抵繳遺產稅者，納稅義務人應將哪些文件檢送主管機關作為辦理抵繳之憑據？試說明之。　　　　　　　　　　　　（87 土特）

18. 未合併申報同一年內之上次贈與額時，應如何處罰？

19. 甲於今年 4 月過世，曾於兩年前贈與其弟乙一筆房地產，試問：

(1) 當房地產贈與時，贈與財產之估價原則為何？其贈與稅之納稅義務人為誰？而贈與時應徵之土地增值稅與契稅之納稅義務人分別為誰？該項土地增值稅與契稅可否自贈與總額內扣除後計課贈與稅？

(2) 甲死亡時，該筆房地產之贈與應否併入遺產課徵遺產稅？其原已徵納之贈與稅、土地增值稅與契稅可否自遺產稅額內扣抵？有無扣抵之限額規定？　　　　　　　　　　　　　（86 土檢）

20. 王君今年 3 月、6 月、11 月分別贈送甲、乙、丙各 150 萬元，請計算各次應納之贈與稅額？

21. 鄭君於本年贈與余君房屋一棟，評定現值 1,200 萬元，但房屋上尚有抵押借款 500 萬元及應納利息 20 萬元，問鄭君應納之贈與稅額為何？

22. 陳君將其名下之中鋼公司股票 15 萬股，無償過戶至其子名下，但因擔心贈與稅，又將股票由其子名下過戶為己所有，試問此案是否形成父對子、子對父親各一次贈與，抑或一次贈與皆未發生？　　　（71 高）

23. 李君為經常居住於中華民國境內之中華民國國民，於今年度內有下列贈與行為，試問李君應繳之贈與稅為何？

(1) 3 月時贈與其配偶 800 萬元。

(2) 5 月時將其所有座落於臺北市中山路之房地，以 1,800 萬元賣予其姪兒。該房地之評定標準價格及公告現值 1,700 萬元。

(3) 8 月時以其孫女（15 歲）之名義購買臺北市中華路之房地乙間，成交價 2,350 萬，該房地之評定標準價格及公告現值合計 2,000 萬元。

(4) 其二子 2 月結婚，贈與農業用地一筆，公告現值 1,000 萬元。

(5) 其三女 11 月結婚，贈與其美國上市公司股票 20 萬股，贈與日之股票時價折合為 1,000 萬元，作為其結婚禮物。

24. 許君已婚，有一子年 7 歲，最近欲以 400 萬元購公寓一棟（包括土地），在登記時，夫：「這棟房子還是以我們兒子名義登記較好，這樣將來可以少掉一次遺產稅。」妻：「兒子這麼小，哪有能力買房子，這樣很容易被課贈與稅。」請問：

(1) 你對上述對話有何看法？

(2) 純從稅賦觀點看，你認為夫、妻及子三者中，究以何名義登記所有權人較為有利，且又無逃漏稅被處罰之風險？（68 高檢）

參考答案

(1) 就合法性而言：許君欲以其 7 歲兒子名義購買 400 萬元房地產，純就遺產及贈與稅法規定言，雖可少掉日後遺產稅之課徵，但應注意：

　A. 因許君兒子年僅 7 歲，如無法證明該項價款確係其兒子所有，依遺贈法第 5 條第 5 項規定，應視為父母對其未成年兒子之贈與，課徵贈與稅。如父母未依限申報繳納贈與稅，經稅捐機關查獲時，尚應補稅送罰。

　B. 許君於購買上述房地產後之 2 年內死亡，依遺贈法第 15 條，該房地產仍視為被繼承人之遺產，應併入其遺產總額，依法課徵遺產稅。

　C. **故夫妻間之對話，應以妻所言較為適法。**

(2) 從稅賦觀點論：應以夫之名義登記所有權人較為有利，且無逃漏稅被罰風險，理由如下：

　A. **若以子之名義登記時：**父母以自己之資金為其子女置產，依遺贈法第 5 條第 5 款規定，其贈與財產價值之計算，應以其所出資金額為準，故在購買房地產時應繳納贈與稅，受贈人還要繳土地增值稅及契稅，且父母如於 2 年內死亡，該項贈與財產應併入遺產總額，依法課徵遺產稅。

　　贈與稅稅額：(400 − 244)×10%－15.6 萬

B. **以夫之名義登記**：以夫名義登記所有權者時，無需申報課徵贈與稅，將來死亡，被繼承人繼承時，以目前 400 萬元之財產價值言，根本不發生課遺產稅之問題。因現行遺產及贈與稅法規定，遺產稅之免稅額為 1,333 萬元，妻之扣除額為 553 萬元，7 歲兒子基本扣除額為 672 萬（56 萬＋56 萬×11），及喪葬費 138 萬元，可見依目前標準，可免徵遺產稅。

C. **以妻之名義登記時**：其稅負與夫相同。

D. **故本案應以夫或妻之名義登記為所有權人較有利稅負之節省。**

25. 信託土地課徵地價稅時，其納稅義務人為何？又依遺產及贈與稅法規定，信託利益在哪些情況下應課徵贈與稅？信託之財產在哪些情況下其移轉或為其他處分不課徵贈與稅？　　　（92 土檢、93 土檢）

26. 甲君已 95 歲高齡，持有達 60 年、面積 60 坪之建築用地乙筆，該土地之公告現值總額為 250 萬元，除此之外未有其他有價財產，甲君很想在生前將之贈與其唯一子女乙君，以節稅的觀點來看，甲君應該現在將土地增與乙君，或待甲君百年後再由乙君繼承？試說明其理由。　　　（95 地政士）

27. 按現行《遺產及贈與稅法》之規定，「贈與稅之扣除額」與「已納贈與稅之扣抵」之意義有何不同，試比較說明之。　　（101 地政士）

28. 某甲將下列土地及房屋（資料如下）於民國 104 年 5 月 15 日贈與朋友乙，請問其應繳納之土地增值稅、契稅及贈與稅各為若干？贈與之土地及房屋資料如下：（一）土地－土地取得日期：民國 80 年 3 月 8 日；面積：200 平方公尺；前次移轉現值：10,000 元／平方公尺；贈與時公告土地現值：30,000 元／平方公尺物價指數：150；改良土地費用：300,000 元。（二）房屋－建物面積：100 平方公尺；標準價格：800,000 元。　　　（104 地政士）

29. 土地增值稅、遺產稅及贈與稅之納稅義務人各為何？試分別說明之。　　　（105 地政士）

30. 夫贈與妻一棟房屋連同基地，請問贈與移轉時是否課徵土地增值稅、契稅、贈與稅、房地合一所得稅？如須課徵時，並請說明納稅義務人為何？　　　（110 地政士）

31. 甲因為事業繁忙，將其名下的不動產信託給信託公司乙經營管理，在信託契約中約定信託的利益歸屬於甲。經數年後，甲鑑於其孩子丙已成家立業，於是跟信託公司乙合意修改原信託契約，將信託利益之歸屬變更為丙。請問信託財產依規定在那些情形下，課徵贈與稅？甲將信託利益之歸屬變更為丙，是否可課徵贈與稅？試申述之。

（113 地政士）

CHAPTER

09

稅捐稽徵法
Tax Collection Law

Essentials Practical
Real Estate Tax Law

壹　概　述

一　適用範圍

稅捐之稽徵，依本法之規定；本法未規定者，依其他有關法律之規定（稽 1）。

稅捐稽徵法所稱之**稅捐**，指一切法定之**國、直轄市、縣（市）及鄉（鎮、市）稅捐，但不包括關稅**（稽 2）。因此，稅捐稽徵法之適用範圍，為關稅以外之一切法定稅捐。另外還包括各稅依法附徵或代徵之捐（稽細 2）。

惟除稅捐外，滯納金、利息、滯報金、怠報金及罰鍰等，除本法另有規定外，準用本法有關稅捐之規定。但第 6 條關於稅捐優先及第 26-1 條第 2 項、第 38 條第 2 項、第 3 項關於加計利息之規定，對於**滯報金、怠報金及罰鍰**不在準用之列。

中華民國 110 年 11 月 30 日修正之本條文施行前，已移送執行之滯報金及怠報金案件，其徵收之順序，適用修正施行前之規定（稽 49）。

此外，財政部依本法或稅法所發布之解釋函令，對於據以申請之案件發生效力。但有利於納稅義務人者，對於尚未核課確定之案件適用之。

財政部發布解釋函令，變更已發布解釋函令之法令見解，如不利於納稅義務人者，自發布日起或財政部指定之將來一定期日起，發生效力；於發布日或財政部指定之將來一定期日前，應核課而未核課之稅捐及未確定案件，不適用該變更後之解釋函令。

本條中華民國 100 年 11 月 8 日修正施行前，財政部發布解釋函令，變更已發布解釋函令之法令見解且不利於納稅義務人，經稅捐稽徵機關依財政部變更法令見解後之解釋函令核課稅捐，於本條中華民國 100 年 11 月 8 日修正施行日尚未確定案件，適用前項規定。

財政部發布之稅務違章案件裁罰金額或倍數參考表變更時，有利於納稅義務人者，對於尚未核課確定之案件適用之（稽 1-1）。

二 立法沿革

民國 38 年間政府來臺，為整頓臺灣省各項稅捐，乃於 39 年 12 月 30 日由行政院訂頒〈勘亂期間臺灣省內中央及地方各項稅捐統一稽徵暫行辦法〉，40 年 1 月 1 日起施行；同年 6 月 16 日總統公布《臺灣省內中央及地方各項稅捐統一稽徵條例》，前後適用達 17 年之久，直至 56 年 12 月始將該條例分別納入各稅法後而予廢止。

我國稅法之立法型態向採分稅立法方式，由於各稅法對於徵收程序、罰則及租稅救濟等關係人民權益之規定，常有相互矛盾衝突之處，在實際適用時屢茲爭議，為便於稽徵，以利遵行。因此各方即有統一制定稅捐徵收法律之議。民國 52 年，財政部草擬《稅捐徵收法》，歷經多年的討論修正，立法院才於 65 年 10 月 12 日三讀通過並更名為《稅捐稽徵法》，同年 10 月 22 日由總統公布實施，經多次修正至今。

三 性　質

稅捐稽徵法具有租稅法本身之性質，即租稅法係**公法**、租稅法為**強行法**、租稅法為**行政法**及租稅法為**國內法**之性質外，尚具有以下程序法與特別法之性質（註 1）。

(一) 稅捐稽徵法為程序法

程序法是規定如何實施實體法之法律。由於稅捐之稽徵，依稅捐稽徵法之規定；而其內容，亦多涉及納稅義務、稽徵、行政救濟、強制執行等稽徵程序，並不直接影響納稅義務人之稅負，因此具有租稅程序法之性質。

(二) 稅捐稽徵法為租稅特別法

特別法，指其規定僅實施於特定之人、特定事項或特定地區之法律。由於《稅捐稽徵法》第 1 條規定：「稅捐之稽徵，依本法之規定；本法未規定者，適用其他法律之規定」。因此，稅捐稽徵法僅屬規定稅捐稽徵之法律，且稅捐稽徵法優先於其他法律之適用，故具租稅特別法之性質。

四 稽徵機關

　　稅捐由各級政府主管**稅捐稽徵機關稽徵**之，必要時得委託代繳，其辦法由行政院定之（稽3）。

貳　總　則

一 涉外稅捐互惠

　　稅捐稽徵法關於稅捐互惠，係基於平等互惠原則，分為核定**免徵稅捐、外交換文方式互免稅捐及外交稅務資訊交換及協助三種**，分述於後：

(一) 核定免徵稅捐

　　財政部得本互惠原則，對外國派駐中華民國之使領館及享受外交官待遇人員，暨對雙方同意給予免稅待遇之機構及人員，核定免徵稅捐（稽4）。

(二) 外交換文互免稅捐

　　財政部得本互惠原則，與外國政府商訂互免稅捐，於報經行政院核准後，以外交換文方式行之（稽5）。

(三) 外交稅務資訊交換及協助

　　財政部得本互惠原則，與外國政府或國際組織商訂稅務用途資訊交換及相互提供其他稅務協助之條約或協定，於報經行政院核准後，以外交換文方式行之。

　　與外國政府或國際組織進行稅務用途資訊交換及提供其他稅務協助，應基於互惠原則，依已生效之條約或協定辦理；條約或協定未規定者，依本法及其他法律規定辦理。但締約他方有下列情形之一者，不得與其進行資訊交換：

1. 無法對等提供我國同類資訊。

2. 對取得之資訊予以保密，顯有困難。

3. 請求提供之資訊非為稅務用途。

4. 請求資訊之提供將有損我國公共利益。

5. 未先盡其調查程序之所能提出個案資訊交換請求。

　　財政部或其授權之機關執行第 1 項條約或協定所需資訊，依下列規定辦理；應配合提供資訊者不得規避、妨礙或拒絕，並不受本法及其他法律有關保密規定之限制：

1. 應另行蒐集之資訊：得向有關機關、機構、團體、事業或個人進行必要之調查或通知到財政部或其授權之機關辦公處所備詢，要求其提供相關資訊。

2. 應自動或自發提供締約他方之資訊：有關機關、機構、團體、事業或個人應配合提供相關之財產、所得、營業、納稅、金融帳戶或其他稅務用途資訊；應進行金融帳戶盡職審查或其他審查之資訊，並應於審查後提供。

　　財政部或其授權之機關依第 1 項條約或協定提供資訊予締約他方主管機關，不受本法及其他法律有關保密規定之限制。

　　前 2 項所稱其他法律有關保密規定，指下列金融及稅務法律有關保守秘密規定：

1. 銀行法、金融控股公司法、國際金融業務條例、票券金融管理法、信託業法、信用合作社法、電子票證發行管理條例、電子支付機構管理條例、金融資產證券化條例、期貨交易法、證券投資信託及顧問法、保險法、郵政儲金匯兌法、農業金融法、中央銀行法、所得稅法及關稅法有關保守秘密規定。

2. 經財政部會商各法律中央主管機關公告者。

　　第 1 項條約或協定之範圍、執行方法、提出請求、蒐集、第 3 項第 2 款資訊之內容、配合提供之時限、方式、盡職審查或其他審查之基準、第 4 項提供資訊予締約他方之程序及其他相關事項之辦法，由財政部會商金融監督管理委員會及相關機關定之。

　　本法中華民國 106 年 5 月 26 日修正之條文施行前已簽訂之租稅協定有稅務用途資訊交換及其他稅務協助者，於修正之條文施行後，適用第 2 項至第 4 項及依前項所定辦法之相關規定（稽 5-1）。

❷ 租稅優先權

(一) 意　義

　　「租稅優先權」又名「稅捐優先受償權」。係指租稅債權與其他債權競合之時，若債務人之財產不足清償其全部債務者，租稅債權得排除其他債權而優先受清償之權利。以確保國家徵稅權公權力之行使。

(二) 稅法規定

1. 稅捐之徵收，優先於普通債權。

2. 土地增值稅、地價稅、房屋稅之徵收及法院、法務部行政執行署所屬行政執行分署（以下簡稱行政執行分署）執行拍賣或變賣貨物應課徵之營業稅，優先於一切債權及抵押權。

　　經法院、行政執行分署執行拍賣或交債權人承受之土地、房屋及貨物，法院或行政執行分署應於拍定或承受 5 日內，將拍定或承受價額通知當地主管稅捐稽徵機關，依法核課土地增值稅、地價稅、房屋稅及營業稅，並由法院或行政執行分署代為扣繳（稽 6）。

　　所謂「**一切債權**」包括普通債權及其他依法律規定而有優先權之優先債權（如勞動基準法之工資優先權）均屬之。

❸ 稅捐之清償順序

(一) 破產財團之稅捐清償

　　破產財團成立後，其**應納稅捐為財團費用**，由破產管理人依破產法之規定清償之（稽 7）。即破產財團成立後應納之稅捐視為財團費用，有優於破產債權清償之權利。

　　依破產法規定，所謂「**破產**」係對債務人不能清償者宣告之。法院為破產宣告時，應選任破產管理人，而破產人因破產之宣告，對於應屬破產財團之財產，喪失其管理及處分權，並置於破產管理人之下。

(二) 公司重整之稅捐清償

　　公開發行股票或公司債之公司，因財務困難，暫停營業或有停業之虞者，法院得依關係之聲請，裁定准予重整，而期該公司能繼續維持或更生。對公司之債權，在重整裁定前成立者為**重整債權**，需依重整程序行使

權利。而**重整債務**則指維持公司業務繼續營運而生之債務及進行重整程序所發生之費用，**重整債務具有優先於重整債權而為清償之效力**。

公司重整中所發生之稅捐，為公司重整債務，依公司法之規定清償之（稽 8）。其目的在規定公司重整中所發生之稅捐應列為公司重整債務，得優先於重整債權隨時受清償，以確保稅捐之稽徵。

四 納稅義務人應為行為之時間

納稅義務人應為之行為，應於稅捐稽徵機關之辦公時間內為之。但繳納稅捐，應於代收稅款機構之**營業時間內**為之（稽 9）。

因天災、事變而遲誤依法所定繳納稅捐期間者，該管稅捐稽徵機關，得視實際情形，延長其繳納期間，並公告之（稽 10）。

納稅義務人為申報、繳納稅款、行政救濟等種種行為，自應於規定期限內一定時間為之，以利納稅義務人及稽徵機關遵行或作業，避免發生不必要之爭議，惟稅款之徵收一般均委託金融機關或特定機關代為收受，因此，亦規定繳納稅捐以代收稅款機構之營業時間為準。

五 憑證之保存期間

依稅法規定應自他人取得之憑證及給予他人憑證之存根或副本，**應保存 5 年**（稽 11）。

憑證係記帳之依據，帳冊又為課稅之依據，故原始憑證之保存，關係重大且影響納稅義務人之權益至鉅，因此，憑證自當妥善保存。

六 相當擔保

本法所稱**「相當擔保」**，係指相當於擔保稅款之下列擔保品（稽 11-1）：

1. 黃金，按 9 折計算，經中央銀行掛牌之外幣、上市或上櫃之有價證券，按 8 折計算。

2. 政府發行經規定可十足提供公務擔保之公債，按面額計值。

3. 銀行存款單摺，按存款本金額計值。

4. 易於變價、無產權糾紛且能足額清償之土地或已辦妥建物所有權登記之房屋。

5. 其他經財政部核准，易於變價及保管，且無產權糾紛之財產。

　　前項第 1 款、第 4 款與第 5 款擔保品之計值、相當於擔保稅款之認定及其他相關事項之辦法，由財政部定之。

七 電子文件之使用

　　依本法或稅法規定應辦理之事項及應提出之文件，得以電磁紀錄或電子傳輸方式辦理或提出；其實施辦法，由財政部訂之。

　　財政部應配合國家政策積極獎勵或輔導納稅義務人使用電子支付，以維護政府稅基、增加稅收，並達租稅公平（稽 11-2）。以順應電腦作業及提高行政效率。

參　納稅義務

一 共有人

　　共有財產，由**管理人**負納稅義務；未設管理人者，共有人各按其**應有部分**負納稅義務；其為公同共有時，以**全體公同共有人**為納稅義務人（稽 12）。即為全體公同共有人負租稅連帶債務。所謂**「連帶債務」**，依民法之規定，係數人負同一債務，明示對於債權人各負全部給付之責任者而言。同時，無前述之明示時，連帶債務之成立，以法律有規定者為限（民 272）。

二 清算人

　　法人、合夥或非法人團體**解散清算**時，**清算人**於分配賸餘財產前，應依稅捐稽徵法第 6 條按稅捐受清償之順序，繳清稅捐。清算人違反前項規定者，應就未清繳之稅捐，負繳納義務（稽 13），稅捐稽徵機關移送法院執行時，得對清算人之財產為強制執行。

　　解散之公司，除因合併、分割或破產而解散者外，應行清算（公司法 24）。而所謂**「清算」**，即對已解散之法人，就其法律關係加以清理使之歸

於消滅，並分配其賸餘財產為目的之所為行為。而清算人之職務即是為了結現務，收取債權清償債務，分派盈餘或虧損，分派移交賸餘財產等。故為保障稅捐，規定清算人應先繳清稅捐，再分配賸餘財產，否則即負繳納義務。

三 遺囑執行人及繼承人等

納稅義務人死亡遺有財產者，其依法應繳納之稅捐，應由遺囑執行人、繼承人、受遺贈人或遺產管理人，依法按稅捐受清償之順序，繳清稅捐後，始得分割遺產或交付遺贈。遺囑執行人、繼承人、受遺贈人或遺產管理人，違反此項規定者，應就未清繳之稅捐，負繳納義務（稽 14）。

四 合併之營利事業

營利事業因合併而消滅時，其在合併前之應納稅捐，應由**合併後存續或另立之營利事業**負繳納之義務（稽 15）。

「營利事業」，係指公營、私營或公私合營，以營利為目的，具備營業牌號或場所之獨資、合夥、公司及其他組織方式之工、商、農、林、漁、牧、礦冶等營利事業（所 11）。營利事業因合併而消滅時，其於合併前應退之稅捐，應由合併後存續或另立之營利事業受理，但獨資合夥之營利事業，在合併時另有協議，並已向稅捐稽徵機關報備者，從其協議（稽細 5）。

稽徵程序

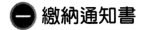 繳納通知書

(一) 填　發

繳納通知文書，應載明納稅義務人之姓名或名稱、地址、稅別、稅額、稅率、繳納期限等項，由稅捐稽徵機關填發（稽 16）。

(二) 更正要求

納稅義務人如發現繳納通知文書有記載，計算錯誤或重複時，於規定繳納期間內，得要求稅捐稽徵機關，查對更正（稽 17）。

二 送　達

(一) 送達期限

　　繳納稅捐之文書，稅捐稽徵機關應於該文書所載**開始繳納稅捐日期前送達**（稽 18）。

(二) 送達人

　　為稽徵稅捐所發之各種文書，得向納稅義務人之**代理人、代表人、經理人或管理人**以為送達；應受送達人在服役中者，得向其**父母或配偶**以為送達；無父母或配偶者，得**委託服役單位**代為送達。

　　為稽徵土地稅或房屋稅所發之各種文書，得以**使用人**為應受送達人。

　　納稅義務人為全體公同共有人者，繳款書得僅向其中一人送達；稅捐稽徵機關應另繕發核定稅額通知書並載明繳款書受送達者及繳納期間，於開始繳納稅捐日期前送達全體公同共有人。但公同共有人有無不明者，得以**公告**代之，並自黏貼公告欄之**翌日起**發生效力（稽 19）。

　　稅捐稽徵機關對於按納稅義務人申報資料核定之案件，得以**公告方式**，載明申報業經核定，代替核定稅額通知書之填具及送達。但各稅法另有規定者，從其規定。

　　前項案件之範圍、公告之實施方式及其他應遵行事項之辦法，由財政部定之（稽 19）。

三 徵　收

(一) 滯納金

1. 滯納金

　　納稅義務人**逾稅法規定之繳納期間仍未繳納**稅捐者，為**滯納**。

　　依稅法規定逾期繳納稅捐應加徵滯納金者，每**逾 3 日**按滯納數額**加徵 1%滯納金；逾 30 日**仍未繳納者，移送強制執行。但因不可抗力或不可歸責於納稅義務人之事由致不能依第 26 條、第 26-1 條規定期間申請延期或分期繳納稅捐者，得於其原因**消滅後 10 日內**，提出具體證明，向稅捐稽徵機關申請回復原狀並同時補行申請延期或分期繳納，經核准者，免予加徵滯納金。

中華民國 110 年 11 月 30 日修正之本條文施行時，欠繳應納稅捐且尚未逾計徵滯納金期間者，適用修正後之規定（稽 20）。

2. 滯報金

依稅法規定申報繳納之稅捐，納稅義務人**逾規定申報期限仍未辦理申報**者，經稽徵機關填具催報書通知納稅義務人依限補辦申報，其在限期內補報者，為**滯報**；依法應加徵滯報金。

3. 怠報金

依稅法規定申報繳納之稅捐，納稅義務人逾規定申報期限仍未辦理申報者，經稽徵機關通知納稅義務人依限補辦申報，其**逾規定補報期限仍未補報者**，為**怠報**；依法應加徵怠報金。

(二) 核課期間

1. 意義

又名課稅權期間。係政府課徵租稅，行使核課權之期間。所謂**「核課權」**，係確定納稅義務人納稅義務之權利，具有設定租稅債權之作用，屬於**形成權**之一種。因此，核課期間，為租稅債權形成權之除斥期間性質。亦即**「核課期間」**，係規定課稅事實在一定期間內者，稅捐稽徵機關得發單徵收應徵或補徵之稅捐，逾此期間，不得再有核課之權。因此，納稅義務人短漏租稅之行為，在逾核課期間後，即使為稽徵機關查獲，亦無補稅或受罰之義務或顧慮。

2. 稅法規定

稅捐之核課期間，依下列之規定：

(1) 依法應由納稅義務人申報繳納之稅捐，已在規定期間內申報，且無故意以詐欺或其他不正當方法逃漏稅捐者，其核課期間為 **5 年**。

(2) 依法應由納稅義務人貼之印花稅，及應由稅捐稽徵機關依稅籍底冊或查得資料核定課徵之稅捐，其核課期間為 **5 年**。

(3) 未於規定期間內申報，或故意以詐欺或其他不正當方法逃漏稅捐者，其核課期間為 **7 年**。

在前項核課期間內，經另發現應徵之稅捐者，仍應依法補徵並予處罰；在核課期間內未經發現者，以後不得再補稅處罰（稽 21）。

　　稅捐之核課期間屆滿時，有下列情形之一者，其**時效不完成**：

(1) 納稅義務人對核定稅捐處分提起行政救濟尚未終結者，自核定稅捐處分經訴願或行政訴訟撤銷須另為處分確定之日起算 1 年內。

(2) 因天災、事變或不可抗力之事由致未能作成核定稅捐處分者，自妨礙事由消滅之日起算 6 個月內。

　　核定稅捐處分經納稅義務人於核課期間屆滿後申請復查或於核課期間屆滿前 1 年內經訴願或行政訴訟撤銷須另為處分確定者，準用前項第 1 款規定。

　　稅捐之核課期間，不適用行政程序法第 131 條第 3 項至第 134 條有關時效中斷之規定。

　　中華民國 110 年 11 月 30 日修正之本條文施行時，尚未核課確定之案件，亦適用前 3 項規定（稽 21）。

3. 起算日

　　稅捐核課期間之起算，依下列規定（稽 22）：

(1) 依法應由納稅義務人申報繳納之稅捐，已在規定期間內申報者，自**申報日**起算。

(2) 依法應由納稅義務人申報繳納之稅捐，未在規定期間內申報繳納者，自規定**申報期間屆滿之翌日**起算。

(3) 印花稅自依法應貼用**印花稅票日**起算。

(4) 由稅捐稽徵機關按稅籍底冊或查得資料核定徵收之稅捐，自該稅捐所屬**徵期屆滿之翌日**起算。

(5) 土地增值稅自稅捐稽徵機關收件日起算。但第 6 條第 3 項規定案件，自稅捐稽徵機關受法院或行政執行分署通知之日起算。

(6) 稅捐減免所依據處分、事實事後發生變更、不存在或所負擔義務事後未履行，致應補徵或追繳稅款，或其他無法依前 5 款規定起算核課期間者，自核課權可行使之日起算。

(三) 徵收期間（追徵時效）

1. 意義

　　又名**徵收權期間**，係政府課徵租稅，徵收權可行使之期間。所謂「**徵收權**」，係對納稅義務人已確定之納稅義務，要求其履行之權

利，屬於租稅債權之**請求權**。因此，追徵時效，屬租稅債權請求權消滅時效之性質。亦即「**追徵時效**」，係對業經確定而核課之稅款，在一定期間內者，稅捐稽徵機關得繼續徵收欠繳之稅款；經過此一期間，稅捐稽徵機關仍未徵起者，即不得再行徵收之謂。

2. 稅法規定

(1) 稅捐之**徵收期間為 5 年**，自繳納期間屆滿之翌日起算；應徵之稅捐未於徵收期間徵起者，不得再行徵收。但於徵收期間屆滿前，已移送執行，或已依強制執行法規定聲明參與分配，或已依破產法規定申報債權尚未結案者，不在此限。

(2) 應徵之稅捐，有稅捐稽徵機關公告延長繳納期間、稅捐提前開徵、納稅義務人申請延期或分期繳納、核准延期或分期繳納而未如期繳納者，其餘額應限期繳納規定情事者，前項徵收期間，自各該變更繳納期間屆滿之翌日起算。

(3) 規定暫緩移送強制執行或其他法律規定停止稅捐之執行者，第一項徵收期間之計算，應扣除暫緩執行或停止執行之期間。

(4) 稅捐之徵收，於徵收期間屆滿前已移送執行者，自徵收期間屆滿之翌日起，5 年內未經執行者，不再執行，其於 5 年期間屆滿前已開始執行，仍得繼續執行；但自 5 年期間屆滿之日起已逾 5 年尚未執行終結者，不得再執行。

(5) 本法中華民國 96 年 3 月 5 日修正前已移送執行尚未終結之案件，自修正之日起逾 5 年尚未執行終結者，不再執行。但截至 106 年 3 月 4 日納稅義務人欠繳稅捐金額達新臺幣 1000 萬元或執行期間有下列情形之一者，仍得繼續執行，其執行期間不得逾 121 年 3 月 4 日：

A. 行政執行分署依《行政執行法》第 17 條規定，聲請法院裁定拘提或管收義務人確定。

B. 行政執行分署依《行政執行法》第 17-1 條第 1 項規定，對義務人核發禁止命令（稽 23）。

3. 立法意旨

　　租稅核課權，是政府對於人民確定租稅債權具體內容之權利；而租稅徵收權，係對已確定之租稅債務要求履行之權利。為維持社會之

秩序，保障稅收之安定，並減輕稅務行政之負擔，乃有核課期間、追徵時效之規定。在核課期間內，稅捐稽徵機關可行使其核課權，逾期未行使者，其權利歸於消滅；而在追徵時效內，則可行使其徵收權，逾期未行使者，其權利亦歸消滅。

(四) 稅捐之保全

稅捐稽徵機關得依下列規定實施稅捐保全措施。但已提供**相當擔保**者，不適用之：

1. 禁止處分財產或限制減資登記

納稅義務人欠繳應納稅捐者，稅捐稽徵機關得就納稅義務人相當於應繳稅捐數額之財產，通知有關機關，不得為移轉或設定他項權利；其為營利事業，並得通知主管機關，限制其減資之登記（稽 24 I）。

2. 聲請假扣押

納稅義務人有隱匿或移轉財產、逃避稅捐執行之跡象者，稅捐稽徵機關得於繳納通知文書送達後，聲請**法院**就其財產**實施假扣押，並免提供擔保**；其屬納稅義務人已依法申報而未繳納稅捐者，稅捐稽徵機關得於法定繳納期間屆滿後聲請假扣押（稽 24 I）。

所謂**「假扣押」**，指債權人就金錢請求或得易為金錢請求之請求，欲保全強制執行者，得聲請假扣押（民訴 522），暫時禁止債務人處分其財產為目的之程序。假扣押，非有日後不能強制執行或甚難執行之虞者，不得為之（民訴 523）。

3. 稅捐保全之解除

納稅義務人之財產經依前項規定實施稅捐保全措施後，有下列各款情形之一者，稅捐稽徵機關應於其範圍內辦理該保全措施之解除：

(1) 納稅義務人已自行或由第三人提供相當擔保。

(2) 納稅義務人對核定稅捐處分依法提起行政救濟，經訴願或行政訴訟撤銷確定。但撤銷後須另為處分，且納稅義務人有隱匿或移轉財產、逃避稅捐執行之跡象，不辦理解除（稽 24 II）。

4. 欠稅人限制出境與解除出境限制

(1) 函請限制出境

在中華民國境內居住之個人或在中華民國境內之營利事業，其已確定之應納稅捐逾法定繳納期限尚未繳納完畢，所欠繳稅款及已確定之罰鍰單計或合計，**個人**在新臺幣 **100 萬元**以上，**營利事業**在新臺幣 **200 萬元**以上者；其在**行政救濟程序終結前**，**個人**在新臺幣 **150 萬元**以上，**營利事業**在新臺幣 **300 萬元**以上，得由財政部函請內政部移民署限制其出境；其為營利事業者，得限制其負責人出境，並應依下列規定辦理。但已提供相當擔保者，或稅捐稽徵機關未實施第 1 項第 1 款前段或第 2 款規定之稅捐保全措施者，不適用之（稽 24 III）：

A. 財政部函請內政部移民署限制出境時，應同時以書面敘明理由並附記救濟程序通知當事人，依法送達。

B. 限制出境之期間，自內政部移民署限制出境之日起，**不得逾 5 年**。

(2) 解除出境限制

納稅義務人或其負責人經限制出境後，有下列各款情形之一，財政部應函請內政部移民署解除其出境限制（稽 24 IV）：

A. 限制出境已逾前項第 2 款所定期間（逾 5 年）。

B. 已繳清全部欠稅及罰鍰，或向稅捐稽徵機關提供欠稅及罰鍰之相當擔保。

C. 納稅義務人對核定稅捐處分依法提起行政救濟，經訴願或行政訴訟撤銷須另為處分確定。但一部撤銷且其餘未撤銷之欠稅金額達前項所定標準，或納稅義務人有隱匿或移轉財產、逃避稅捐執行之跡象，其出境限制不予解除。

D. 經行政救濟及處罰程序終結，確定之欠稅及罰鍰合計金額未達前項所定標準。

E. 欠稅之公司或有限合夥組織已依法解散清算，且無賸餘財產可資抵繳欠稅及罰鍰。

F. 欠稅人就其所欠稅款已依破產法規定之和解或破產程序分配完結。

關於稅捐之徵收，準用《民法》第 242 條至第 245 條、《信託法》第 6 條及第 7 條規定。

(五) 提前開徵

有下列情形之一者，稅捐稽徵機關，對於依法應徵收之稅捐，得於法定開徵日期前稽徵之。但納稅義務人能提供相當擔保者，不在此限：

1. 納稅義務人顯有隱匿或移轉財產，逃避稅捐執行之跡象者。

2. 納稅義務人於稅捐法定徵收日期前，申請離境者。

3. 因其他特殊原因，經納稅義務人申請者。

納稅義務人受破產宣告或經裁定為公司重整前，應徵收之稅捐而未開徵者，於破產宣告或公司重整裁定時，視為已到期之破產債權或重整債權（稽 25）。

(六) 小額稅捐免徵或免予移送強制執行

依本法或稅法規定應補或應移送強制執行之稅捐在一定金額以下者，財政部得視實際需要，報請行政院核定免徵或免予移送強制執行(稽 25-1)。

四 緩 繳

(一) 通 案

因**天災、事變**而遲誤依法定繳納稅捐期間者，該管稅捐稽徵機關，得視實際情形延長繳納期間，並公告之（稽 10）。此通案適用於特定地區特定稅目之全體義務人。

(二) 個 案

個案性質，僅適用於個別納稅義務人有提出申請而獲准延期或分期繳納者。

1. 緩繳期限

納稅義務人因**天災、事變、不可抗力之事由或為經濟弱勢者**，不能於法定期間內繳清稅捐者，得於規定納稅期間內，向稅捐稽徵機關申請延期或分期繳納，其延期或分期繳納之期間，**不得逾 3 年**。

前項天災、事變、不可抗力之事由、經濟弱勢者之認定及實施方式之辦法，由財政部定之（稽 26）。

2. 申請分期繳納

納稅義務人有下列情形之一，不能於法定期間內繳清稅捐者，得於規定納稅期限內，向稅捐稽徵機關申請分期繳納：

(1) 依法應繳納所得稅，因客觀事實發生**財務困難**。

(2) 經稅捐稽徵機關查獲**應補徵鉅額稅捐**。

(3) 其他經直轄市政府、縣（市）政府或鄉（鎮、市）公所認定符合分期繳納地方稅之事由。

前項經核准分期繳納之期間，**不得逾 3 年**，並應自該項稅款原訂繳納期間屆滿之翌日起，至繳納之日止，依各年度 1 月 1 日郵政儲金 1 年期定期儲金固定利率，按日加計利息，一併徵收；應繳稅款個人在新臺幣 100 **萬元以上**，營利事業在新臺幣 200 **萬元以上**者，稅捐稽徵機關得要求納稅義務人提供相當擔保。但其他法律或地方自治團體就主管地方稅另有規定者，從其規定。

第 1 項第 1 款因客觀事實發生財務困難與第 2 款鉅額稅捐之認定、前項納稅義務人提供相當擔保之範圍及實施方式之辦法，由財政部定之；第 1 項第 3 款分期繳納地方稅之事由及實施方式之辦法，由各級地方政府依社會經濟情況及實際需要定之（稽 26-1）。

3. 緩繳之催繳

納稅義務人對核准延期或分期繳納之任何一期應繳稅捐，未如期繳納者，稅捐稽徵機關應於該期繳納期間**屆滿之翌日起 3 日內**，就未繳清之餘額稅款，**發單通知納稅義務人**，限 10 **日內一次全部繳清**；逾期仍未繳納者，移送強制執行（稽 27）。

稅捐機關既已斟酌納稅義務人之能力予以緩繳，若仍未如期繳納，顯有故意之嫌，原核准延期或分期繳納之優惠，即予以取消，而要求限期一次繳清。

五 退　稅

納稅義務人申請退稅，及稅捐稽徵機關查明積欠稅捐辦理抵繳之有關規定於後：

（一）申請退稅時機

因**適用法令、認定事實、計算或其他原因**之錯誤，致溢繳稅款者，納稅義務人得自繳納之日起 **10 年內**提出具體證明，申請退還；屆期未申請者，不得再行申請。但因可歸責於政府機關之錯誤，致溢繳稅款者，其退稅請求權自繳納之日起 **15 年**間不行使而消滅。

稅捐稽徵機關於前項規定期間內知有錯誤原因者，應自知有錯誤原因之日起 **2 年內查明退還**。

納稅義務人對核定稅捐處分不服，依法提起行政救濟，經行政法院實體判決確定者，不適用前 2 項規定。

第 1 項規定溢繳之稅款，納稅義務人以現金繳納者，應自其繳納該項稅款之日起，至填發收入退還書或國庫支票之日止，按溢繳之稅額，依各年度 1 月 1 日郵政儲金 1 年期定期儲金固定利率，按日加計利息，一併退還。

中華民國 110 年 11 月 30 日修正之本條文施行時，因修正施行前第 1 項事由致溢繳稅款，尚未逾 5 年之申請退還期間者，適用修正施行後之第 1 項本文規定；因修正施行前第 2 項事由致溢繳稅款者，應自修正施行之日起 15 年內申請退還。

中華民國 110 年 11 月 30 日修正之本條文施行前，因修正施行前第 1 項或第 2 項事由致溢繳稅款者，於修正施行後申請退還，或於修正施行前已申請尚未退還或已退還尚未確定案件，適用第 4 項規定加計利息一併退還。但修正施行前之規定有利於納稅義務人者，適用修正施行前之規定。

行為人明知無納稅義務，違反稅法或其他法律規定所繳納之款項，不得依第 1 項規定請求返還（稽 28）。

（二）抵繳積欠

納稅義務人應退之稅捐，稅捐稽徵機關應先抵繳其積欠，依下列順序辦理抵繳；並於扣抵後，應即通知該納稅義務人（稽 29、稽細 8）：

1. 同一稅捐稽徵機關同一稅目之欠稅。

2. 同一稅捐稽徵機關同一稅目欠繳之滯納金、滯報金、怠報金、利息及罰鍰。

3. 同一稅捐稽徵機關其他稅目之欠稅。

4. 同一稅捐稽徵機關其他稅目欠繳之滯納金、滯報金、怠報金、利息及罰鍰。

5. 同級政府其他稅捐稽徵機關各項稅目之欠稅。

6. 同級政府其他稅捐稽徵機關各項稅目欠繳之滯納金、滯報金、怠報金、利息及罰鍰。

7. 其他各項稅目之欠稅及欠繳之滯納金、滯報金、怠報金、利息及罰鍰。

　　依前項規定抵繳，同一順序應以徵收期間屆至日期在先者先行為之；徵收期間屆至日期相同而分屬不同稅捐稽徵機關管轄者，按各該積欠金額比例抵繳。

　　納稅義務人欠繳應納稅捐，已逾限繳日期，而於規定申請復查期間，尚未依法申請復查者，應俟其期間屆滿後，確未申請復查，再依本法第29條規定辦理退稅抵欠。

六 調　查

(一) 證件出示

　　稅捐稽徵機關或財政部指定之調查人員依法執行公務時，應出示有關執行職務之證明文件；其未出示者，被調查者得拒絕之（稽32）。

(二) 調查權

1. 行使方式

　　稅捐稽徵機關或財政部賦稅署指定之調查人員，為調查課稅資料，得向有關機關、團體或個人進行調查，要求提示帳簿、文據或其他有關文件，或通知納稅義務人，到達其辦公處所備詢，被調查者不得拒絕（稽30 I）。

　　前項調查，不得逾課稅目的之必要範圍（稽30 II）。

　　被調查者以調查人員之調查為不當者，得要求調查人員之服務機關或其上級主管機關為適當之處理（稽30 III）。

2. 掣據與發還

　　納稅義務人及其他關係人提供帳簿、文據或其他有關文件時，該管稽徵機關或財政部賦稅署應掣給收據，除涉嫌違章漏稅者外，應於帳簿、文據或其他有關文件提送完全之日起，**30 日內發還之**；其有特殊情形，經該管稽徵機關或賦稅署首長核准者，**得延長發還時間 30 日，並以一次為限**（稽30 IV）。

(三) 搜索權

1. 適用時機

　　稅捐稽徵機關對**逃漏所得稅及營業稅**涉有犯罪嫌疑之案件，得敘明事由，聲請當地司法機關簽發搜索票後，會同當地警察或自治人員，進入藏置帳簿、文件或證物之處所，實施搜查；搜查時非上述機關人員不得參與。經搜索獲得有關帳簿、文件或證物，統由參加搜查人員，會同攜回該管稽徵機關，依法處理（稽 31 I）。

2. 申請搜索票

　　司法機關接到稽徵機關聲請搜索票時，如認有理由，應儘速簽發搜索票；稽徵機關應於**搜索票簽發後 10 日內執行完畢**，並將搜索票繳回司法機關。其他有關搜索及扣押事項，準用刑事訴訟法之規定（稽 31 II）。

(四) 保密責任

　　稅捐稽徵人員對於納稅義務人之財產、所得、營業及納稅等資料，除對下列人員及機關外，應絕對保守秘密（稽 33）。

1. 納稅義務人本人或其繼承人。

2. 納稅義務人授權之代理人或辯護人。

3. 稅捐稽徵機關。

4. 監察機關。

5. 受理有關稅務訴願、訴訟機關。

6. 依法從事調查稅務案件之機關。

7. 經財政部核定之機關與人員。

8. 債權人已取得民事確定判決或取得其他執行名義者。

　　第 1 項第 4 款至第 8 款之人員及機關，對稅捐稽徵機關所提供第 1 項之資料，不得另作其他目的使用；第 1 項第 4 款至第 7 款之機關人員或第 8 款之人員，如有洩漏情事，準用第 43 條第 3 項洩漏秘密之規定（處 1 萬元以上 5 萬元以下罰鍰）。

　　而為求慎重，稅捐稽徵機關依本條規定，向有關機關或人員提供資料時，應以密件處理，並提示其應予保密之責任（稽細 9）。

(五) 免責規定

1. 機關為統計目的

　　稅捐稽徵機關對其他政府機關、學校與教研人員、學術研究機構與研究人員、民意機關與民意代表等為統計、教學、研究與監督目的而供應資料，並不洩漏納稅義務人之姓名或名稱，且符合政府資訊公開法規定者，不受前項之限制（稽 33 II）。

2. 公告重大欠稅或逃漏稅人

　　財政部或經其指定之稅捐稽徵機關，對重大欠稅案件或重大逃漏稅捐案件經確定後，得公告其欠稅人或逃漏稅捐人姓名或名稱與內容，不受前條第 1 項限制（稽 34 I、III）。

　　前項所稱確定，係指下列各種情形：

(1) 經稅捐稽徵機關核定之案件，納稅義務人未依法申請復查。

(2) 經復查決定，納稅義務人未依法提起訴願。

(3) 經訴願決定，納稅義務人未依法提起行政訴訟。

(4) 經行政訴訟終局裁判確定。

(六) 公告獎勵優良納稅人

　　財政部或經其指定之稅捐稽徵機關，對於納稅額較高之納稅義務人，得經其同意，公告其姓名或名稱，並予獎勵；其獎勵辦法，由財政部定之（稽 34 II）。

伍　行政救濟

　　所謂「**行政救濟**」，是指納稅義務人如對於稽徵機關核定之稅額或罰鍰處分不服，得提出異議，請求國家救濟而予公平處置之行為。

　　納稅義務人對於核定稅捐之處分如有不服，應依規定格式，敘明理由，連同證明文件，依規定申請復查（稽 35）。倘若納稅義務人對稅捐稽徵機關之復查決定仍有不服，得依法提起訴願及行政訴訟（稽 38）。可知稅捐之行政救濟程序包括**復查**、**訴願**及**行政訴訟**等層級。

申請復查可應依稅捐稽徵法之規定為之。至於訴願及行政訴訟，稅捐稽徵法並無特別規定，自應依《訴願法》及《行政訴訟法》規定辦理。

另外，國外輸入之貨物，由海關代徵之稅捐，其徵收及行政救濟程序，準用關稅法及海關緝私條例之規定辦理（稽 35-1）。

➊ 復　查

(一) 適用要件

納稅義務人對於核定稅捐之處分如有不服，應依規定格式，敘明理由，連同證明文件，依規定申請**復查**（稽 35）。

(二) 應備文件

納稅義務人申請復查時，應將下列證明文件連同復查申請書送交稅捐稽徵機關：1.**受送達繳款書**或已繳納稅捐者，為**原繳款書或繳納收據影本**。2.前款以外情形者，為**核定稅額通知書**。前項復查申請書應載明下列事項，由申請人簽名或蓋章（稽細 11）。

1. 申請人之姓名、出生年月日、性別、身分證明文件字號、住、居所。如係法人或其他設有管理人或代表人之團體，其名稱、事務所或營業所及管理人或代表人之姓名、出生年月日、性別、住、居所。有代理人者，其姓名、出生年月日、性別、身分證明文件字號、住、居所及代理人證明文件。

2. 原處分機關。

3. 復查申請事項。

4. 申請復查之事實及理由。

5. 證據。其為文書者應填具繕本或影本。

6. 受理復查機關。

7. 年、月、日。

(三) 復查期間

1. 法定期間

(1) 依核定稅額通知書所載有應納稅額或應補徵稅額者，應於繳款書送達後，於**繳納期間屆滿之翌日起算 30 日內**，申請復查。

(2) 依核定稅額通知書所載無應納稅額或應補徵稅額者，應於**核定稅額通知書送達之翌日起 30 日內**，申請復查

(3) 依第 19 條第 3 項規定受送達核定稅額通知書或以公告代之者，應於核定稅額通知書或公告所載應納稅額或應補徵稅額繳納期間屆滿之**翌日起 30 日內**，申請復查（稽 35 I）。

(4) 依第 19 條第 4 項或各稅法規定以公告代替核定稅額通知書之填具及送達者，應於公告之**翌日起 30 日內**，申請復查（稽 35 I）。

前項復查之申請，以稅捐稽徵機關收受復查申請書之日期為準。但交由郵務機構寄發復查申請書者，以郵寄地郵戳所載日期為準（稽 35 II）。

2. 回復原狀

納稅義務人或其代理人，因天災事變或其他不可抗力之事由，遲誤申請復查期間者，於其**原因消滅後 1 個月內**，得提出具體證明，申請回復原狀，並應同時補行申請復查期間內應為之行為。但遲誤申請復查期間**已逾 1 年者，不得申請**（稽 35 III）。

(四) 復查決定

稅捐稽徵機關對有關復查之申請，應於接到申請書之翌日起 **2 個月內**復查決定，並作成決定書，通知納稅義務人；納稅義務人為全體公同共有人者，稅捐稽徵機關應於公同共有人最後得申請復查之期間屆滿之翌日起 2 個月內，就分別申請之數宗復查合併決定（稽 35 IV）。

(五) 逕提訴願

前項期間屆滿後，稅捐稽徵機關仍未作成決定者，納稅義務人得逕行提起**訴願**（稽 35 V）。

(六) 繳　納

納稅義務人未繳納稅款而申請復查，稅捐稽徵機關於復查決定通知納稅義務人時，應就復查決定之應納稅額，依規定加計利息填發繳款書，一併通知納稅義務人繳納（稽細 12）。

二 訴 願

(一) 適用時機

1. 人民對於中央或地方機關之行政處分，認為違法或不當，致損害其權利或利益者，得依法提起**訴願**。各級地方自治團體或其他公法人對上級監督機關之行政處分，認為違法或不當，致損害其權利或利益者，亦同（訴1）。

2. 人民因中央或地方機關對其依法申請之案件，於法定期間內應作為而不作為，認為損害其權利或利益者，亦得提起訴願。前項期間，法令未規定者，自機關受理申請之日起為 **2 個月**（訴2）。

　　上述所稱「**行政處分**」，係指中央或地方機關就公法上具體事件所為之決定或其他公權力措施而對外直接發生法律效果之單方行政行為（訴3）。

(二) 適用期限

1. 訴願之提起，應自行政處分達到或公告期滿之**次日起 30 日內**為之。

2. 利害關係人提起訴願者，前項期間自知悉時起算。但自行政處分達到或公告期滿後，**已逾 3 年者，不得提起**。

3. 訴願之提起，以原行政處分機關或受理訴願機關收受訴願書之日期為準。

4. 訴願人誤向原行政處分機關或受理訴願機關以外之機關提起訴願者，以該機關收受之日，視為提起訴願之日（訴14）。

(三) 因遲誤回復原狀之申請

　　訴願人因天災或其他不應歸責於己之事由，至遲誤前述之訴願期間者，於其原因消滅後 **10 日內**，得以書面敘明理由向受理訴願機關申請回復原狀。但遲誤訴願期間**已逾 1 年者，不得為之**。申請回復原狀，應同時補行期間內應為之訴願行為（訴15）。

(四) 訴願之決定限期

　　訴願之決定，自收受訴願書之次日起，應於 **3 個月內**為之；必要時，得予延長，並通知訴願人及參加人。延長以一次為限，最長**不得逾 2 個月**（訴85）。

(五) 不服決定之處理

訴願決定書應附記，如不服決定，得於決定書送達之次日起 **2 個月**內向行政法院提起行政訴訟（訴 90）。

三 行政訴訟

行政訴訟以保障人民權益，確保國家行政權之合法行使，增進司法功能為宗旨（行訴 1）。為便利民眾訴訟，就近使用法院，行政訴訟自 101 年 9 月 6 日起改採三級二審，所謂「三級」，係指行政法院在現有的高等行政法院及最高行政法院外，於地方法院設置行政訴訟庭三級，負責審理行政訴訟事件。所謂「二審」，係指簡易訴訟程序事件、交通裁決事件之第一審由地方法院行政訴訟庭審理，其第二審原則由高等行政法院審理，並為終審法院；又通常訴訟程序事件第一審係由高等行政法院審理，其第二審則由最高行政法院審理，並為終審法院。

(一) 一審行政訴訟

人民因中央或地方機關之違法行政處分，認為損害其權利或法律上之利益，經依訴願法提起訴願而不服其決定，或提起訴願逾 3 個月不為決定，或延長訴願決定期間逾 2 個月不為決定者，得向高等行政法院提起行政訴訟。

(二) 適用簡易程序之行政訴訟事件

適用簡易訴訟程序之事件，以地方法院行政訴訟庭為第一審管轄法院。關於稅捐課徵事件涉訟，所核課之稅額在新臺幣 **40 萬元**以下者適用簡易程序（行訴 229）：

(三) 上訴審最高行政法院

對於高等行政法院之終局判決，除法律別有規定外，得上訴於最高行政法院。於上訴審程序，不得為訴之變更、追加或提起反訴（行訴 238）。

提起上訴，應於高等行政法院判決**送達後** 20 日之不變期間內為之。但宣示或公告後送達前之上訴，亦有效力（行訴 241）。

四　受理機關與期限

國稅、地方稅之行政救濟受理機關與期限如下表 9-1 所示：

表 9-1　內地稅行政救濟程序及其受理機關與期限

項目	復查	訴願	行政訴訟：一審	行政訴訟：上訴審
國稅	各該轄區國稅局	財政部	高等行政法院	最高行政法院
地方稅	直轄市稅捐稽徵機關 各縣市稅捐稽徵機關	直轄市政府 各縣市政府	高等行政法院 高等行政法院	最高行政法院 最高行政法院
適用簡易訴訟程序之事件（國稅）	各該轄區國稅局	財政部	地方法院行政訴訟庭	高等行政法院
適用簡易訴訟程序之事件（地方稅）	直轄市稅捐稽徵機關 各縣市稅捐稽徵機關	直轄市政府 各縣市政府	地方法院行政訴訟庭	高等行政法院
申請期限	繳納期限屆滿翌日起算 30 日內	收到復查決定書次日起 30 日內	收到訴願決定書次日起 2 個月內	收到高等行政法院判決書次日起 20 日內
決定期限	2 個月，必要時得延長 2 個月	3 個月，必要時得延長 2 個月	3 個月，必要時得延長 3 個月	3 個月，必要時得延長 3 個月

資料來源：租稅法規理論與實務，黃明聖、黃淑惠著。

五　退補稅

租稅行政救濟程序終結決定或判決，其應退還稅款與應補繳稅款之退補規定如下：

(一) 退　稅

經依復查、訴願或行政訴訟等程序終結決定或判決，應退還稅款者，稅捐稽徵機關應於復查決定，或接到訴願決定書，或行政法院判決書正本後 10 日內予以退回；並自納稅義務人繳納該項稅款之日起，至填發收入退還書或國庫支票之日止，按退稅額，依各年度 1 月 1 日郵政儲金 1 年期定期儲金固定利率，按日加計利息，一併退還（稽 38 II）。

(二) 補　稅

　　經依復查、訴願或行政訴訟等程序終結決定或判決，應補繳稅款者，稅捐稽徵機關應於復查決定，或接到訴願決定書，或行政法院判決書正本後 **10 日內**，填發補繳稅款繳納通知書；通知納稅義務人繳納，並自該項補繳稅款原應繳納期間屆滿之次日起，至填發補繳稅款繳納通知書之日止，按補繳稅額，依各年度 1 月 1 日郵政儲金 1 年期定期儲金固定利率，按日加計利息，一併徵收（稽 38 III）。

　　中華民國 100 年 1 月 10 日修正施行前，經復查、訴願或行政訴訟程序終結，稅捐稽徵機關尚未送達收入退還書、國庫支票或補繳稅款繳納通知書之案件，或已送達惟其行政救濟利息尚未確定之案件，適用修正後之規定。但修正前之規定有利於納稅義務人者，適用修正前之規定（稽 38 IV）。

六 復查與更正之區別

　　納稅義務人如發現繳納通知文書有記載、計算錯誤或重複時，於規定繳納期間內，得要求稅捐稽徵機關，查對更正（稅 17）。此與本節所言行政救濟之復查不同，茲將兩者的不同點分述如下：

1. **適用情況不同**：復查係因徵納雙方對課稅內容有爭議，或引用法條不同所造成；而更正係因記載、計算錯誤或重複所產生。

2. **行使期限不同**：復查需於繳納期間屆滿翌日起算 30 日內，或核定稅額通知書送達後 30 日內，申請復查。而更正則必須在納稅期間內為之（註 2）。

陸 強制執行

一 適用時機

　　納稅義務人應納稅捐，於繳納期間**屆滿 30 日後仍未繳納者**，由稅捐稽徵機關移送強制執行（稽 39）。

納稅義務人對核准延期或分期繳納之任何一期應繳稅捐，未如期繳納者，稅捐稽徵機關應於該期繳納期間屆滿之**翌日起 3 日內**，就未繳清之餘額稅款，發單**通知**納稅義務人，**限 10 日內一次全部繳清**；逾期仍未繳納者，移送強制執行（稽 27）。

二 暫緩執行

納稅義務人已依第 35 條規定申請復查者，暫緩移送強制執行。暫緩執行之案件，除有下列情形之一者外，稽徵機關應移送強制執行：

1. 納稅義務人對復查決定之應納**稅額繳納 1/3**，並依法**提起訴願**。

2. 納稅義務人依前款規定繳納 1/3 稅額確有困難，**經稅捐稽徵機關核准，提供相當擔保**。

3. 納稅義務人依前 2 款規定繳納 1/3 稅額及提供相當擔保確有困難，經稅捐稽徵機關依第 24 條第 1 項第 1 款規定，已就納稅義務人相當於復查決定應納稅額之財產，通知有關機關，不得為移轉或設定他項權利。

中華民國 110 年 11 月 30 日修正之本條文施行前，稅捐稽徵機關已移送強制執行或依修正施行前第 2 項規定暫緩移送強制執行者，適用修正施行前之規定（稽 39）。

三 撤回與停止

稅捐稽徵機關，認為移送強制執行不當者，得撤回執行。已在執行中者，應即聲請停止執行（稽 40）。

柒　罰　則

一 刑事罰

刑事罰係對違反租稅法規定之行為人，課以刑名之懲罰而言；例如：有期徒刑、拘役、罰金、沒收等。租稅法中之刑事罰為刑法之特別法，故當兩法適用發生競合時，應優先適用租稅法之規定。稅捐稽徵法所定之刑事罰包括下列：

(一) 逃漏稅

納稅義務人以詐術或其他不正當方法逃漏稅捐者，處 **5 年以下**有期徒刑，併科新臺幣 1,000 萬元以下罰金。

犯前項之罪，個人逃漏稅額在新臺幣 1,000 萬元以上，營利事業逃漏稅額在新臺幣 5,000 萬元以上者，處 1 年以上 7 年以下有期徒刑，併科新臺幣 1,000 萬元以上 1 億元以下罰金（稽 41）。

(二) 違反代徵或扣繳義務

代徵人或扣繳義務人以詐術或其他不正當方法匿報、短報、短徵或不為代徵或扣繳稅捐者，處 **5 年以下**有期徒刑、拘役、或科或併科新臺幣 **6 萬元以下**罰金。代徵人或扣繳義務人侵占已代徵或已扣繳之稅捐者，亦同（稽 42）。

(三) 教唆或幫助逃漏稅

教唆或幫助犯第 41 條或第 42 條之罪者，處 **3 年以下**有期徒刑，併科新臺幣 100 萬元以下罰金（稽 43 I）。

稅務人員、執行業務之律師、會計師或其他合法代理人犯前項罪者，**加重其刑至 1/2**（稽 43 II）。

(四) 徒刑之適用對象

稅捐稽徵法關於納稅義務人，扣繳義務人及代徵人應處刑罰之規定，於下列之人適用之（稽 47）：

1. 公司法規定之公司負責人。

2. 有限合夥法規定之有限合夥負責人。

3. 民法或其他法律規定對外代表法人之董事或理事。

4. 商業登記法規定之商業負責人。

5. 其他非法人團體之代表人或管理人。

前項規定之人與實際負責業務之人不同時，以實際負責業務之人為準。

二 行政罰

指對違反稅法規定之行為人，課以刑名以外之制裁而言；例如，罰鍰、勒令停業、沒入、滯納金、滯報金、怠報金等。稅捐稽徵法所定之行政罰包括下列：

(一) 洩　密

稅務稽徵人員違反第 33 條第 1 項洩密等規定者，處 3 萬元以上 15 萬元以下罰鍰（稽 43 III）。

(二) 憑證違章

營利事業依法規定應給與他人憑證而未給與，應自他人取得憑證而未取得，或應保存憑證而未保存者，應就其未給與憑證、未取得憑證或未保存憑證，經查明認定之總額，處 5%以下罰鍰。但營利事業取得非實際交易對象所開立之憑證，如經查明確有進貨事實及該項憑證確由實際銷貨之營利事業所交付，且實際銷貨之營利事業已依法處罰者，免予處罰。

前項處罰金額最高不得超過新臺幣 100 萬元（稽 44）。

(三) 未設帳及記帳或未驗帳

依規定應設置帳簿而不設置或不依規定記載者，處新臺幣 3,000 元以上 7,500 元以下罰鍰，並應通知限於 1 個月內依規定設置或記載；期滿仍未依照規定設置或記載者，處新臺幣 7,500 元以上 15,000 元以下罰鍰，並再通知於 1 個月內依規定設置或記載；期滿仍未依照規定設置或記載者，應予停業處分，至依規定設置或記載帳簿時，始予復業。

不依規定保存帳簿或無正當理由而不將帳簿留置於營業場所者，處新臺幣 15,000 元以上 60,000 元以下罰鍰（稽 45）。

(四) 拒絕調查

拒絕稅捐稽徵機關或財政部賦稅署指定之調查人員之調查或拒不提示有關課稅資料、文件者，處新臺幣 3,000 元以上 30,000 元以下罰鍰。納稅義務人經稅捐稽徵機關或財政部賦稅署指定之調查人員通知到達備詢，納稅義務人本人或受委任之合法代理人，如無正當理由而拒不到達備詢者，處新臺幣 3,000 元以下罰鍰（稽 46）。

(五) 違反規避、妨礙或拒絕落實我國資訊交換機制

有關機關、機構、團體、事業或個人違反第 5-1 條第 3 項規定，規避、妨礙或拒絕財政部或其授權之機關調查或備詢，或未應要求或未配合提供有關資訊者，由財政部或其授權之機關處新臺幣 3,000 元以上 30 萬元以下罰鍰，並通知限期配合辦理；屆期未配合辦理者，得按次處罰。

未依第 5-1 條第 3 項第 2 款後段規定進行金融帳戶盡職審查或其他審查者，由財政部或其授權之機關處新臺幣 20 萬元以上 1,000 萬元以下罰鍰（稽 46-1）。

(六) 停止獎勵

納稅義務人逃漏稅捐情節重大者，除依有關稅法規定處理外，財政部應停止並追回其違章行為所屬年度享受租稅優惠之待遇。

納稅義務人違反環境保護、勞工、食品安全衛生相關法律且情節重大，租稅優惠法律之中央主管機關應通知財政部停止並追回其違章行為所屬年度享受租稅優惠之待遇。

依前 2 項規定停止並追回其違章行為所屬年度享受租稅優惠之待遇者，財政部應於該停止並追回處分確定年度之次年，公告納稅義務人姓名或名稱，不受第 33 條第 1 項限制（稽 48）。

⊜ 自動補稅之免罰

(一) 租稅赦免之概念

赦免本為赦免法之名詞，其目的在濟法律之窮，而使犯人有改過遷善之機會。**租稅赦免**(Tax Amnesty)，雖非赦免法所謂之赦免，但其目的卻甚類似。為鼓勵納稅義務人誠實申報納稅，租稅法中亦有免予追繳納稅義務人以往之稅款或免其處罰之規定。

(二) 稅法規定

納稅義務人自動向稅捐稽徵機關補報並補繳所漏稅款者，凡屬未經檢舉、未經稽徵機關或財政部指定之調查人員進行調查之案件，下列之處罰一律免除；其涉及刑事責任者，並得免除其刑：

1. 本法第 41 條至第 45 條之處罰。

2. 各稅法所定關於逃漏稅之處罰。

　　營利事業應保存憑證而未保存，如已給與或取得憑證且帳簿記載明確，不涉及逃漏稅捐，於稅捐稽徵機關裁處或行政救濟程序終結前，提出原始憑證或取得與原應保存憑證相當之證明者，免依第 44 條規定處罰；其涉及刑事責任者，並得免除其刑。

　　第一項補繳之稅款，應自該項稅捐原繳納期限截止之次日起，至補繳之日止，就補繳之應納稅捐，依各年度 1 月 1 日郵政儲金 1 年期定期儲金固定利率，按日加計利息，一併徵收。

　　納稅義務人於中華民國 110 年 11 月 30 日修正之本條文施行前漏繳稅款，而於修正施行後依第 1 項規定自動補報並補繳者，適用前項規定。但修正施行前之規定有利於納稅義務人者，適用修正施行前之規定（稽 48-1）。

(三) 適用要件

　　租稅赦免適用之條件有二：

1. 需係納稅義務人自動向稅捐稽徵機關**補報並補繳**所漏稅款者。

2. 需屬**未經檢舉及未經**稅捐稽徵機關或財政部指定之調查人員進行**調查**之案件。

四 輕微漏稅之減免

(一) 稅法規定

　　依本法或稅法規定應處罰鍰者之行為，其情節輕微，或漏稅在一定金額以下者，得減輕或免予處罰。上述前項情節輕微、金額及減免標準，由財政部定之（稽 48-2）。財政部據此擬訂之規章為「**稅務違章案件減免處罰標準**」。

(二) 不適用之規定

　　納稅義務人、扣繳義務人、代徵人、代繳人、申報金融機構有下列情事之一者，不適用〈稅務違章案件減免處罰標準〉之減輕或免予處罰規定（稅務違章案件減免處罰標準 24）：

1. 一年內有違章事實 3 次以上者。

2. 故意違反稅法規定者。

3. 以詐術或其他不正當方法逃漏稅捐者。

五 裁罰適用從新從輕原則

民國 85 年 7 月修正稅捐稽徵法時增訂本條文，規定納稅義務人違反本法或稅法之規定，適用裁處時之法律。但裁處前之法律有利於納稅義務人者，適用最有利於納稅義務人之法律（稽 48-3）。換言之，在租稅罰法方面，稅捐稽徵法是明文規定採**「從新從輕原則」**，而不再適用「實體從舊程序從新」原則。

六 罰鍰之處分機關

(一) 稅法規定

依本法或稅法規定應處罰鍰者，由主管稽徵機關處分之，不適用稅法處罰程序之有關規定，受處分人如有不服，應依行政救濟程序辦理。但在行政救濟程序終結前，免依本法第 39 條規定予以強制執行（稽 50-2）。即明定**罰鍰案件由稽徵機關處分**，回歸行政罰由行政機關處分之正常體制，原各稅法之規定自不再適用。

上述所稱**「不適用稅法處罰程序之有關規定」**，指不適用下列處罰程序：

1. 稅捐稽徵機關通知受處分人限期提出申辯者。

2. 補徵稅額者，俟補徵稅額之處分確定後移送法院者。

3. 由法院裁定處以罰鍰者。

4. 不服法院裁定時，於接到法院裁定後 10 日內提出抗告者（稽細 14）。

(二) 處分作業

稅捐稽徵機關為罰鍰處分時，應填具**裁處書**及**罰鍰繳款書**送達受處分人。受處分人如僅對於應繳稅捐不服提起行政救濟，經變更或撤銷而影響其罰鍰金額者，稅捐稽徵機關應本於職權更正其罰鍰金額（稽細 15）。

捌　附　則

一　滯納金等之準用與不準用

滯納金、利息、滯報金、怠報金及罰鍰等，除本法另有規定者外，準用本法有關稅捐之規定。但第 6 條關於稅捐優先及第 26-1 第 2 項、第 38 條第 2 項、第 3 項關於加計利息之規定，對於**滯報金**、**怠報金及罰鍰**不在準用之列。

中華民國 110 年 11 月 30 日修正之本條文施行前，已移送執行之滯報金及怠報金案件，其徵收之順序，適用修正施行前之規定（稽 49）。

二　檢舉獎金之核發

檢舉逃漏稅捐或其他違反稅法規定之情事，經查明屬實，且裁罰確定並收到罰鍰者，稅捐稽徵機關應以收到之罰鍰提成核發獎金與舉發人，並為舉發人保守祕密。

檢舉案件有下列情形之一者，不適用前項核發獎金之規定：

1. 舉發人為稅務人員。

2. 舉發人為執行稅賦查核人員之配偶或三親等以內親屬。

3. 公務員依法執行職務發現而為舉發。

4. 經前三款人員告知或提供資料而為舉發。

5. 參與該逃漏稅捐或其他違反稅法規定之行為。

第 1 項檢舉獎金，應以每案**罰鍰** 20%，最高額新臺幣 480 **萬元**為限。

中華民國 110 年 11 月 30 日修正之本條文施行時，舉發人依其他法規檢舉逃漏稅捐或其他違反稅法規定之情事，經稅捐稽徵機關以資格不符否准核發檢舉獎金尚未確定之案件，適用第 2 項規定（稽 49-1）。

註 釋

註 1： 商景明，土地稅，文笙書局，2000 年，頁 249~250。

註 2： 黃明聖、黃淑惠，租稅法規理論與實務，五南圖書，2015，頁 56~57。

自我評量

1. 稅捐稽徵法之適用範圍如何？試說明之。

2. 試依稅捐稽徵法規定，說明共有財產之納稅義務人？
（67乙特、67關特）

3. 何謂租稅優先權？稅捐稽徵法對租稅優先權有何規定？
（79會計師、80高）

4. 試說明稅捐受償之優先性？　　　　　　　　　（82公費留考）

5. 現行稅捐稽徵法對於稅捐優先受償之規定如何？此一稅捐優先權所保障之稅捐其範圍如何？又稅捐與工資何種應優先受償？　　（82土檢）

6. 地價稅、房屋稅之稽徵，係由主管機關通知納稅義務人，關於繳納通知書之「送達」規定，請詳細說明之。　　　　　　　（82土特）

7. 稅單（繳納通知書）送達之方式有幾？繳納通知書送達之對象如何？試說明之。

8. 何謂核課期間？追徵時效？二者有何區別？（78基丙、78會、75高）

9. 稅捐稽徵法規定之核課期間與追徵時效各為幾年？試述之。
（78會、75高、78基丙、72高、81土檢）

10. 稅捐（或土地稅）之核課期間、徵收期間及其起算點為何？試說明之。　　　　　　　　　　　　　　　（85土檢、92土檢、94普）

11. 納稅義務人在何種情形下，能夠申請延緩納稅？分期納稅？試說明之。　　　　　　　　　　　　　　　　　　（67關特、67乙特）

12. 依稅捐稽徵法第24條規定，納稅義務人欠繳應納稅捐者，稅捐稽徵機關為確保稅捐，有哪些「稅捐保全」之方法？
（67乙特、80公費留考、79會、83土特）

13. 納稅義務人若拒不繳納土地增值稅，稅捐單位具有何種保全租稅的方法？又法院在拍賣不動產時，土地增值稅的繳納是否優於債權的償還？其理由安在？　　　　　　　　　　　　　　　　（83土檢）

14. 限制欠稅人出境之要件為何？如何辦理？

15. 何謂行政救濟？何謂復查、訴願及行政訴訟？

16. 試述租稅行政救濟程序？其得失如何？　　　（71 高、73 高、74 高）

17. 依稅捐稽徵法規定，凡經稅捐稽徵機關核定之案件，納稅義務人如有不服，應如何尋求行政救濟？試扼要說明之。　　　（69 乙特）

18. 稅捐稽徵法對於行政救濟之復查規定如何？試述之。

19. 稅捐之行政救濟程序與一般行政救濟程序有何不同？（80 公費留考）

20. 試列簡表說明土地稅之行政救濟受理機關？　　　（69 會計師）

21. 稅捐稽徵法所稱之「確定」，係屬何種情形？　　　（71 高）

22. 試依現行稅捐稽徵法之規定，說明何謂自動補稅免罰？並簡述行政救濟後稅款依法應如何退補？　　　（88 土特）

23. 提起行政救濟之案件，應於何時退稅？其期限為何？如何加計利息一併退還？

24. 提起行政救濟之案件，應於何時補稅？其期限為何？如何加計利息一併徵收？

25. 應納稅賦於何種情形應移送法院強制執行？

26. 依稅捐稽徵法規定，納稅義務人若未在限期內繳納稅捐，於哪些情形下，可暫緩移送法院強制執行？試說明之。　　　（84 土特）

27. 何謂租稅赦免？稅捐稽徵法有關租稅赦免之規定及立法意旨各如何？　　　（80 普）

28. 納稅義務人逃漏稅款者，在何種情況下可免予處罰？試依稅捐稽徵法之規定說明之。

29. 稅捐如有逾期繳納，應如何處罰滯納金及強制執行？移送強制執行如有不當，應如何處理？

30. 納稅義務人以詐術或其他不正當方法逃漏稅捐之構成要件如何？試申論之。

31. 請依稅捐稽徵法說明有關稅捐緩繳之規定。　　　（91 土特）

32. 稅捐稽增法針對納稅義務人對於核定稅捐之處分如有不服時之申請復查及訴願有何規定？　　　（94 土檢）

33. 納稅義務人對稅捐稽徵機關之復查決定如有不服，得依法提起訴願及行政訴訟。試就稅捐稽徵法之相關規定，說明經依復查、訴願或行政訴訟等程序終結決定或判決後，應退還稅款及應補繳稅款者之後續處理作法為何？　　　　　　　　　　　　　　　（95 地政士）

34. 納稅義務人因其本身或政府機關之錯誤，致溢繳之稅款，得否辦理退還？其規定詳情如何？請依稅捐稽徵法析述之。　　　（99 地政士）

35. 納稅義務人欠繳應納稅捐者，稅捐稽徵機關得就財產採取之稅捐保全措施為何？如信託土地欠繳地價稅，稅捐稽徵機關得否以委託人之土地為標的行稅捐保全措施？並請敘明判斷之理由。　　（100 地政士）

36. 民國 98 年 1 月 21 日修正稅捐稽徵法後，對於納稅義務人溢繳之稅款，其退稅條件、年期、利息加計為何？又修正後規定得否溯及適用？另如遇退稅申請人另有欠稅時，應如何處理？請分別說明之。

　　　　　　　　　　　　　　　　　　　　　　　　　　（103 地政士）

37. 請說明我國稅捐稽徵法所規範實質課稅原則之內容為何？

　　　　　　　　　　　　　　　　　　　　　　　　　　（108 地政士）

38. 人民有依法律納稅之義務，但因特殊狀況不能於法定期間內繳清稅捐者，得申請緩繳。試依稅捐稽徵法有關緩繳之規定說明其內容。

　　　　　　　　　　　　　　　　　　　　　　　　　　（109 地政士）

CHAPTER

10 其他不動產相關稅法

Essentials Practical
Real Estate Tax Law

壹　工程受益費

　　工程受益費，原為籌措公共建設經費普遍所採用的方法之一，但目前各縣市民意機關幾乎已決議停徵工程受益費，以免苛擾市民。

　　工程受益費論其性質，係屬行政收入而為非稅收入之一種，不同於一般之賦稅，故《土地法》第 147 條規定，土地及其改良物，除依本法規定外，不得用任何名目徵收或附加稅款。但因建築道路、堤防、溝渠或其他土地及其改良之水陸工程所需要費用，得依法徵收工程受益費。

一　法令依據

　　工程受益費之徵收，原於土地法施行法第 37 條、第 38 條、第 39 條有規定，但於民國 89 年 12 月 1 日修正時已刪除，因此現行以《**工程受益費徵收條例**》及〈工程受益費徵收條例施行細則〉為徵收之依據。該條例未規定者，再依其他有關法令之規定（工 1）。

二　課徵原因

　　各級政府於該管區域內，因推行都市建設，提高土地使用，便利交通或防止天然災害，而建築或改善道路、橋樑、溝渠、港口、碼頭、水庫、堤防、疏濬水道及其他水陸等工程，應就直接受益之**公私有土地及其改良物**，徵收工程受益費；其無直接受益之土地者，就使用該項工程設施之**車輛、船舶**徵收之（工 2）。

　　所稱直接受益之土地及其改良物，係指土地及定著於該土地之建築改良物（工細 2）。

三　工程辦理機關

　　各級政府辦理各項工程，除下列各款外，由該管**直轄市或縣（市）政府**辦理（工 4）：

1. 規模龐大，非直轄市或縣（市）財力、人力、物力所能舉辦者，得由中央辦理。

2. 跨越二縣（市）以上行政區域之工程，由各該縣（市）政府共同辦理。

3. 跨越直轄市與縣（市）行政區域之工程，得由中央統籌辦理，或由各該直轄市、縣（市）政府共同辦理。

四 經徵機關

工程受益費之徵收，以**土地及其改良物**為徵收標的者，以**稅捐稽徵機關**為經徵機關；以**車輛或船舶**為徵收標的者，以**交通管理機關**為經徵機關（工13）。

五 徵收額

(一) 徵收上限

工程受益費之徵收數額，**最高不得超過該項工程實際所需費用80%**。但就車輛、船舶徵收者，得按**全額**徵收之。其為水庫、堤防、疏濬水道等工程之徵收最低限額，由各級政府視實際情形定之（工2）。

工程受益費**以徵足原定數額為限**。但就車輛、船舶徵收受益費之工程，而有繼續維持保養、改善必要者，經各該級民意機關決議，並完成收支預算程序後，得徵收之（工5Ⅲ）。

(二) 工程實際所需費用之項目

所稱「**工程實際所需費用**」，包括下列各種費用（工3）：

1. 工程興建費。

2. 工程用地之徵購費及公地地價。

3. 地上物拆遷補償費。

4. 工程管理費。

5. 借款之利息負擔。

前項第2款之公地地價，以各該公地管理機關抵繳同一工程所應繳納之工程受益費數額為限。

(三) 徵收標準

　　工程受益費之徵收標準，按**土地受益之程度**或**車輛、船舶之等級**，擬定徵收費率（工 8 I）。以市區道路工程而言，各級政府辦理新築或改善市區道路工程，應向道路兩旁受益範圍內之公私有土地及其改良物，徵收工程受益費（工細 17）。其受益範圍之認定、負擔工程受益費總額之比例與工程受益費之計算等項目，則規定於施行細則內。

　　不同性質之工程，其工程受益費應予分別徵收；同性質之工程有重複受益時，僅就其受益較大者，予以計算徵收(工 12)。

(四) 費率訂定計算標準

　　各級政府得視實際需要在規定限額內衡酌下列因素，訂定費率計算標準（工細 55）：

1. 工程實際所需費用。

2. 受益程度。

3. 土地價格。

4. 該地區受益（繳納義務）人普遍之負擔能力。

六 納稅義務人及分擔比例

(一) 繳納義務人及扣繳、墊繳人

1. 工程受益費向公告徵收時之**土地所有權人**徵收之；

2. 設有典權者，向**典權人**徵收；

3. 放領之公地，向其**承領人**徵收。

4. 所有權人或典權人未自行使用之不動產，經催徵而不繳納者，得責由**承租人或使用人**扣繳或墊繳之（工 8II）。

5. 以車輛、船舶為徵收標的之工程受益費，向**使用之車輛或船舶**徵收之（工 10）。

　　前項土地改良物在未繳清全部受益費以前，如因土地租賃期限屆滿而予以拆除，由**土地所有權人**負責繳納未到期之部分；如係於租賃期間內拆除或改建，由**改建人**負責繳納之（工 9）。

(二) 工程受益費之分擔

土地及其改良物不屬同一人者，其應徵之工程受益費，由**土地所有權人**及**土地改良物所有權人**分擔；其分擔比率，由辦理工程之各級政府定之（工 9）。

施行細則規定由土地所有權人及改良物所有權人按土地及其改良物之**完稅價值比例分擔**為原則（工細 58）。

⑦ 徵收程序

(一) 核　備

各級地方政府徵收工程受益費，應擬具徵收計畫書，包括工程計畫、經費預算、受益範圍及徵收費率等，送經各該級民意機關決議後，報請中央主管機關備查。如係長期辦理之工程，應先將分期、分年之工程計畫，依照上開規定，先行送經民意機關決議，報請中央主管機關核備後，據以編列年度預算或特別預算辦理。中央舉辦之工程，應由主辦工程機關循收支預算程序辦理（工 5I）。

(二) 審　查

各級地方民意機關對工程受益費徵收計畫書，應連同該工程經費收支預算一併審定；如工程受益費徵收案予以延擱或否決，該工程經費收支預算應併同延緩或註銷（工 5II）。

(三) 公　告

就土地及其改良物徵收受益費之工程，**主辦工程機關應於開工前 30 日內**，將工程名稱、施工範圍、經費預算、工程受益費徵收標準及數額暨受益範圍內之土地地段、地號繪圖**公告 30 日**，並於**公告後 3 個月內**，將受益土地之面積、負擔之單價暨該筆土地負擔工程受益費數額，連同該項工程受益費簡要說明，依第 8 條第 2 項規定（納稅義務人）以**書面通知各受益人**。就車輛、船舶徵收受益費之工程，應於**開徵前 30 日**將工程名稱、施工範圍、經費預算、工程受益費徵收標準及數額公告之。（工 6I）。

（四）徵　收

1. 開徵期限

就土地及其改良物徵收之工程受益費，於各該**工程開工之日起**，**至完工後 1 年內**開徵。

2. 徵收時間及方法

工程受益費之徵收，得一次或分期為之；其就車輛、船舶徵收者，得計次徵收。

各級政府如因財政困難，無力墊付工程費用者，得於完成所規定之程序後，先行開徵，或以應徵之工程受益費為擔保，向金融機構借款辦理（工 7）。

3. 免徵之情形

下列各款之土地及其改良物、車輛、船舶，免徵工程受益費（工 14）：

(1) 非營業性或依都市計畫法規定保留之公共設施用地及其改良物。

(2) 駐軍兵營、要塞、軍用機場、軍用基地及其改良物。

(3) 軍用港口、碼頭、船舶、戰備及訓練車輛。

4. 緩徵之情形

(1) 土地被政府徵收致剩餘面積依建築法規定不能單獨建築使用時，其工程受益費得申請暫緩徵收，俟與鄰地合併使用時由主管建築機關通知經徵機關補徵之（工細 88）。

(2) 受益土地遇有嚴重災害，經核定減免賦稅者，當期之工程受益費得申請緩徵，按徵收期別年限遞延之。但土地流失滿 5 年尚未浮復，該項工程受益費應予註銷（工細 89）。

（五）欠費之處罰

土地及其改良物之受益人不依規定期限繳納工程受益費者，自期限屆滿之次日起，**每逾 3 日應按納費額加徵滯納金 1%**；逾期**超過 1 個月**，經催繳而仍不繳納者，除**加徵滯納金 10%**外，應由經徵機關移送法院**強制執行**（工 15）。

(六) 稅費之保全

受益範圍內之土地及其改良物公告後之移轉，除因繼承者外，應由買受人出具承諾書，願依照規定繳納未到期之工程受益費，或先將工程受益費全部繳清，始得辦理移轉登記；經查封拍賣者亦同（工 6II、III）

八 行政救濟

受益人對應納之工程受益費有異議時，應於收到繳納通知後，按照通知單所列數額及規定期限，**先行繳納 1/2 款項**，申請復查；對復查之核定仍有不服，得依法提起訴願及行政訴訟。

經訴願、再訴願、行政訴訟程序確定應繳納之工程受益費數額高於已繳數額時，應予補足；低於已繳數額時，其溢繳部分應予退還，並均按銀行定期存款利率加計利息（工 16）。

九 停　徵

臺北市議會首先於民國 73 年 6 月底決議北市不再徵收工程受益費，以免苛擾市民。而目前各縣市幾乎已陸續跟進，至於各縣市停徵與否，由其民意機關決議。

(一) 北市議會停徵理由

臺北市議會作成取消工程受益費徵收之規定，是居於下述的原因：

1. 依據《財政收支劃分法》第 22 條規定，各級政府於該管區內對道路、堤防、溝渠、碼頭、港口或其他土地改良之水陸工程而直接享受利益之不動產或受益之船舶，「得」徵收工程受益費。既然規定「得」，當然也可「得不」，具有彈性。而且從立法意旨看來，此一條文的精神應在於本來可不徵收，必要時才「得」徵。

2. 臺北市政府籌措財源不難，而且市府常有一併徵收非屬當次工程所需用地的浮濫作法，更令受徵對象不滿。

3. 有重複課稅之嫌。某一地區因興建某一項工程，例如道路、堤防…等常會使當地之地價上漲，而使土地所有權人獲利益。但此項受益已在每 3 年重新規定地價時增繳的地價稅中扣除了，而在土地有移轉時，土地漲價額中雖有扣除工程受益費一項，但其數額卻不會先以物價指數調整過，因此目前工程受益費的徵收有重複課稅之嫌。

4. 在已開發的都市中，工程的施工致使市民受害（例如：噪音、空氣汙染），往往先於其受益。因為工程的施工造成當地居民的不便，而一般道路工程受益者未必是居住於當地的居民。甚且工程受益費的開徵時期是在該工程施工之前，此時市民尚未享受到利益，因此受益費成了工程受「害」費，更令市民不滿。

（二）北市府反對理由

　　然而站在市府的立場，其並不欲取消工程受益費，因為：

1. 《工程受益費徵收條例》第 1 條規定，各級政府徵收工受益費，依本條例之規定，本條例未規定者依其他有關法令之規定。此條條文訂得很明確，幾乎可說沒有彈性，因此北市議會做成全面免徵工程受益費的依據，牴觸法律之規定。

2. 依《工程受益費徵收條例》第 5 條第 2 項的規定，民意機關對工程受益費的徵收計畫書，應連同該工程經費收支預算一併審定；如工程受益費徵收案予以延擱或否決，該工程經費收支預算應併同延緩或註銷。因此，北市政府若不徵收工程受益費，違反上述規定，站在內政部的立場，將不准許其開工。

3. 如果工程受益費取消，因受益區域內的市民不必再負擔受益費，很有可能會衍生為議員爭取在自己選區內做工程的情況，屆時可能會擾亂市政建設輕重緩急的程序。

　　由上述的取消與不可取消的雙面理由來看，不徵收工程受益費的確符合民意民情，但全部免徵未必合理，受益者應該繳納工程受益費，受害者也應獲得合理的補償，如此才公平合理。而唯有如此方能解決工程受益費長久以來為人詬病之處。

土地改良物稅

一 課稅理論背景

土地改良物稅是以定著於土地上之建築改良物（即房屋）為課稅對象，故基於土地政策之觀點上，土地稅應為重稅而土地改良物稅則應為輕稅。土地改良物應為輕稅之目的，係為了鼓勵私人在土地上實施改良，以滿足人們生活基本需要，並臻達地盡其利之政策目的。

土地經予以改良利用，而有土地改良物之後，已達成土地政策之目的，故從平均地權原則而言，乃屬資本勞力之結果不應徵任何稅款，以保障資本勞力之正當收益。惟為遷就地方財政收入之事實，乃有此不得已之權宜辦法，對於土地改良物課以賦稅。

二 意　義

土地改良物，分為建築改良物及農作改良物二種。附著於土地之建築物或工事，為建築改良物。附著於土地之農作物及其他植物與水利土壤之改良，為農作改良物（土 5）。而農作改良物不得徵稅（土 188）。

是故土地改良物稅，僅指**建築改良物稅**。建築改良物，一般通稱為房屋，故建築改良物稅，也就是房屋稅。**截至目前為止，並未依《土地法》之規定，徵收土地改良物稅，而是依〈房屋稅條例〉之規定，徵收房屋稅**（房 1）。

三 課稅時機、納稅人與稅率

(一) 課稅時機

建築改良物之徵收，於徵收地價稅時為之（土 186）。

(二) 納稅義務人

建築改良物稅向**建築物所有權人**徵收，其設有典權者之建築改良物稅由**典權人繳納**（土 186、土 172）。

(三) 稅　　率

建築改良物照其估定價值，按年徵稅，其最高稅率不得超過 10‰（土185）。惟最低稅率為何，並未明定之。而稅率應由該管直轄市或縣（市）政府擬訂後，層轉行政院核定之，如有增減之必要，其程序亦同（土施36、42）。

四 土地改良物稅減免之規定

就土地法中有關土地改良物稅減免之規定，有下列三種情形：

(一) 自住房屋

建築改良物為**自住房屋**時，**免予徵稅**（土 187）。其意旨一方面為減輕自有自用住宅者之負擔，一方面亦可鼓勵土地之建築改良。

(二) 地價過低之建築改良物

地價**每畝不滿 500 元**之地方，其建築改良物應**免予徵稅**（土 189）。本條所稱 500 元，係以銀元為單位，依官定比率每一銀元折算新臺幣 3 元計算，則相當於新臺幣 1,500 元；又一畝係指市畝而言，相當於 6.67 公畝（約 201.7 坪）。通常較落後或發展較緩慢之地區，其地價才會如此低廉，惟地價低廉與建築改良物免稅，就土地政策而言，兩者之間似無直接之關聯性。

(三) 公有公用建築改良物

公有土地及公有建築改良物，免徵土地稅及改良物稅。但供公營事業使用或不作公共使用者，不在此限（土 191）。

五 欠稅之規定

建築改良物欠稅，準用本章關於地價稅欠稅各條之規定（土 207）。亦即依土地法第七章欠稅之規定，其內容如下：

1. 自逾期之日起，按月加徵所欠數額 2%以下之罰鍰，不滿 1 月者，以 1月計（土 200）。

2. 積欠改良物稅達 2 年應繳稅額時，該管直轄市或縣（市）財政機關得通知直轄市或縣（市）地政機關，將欠稅之改良物全部或一部交司法

機關拍賣，以所得價款抵償欠稅，其次依法分配於他項權利人及原欠稅人（土 201）。

3. 在進行拍賣時，應由司法機關於拍賣前 30 日，以書面通知建築改良物所有權人（土 202）。建築改良物所有權人接到前項通知之後，提供相當繳稅擔保者，司法機關得展期拍賣，惟展期以 1 年為限（土 203）。

4. 若欠稅之改良物有收益者，得由該管直轄市或縣（市）財政機關通知直轄市或縣（市）地政機關提取其收益，抵償欠稅，免將改良物拍賣。惟提取之收益，應於積欠建築改良物稅款等於全年應繳數額時，方得為之。又提取之收益數額，以足抵償其欠稅為限（土 204）。

 ## 參　都市建設捐

依《都市計畫法》第 77 條規定，地方政府及鄉、鎮、縣轄市公所為實施都市計畫所需經費，其籌措之款項第 7 款中，列有都市建設捐之收入。同法條第 2 項規定，都市建設捐之徵收，另以法律定之。推自民國 62 年 9 月 6 日都市計畫法修正公布以來，迄未制定《都市建設捐徵收條例》，因而**都市建設捐亦未開徵**。

都市建設捐課徵對象為民眾，為便於課徵，常將建設捐附加於財產稅上。「捐」與「稅」性質不同，後者係屬長期性、普遍性之課徵，納稅人所得到之回報或受益屬間接性質，而「捐」是為某特定目的而課徵，課徵對象為直接受益者，**「捐」具有期限性及局部性**。

 ## 肆　印花稅(Stamp Tax)

印花稅屬憑證稅，而憑證之種類繁多。印花稅，除本法另有規定外，由財政部發行**印花稅票**徵收之（印 2）。並非各種憑證均需貼用印花稅票，故稅法採列舉式規定，僅規定應稅之憑證始應繳納印花稅。而繳納方式亦非僅貼用印花稅票一途，亦可使用繳款書逐件繳納或彙總繳納。

印花稅之課徵以《**印花稅法**》為依據。本法規定之各種憑證，在**中華民國領域內**書立者，均應依本法納印花稅（印 1）。

● 一 課稅憑證範圍

印花稅之課稅憑證範圍，計有 4 類目（印 5）：

(一) 銀錢收據

指收到銀錢所立之單據、簿、摺。凡收受或代收銀錢收據、收款回執、解款條、取租簿、取租摺及付款簿等屬之。但兼具營業發票性質之銀錢收據及兼具銀錢收據性質之營業發票不包括在內。

(二) 買賣動產契據

指買賣動產所立之契據。

(三) 承攬契據

指一方為他方完成一定工作之契據。如承包各種工程契約、承印印刷品契約及代理加工契據等屬之。

(四) 典賣、讓受及分割不動產契據

指設定典權及買賣、交換、贈與、分割不動產所立憑以向主管機關申請物權登記之契據。

按上述課稅憑證之分類，純為便於查考而設，其名稱並不能代表所包括各目憑證之定義，其未經列舉之憑證，其性質確與上列課徵範圍所列各類目性質相符者，仍應依各類目稅率貼用印花稅票，如不能確定其性質時，應報請財政部核定之。

表 10-1　印花稅之課稅範圍

憑證名稱	說　明
銀錢收據	指收到銀錢所立之單據、簿、摺。凡收受或代收銀錢收據、收款回執、解款條、取租簿、取租摺及付款簿等屬之。但兼具營業發票性質之銀錢收據及兼具銀錢收據性質之營業發票不包括在內。
買賣動產契據	指買賣動產所立之契據。
承攬契據	指一方為他方完成一定工作之契據。（如承包各種工程契約、承印印刷品契約及代理加工契據等屬之。）
典賣、讓受及分割不動產契據	指設定典權及買賣、交換、贈與、分割不動產所立憑以向主管機關申請物權登記之契據。

二 稅率或稅額及納稅義務人

　　印花稅係採輕稅重罰的課徵方式，稅率輕罰則重。其稅率分為定率及定額兩種。印花稅之稅率或稅額如下（印 7）：

1. **銀錢收據**：每件按金額 4‰。由立據人貼印花稅票。招標人收受押標金收據，按金額 1‰，由立據人貼印花稅票。

2. **買賣動產契據**：每件稅額新臺幣 12 元，由立約或立據人貼印花稅票。

3. **承攬契據**：每件按金額 1‰，由立約或立據人貼印花稅票。

4. **典賣、讓受及分割不動產契據**：每件按金額 1‰，由立約或立據人貼印花稅票。

表 10-2　印花稅分類稅率（額）及納稅義務人表　　金額單位：新臺幣元

憑 證 名 稱	稅 率 或 稅 額	納 稅 義 務 人
銀錢收據	按金額 4‰計貼	立據人
招標人收受押標金收據	押標金按金額 1‰計貼	
買賣動產契據	每件稅額新臺幣 12 元	立約或立據人
承攬契據	按金額 1‰計貼	立約或立據人
典賣、讓受及分割不動產契據	按金額 1‰計貼	立約或立據人

三 納稅方法

（一）繳納時限

　　應納印花稅之憑證，於書立後**交付或使用時**應貼足印花稅票。

（二）繳納方法

1. 實貼印花稅票

(1) 可於合作金庫、郵局、農會、信用合作社及部分銀行購買印花稅票，並貼於應稅憑證上。貼用印花稅票，應由納稅義務人於每枚稅票和憑證紙面的騎縫處加蓋圖章註銷，個人得以簽名、畫押代替圖章。稅票連綴處，無從貼近原件紙面騎縫者，得以稅票連綴處為騎縫註銷（印 10）。

(2) 每件依稅率計算，印花稅以計至通用貨幣元為止。凡按件實貼印花稅票者，如每件依稅率計算之印花稅額不足通用貨幣 1 元及每件稅額尾數不足通用貨幣 1 元之部分，均免予貼用（印 9）。即採整數貼花原則。

2. 使用繳款書

(1) 申請用繳款書繳納

　　稅額巨大不便貼用印花稅票者，得請由稽徵機關開給繳款書繳納之（印 8）。

(2) **彙總繳納**

　　因書立應貼印花稅票憑證甚多，不便逐件貼花、銷花。公私營事業組織所用各種憑證應納之印花稅，於報經所在地主管稽徵機關核准後，得彙總繳納；其辦法，由財政部定之（印 8）。

🔲 印花稅之免稅憑證

(一) 非印花稅課稅範圍

　　下列憑證非屬銀錢收據、買賣動產契據、承攬契據及典賣、讓受及分割不動產契據等四種憑證，均非印花稅課稅範圍，不必貼用印花稅票。

1. 有價證券（如股票、公債等）非屬印花稅法之課稅憑證，免貼印花稅票。

2. 權利書狀及證照如土地所有權狀、建築物所有權狀、結婚證書、身分證、行車執照、駕駛執照、使用執照、畢業證書等皆非印花稅課徵範圍，免計貼印花稅票。

3. 不動產買賣，雙方當事人所另行訂定書面買賣契約（即所謂私契），如未以該契據持向稽徵機關辦理土地增值稅或契稅申報，不屬印花稅課稅範圍，免貼印花稅票。

4. 租賃契約本身非印花稅課徵範圍，免貼印花稅票；但內載資料具有代替收據性質者，應依銀錢收據 4‰計貼印花稅票。

［例一］

甲向乙承租房屋乙棟，租金每月 1 萬元，於月初付款，並於簽訂租賃合約時，付保證金 5 萬元，其印花稅如何處理？

解 (1) 租賃契約本身非印花稅課徵範圍，免貼印花稅票。

(2) 簽約時繳交保證金 5 萬元，如未另立收據，則該租賃契約即屬兼具代替銀錢收據性質，應依銀錢收據 4‰ 計貼印花稅票 200 元

（5 萬×4‰=200 元）。

(3) 乙每月收取租金 1 萬元，如未另立收據，僅於租賃契約上逐月簽章註明收訖者，則該租賃契約即具備代替銀錢收據性質，應於每月收款時，依銀錢收據 4‰ 計貼印花稅票 40 元（1 萬×4‰=40 元）。

(二) 印花稅法規定免稅

下列各憑證雖屬印花稅之課稅範圍，但依印花稅法規定免納印花稅（印 6）：

1. 各級政府機關及鄉（鎮、市區）公所所立或使用在一般應負納稅義務之各種憑證。

2. 公私立學校處理公款所發之憑證。

3. 公私營事業組織內部，所用不生對外權利義務關係之單據，包括總組織與分組織間互用而不生對外作用之單據。

4. 催索欠款或核對數目所用之帳單。

5. 各種憑證之正本已貼用印花稅票者，其副本或抄本。

6. 車票、船票、航空機票及其他往來客票、行李票。

7. 農民（農、林、漁、牧）出售本身生產之農產品所出具之收據。農產品第一次批發交易，由農產品批發市場代農民（農、林、漁、牧）或農民團體出具之銷貨憑證。

農民（農、林、漁、牧）或農民團體辦理共同供銷、運銷，直接供應工廠或出口外銷出具之銷貨憑證。

8. 薪給、工資收據。

9. 領受賑金、恤金、養老金收據。

10. 義務代收稅捐或其他捐獻政府款項者，於代收時所具之收據。

11. 義務代發政府款項者，於向政府領時所具收據。

12. 領受退還稅款之收據。

13. 銷售印花稅票收款收據。

14. 財團或社團法人組織之教育、文化、公益或慈善團體領受捐贈之收據。

15. 農田水利會收取會員水利費收據。

16. 建造或檢修航行於國際航線船舶所訂之契約。

（三）其他法律規定之免稅

農產品第一次批發交易，由農產品批發市場代農民（農、林、漁、牧）或農民團體出具之銷貨憑證（農交 24）。

（四）兼具營業發票性質之免徵

下列各憑證雖屬銀錢收據，但因兼具營業發票性質，依法免納印花稅：

1. 小規模營業人開立載有品名、數量及價格等項，具有營業發票性質之收據，免貼用印花稅票。

2. 使用統一發票商所開立之統一發票，免貼用印花稅票。

3. 旅行業收取團費所書立之代收轉付收據，屬兼具營業發票性質之收據，免貼用印花稅票。

4. 計程車所開立之收據，屬兼具營業發票性質之收據，免貼用印花稅票。

五 印花稅之節稅

利用合法性免除或減少應稅憑證應繳之印花稅，以減輕稅負（註1）：

(一) 銀錢收據部分

收取價金書立收據時，儘量要求對方以票據（包括匯票本票及支票）支付，並於書立收據時載明票據名稱及號碼，則該收據免貼印花稅。

[例二]

甲向乙借金額 50 萬元，於收取現金時，印花稅該如何處理？

解 (1) 甲掣據給乙，該收據即屬銀錢收據，應按 4‰計貼 2,000 元印花稅。

(2) 乙交給甲某銀行面額 50 萬元支票，甲於掣據時未書明收取支票，該收據仍屬銀錢收據，應按 4‰計貼 2,000 元印花稅。

(3) 甲於掣據時，於收據內書明收取「某銀行支票，支票號碼××××××」等字樣時，則該收據可免貼印花稅。

[例三]

承例一乙租屋給甲，甲給予乙之保證金 5 萬元及每月期租金 1 萬元，均係以支票支付，印花稅該如何處理？

解 如乙於收取支票時，於租賃合約內分別載明票據名稱及其號碼者，則保證金應納 200 元及每月期租金收入應納 40 元之印花稅均可免繳納。

[例四]

房地產買賣契約書（私契）訂明分期付款方式，於分期繳付款項時，印花稅該如何處理？

解 (1) 分期繳付款項時，受款人逐期蓋章註明收訖者，該買賣契約書核屬兼具銀錢收據性質，由受款人於每次收款時，按收款金額 4‰貼用印花稅票。

(2) 但如以支票支付，受款人雖逐期蓋章註明收訖，但有註明收取「某銀行支票，支票號碼××××××」等字樣時，該買賣契約書免貼印花稅票。

(二) 承攬契據部分

1. 同一憑證具有二種以上性質者，如稅率不同能分別訂約時，可採分別訂約方式，以求稅負較輕，節省負擔。

[例五]

甲公司與乙電梯公司簽訂電梯採購安裝合約計 500 萬元，如電梯價格 400 萬元，安裝費 100 萬元，印花稅該如何處理？

解 (1) 採購安裝 500 萬元合約，若訂於同一契約書中，則屬概括承攬，全數以承攬契約論應按 1‰ 計算，甲公司與乙電梯公司各自持有之合約應分別貼用印花稅票 5,000 元。

(2) 如能分別訂立買賣契約（400 萬元）及安裝契約（100 萬元），則甲公司與乙電梯公司各自所持合約之印花稅分別為 12 元（買賣動產契據）及 1,000 元（承攬契據）合計 1,012 元，分別節省印花稅 3,988 元。

2. 二個以上承包商共同承攬簽訂之契據，可分別按其承攬金額計貼印花。

[例六]

甲、乙二承包商共同與丙業主簽訂大樓興建程合約，工程造價 1,000 萬元，如契據內載明甲承包 600 萬元，乙承包 400 萬元，印花稅該如何處理？

解 則甲所持契據貼用 6,000 元印花稅，乙所持部分貼用 4,000 元，丙業主合約部分貼用 1 萬元印花稅。

3. 工程合約已就工程造價與營業稅分別載明者，可按工程造價貼花；如未分別載明時，應按工程總價貼花。

［例七］

　　承前例大樓興建工程合約，工程造價 1,000 萬元，合約內載明「內含營業稅 476,190 元」者，印花稅如何處理？

解 則實際工程造價為 9,523,810 元，甲承包商承包 60%，即 5,714,286 元，應貼 1‰印花稅票 5,714 元，乙承包商承包 40%，即 3,809,524 元，應貼 1‰印花稅票 3,809 元，丙業主合約部分貼用 9,523 元印花稅。

(三) 注意事項

　　下列規定請特別留意，以免受到處罰：

1. 同一憑證須具備 2 份以上，由雙方或各方關係人各執 1 份者，每份應個別貼用印花稅票；同一憑證之副本或抄本視同正本使用者，仍應貼用印花稅票。

2. 不動產契據如僅書立 1 份時，應由立約人或立據人中之持有人或持憑向主管機關申請物權登記之人，負責貼用印花稅票。

3. 同一憑證具有 2 種以上性質者，稅率不同時，應按較高之稅率計算稅額。

   如上述例五甲公司與乙電梯公司簽訂電梯之採購與安裝工程，併載於同一契約書中作概括之承攬，該契約書即為具有買賣動產契據及承攬契據兩種性質之同憑證，應按合約總額 1‰貼用印花稅票。

4. 承攬契據，如必須俟工作完成後始能計算出確實金額者，應於書立後交付或使用時，先預計其金額貼用印花稅票，俟該項工作完成時，再按確實金額補足其應貼印花稅票或退還其溢貼印花稅票之金額。

5. 印花稅課稅憑證之規定，乃以性質為準，不以名稱為區別，所以有關通知單、上課證等憑證，如係為收到款項之憑證，自屬銀錢收據之性質，應繳納印花稅。

（六）罰　則

印花稅票經貼用註銷者，不得揭下重用（印 11）。印花稅相關處罰如下：

1. 印花稅票如揭下重用，應按揭下重用之印花稅票數額處 20 倍至 30 倍罰緩（印 24）。

2. 不依規定註銷印花稅票，按情節輕重，照未經註銷或註銷不合規定之印花稅票數額，處 5 倍至 10 倍罰鍰（印 24）。

3. 應貼印花稅票之憑證，不貼印花稅票或貼用不足稅額者，除補貼印花稅票外，按短漏貼稅額處 5 倍至 15 倍罰鍰（印 23）。

4. 以總繳方式完納印花稅，逾期繳納者，應依稅捐稽徵法第 20 條之規定處理；逾 30 日仍未繳納者，除由稽徵機關移送法院強制執行外，並依情節輕重，按滯納之稅額處 1 倍至 5 倍罰鍰（印 23）。

5. 應納印花稅之憑證，於權利義務消滅後應保存 2 年，但公營或公私合營之事業，應依照會計法及其他有關法令之規定辦理。未依規定年限保存應納印花稅之憑證者，除漏稅部分按短漏貼稅額處 5 倍至 15 倍罰鍰外，應按情節輕重，處新臺幣 1,000 元以下之罰鍰（印 23）。

6. 妨害印花稅之檢查者，依刑法妨害公務罪處斷（印 25）。

伍　營業稅(Business Tax)

營業稅係對營業人銷售貨物或勞務行為所課徵之一種銷售稅(Sales Tax)。屬消費稅、國稅之性質。由於營業稅是對交易過程中各階段的銷售行為，包括製造、批發及零售等課稅，因此它是一種多階段的銷售稅。而且營業稅可透過轉嫁行為將稅負轉嫁出去，故營業稅是一種間接稅。

我國實施營業稅初期，係以營業總額（營業毛額）採多階段課稅，但卻造成重複課稅、稅上加稅、不符租稅中性原則等缺點，乃自民國 75 年 4 月 1 日起改為加值型營業稅制，但尚有部分營業稅仍按營業總額計算，課徵非加值型營業稅，包括金融業、特種飲食業、小規模營業人等。

因此在 90 年 7 月 9 日將原《營業稅法》修正為《**加值型及非加值型營業稅法**》，並自 91 年 1 月 1 日起施行。

營業稅與營利事業所得稅二者性質不同，有「營業行為」即需課營業稅，不論是否有賺錢；而營利事業所得稅屬直接稅，且「營利事業有所得」時才需課稅。

一 營業稅之種類

我國營業稅之課徵，採行下述二種方式併行運作：

1. **加值型營業稅：**係就產銷過程中之**加值部分**加以課稅，而該營業稅稅額不內含於銷售總額之中。

2. **非加值型營業稅：**直接以**銷售總額**乘以稅率，求得應納營業稅金額，且該營業稅稅額內含於銷售總額之中。

例如貨物以 300 元買進，350 元賣出，加值型營業稅則只以「銷售價格」超過「進貨價格」的加值部分課徵營業稅，亦即以加值的 50 元作為稅基，而非加值型營業稅係以銷售額 300 元作為稅基計稅。

二 課徵範圍

我國營業稅係採屬地主義，僅對在**中華民國境內**銷售貨物或勞務及進口貨物，均應依本法規定課徵加值型(value-added)或非加值型(non value-added)之營業稅。（營 1）。進口貨物除屬進口時免徵營業稅之貨物（營 9）外，原則上於進口時，即應由海關代徵營業稅（營 41）。

將貨物之所有權移轉與他人，以取得代價者，為**銷售貨物**。

提供勞務予他人，或提供貨物與他人使用、收益，以取得代價者，為**銷售勞務**。但**執行業務者**提供其專業性勞務及**個人受僱提供勞務**，不包括在內（營 3）。

所稱執行業務者，指律師、會計師、建築師、技師、醫師、藥師、助產師（士）、醫事檢驗師（生）、程式設計師、精算師、不動產估價師、物理治療師、職能治療師、營養師、心理師、地政士、記帳士、著作人、經紀人、代書人、表演人、引水人、節目製作人、商標代理人、專利代理

人、仲裁人、記帳及報稅代理業務人、書畫家、版畫家、命理卜卦、工匠、公共安全檢查人員、民間公證人及其他以技藝自力營生者（營細6）。

因此，**建築師、不動產估價師、地政士、不動產經紀人**等不在營業稅課徵範圍之內。

三　營業稅之免稅

下列貨物或勞務免徵營業稅：

1. 出售之土地（營 8 第 1 項第 1 款)。

2. 信託財產於下列各款信託關係人間移轉或為其他處分者，不適用有關視為銷售之規定（營 3-1），即非營業稅之課徵範圍：

(1) 因信託行為成立，委託人與受託人間。

(2) 信託關係存續中受託人變更時，原受託人與新受託人間。

(3) 因信託行為不成立、無效、解除、撤銷或信託關係消滅時，委託人與受託人間。

受託人因**公益信託**而標售或義賣之貨物與舉辦之義演，其收入除支付標售、義賣及義演之必要費用外，全部供作該公益事業之用者，免徵營業稅。前項標售、義賣及義演之收入，不計入受託人之銷售額（營 8-1）。

四　納稅義務人

營業稅之納稅義務人如下（營 2）：

1. 營業人：銷售貨物或勞務之營業人。

營業人是指下列情形之一者（營 6）：

(1) 以營利為目的之公營、私營或公私合營之事業。

(2) 非以營利為目的之事業、機關、團體、組織，有銷售貨物或勞務者。

(3) 外國之事業、機關、團體、組織，在中華民國境內之固定營業場所。

2. 收貨人或持有人：進口貨物之收貨人或持有人。

3. **買受人、代理人**：外國之事業、機關、團體、組織，在中華民國境內無固定營業場所者，其所銷售勞務之買受人。但外國國際運輸事業，在中華民國境內無固定營業場所而有代理人者，為其代理人。

五　稅率與稅額

(一) 課徵加值型營業稅者

1. **一般營業**：5%～10%，實際徵收率立法授權由行政院決定，現行行政院核定為 5%。

2. **外銷營業**：0%。

　　零稅率非免稅，係指營業人銷售貨物或勞務仍須課稅，惟其稅率為零，故銷項稅額為零，且進項稅額可以扣抵，因此可以退稅。

(二) 課徵非加值型營業稅者

1. 銀行業、保險業、信託投資業、證券業、期貨業、票券業及典當業之營業稅稅率如下（營 11）：
   (1) 經營非專屬本業之銷售額適用第 10 條規定之稅率 5%。
   (2) 銀行業、保險業經營銀行、保險本業銷售額之稅率為 5%；其中保險業之本業銷售額應扣除財產保險自留賠款。但保險業之再保費收入之稅率為 1%。
   (3) 前 2 款以外之銷售額稅率為 2%。

2. **特種飲食業**：夜總會、有娛樂節目之餐飲店之營業稅稅率為 15%。酒家及有陪侍服務之茶室、咖啡廳、酒吧等之營業稅稅率為 25%（營 12）。

3. **小規模營業人**：小規模營業人、依法取得從事按摩資格之視覺功能障礙者經營，且全部由視覺功能障礙者提供按摩勞務之按摩業，及其他經財政部規定免予申報銷售額之營業人，其營業稅稅率為 1%。

4. **農產品批發市場之承銷人及銷售農產品之小規模營業人**：0.1%

　　後二項小規模營業人，指第 11 條、第 12 條所列各業以外之規模狹小，平均每月銷售額未達財政部規定標準而按查定課徵營業稅之營業人。

茲將營業稅稅率及稅額計算整理如表 10-3 所示：

表 10-3　營業稅稅率及稅額計算表

種　　　類			稅率	稅額計算	納稅方法
一般稅額計算			5%	當期**銷項稅額**，扣減**進項稅額**後之餘額為當期應納或溢付營業稅額。	自動報繳
特種稅額計算	金融業	銀行業、保險業、信託投資業、證券業、期貨業、票券業、典當業	5%	依**銷售額**按規定稅率計算	自動報繳
		保險業之再保費收入	1%		
		前 2 款以外	2%		
	特種飲食業	夜總會、有娛樂節目之餐飲店	15%	依銷售額按規定稅率計算	自動報繳
		酒家及有陪侍服務之茶室、咖啡廳、酒吧等	25%		
	查定課徵	小規模營業人、依法取得從事按摩資格之視覺功能障礙者經營及其他經財政部規定免予申報銷售額之營業人	1%	依查定銷售額按規定稅率計算	稽徵機關發單通知繳納
		農產品批發市場之承銷人及銷售農產品之小規模營業人	0.1%		

陸　特種貨物及勞務稅

　　有鑑於部分地區房價不合理飆漲，房屋及土地短期交易之移轉稅負偏低甚或無稅負，又高額消費帶動物價上漲引發民眾負面感受，為促進租稅公平，健全房屋市場及營造優質租稅環境，以符合社會期待，故參考美國、新加坡、南韓及香港之立法例，對不動產短期交易、高額消費貨物及勞務，課徵特種貨物及勞務稅。行政院爰擬具《特種貨物及勞務稅條例》草案，經立法院於民國 100 年 4 月 15 日三讀通過，民間則通稱為《奢侈稅條例》，同年 5 月 4 日總統令制定公布並自 6 月 1 日施行。

　　奢侈稅為國稅，由財政部各地區國稅局稽徵之，其稅課收入，循預算程序用於社會福利支出；其分配及運用辦法，由中央主管機關及社會福利主管機關定之（特 24）。

　　惟自 105 年 1 月 1 日起實施房地交易所得合一實價課徵所得稅制，因兩稅並存，恐會使房地產稅負有過重之嫌，因此自中華民國 105 **年 1 月 1 日起**，訂定銷售契約銷售本款規定之特種貨物（**房屋、土地**），**停止課徵特種貨物及勞務稅**（特 6-1）。

　　本節僅介紹該條例與房屋、土地有關之規定。

● 一 課徵範圍與豁免項目

(一) 課徵範圍

　　在中華民國境內銷售、產製及進口特種貨物或銷售特種勞務，均應依本條例規定課徵特種貨物及勞務稅（特 1）。

　　本條例規定之特種貨物，項目包含銷售坐落在**中華民國境內**之房屋、土地（特 3），即指持有期間在 **2 年以內之房屋及其坐落基地**或依法得核發建造執照之**都市土地**及**非都市土地之工業區土地**（特 2）。

(二) 豁免項目

　　有下列情形之一，非屬本條例規定之特種貨物（特 5）：

1. 所有權人與其配偶及未成年直系親屬僅有一戶房屋及其坐落基地，辦竣戶籍登記且持有期間無供營業使用或出租者。

2. 符合前款規定之所有權人或其配偶購買房屋及其坐落基地，致共持有二戶房地，自完成新房地移轉登記之日起算 1 年內出售原房地，或因調職、非自願離職、或其他非自願性因素出售新房地，且出售後仍符合前款規定者。

3. 銷售與各級政府或各級政府銷售者。

4. 經核准不課徵土地增值稅者。

5. 依都市計畫法指定之公共設施保留地尚未被徵收前移轉者。

6. 銷售因繼承或受遺贈取得者。

7. 營業人興建房屋完成後第一次移轉者。

8. 依強制執行法、行政執行法或其他法律規定強制拍賣者。

9. 依《銀行法》第 76 條（銀行處分其承受擔保品）或其他法律規定處分，或依目的事業主管機關命令處分者。

10. 所有權人以其自住房地拆除改建或與營業人合建分屋銷售者。

11. 銷售依都市更新條例以權利變換方式實施都市更新分配取得更新後之房屋及其坐落基地者。

12. 確屬非短期投機經財政部核定者。

本條例修正施行時，尚未核課或尚未核課確定案件，適用前項第 12 款規定。

由於奢侈稅是採「銷售稅」之概念，非「所得稅」之概念，因此買賣虧損者並不屬豁免之範圍。

二 納稅義務人

銷售第 2 條第 1 項第 1 款規定之特種貨物（房屋、土地），納稅義務人為**原所有權人**，於**銷售時**課徵特種貨物及勞務稅（特 6）。

三 稅額計算

(一) 稅　率

特種貨物及勞務稅之稅率為 10%。但第 2 條第 1 項第 1 款規定之房屋、土地特種貨物，持有期間**在 1 年以內者，稅率為 15%**（特 7）。

(二) 稅　基

納稅義務人銷售或產製特種貨物或特種勞務，其銷售價格指**銷售時收取之全部代價，包括在價額外收取之一切費用**。但本次銷售之特種貨物及勞務稅額不在其內。

前項特種貨物或特種勞務如係應徵貨物稅或營業稅之貨物或勞務，其銷售價格應加計貨物稅額及營業稅額在內（特 8）。

(三) 稅　額

銷售或產製特種貨物或特種勞務應徵之稅額，依第 8 條規定之銷售價格，按第 7 條規定之稅率計算之（特 11）。

🄃 稽徵程序

(一) 納稅申報義務

納稅義務人銷售房屋、土地特種貨物，應於**訂定銷售契約之次日起 30 日內**計算應納稅額，自行填具繳款書向公庫繳納，並填具申報書，檢附繳納收據、契約書及其他有關文件，向主管稽徵機關申報銷售價格及應納稅額（特 16）。

(二) 受理申報之主管機關

納稅義務人銷售第 2 條第 1 項第 1 款規定房屋、土地特種貨物，應向其總機構或其他固定營業場所、**戶籍所在地主管稽徵機關**申報銷售價格及應納稅額；其在中華民國境內無總機構或其他固定營業場所、戶籍者，應**向該特種貨物坐落所在地之主管稽徵機關**申報銷售價格及應納稅額。

納稅義務人銷售特種勞務，應分別向其總機構或其他固定營業場所所在地主管稽徵機關申報銷售價格及應納稅額（特 17）。

(三) 未依規定申報稅款之核定補徵

納稅義務人屆第 16 條第 1 項、第 3 項至第 5 項規定申報期限未申報或申報之銷售價格較時價偏低而無正當理由者，主管稽徵機關得**依時價**或查得資料，核定其銷售價格及應納稅額並補徵之。

營業人銷售第 2 條第 1 項第 1 款規定房屋、土地特種貨物或特種勞務，有下列情形之一者，主管稽徵機關得依查得資料，核定其銷售價格及應納稅額並補徵之：

1. 未設立帳簿、帳簿屆規定期限未記載且經通知補記載仍未記載、遺失帳簿憑證、拒絕稽徵機關調閱帳簿憑證或於帳簿為虛偽不實之記載。

2. 未依加值型及非加值型營業稅法規定辦妥營業登記，即行開始營業，或已申請歇業仍繼續營業，而未依規定申報銷售價格（特 18）。

🄄 罰　則

(一) 滯納金及滯納利息

納稅義務人逾期繳納稅款，應自繳納期限屆滿之次日起，每**逾 2 日**按滯納之金額加徵 1%滯納金；逾 30 日仍未繳納者，移送強制執行。

　　前項應納稅款應自滯納期限屆滿之次日起，至納稅義務人自動繳納或移送執行徵收繳納之日止，就其應納稅款之金額，依各年度 1 月 1 日郵政定期儲金 1 年期固定利率按日計算利息，一併徵收（特 21）。

(二) 房屋土地之漏稅罰

　　納稅義務人短報、漏報或未依規定申報銷售第 2 條第 1 項第 1 款規定之特種貨物或特種勞務，除補徵稅款外，按所漏稅額處 **3 倍以下**罰鍰。

　　利用他人名義銷售第 2 條第 1 項第 1 款規定之特種貨物，除補徵稅款外，按所漏稅額處 **3 倍以下**罰鍰（特 22）。

柒　所得稅(Income Tax)

一　所得稅之分類

　　所得稅是以人為課稅主體，以所得為課稅客體。因此凡人有所得即應繳納所得稅，而人有自然人及法人之分，所以所得稅亦可分為自然人所得稅及法人所得稅兩種。

　　自然人，所得稅法稱為個人，故又可稱為個人所得稅。在法人所得稅方面，由於法人多數係以公司型態出現，故有些國家稱之為公司所得稅。我國除對公司所得課稅外，對獨資、合夥及合作社之所得亦課稅，而獨資、合夥、公司及合作社並不盡為法人或公司，但皆為營利事業，故在我國不稱法人所得稅或公司所得稅，而稱營利事業所得稅。現行所得稅法規定之所得稅計有**綜合所得稅**及**營利事業所得稅**兩種（註 2）。

　　上述說明可表列如下：

```
        ┌ 自然人－自然人所得稅－個人所得稅──── 綜合所得稅
  人 ────┤
        └ 法　人－法人所得稅－公司所得稅──── 營利事業所得稅
```

　　本節以下有關綜合所得稅及營利事業所得稅，僅就與不動產有關者介紹說明之。

⬤ 綜合所得稅

(一) 中華民國來源所得

由於我國綜合所得稅係採屬地主義，故僅對中華民國來源所得課稅，亦即在我國境內發生之所得。中華民國來源所得其範圍及認定標準（所8），以下僅就租賃及財產交易所得介紹：

1. **租賃所得**：租賃所得以所出租之財產是否在我國境內為準。若是，則為中華民國來源所得。

2. **財產交易所得**：財產交易之增益，以交易之財產是否在我國境內為準。若是，則為中華民國來源所得。

(二) 租賃或財產交易所得合併申報綜合所得稅

個人之綜合所得總額，以其全年各類所得合併計算之（所 14），而不動產所有權人於有租賃或財產交易等行為而有所得時，均應合併所得額申報綜合所得稅。

1. **租賃所得**

以有形財產出租之租金所得，財產出典典價經運用之所得為租賃所得。

(1) **申報租賃所得**：財產租賃所得及權利金所得之計算，以全年租賃收入或權利金收入，減除必要損耗及費用後之餘額為所得額。

(2) **永佃權、地上權所得**：設定定期之永佃權暨地上權取得之各種所得，視為租賃所得。

(3) **押金孳息**：財產出租，收有押金或任何類似押金之款項，或以財產出典而取得典價者，均應就各該款項按當地銀行業通行之 1 年期存款利率，計算租賃收入。

(4) **無償借用**：將財產借與他人使用，除經查明確係無償且非供營業或執行業務者使用外，應參照當地一般租金情況，計算租賃收入，繳納所得稅。

(5) **租金偏低**：財產出租，其約定之租金，顯較當地一般租金為低，稽徵機關得參照當地一般租金調整計算租賃收入。

2. 財產交易所得（損失）

　　財產交易所得及財產交易損失，係指納稅義務人並非為經常買進、賣出之營利活動而持有之各種財產，因買賣或交換而發生之增益或損失（所 9）。

(1) 財產或權利原為出價取得者，以交易時之成交價額，減除原始取得之成本，及因取得、改良及移轉該項資產而支付之一切費用後之餘額為所得額（即核實認定）。

(2) 財產或權利原為繼承或贈與而取得者，以交易時之成交價額，減除繼承時或受贈與時該項財產或權利之時價及因取得、改良及移轉該項財產或權利，而支付一切費用後之餘額為所得額。

　　以上述計算之餘額，為財產交易所得額或損失額。如有損失，可抵當年度其他財產交易所得，不足抵減之數，可在往後 3 年之財產交易所得中繼續減除。採此方法，須檢附買進、賣出私契及收付款憑證，以供查核。

(三) 出售房屋財產交易所得額之計算

　　有關個人出售房屋之財產交易所得計算規定，財政部每年會公告調整，茲以 110 年度為例說明如下：

1. 個人出售房屋，已提供或稽徵機關已查得交易時之實際成交金額及原始取得成本者，其財產交易所得額之計算，應依《所得稅法》第 14 條第 1 項第 7 類相關規定核實認定。

2. 個人出售房屋，未依前點規定申報房屋交易所得、未提供交易時之實際成交金額或原始取得成本，或稽徵機關未查得交易時之實際成交金額或原始取得成本者，稽徵機關應按下列標準計算其所得額：

(1) 稽徵機關僅查得或納稅義務人僅提供交易時之實際成交金額，而無法證明原始取得成本，如符合下列情形之一者，應以查得之實際房地總成交金額，按出售時之房屋評定現值占公告土地現值及房屋評定現值總額之比例計算歸屬房屋之收入，再以該收入之 17%計算其出售房屋之所得額：

A. 臺北市，房地總成交金額新臺幣 7 千萬元以上。

B. 新北市，房地總成交金額新臺幣 6 千萬元以上。

　　C. 臺北市及新北市以外地區，房地總成交金額新臺幣 4 千萬元以上。

(2) 除前款規定情形外，其他縣市計算其房屋交易所得額之標準不一，可參考財政部當年度的相關公告。

(四) 免稅所得

1. 個人出售土地，其交易之所得。

2. 因繼承、遺贈或贈與而取得之財產。但取自營利事業贈與之財產，不在此限。

(五) 重購自用住宅財產交易所得稅之抵退

　　納稅義務人出售自用住宅之房屋所繳納該財產交易所得部分之綜合所得稅額，自完成移轉登記之日起 2 年內，如重購自用住宅之房屋，其價額超過原出售價額者，得於重購自用住宅之房屋完成移轉登記之年度自其應納綜合所得稅額中扣抵或退還。但原財產交易所得已依本法規定自財產交易損失中扣抵部分不在此限。

　　納稅義務人之自用住宅如係先購屋再出售原有房屋，其在 **2 年**內者，亦可申請抵納綜合所得稅（所 17-2）。

(六) 其他法規之減免

1. 住宅法

　　住宅所有權人將住宅出租予依本法規定接受主管機關租金補貼或其他機關辦理之各項租金補貼者，於住宅出租期間所獲租金收入，免納綜合所得稅。但每屋每月租金收入免稅額度不得超過新臺幣 1 萬元。

　　前項免納綜合所得稅規定，實施年限為 5 年，其年限屆期前半年，行政院得視情況延長之，並以 1 次為限（住 15）。

2. 租賃住宅市場發展及管理條例

　　個人住宅所有權人將住宅委託代管業或出租予包租業轉租，契約約定供居住使用 1 年以上者，得依下列規定減徵租金所得稅：

(1) 出租期間每屋每月租金收入不超過新臺幣 6 千元部分，免納綜合所得稅。

(2) 出租期間每屋每月租金收入超過新臺幣 6 千元部分，其租金所得必要損耗及費用之減除，住宅所有權人未能提具確實證據者，依下列方式認列：

A. 每屋每月租金收入超過新臺幣 6 千元至 2 萬元部分，依該部分租金收入 53%計算。

B. 每屋每月租金收入超過新臺幣 2 萬元部分，依該部分租金收入按所得稅法相關法令規定之減除標準計算。

前項減徵租金所得稅規定，實施年限為 5 年；其年限屆期前半年，行政院得視情況延長之，並以 1 次為限（租 17）。

(七) 課稅所得額

綜合所得淨額，其計算公式如下：

$$課稅所得＝綜合所得總額－免稅額－扣除額$$

［例一］

　　林小姐 104 年 1 月 1 日買入 A 房地並設籍居住，若於 108 年 6 月 1 日出售 A 房地，出售價額 2,000 萬元，應繳納所得稅 20 萬元，若其於 110 年 4 月 1 日以 2,500 萬元買入 B 房地並設籍居住，林小姐可以申請適用 105 年適用之房地合一課徵所得稅新制重購退稅優惠嗎？

解　林小姐出售 A 房地係在 104 年 12 月 31 日以前取得，應適用舊制規定計算房屋部分的財產交易所得，併入年度綜合所得總額計算稅額，尚無新制重購退稅優惠的適用；惟林小姐仍得依舊制所得稅法第 17 條之 2 規定，因重購價額超過原出售價額，得申請退還出售 A 房地所繳納財產交易所得部分的綜合所得稅額。

[例二]

　　單身的陳小姐於 104 年 2 月出售自用住宅房屋一棟，賣出價額為 320 萬元，買進成本及相關費用為 260 萬元，應申報之財產交易所得為 60 萬元，再於 104 年 11 月以 380 萬元購買自用住宅房屋一棟。其 104 年度僅有薪資所得總額為 80 萬元，其可否申請重購退稅？金額為多少？

註：104 年度綜合所得稅相關數據如下：

　　1. 免稅額：單身 85,000 元

　　2. 標準扣除額：納稅義務人個人扣除 90,000 元

　　3. 薪資所得特別扣除額：每人每年扣除數額以 128,000 元為限

級別	104 年度應納稅額＝綜合所得淨額×稅率－累進差額
1	0~520,000×5% － 0
2	520,001~1,170,000 ×12% － 36,400

解 一、 先計算出售自用住宅(含財產交易所得)年度的應納稅額
　　　 (800,000+600,000－85,000－90,000－128,000)×12%－36,400
　　　 =95,240（元）

　　　 二、 計算出售自用住宅(不含財產交易所得)年度的應納稅額
　　　 (800,000－85,000－90,000－128,000)×5%=24,850（元）

　　　 三、 前二項相減即為重購自用住宅房屋可扣抵或退還稅額
　　　 95,240－24,850=70,390（元）

　　　 四、 所得稅納稅義務人如果符合重購退稅的要件，在申報的時候，需檢附出售及重購年度的戶口名簿或戶籍謄本、買賣契約或向地政機關辦理登記的公定契紙，以及所有權狀影本，向戶籍所在地的國稅局辦理。申請房屋財產交易所得自用住宅重購退稅，僅適用「小屋換大屋」；舊制「大屋換小屋」則不能退稅。

三 營利事業所得稅

　　營利事業所得稅(Business Income Tax)，係對營利事業之盈餘所課徵之所得稅，我國營利事業所得稅之課稅對象，除公司法人外尚包括獨資、合夥及合作社，範圍較廣。營利事業所得稅係以「營利事業所得額」為課稅標的，其與營業稅之以「營業行為」為課稅標的性質不同。

(一) 營利事業之意義

　　營利事業為營利事業所得稅之課稅主體，除依法得予免除者外，均有納稅之義務。**「營利事業」**，係指公營、私營或公私合營，以營利為目的，具備營業牌號或場所之獨資、合夥、公司及其他組織方式之工、商、農、林、漁、牧、礦、冶等營利事業（所 11）。

(二) 營利事業所得稅課徵範圍

　　凡在中華民國境內經營之營利事業，應依本法規定，課徵營利事業所得稅。

　　營利事業之總機構，在中華民國境內者，應就其中華民國**境內外**全部營利事業所得，合併課徵營利事業所得稅。但其來自中華民國境外之所得，已依所得來源國稅法規定繳納之所得稅，得由納稅義務人提出所得來源國稅務機關發給之同一年度納稅憑證，並取得所在地中華民國使領館或其他經中華民國政府認許機構之簽證後，自其全部營利事業所得結算應納稅額中扣抵。扣抵之數，不得超過因加計其國外所得，而依國內適用稅率計算增加之結算應納稅額。

　　營利事業之總機構在中華民國境外，而有中華民國來源所得者，應就其中華民國**境內**之營利事業所得，依本法規定課徵營利事業所得稅（所 3）。

(三) 營利事業所得稅之免稅

　　下列各項所得免納營利事業所得稅（所 4），僅介紹不動產相關者：

1. **營利事業出售土地**：營利事業出售土地因已納土地增值稅，故不再納營利事業所得稅，以避免重複課稅。

2. **因受贈而取得之財產**：但取自營利事業贈與之財產，不在此限。

3. **公益信託**：營利事業提供財產成立、捐贈或加入符合下列各款規定之公益信託者，受益人享有該信託利益之權利價值免納所得稅，不適用第 3-2 條及第 4 條第 1 項第 17 款但書規定（所 4-3）：

(1) 受託人為信託業法所稱之信託業。

(2) 各該公益信託除為其設立目的舉辦事業而必須支付之費用外，不以任何方式對特定或可得特定之人給予特殊利益。

(3) 信託行為明定信託關係解除、終止或消滅時，信託財產移轉於各級政府、有類似目的之公益法人或公益信託。

(四) 都市更新事業營利事業所得稅之抵減

實施者為股份有限公司組織之都市更新事業機構，投資於經主管機關劃定或變更為應實施都市更新地區之都市更新事業支出，得於支出總額20%範圍內，抵減其都市更新事業計畫完成年度應納營利事業所得稅額，當年度不足抵減時，得在以後 4 年度抵減之。

都市更新事業依第 12 條規定由主管機關或經同意之其他機關（構）自行實施，經公開徵求股份有限公司提供資金並協助實施都市更新事業，於都市更新事業計畫或權利變換計畫載明權責分工及協助實施都市更新事業內容者，該公司實施都市更新事業之支出得準用前項投資抵減之規定。

前二項投資抵減，其每一年度得抵減總額，以不超過該公司當年度應納營利事業所得稅額50%為限。但最後年度抵減金額，不在此限。

第一項及第二項投資抵減之適用範圍，由財政部會商內政部定之（都更 70）。

(五) 稅率結構

營利事業所得稅起徵額、課稅級距及累進稅率如下（所 5）：

1. 營利事業全年課稅所得額在 12 萬元以下者，免徵營利事業所得稅。

2. 營利事業全年課稅所得額**超過 12 萬元**者，就其全部課稅所得額課徵20%。但其應納稅額不得超過營利事業課稅所得額超過 12 萬元部分之半數。

3. 營利事業全年課稅所得額超過 12 萬元未逾 50 萬元者，就其全部課稅所得額按下列規定稅率課徵，不適用前款規定。但其應納稅額不得超過營利事業課稅所得額超過 12 萬元部分之半數：

(1) 107 年度稅率為 18%。

(2) 108 年度稅率為 19%。

(六) 營利事業所得之計算

　　營利事業所得之計算，以其本年度收入總額減除各項成本費用、損失及稅捐後之純益額為所得額。所得額之計算，涉有應稅所得及免稅所得者，其相關之成本、費用或損失，除可直接合理明確歸屬者，得個別歸屬認列外，應作合理之分攤；其分攤辦法，由財政部定之。

　　營利事業帳載應付未付之帳款、費用、損失及其他各項債務，逾請求權時效尚未給付者，應於時效消滅年度轉列其他收入，俟實際給付時，再以營業外支出列帳。

　　營利事業有第 14 條第 1 項第 4 類利息所得中之短期票券利息所得，除依第 88 條規定扣繳稅款外，不計入營利事業所得額。但營利事業持有之短期票券發票日在中華民國 99 年 1 月 1 日以後者，其利息所得應計入營利事業所得額課稅。

　　自中華民國 99 年 1 月 1 日起，營利事業持有依金融資產證券化條例或不動產證券化條例規定發行之受益證券或資產基礎證券，所獲配之利息所得應計入營利事業所得額課稅，不適用《金融資產證券化條例》第 41 條第 2 項及《不動產證券化條例》第 50 條第 3 項分離課稅之規定。

　　總機構在中華民國境外之營利事業，因投資於國內其他營利事業，所獲配之股利或盈餘，除依第 88 條規定扣繳稅款外，不計入營利事業所得額（所 24）。

 房地合一課徵所得稅

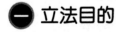 立法目的

　　財政部有鑑於我國過去房地交易就房屋及土地分別課徵所得稅及土地增值稅，出售不動產稅負偏低，產生下列缺失：

1. 依公告土地現值計算土地增值稅的土地漲價總數額及依房屋評定現值計算所得稅的房屋交易所得額，與房地交易實際獲利存有相當差距，另土地現值一年公告 1 次，使得同年度內買賣土地無土地漲價總數額而無須負擔土地增值稅，造成未能公平合理課稅，致使過多資金投入不動產市場，引發房地價格不正常飆漲。

2. 因房屋及其坐落土地未合併課稅，所有權人可能透過提高土地售價並壓低房屋售價，以規避其房屋交易所得稅。

為解決房地分開課稅的缺失，建立合理透明稅制，並與國際稅制接軌，我國自 105 年起實施房地合一課徵所得稅制度，房屋、土地交易所得合一按實價課徵所得稅，同時輔以特種貨物及勞務稅有關不動產部分停徵，避免房地稅負有過重之嫌。

因實施房地合一稅，依第 14-4 至第 14-8 及第 24-5 條規定計算課徵之所得稅稅課收入，扣除由中央統籌分配予地方之餘額，循預算程序用於**住宅政策及長期照顧服務支出**；其分配及運用辦法，由財政部會同內政部及衛生福利部定之（所 125-2）。將所增加的所得稅稅收用於住宅政策及長期照顧服務等社會福利支出，以逐步落實居住正義、改善貧富差距，並有助於社會資源合理配置。

📌 法令依據與立法沿革

基於上述立法目的，財政部於民國 103 年起，即積極研議房地合一課徵所得稅之租稅改革方案，經徵求各方意見後，增修所得稅法部分條文草案，經行政院於 104 年 5 月 21 日函送立法院審議，立法院於同年 6 月 5 日三讀通過，並由總統於 104 年 6 月 24 公布，自 105 年 1 月 1 日施行。

110 年 4 月為防杜房市短期投機炒作，維護居住正義，遏止租稅規避，維護租稅公平，並穩定產業經濟及金融，爰再修正通過房地合一課徵所得稅相關條文，並**自 110 年 7 月 1 日開始施行**。

現行房地合一課徵所得稅制度，以《**所得稅法**》為法令依據，將土地及房屋交易所得合併計算，但採分離課稅。另為利納稅義務人依所得稅法規定計算及申報房屋、土地之交易所得，110.06.30 再修正發布〈**房地合一課徵所得稅申報作業要點**〉28 點以資參考。

📌 個人所得稅（採分離課稅）

(一) 課稅範圍

個人交易中華民國 105 年 1 月 1 日以後取得之房屋、房屋及其坐落基地或依法得核發建造執照之土地（以下合稱房屋、土地），其交易所得應依第 14-4 條至第 14-8 條及第 24-5 條規定課徵所得稅。

個人於中華民國 105 年 1 月 1 日以後取得以**設定地上權方式之房屋使用權或預售屋及其坐落基地**，其交易視同前項之房屋、土地交易。

個人交易其直接或間接持有股份或**出資額過半數**之國內外營利事業之股份或出資額，該營利事業**股權或出資額之價值 50%以上**係由中華民國境內之房屋、土地所構成者，該交易視同第 1 項房屋、土地交易。**但交易之股份屬上市、上櫃及興櫃公司之股票者，不適用之。**

第 1 項規定之土地，不適用第 4 條第 1 項第 16 款規定；同項所定房屋之範圍，不包括依農業發展條例申請興建之農舍（所 4-4）。

以上立法目的，茲說明如下：

1. 所謂「以設定地上權方式之房屋使用權」，是指地主以設定地上權方式，將土地提供開發商（地上權人）在該設定地上權的土地上興建房屋，惟因契約或法令限制，開發商不得移轉興建完成房屋的所有權，乃採讓與房屋使用權方式供個人長期使用房屋。這類房屋使用權，其交易雖屬權利交易性質，惟考量其經濟實質與房屋交易類同，為使該類房屋交易所得得以適用自住房屋、土地及長期持有等租稅優惠，遂將其交易視同房屋交易。

2. 考量不動產經紀業管理條例第 4 條第 1 款將預售屋納入房屋定義範圍，且外界迭反映有藉短期炒作或哄抬預售屋價格獲取高額利潤，卻繳納低額或未繳納所得稅之不合理情形，爰明定預售屋及其坐落基地之交易視同房屋、土地交易。

3. 為防杜個人及營利事業藉由交易其具控制力之國內外營利事業股份或出資額，實質移轉該被投資營利事業之中華民國境內房屋、土地，以免稅證券交易所得規避或減少房屋、土地交易所得之納稅義務，爰增訂明定符合一定條件之股份或出資額交易，應視為房屋、土地交易，該交易所得應依本法有關房屋、土地交易所得相關規定課稅，不適用現行第 4-1 條規定停徵所得稅，並免依所得基本稅額條例第 7 條或第 12 條規定課稅；另考量上市、上櫃及興櫃公司之股權較為分散，且該等股票係於證券交易所或櫃檯買賣中心交易，相對較不易藉由股份交易實質移轉房屋、土地，爰於但書排除屬上市、上櫃及興櫃公司之股票交易。

4. 為配合農業政策，個人及營利事業出售依農業發展條例申請興建的農舍，不論何時取得、出售，均排除適用新制，僅按舊制規定就房屋部分計算財產交易所得，課徵綜合所得稅。

（二）稅 基

1. 出價取得者

凡屬課徵房地合一稅課稅範圍之個人房屋、土地交易所得或損失之計算，其為出價取得者，以交易時之成交價額減除原始取得成本，與因取得、改良及移轉而支付之費用後之餘額為所得額。

2. 繼承或受贈取得者

其為繼承或受贈取得者，以交易時之成本價額減除繼承或受贈時之房屋評定現值及公告土地現值按政府發布之消費者物價指數調整後之價值，與因取得、改良及移轉而支付之費用後之餘額為所得額。

但依土地稅法規定繳納之土地增值稅，**除屬當次交易未自該房屋、土地交易所得額減除之土地漲價總數額部分之稅額外**，不得列為成本費用。

個人規定計算之房屋、土地**交易所得**，**減除**當次交易依土地稅法第 30 條第 1 項規定**公告土地現值**計算之**土地漲價總數額**後之餘額，不併計綜合所得總額，按規定**稅率**計算應納**稅額**（所 14-4）。

其計算公式如下：

1. 出價取得者

> **交易所得（或損失）** ＝交易時之成交價額（房地收入）
> －原始取得成本－因取得、改良及移轉而支付之費用
>
> **課稅所得**＝交易所得－依土地稅法規定計算之**土地漲價總數額**（依土地稅法第 30 條第 1 項規定**公告土地現值**計算）

註：（土地漲價總數額**減除上限**＝交易當年度公告土地現值－前次移轉現值），超過上限部分不得減除，但超限的部分計算繳納的土地增值稅得以**費用**列支。

2. 繼承或受贈取得者

> **交易所得（或損失）**＝交易時之成交價額－繼承或受贈時之房屋評
> 定現值及公告土地現值按政府發布之**消費者**
> **物價指數**調整後之價值－因取得、改良及移
> 轉而支付之費用
>
> **課稅所得**＝交易所得－依土地稅法規定計算之土地漲價總數額（依土
> 地稅法第 30 條第 1 項規定**公告土地現值**計算）

註 1： 所稱「消費者物價指數」為交易日所屬年月已公告的最近臺灣地區消費者
物價總指數。最近一期消費者物價指數調整比例，請參閱中華民國統計資
訊網站(http：//www.stat.gov.tw)/物價指數/統計表/各年月為基期之消費者
物價總指數-稅務專用

　 2： （土地漲價總數額減除上限＝交易當年度公告土地現值－前次移轉現
值），超過上限部分不得減除，**但超限的部分計算繳納的土地增值稅得以
費用列支。**

［例一］

　　王先生 105 年 6 月買入 A 房地，購入成本 1,300 萬元，於 110 年
以 2,000 萬元出售 A 房地時，繳納土地增值稅 10 萬元，依交易當年
度公告現值計算之土地漲價總數額為 100 萬元，因取得、改良及移轉
而支付的費用 150 萬元，試問：其交易所得及課稅所得為何？

解　房屋、土地**交易所得**

＝成交價額－原始取得成本－因取得、改良及移轉而支付的費
用

＝2,000 萬元－1,300 萬元－150 萬元＝550 萬元

課稅所得＝房屋、土地交易所得－土地漲價總數額

＝550 萬元－100 萬元＝**450 萬元**

註：土地增值稅 10 萬元不得列為費用

(三) 稅　率

　　房地合一稅的課稅稅率因境內居住者與境內非居住者而有不同。茲將房地合一稅的課稅稅率說明如下（所 14-4）：

1. 中華民國境內居住之個人（境內居住者）

　(1) 一般稅率

　　A. 持有房屋、土地之期間在 **2 年以內**者，稅率為 45%。

　　B. 持有房屋、土地之期間**超過 2 年，未逾 5 年者**，稅率為 35%。

　　C. 持有房屋、土地之期間**超過 5 年，未逾 10 年者**，稅率為 20%。

　　D. 持有房屋、土地之期間**超過 10 年者**，稅率為 15%。

　(2) 例外條款

　　A. **非自願性因素**：因財政部公告之調職、非自願離職或其他非自願性因素，交易持有期間在 5 年以下之房屋、土地者，稅率為 20%。

　　B. **合建分售**：個人以自有土地與營利事業合作興建房屋，自土地取得之日起算 5 年內完成並銷售該房屋、土地者，稅率為 20%。

　　C. **個人提供土地**、合法建築物、他項權利或資金，依都市更新條例參與都市更新，或依都市危險及老舊建築物加速重建條例參與重建，於興建房屋完成後取得之房屋及其坐落基地第一次移轉且其持有期間在 **5 年**以下者，稅率為 20%。

　　D. **自住房屋、土地**：符合第 4-5 條第 1 項第 1 款規定之**自住房屋、土地**，按本項規定計算之餘額**超過 400 萬元部分，稅率為 10%**。

2. 非中華民國境內居住之個人（非境內居住者）

　(1) 持有房屋、土地之期間在 2 年以內者，稅率為 45%

　(2) 持有房屋、土地之期間超過 2 年者，稅率為 35%。

　　上述個人調職、非自願離職或其他非自願性因素之情形如下，但經稅捐稽徵機關查明有藉法律形式規避或減少納稅義務之安排或情事者，不適用之：

(1) 個人或其配偶於工作地點購買房屋、土地辦竣戶籍登記並居住,且無出租、供營業或執行業務使用,嗣因調職或有符合就業保險法第 11 條第 3 項規定之非自願離職情事,或符合職業災害勞工保護法第 24 條規定終止勞動契約,須離開原工作地而出售該房屋、土地者。

(2) 個人依民法第 796 條第 2 項規定出售於取得土地前遭他人越界建築房屋部分之土地與房屋所有權人者。

(3) 個人因無力清償債務(包括欠稅),其持有之房屋、土地依法遭強制執行而移轉所有權者。

(4) 個人因本人、配偶、本人或配偶之父母、未成年子女或無謀生能力之成年子女罹患重大疾病或重大意外事故遭受傷害,出售房屋、土地負擔醫藥費者。

(5) 個人依家庭暴力防治法規定取得通常保護令,為躲避相對人而出售自住房屋、土地者。

(6) 個人與他人共有房屋或土地,因他共有人依土地法第 34-1 條規定未經其同意而交易該共有房屋或土地,致交易其應有部分者。

(7) 個人繼承取得房屋、土地時,併同繼承被繼承人所遺以該房屋、土地為擔保向金融機構抵押貸款之未償債務,因無足夠資力償還該未償債務之本金及利息,致出售該房屋、土地者。

上述有關持有期間之計算,於繼承或受遺贈取得者,得將被繼承人或遺贈人持有期間合併計算(所 14-4)。

上述所稱「**中華民國境內居住之個人**」係指:

1. 在中華民國境內有住所,並經常居住中華民國境內者。

自 102 年 1 月 1 日起,《所得稅法》第 7 條第 2 項第 1 款所稱中華民國境內居住的個人,其認定原則如下:

(1) 個人於一課稅年度內在中華民國境內設有戶籍,且有下列情形之一者:

A. 於一課稅年度內在中華民國境內居住合計滿 31 天。

B. 於一課稅年度內在中華民國境內居住合計在 1 天以上未滿 31 天,其生活及經濟重心在中華民國境內。

(2) 前點第 2 款所稱生活及經濟重心在中華民國境內，應衡酌個人之家庭與社會關係、政治文化及其他活動參與情形、職業、營業所在地、管理財產所在地等因素，參考下列原則綜合認定：

A. 享有全民健康保險、勞工保險、國民年金保險或農民健康保險等社會福利。

B. 配偶或未成年子女居住在中華民國境內。

C. 在中華民國境內經營事業、執行業務、管理財產、受僱提供勞務或擔任董事、監察人或經理人。

D. 其他生活情況及經濟利益足資認定生活及經濟重心在中華民國境內（財政部 101 年 9 月 27 日臺財稅字第 10104610410 號令）。

2. **在中華民國境內無住所，而於一課稅年度內在中華民國境內居留合計滿 183 天者。**

　　所稱「**非中華民國境內居住之個人**」，係指前述規定以外之個人（所 7）。

(四) 免　徵

　　合於課徵房地合一稅之交易房屋、土地有下列情形之一者，免納所得稅（所 4-5）。

1. 自住房屋與土地

　　個人與其配偶及未成年子女符合下列各目規定之自住房屋、土地：

(1) 個人或其配偶、未成年子女**辦竣戶籍登記**、持有並居住於該房屋連續**滿 6 年**。

(2) 交易前 6 年內，**無出租、供營業或執行業務**使用。

(3) 個人與其配偶及未成年子女於**交易前 6 年內未曾適用**本款規定。

　　但符合上述規定者，其免稅所得額，以按所得稅法第 14-4 條第 3 項規定計算之餘額不超過 400 萬元為限。即符合規定之自住房屋、土地課稅所得在 400 萬元以下免稅；**超過 400 萬元部分，按 10%稅率課徵。**

2. 交易符合《農業發展條例》第 37 條及第 38-1 條規定得申請不課徵土地增值稅之土地。

(1) 作農業使用之農業用地移轉與自然人時，得申請不課徵土地增值稅。

作農業使用之耕地依第 33 條及第 34 條規定移轉與農民團體、農業企業機構及農業試驗研究機構時，其符合產業發展需要、一定規模或其他條件，經直轄市、縣（市）主管機關同意者，得申請不課徵土地增值稅。

前 2 項不課徵土地增值稅之土地承受人於其具有土地所有權之期間內，曾經有關機關查獲該土地未作農業使用且未在有關機關所令期限內恢復作農業使用，或雖在有關機關所令期限內已恢復作農業使用而再有未作農業使用情事者，於再移轉時應課徵土地增值稅。前項所定土地承受人有未作農業使用之情事，於配偶間相互贈與之情形，應合併計算（農發 37）。

(2) 農業用地經依法律變更為非農業用地，不論其為何時變更，經都市計畫主管機關認定符合下列各款情形之一，並取得農業主管機關核發該土地作農業使用證明書者，得分別檢具由都市計畫及農業主管機關所出具文件，向主管稽徵機關申請適用第 37 條第 1 項、第 38 條第 1 項或第 2 項規定，不課徵土地增值稅或免徵遺產稅、贈與稅或田賦：

A. 依法應完成之細部計畫尚未完成，未能准許依變更後計畫用途使用者。

B. 於公告實施市地重劃或區段徵收計畫前，未依變更後之計畫用途申請建築使用者。

本條例中華民國 72 年 8 月 3 日修正生效前已變更為非農業用地，經直轄市、縣（市）政府視都市計畫實施進度及地區發展趨勢等情況同意者，得依前項規定申請不課徵土地增值稅（農發 38-1）。

3. 被徵收或被徵收前先行協議價購之土地及其土地改良物。

4. 尚未被徵收前移轉依都市計畫法指定之公共設施保留地。

第 3 及第 4 款立法目的是為鼓勵民間配合政府基於政策目的推動之土地開發及徵收等政策，提高行政效率。

前項第 2 款至第 4 款規定之土地、土地改良物，不適用第 14-5 條申報交易所得之規定（即得免申報房屋、土地交易所得）；其有交易損失者，不適用第 14-4 條第 2 項個人土地交易之損失減除、第 24-5 第 3 項損失減除及同條第 4 項後段自營利事業所得額中減除之規定（所 4-5）。

表 10-4　個人房地合一課徵所得稅制相關規定表

項　目			內　容
課稅範圍 （含日出條款）			1. 交易 105 年 1 月 1 日以後取得之房屋、房屋及其坐落基地或依法得核發建造執照之土地。 2. 交易 105 年 1 月 1 日以後取得以**設定地上權方式之房屋使用權或預售屋及其坐落基地**。 3. 交易持股或**出資額過半數**之營利事業之股份或出資額，該營利事業**股權或出資額之價值** 50%**以上**係由我國境內之房屋、土地所構成者。 4. 但交易之股份屬上市、**上櫃及興櫃公司之股票者，不適用之。**
稅　基(課稅所得)			房地收入－成本－費用－依土地稅法第 30 條第 1 項規定**公告土地現值**計算之土地漲價總數額
非自住 房地	中華民國境內居住之個人（居住者）	105 年 1 月 1 日以後取得並賣出	持有期間≦2 年，稅率 45%
			持有期間超過 2 年未逾 5 年，稅率 35%
			持有期間超過 5 年未逾 10 年，稅率 20%
			持有期間＞10 年，稅率 15%
		例外條款（防錯殺條款）	1. 非自願性調職、離職等因素 5 年內出售，稅率 20% 2. 合建分售於 5 年內完成，稅率 20% 3. 參與都市更新或危老重建完成後第一次移轉且持有期間在 5 年以下者，稅率 20% 4. 繼承與受遺產贈與取得房屋者，可將被繼承人或遺贈人持有期間合併計算。
	非中華民國境內居住之個人（非居住者）	稅　率	持有期間≦2 年，稅率 45%
			持有期間＞2 年，稅率 35%
自住房地	免稅條款	條　件	個人或其配偶、未成年子女設籍，持有並居住連續滿 6 年，且無出租與營業使用者
		稅　率	1. 獲利 400 萬元以下免稅 2. 獲利超過 400 萬元，稅率 10%
		限　制	6 年內限使用一次

表 10-4　個人房地合一課徵所得稅制相關規定表（續）

項　目		內　容
重購退稅	小屋換大屋	重購價格高（等）於出售價格－全額退稅
	大屋換小屋	重購價格低於出售價格－比例退稅
	限　制	重購後 5 年內不得改作其他用途或再行移轉
課稅方式		分離課稅，所有權完成移轉登記之次日起算 30 天內申報納稅
稅收用途		課稅收入循預算程序用於住宅政策及長期照顧服務支出

(五) 逕予核定

1. 未申報或成交價偏低

個人未依規定申報或申報之成交價額較時價偏低而無正當理由者，稽徵機關得依時價或查得資料，核定其成交價額（所 14-6）。

2. 未提示成本

個人未提示原始取得成本之證明文件者，稽徵機關得依查得資料核定其成本，無查得資料，得依**原始取得時房屋評定現值及公告土地現值**按政府發布之消費者物價指數調整後，核定其成本（所 14-6）。

3. 未提示費用

個人未提示因取得、改良及移轉而支付之費用者，稽徵機關得按**成交價額** 3%計算其費用，**並以 30 萬元為限**（所 14-6）。

(六) 稅額計算

[例二]

黃小姐經常居住於國內，109 年 1 月以 1,300 萬元購入非自住 A 房地，試問：

(1) 黃小姐於 110 年 9 月以 2,000 萬元售出 A 房地，支付取得、改良及移轉費用 100 萬元（如契稅、印花稅、代書費、規費、公證費及仲介費等），土地漲價總數額 200 萬元。其應納房地合一所得稅為多少？

(2) 承上，若黃小姐於 113 年 5 月才售出 A 房地，其應納稅額為何？

(3) 黃小姐好友鍾先生非中華民國境內居住者，假設其於 107 年 1 月 1 日以 1,300 萬元購入 B 房地，110 年 8 月以 2,000 萬元售出，支

付取得、改良及移轉費用 80 萬元，土地漲價總數額 120 萬元，其應納稅額為何？

解 (1) 應納稅額

＝課稅所得×稅率 45%（持有期間未滿 2 年）

＝（2000 萬元－1300 萬元－100 萬元－200 萬元）×45%

＝400 萬元×45%＝180 萬元

(2) 應納稅額

＝課稅所得×稅率 35%（持有期間 2 年~5 年以內）

＝（2000 萬元－1300 萬元－100 萬元－200 萬元）×35%

＝400 萬元×35%＝140 萬元

(3) 應納稅額

＝課稅所得×稅率 35%（非境內居住者，持有期間超過 2 年）

＝（2000 萬元－1300 萬元－80 萬元－120 萬元）×35%

＝500 萬元×35%＝175 萬元

［例三］

王太太 105 年 7 月 1 日購入 A 自住房地，成本 1,300 萬元，於 115 年 6 月 30 日出售，售價 2,000 萬元，取得、改良及移轉的費用 100 萬元，土地漲價總數額 100 萬元，如符合自住房地租稅優惠適用條件，其應納稅額為何？

解 課稅所得＝成交價額－成本－費用－土地漲價總數額

＝2,000 萬元－1,300 萬元－100 萬元－100 萬元

＝500 萬元

應納稅額＝（課稅所得額－免稅額）×稅率 10%（自住房地）

＝（500 萬元－400 萬元）×10%

＝10 萬元

[例四]

　　楊先生於民國 108 年 11 月以 5 萬/m^2 市價買進一筆面積 500 m^2 的建地，108 年度的土地公告現值為 4 萬/m^2。假設楊先生與買方達成共識，擬以實際出售價格 8 萬/m^2 來申報移轉現值和房地合一所得稅，110 年 1 月之土地公告現值為 5.5 萬/m^2，持有期間無任何改良費用，期間消費者物價指數為 120%。試問：

(一) 若楊先生在 110 年 6 月出售該地並完成所有權移轉登記，其應繳之土地增值稅和房地合一所得稅為何？

(二) 若楊先生在 110 年 9 月出售該地並完成所有權移轉登記，其應繳之土地增值稅和房地合一所得稅為何？

(三) 若楊先生在 110 年 9 月出售該地並完成所有權移轉登記，改以出售時當年度的土地公告現值申報，其應繳之土地增值稅和房地合一所得稅又為何？

解 **(一) 若在 110 年 6 月售出，將適用房地合一所得稅 1.0 舊制**

1. 土地漲價總數額：8 萬/m^2 × 500 m^2 −4 萬/m^2× 500 m^2×120%=1,600 萬元

   土地增值稅額：1,600 萬元×20%=320 萬元

2. 因取得、改良、移轉支付費用未提示，舊制得按成交價額是以 5%推計：4,000 萬×5%=200 萬元

3. 課稅所得＝成交價額－成本－費用－土地漲價總數額 ＝4,000 萬－2,500 萬－200 萬－1600 萬＜0，免納房地合一所得稅

4. 土地增值稅＋房地合一所得稅＝320 萬元+0 元=320 萬元

(二) 若在 110 年 9 月以出售價格申報，將會適用房地合一所得稅 2.0 新制

1. 土地漲價總數額：8 萬/m^2 × 500 m^2 −4 萬/m^2× 500 m^2×120%=1,600 萬元

   土地增值稅額：1,600 萬元×20%=320 萬元

2. 可減除的土地漲價總數額：新法修正為依土地稅法第 30 條第 1 項規定公告土地現值計算之土地漲價總數額

   上地漲價總數額：5.5 萬/m^2 × 500 m^2 −4 萬/m^2× 500 m^2×120%=350 萬元

土地增值稅額：350 萬元×20%=70 萬元

3. 可減除的費用：

(1) 未提示相關費用證明文件者，稽徵機關得按成交價額 3%計算其費用，並以 30 萬元為限。

4,000 萬×3%=120 萬元＞30 萬元，以 30 萬元計

(2) 屬當次交易未自房地交易所得額減除之土地漲價總數額部分之土地增值稅得以費用列支：

即土地增值稅的部分：320 萬－70 萬元＝250 萬元

另可依房地合一課徵所得稅申報作業要點第 16 條其計算方式如下：

【（交易時申報移轉現值－交易時公告土地現值）／以申報移轉現值計算之土地漲價總數額】×已納土地增值稅

[（8 萬/m^2－5.5 萬/m^2）×500 m^2] / 1,600×320＝250 萬元

4. 課稅所得＝成交價額－成本－費用－土地漲價總數額

=4,000 萬－2,500 萬－（30 萬+250 萬元）－350 萬＝870 萬元

5. 應納房地合一所得稅額（持有期間 2 年內）：

870 萬×45%=391.5 萬元

6. 土地增值稅＋房地合一所得稅＝320 萬+391.5 萬＝711.5 萬元

(三) 若在 110 年 9 月出售以當年度土地公告現值申報，適用房地合一所得稅 2.0 新制

1. 土地漲價總數額：5.5 萬/m^2×500 m^2－4 萬/m^2×500 m^2×120%=350 萬元

土地增值稅額：350 萬元×20%=70 萬元

2. 可減除的費用：

未提示相關費用證明文件者，稽徵機關得按成交價額 3%計算其費用，並以 30 萬元為限。

4,000 萬×3%=120 萬元＞30 萬元，以 30 萬元計。

3. 課稅所得＝成交價額－成本－費用－土地漲價總數額

=4,000 萬－2,500 萬－30 萬－350 萬＝1,120 萬元

4. 應納房地合一所得稅額（持有期間 2 年內）：
   1,120 萬 ×45%=504 萬元
5. 土地增值稅＋房地合一所得稅＝70 萬+504 萬＝574 萬元

(七) 交易損失之減除

　　個人房屋、土地交易損失，得自**交易日以後 3 年內**之房屋、土地交易所得減除之（所 14-4）。即虧損得後抵 3 年。

［例五］

　　胡太太 107 年 1 月 1 日買進 A 房地，成本 1,300 萬元，若 108 年 1 月 1 日以 1,400 萬元售出，支付的取得、改良及移轉費用共 150 萬元，土地漲價總數額 100 萬元，試問：

(1) A 房地的交易所得（或損失）金額為何？

(2) 若胡太太 110 年 8 月 1 日出售 105 年 4 月取得之 B 房地，有交易所得 250 萬元，B 地的土地漲價總數額 100 萬元，B 房地應納稅額為何？

(3) 若胡太太之配偶胡先生 110 年 9 月 1 日出售 C 房地，有交易所得 250 萬元，C 地的土地漲價總數額 90 萬元，應如何計算 C 房地的課稅所得？得否減除 A 房地的交易損失？

解 (1) A 房地交易所得（損失）
　　　＝成交價額－成本－取得、改良及移轉費用
　　　＝1,400 萬元－1,300 萬元－150 萬元＝（損失 50 萬元）

(2) B 房地交易日期在 A 房地交易日以後的 3 年內，故計算 B 房地課稅所得時，得減除 A 房地交易損失 50 萬元，再以其餘額計算課稅所得額。
　　　B 房地課稅所得＝250 萬元－50 萬元－100 萬元＝100 萬元
　　　應納稅額＝課稅所得×稅率 20%（持有期間 5 年~10 年內）
　　　　　　　＝100 萬元×20%＝20 萬元

(3) 新制下，個人房屋、土地交易的課稅所得及應納稅額係個別計算，故胡太太的 A 房地交易損失不得自胡先生的 C 房地交易所得中減除。

C 房地課稅所得＝250 萬元－90 萬元＝160 萬元

(八) 重購退（抵）稅

1. 先售後購－申請退稅

個人出售自住房屋、土地依規定繳納之稅額，自完成移轉登記之日或房屋使用權交易之日起算 **2 年內**，重購自住房屋、土地者，得於重購自住房屋、土地完成移轉登記或房屋使用權**交易之次日起算 5 年內**，申請按**重購價額占出售價額之比率**，自前開繳納稅額計算退還（所 14-8 I）。

(1) 小屋換大屋（全額退稅）：

重購價額／出售價額＝A，且 A≧1

應退還稅額＝出售房地已繳納稅額

(2) 大屋換小屋（比例退稅）：

重購價額／出售價額＝A，且 A＜1

應退還稅額＝出售房地已繳納稅額×A

2. 先購後售－申報扣抵

個人於先購買自住房屋、土地後，自完成移轉登記之日或房屋使用權交易之日起算 2 年內，出售其他自住房屋、土地者，於依規定申報時，得按前項規定之比率計算扣抵稅額，在不超過應納稅額之限額內減除之。

(1) 小屋換大屋（全額退稅）：

重購價額／出售價額＝A，且 A≧1

應繳納稅額＝0

(2) 大屋換小屋（比例退稅）：

重購價額／出售價額＝A，且 A＜1

應繳納稅額＝出售房地應繳納稅額×（1－重購價額／出售價額）

前 2 項重購之自住房屋、土地，於重購後 5 年內改作其他用途或再行移轉時，應追繳原扣抵或退還稅額（所 14-8 II）。

3. **以本人或其配偶名義**出售自住房屋、土地，而另以其配偶或本人名義重購符合條件者，均可申請適用重購退稅優惠。

［例六］　先售後購

柯先生 105 年 1 月 1 日買入 A 房地並設籍居住，於 108 年 6 月 1 日出售 A 房地，出售價額 2,000 萬元，並已繳納所得稅 20 萬元，其於 110 年 4 月 1 日以 2,500 萬元買入 B 房地並設籍居住，柯先生可以申請適用重購退稅優惠嗎？

解　（一）柯先生出售 A 房地的前 1 年內並無出租或供營業使用，且出售 A 房地的移轉登記日至買入 B 房地的移轉登記日（108 年 6 月 1 日至 110 年 4 月 1 日）的期間在 2 年以內，柯先生得申請適用重購退稅優惠。
因重購價額 2,500 萬元／出售價額 2,000 萬元＝1.25＞1
應退還稅額＝出售 A 房地已繳納稅額＝20 萬元
　　　　（二）柯先生得於 110 年 4 月 1 日的次日起算 5 年內向國稅局申請退還該稅款，且 B 房地在 5 年內（110 年 4 月 1 日至 115 年 3 月 31 日）應供自住使用，不得改作其他用途或再行移轉。如適用重購退稅優惠後 5 年內將 B 房地改作其他用途，應向國稅繳回原退還之稅額 20 萬元。

［例七］　先購後售

姚先生 105 年 1 月 1 日買入 A 房地並設籍居住，於 108 年 6 月 1 日以 1,500 萬元買入 B 房地供自住使用，戶籍由 A 房地遷至 B 房地，110 年 4 月 1 日出售 A 房地，出售價額 2,000 萬元，原應繳納所得稅 20 萬元，姚先生可以申請適用重購扣抵稅額優惠嗎？

解　（一）姚先生出售 A 房地的前 1 年內並無出租或供營業使用，且買入 B 房地的移轉登記日至出售 A 房地的移轉登記口（108 年 6 月 1 日至 110 年 4 月 1 日）的期間在 2 年以內，姚先生得申請適用重購扣抵稅額優惠：

因重購價額 1,500 萬元／出售價額 2,000 萬元＝0.75＜1

應繳納稅額

＝出售房地應繳納稅額×（1－重購價額／出售價額）

＝20 萬元×(1－0.75)=5 萬元

(二) B 房地在 5 年內（108 年 6 月 1 日至 113 年 5 月 31 日）應供自住使用，不得改作其他用途或再行移轉。如姚先生適用重購退稅優惠後 5 年內將 B 房地再行移轉，應向國稅局繳回原扣抵的稅額 15 萬元（即 20 萬元×0.75）。

(九) 稽　徵

1. 繳稅、檢附文件並申報

　　個人有前條之交易所得或損失，不論有無應納稅額，應於下列各款規定日期起算 **30 日**內自行填具申報書，檢附契約書影本及其他有關文件，向該管稽徵機關辦理申報；其有應納稅額者，應一併檢附繳納收據：

(1) 第 4-4 條第 1 項所定房屋、土地完成所有權移轉登記日之次日。

(2) 第 4-4 條第 2 項所定房屋使用權交易日之次日、預售屋及其坐落基地交易日之次日。

(3) 第 4-4 條第 3 項所定股份或出資額交易日之次日（所 14-5）。

　　因此，如課稅所得為 0、或虧損情形或適用自住房地免稅優惠經計算後不用繳稅者，仍應向該管國稅局辦理申報。如有應納稅額，應先繳納後再檢附繳款收據併同契約書影本及其他有關文件，向國稅局辦理申報。該筆交易所得毋須再併入交易年度綜合所得總額辦理申報。

2. 申報地點

(1) 境內居住者（在境內有住所，並經常居住境內，或在境內無住所，而於一課稅年度內在境內居留合計滿 183 天）

　　應於房屋、土地完成所有權移轉登記日的次日起算 30 日內，向**戶籍所在地**或居留證地址所在地國稅局辦理申報。外籍人士居住於臺北市或高雄市者，應向其總局外僑股辦理申報。

(2) 非境內居住者（上開境內居住者以外）

　　　　應於房屋、土地完成所有權移轉登記日的次日起算 30 日內，向交易的房屋、土地所在地國稅局辦理申報。外籍人士交易座落於臺北市或高雄市的房地者，應向其總局外僑股辦理申報。

3. 調查與核稅

　　　個人未依規定期限辦理申報者，稽徵機關得依前條規定核定所得額及應納稅額，通知其依限繳納（所 14-7 I）。

　　　稽徵機關接到個人申報之申報書後之調查核定，準用第 80 條第 1 項規定（所 14-7 II）。即應派員調查，核定其所得額及應納稅額（所 80 I）。

4. 核定通知書之送達

　　　調查結果之核定通知書送達及查對更正，準用第 81 條規定（所 14-7 III）。

　　　即該管稽徵機關應依其查核結果填具核定稅額通知書，連同各計算項目之核定數額送達納稅義務人。通知書之記載或計算有錯誤時，納稅義務人得於**通知書送達後 10 日內**，向該管稽徵機關**查對**，或請予更正（所 81）。

5. 退　稅

　　　調查核定個人有應退稅款者，準用第 100 條第 2 項及第 4 項規定（所 14-7 IV）。

　　　即納稅義務人結算申報，經核定有溢繳稅款者，稽徵機關應填發收入退還書或國庫支票，退還溢繳稅款。

　　　應退之稅款，稽徵機關於核定後，應儘速填發收入退還書或國庫支票送達納稅義務人，**至遲不得超過 10 日**，收入退還書之退稅期間以收入退還書送達之日起 3 個月內為有效期間，逾期不退（所 100 II、IV）。

6. 短繳自繳稅款之補繳

　　　個人依第 14-4 條及前條規定列報減除之各項成本、費用或損失等超過規定之限制，致短繳自繳稅款，準用第 100-2 條規定（所 14-7 V）。

短繳自繳稅款，經稽徵機關核定補繳者，應自結算申報期限截止之次日起，至繳納補徵稅款之日止，就核定補徵之稅額，依第 123 條規定之存款利率（指郵政儲金一年期定期儲金固定利率），按日加計利息，一併徵收。但加計之利息，以 1 年為限。應加計之利息金額不超過 1500 元者，免予加計徵收（所 100-2）。

(十) 罰　則

1. **未依限申報**：個人違反規定，未依限辦理申報，處 3 **千元以上 3 萬元以下**罰鍰。

2. **未辦理申報**：個人未依本法規定自行辦理房屋、土地交易所得申報，除依法核定補徵應納稅額外，應按**補徵稅額處 3 倍以下**罰鍰。

3. **已申報但有短、漏報**情事：個人已依本規定辦理房屋、土地交易所得申報，而有漏報或短報情事，處以**所漏稅額 2 倍以下**之罰鍰（所 108-2）。

4. **未依期限繳稅**：個人有應繳納的房屋、土地交易所得稅額，如逾交易日（房屋、土地完成所有權移轉登記日）之次日或房屋使用權交易日之次日起算 30 日期限，始繳納稅款，**每逾 2 日**按應納稅額**加徵 1%滯納金**，逾期 30 日仍未繳納者，將移送強制執行。

ⓔ 營利事業部分

(一) 課稅範圍

營利事業交易中華民國 105 年 1 月 1 日以後取得之房屋、房屋及其坐落基地或依法得核發建造執照之土地（以下合稱房屋、土地），其交易所得應依第 14-4 條至第 14-8 條及第 24-5 條規定課徵所得稅。

營利事業於中華民國 105 年 1 月 1 日以後取得以**設定地上權方式之房屋使用權或預售屋及其坐落基地**，其交易視同前項之房屋、土地交易。

營利事業交易其直接或間接持有股份或**出資額過半數**之國內外營利事業之股份或出資額，該營利事業**股權或出資額之價值 50%以上**係由中華民國境內之房屋、土地所構成者，該交易視同第 1 項房屋、土地交易。**但交易之股份屬上市、上櫃及興櫃公司之股票者，不適用之。**

第 1 項規定之土地，不適用第 4 條第 1 項第 16 款規定；同項所定房屋之範圍，不包括依農業發展條例申請興建之農舍（所 4-4）。

(二) 稅基

營利事業當年度房屋、土地交易所得或損失之計算，以其**收入減除相關成本、費用或損失後之餘額為所得額**。但依土地稅法規定繳納之土地增值稅，除屬未自該房屋、土地交易所得額減除之土地漲價總數額部分之稅額外，不得列為成本費用。

營利事業依前項規定計算之房屋、土地交易所得，減除依土地稅法第 30 條第 1 項規定公告土地現值計算之土地漲價總數額後之餘額，**不併計營利事業所得額**，按規定稅率**分開計算應納稅額，合併報繳**。

(三) 稅率

營利事業按下列規定稅率分開計算應納稅額，合併報繳；其在中華民國境內無固定營業場所，由營業代理人或其委託之代理人代為申報納稅（所 24-5）：

1. 總機構在中華民國境內之營利事業

(1) 持有房屋、土地之期間在 2 年以內者，稅率為 **45%**。

(2) 持有房屋、土地之期間超過 2 年，未逾 5 年者，稅率為 **35%**。

(3) 持有房屋、土地之期間超過 5 年者，稅率為 **20%**。

(4) 因財政部公告之非自願性因素，交易持有期間在 5 年以下之房屋、土地者，稅率為 **20%**。

(5) 營利事業以自有土地與營利事業合作興建房屋，自土地取得之日起算 5 年內完成並銷售該房屋、土地者，稅率為 **20%**。

(6) 營利事業提供土地、合法建築物、他項權利或資金，依都市更新條例參與都市更新，或依都市危險及老舊建築物加速重建條例參與重建，於興建房屋完成後取得之房屋及其坐落基地第一次移轉且其持有期間在 5 年以下者，稅率為 **20%**。

2. 總機構在中華民國境外之營利事業

(1) 持有房屋、土地之期間在 2 年以內者，稅率為 **45%**。

(2) 持有房屋、土地之期間超過 2 年者，稅率為 **35%**。

上述有關營業事業非自願性因素，經財政部公告之情形如下，但經稅捐稽徵機關查明有藉法律形式規避或減少納稅義務之安排或情事者，不適用之：

(1) 營利事業依民法第 796 條第 2 項規定出售於取得土地前遭他人越界建築房屋部分之土地與房屋所有權人者。

(2) 營利事業因無力清償債務（包括欠稅），其持有之房屋、土地依法遭強制執行而移轉所有權者。

(3) 營利事業與他人共有房屋或土地，因他共有人依土地法第三十四條之一 規定未經其同意而交易該共有房屋或土地，致交易其應有部分者。

(4) 金融機構因行使抵押權而取得之房屋、土地，或因行使質權而取得所得稅法第 4-4 條第(3)項所定條件之股份，依銀行法第 76 條或其他法律準用該條規定應自取得之日起 4 年內處分者。

(四) 交易其興建房屋完成後第一次移轉之房地

營利事業交易其興建房屋完成後第一次移轉之房屋及其坐落基地，不適用第 24-5 條第 2 項和第 3 項規定，其依第 1 項規定計算之房屋、土地交易所得額，減除依土地稅法第 30 條第 1 項規定公告土地現值計算之土地漲價總數額後之餘額，**計入營利事業所得額課稅**，餘額為負數者，以 0 計算；其交易所得額為負者，得自營利事業所得額中減除，但不得減除土地漲價總數額（所 24-5IV）。

---

1. **房地交易所得(A)＝**（出售房地總價額－取得成本－必要費用）

   (1) A＞0，且（A－土地漲價總數額）≧0，

   　　稅基（課稅所得）=A－土地漲價總數額

   (2) A＞0，且（A－土地漲價總數額）＜0，

   　　稅基（課稅所得）=0

   (3) A≦0，不得減除土地漲價總數額

   　　課稅所得=A（得自營利事業所得額中減除）

   　　註：土地增值稅不得列為成本費用減除

營利事業興建房屋完成後第一次移轉之房屋及其坐落基地之交易，指營利事業交易其以起造人申請建物所有權第一次登記所取得之房屋及其坐落基地。屬供給不動產市場之生產性營業活動，爰增訂第 24-5 條第 4 項明定該交易所得不適用第 2 項及第 3 項規定，其所得應併計營利事業所得額，依現行所得稅法第 5 條第 5 項規定之稅率及本法相關規定課稅。

109 年度起營利事業所得稅起徵額及稅率如下（所 5V）：

1. 營利事業全年課稅所得額在 12 萬元以下者，免徵營利事業所得稅。

2. 營利事業全年課稅所得額超過 12 萬元者，就其全部課稅所得額課徵 20%。但其應納稅額不得超過營利事業課稅所得額超過 12 萬元部分之半數。

---

(1) P 在 120,000 元以下免徵

(2) 120,000 元＜P≦200,000 元，T=（P－120,000）×1/2

(3) P 超過 200,000 元，T=P×20%

註：T=應納稅額　　P=課稅所得額

（五）獨資、合夥組織營利事業

獨資、合夥組織營利事業交易房屋、土地，應由獨資資本主或合夥組織合夥人就該房屋、土地交易所得額，依第 14-4 條至第 14-7 條規定課徵所得稅，不計入獨資、合夥組織營利事業之所得額，不適用第 24-5 條前五項規定（所 24-5VI）。

鑒於獨資、合夥組織營利事業之房屋、土地，其登記所有權人為個人，與一般營利事業具獨立法人格得為所有權之登記主體有別，爰增訂此項。

（六）逕予核定

稽徵機關進行調查或複查時，營利事業未提示有關房屋、土地交易所得額之帳簿、文據者，稽徵機關應依查得資料核定；成本或費用無查得資料者，得依原始取得時房屋評定現值及公告土地現值按政府發布之消費者物價指數調整後，核定其成本，其費用按成交價額 3%計算，並以 30 萬元為限（所 24-5V）。

(七) 免 徵

合於課徵房地合一稅之交易房屋、土地有下列情形之一者，免納所得稅。

1. 符合《農業發展條例》第 37 條及第 38-1 條規定得申請不課徵土地增值稅之土地。

2. 被徵收或被徵收前先行協議價購之土地及其土地改良物。

3. 尚未被徵收前移轉依都市計畫法指定之公共設施保留地。

前項規定之土地、土地改良物，不適用第 14-5 條申報交易所得之規定（即得免申報房屋、土地交易所得）；其有交易損失者，不適用第 14-4 條第 2 項個人土地交易之損失減除、第 24-5 第 3 項損失減除及同條第 4 項後段自營利事業所得額中減除之規定（所 4-5）。即營利事業部分，仍應申報，但其損失不得自營利事業所得額中減除。

(八) 盈虧互抵

營利事業依本法 24-5 條第 1 項規定計算之當年度房屋、土地交易損失，應先自當年度適用相同稅率之房屋、土地交易所得中減除，減除不足部分，得自當年度適用不同稅率之房屋、土地交易所得中減除，減除後尚有未減除餘額部分，得自交易年度之**次年起 10 年內**之房屋、土地交易所得減除（所 24-5 III）。

即公司組織之營利事業，會計帳冊簿據完備，虧損及申報扣除年度均使用第 77 條所稱藍色申報書或經會計師查核簽證，並如期申報者，得將經該管稽徵機關核定之前 10 年內各期虧損，自本年純益額中扣除後，再行核課（所 39）。

[例九]

假設大明公司 110 年度營利事業課稅所得額為 1,000 萬元，另該公司 110 年 8 月出售 1 筆 108 年 12 月取得的房地，售價 5,000 萬元，出售當日房地價值帳面 4,600 萬元，依公告現值申報的土地漲價總數額 100 萬元，土地增值稅 20 萬元，則該公司 110 年度營利事業所得稅合併報繳的應納稅額為何？

解 (一) 房地交易所得
= 出售房地總價額－相關成本－必要費用（費用無查得資料者，得按成交價額 3% 計算，並以 30 萬元為限。）
= 5,000 萬元－4,600 萬元－30 萬＝370 萬元
(二) 房地課稅所得額
= 房地交易所得－土地漲價總數額
= 370 萬元－100 萬元＝270 萬元
(三) 應納稅額
= 其他營利事業所得額×20%＋房地課稅所得額×45%
（持有房地 2 年內交易）
= 1,000 萬元×20%＋270 萬元×45%＝321.5 萬元
註：目前營利事業所得稅的起徵額為 12 萬元，也就是全年課稅所得額在 12 萬元以下的企業者，可免徵所得稅，但超過 12 萬元則適用稅率 20%（所 5V）。

五 新制（房地合一）與舊制（房屋財產交易所得）之差異

未實施房地合一課徵所得稅時，舊制下土地及房屋交易有所得時，土地係按公告土地現值計算的土地漲價總數額課徵土地增值稅，不納入所得稅課稅範圍，僅就房屋部分計算財產交易所得課稅；中華民國 105 年 1 月 1 日起實施新制，房屋、土地均應按實價計算交易所得課稅。

(一) 舊制（房屋財產交易所得）介紹

1. 財產交易所得包括：（所得稅法第 14 條第 1 項第 7 類）

(1) 出價取得財產和權利，以交易時之成交價額，減去原始取得時成本和因取得、改良及移轉該項資產而支付之一切費用後之餘額。

(2) 因繼承或贈與而取得的財產和權利，以交易時之成交價額減去繼承時或受贈時該項財產或權利之時價，及因取得、改良及移轉該項財產或權利而支付之一切費用後之餘額。但土地、個人家庭日常使用之衣物、家具之交易所得，依法免稅。

2. 出售、拍賣、中途變更起造人名義或交換房屋，其所得為成交價格減去原來取得時之成本與改良費用後之餘額。

3. 有關個人出售房屋財產交易所得之計算，如未申報或未能提供符合規定交易時之成交價格及成本費用等證明文件者，若標的房屋出售年度適逢坐落地鄉、鎮或縣轄市升格，應以財產交易時點為準，按財政部頒布之鄉鎮、縣轄市或市（原省轄市）財產交易所得標準計算財產交易所得課稅。

4. 審核個人出售房地，能提出成交價額及成本費用之證明文件者，其財產交易所得之計算：

(1) 房屋與土地之各別價格可劃分者：

A. 應提示買進及賣出該房屋之買賣契約書，且該契約書（俗稱私契）附有收、付價款之紀錄或另有收、付價款之憑證，經稽徵機關查明屬實者，可憑其提示之憑證核實計算出售房屋之財產交易所得。

B. 有關成本費用之核認規定如下（財政部 83.2.8 臺財稅地 831583118 號函）：

① 成本方面：

包括取得房屋之價金、購入房屋達可使用狀態前支付之必要費用（如契稅、印花稅、代書費、規費、監證或公證費、仲介費等），於房屋所有權移轉登記完成前，向金融機構借款之利息暨取得房屋所有權後至出售前，支付能增加房屋價值或效能非 2 年內所能耗竭之增置、改良或修繕費。

②移轉費用方面：

為出售房屋支付之必要費用如特種貨物及勞務稅、仲介費、廣告費、清潔費、搬運費等。

③至於取得房屋所有權後，於出售前支付之各項費用，除前述轉列房屋成本之增置、改良或修繕費外，其餘如使用期間繳納之房屋稅、管理費及清潔費、金融機構借款利息等，均屬使用期間之相對代價，不得列為成本或費用減除。

(2) 房屋與土地之各別價格未劃分者：

因未劃分或僅劃分買進或賣出房地之各別價格者，應以房地買進總額及賣出總額之差額，按出售時之房屋評定現值占土地公告現值及房屋評定現值之比例計算房屋之財產交易損益。（財政部 83.1.26 臺財稅地 831581093 號函）

5. 個人出售房屋，繳納屬房屋部分之特種貨物及勞務稅，為移轉該項資產而支付之費用，其依規定計算財產交易所得時，得予認列減除。

6. 重購自用住宅扣抵綜合所得稅額的優惠，須同時符合下列條件：

(1) 出售或重購之房屋係以納稅義務人本人或其配偶名義登記的。

(2) 納稅義務人出售或重購之房屋均須為自用住宅。

(3) 納稅義務人出售自用住宅房屋已繳納該財產交易所得部分之綜合所得稅。

(4) 於出售自用住宅房屋完成移轉登記日起 2 年內重購者，先購後售者也適用。

(5) 重購自用住宅的房屋其價額超過原出售價額者。

(二) 新制和舊制之比較表

有關新、舊制比較表如下表 10-5 所示：

表 10-5　新制與舊制個人部分之比較表

制度項目	舊制（財產交易所得）	新制（房地合一課徵所得稅）
課稅範圍	房屋：計算財產交易所得課稅	1. 交易 105 年 1 月 1 日以後取得之房屋、房屋及其坐落基地或依法得核發建造執照之土地。 2. 交易 105 年 1 月 1 日以後取得以**設定地上權方式之房屋使用權或預售屋及其坐落基地**。 3. 交易持股或**出資額過半數**之營利事業之股份或出資額，該營利事業**股權或出資額之價值** 50%**以上**係由我國境內之房屋、土地所構成者。 但交易之股份屬上市、上櫃及興櫃公司之股票者，不適用之
申報方式	併入年度綜合所得總額，於次年 5 月辦理結算申報	分離課稅，完成所有權移轉登記日的次日起算 30 天內申報納稅
課稅所得（稅基）	房屋收入－成本－費用	房地收入－成本－費用－依土地稅法計算的土地漲價總數額
稅率 — 境內居住者	併入綜合所得總額按 5%~40%累進稅率課稅	1. 依持有期間認定： 　持有期間≦2 年，稅率 45% 　持有期間超過 2 年未逾 5 年，稅率 35% 　持有期間超過 5 年未逾 10 年，稅率 20% 　持有期間＞10 年，稅率 15% 2. 因非自願因素： 　符合財政部公告的調職、非自願離職或其他非自願性因素，交易持有期間在 5 年以下的房地：20% 3. 以自有土地與營利事業合作興建房屋，自土地取得之日起算 5 年內完成並銷售該房屋、土地：20% 4. 參與都市更新或危老重建完成後第一次移轉且持有期間在 5 年以下者，稅率 20% 5 符合自住房地優惠適用條件，課稅所得超過 400 萬元部分：10%。
稅率 — 非境內居住者	按所得額 20%扣繳率申報納稅	依持有期間認定 1. 持有 2 年以內：45% 2. 持有超過 2 年：35%
重購退稅	小屋換大屋可全額退稅 大屋換小屋不能退稅	小屋換大屋可全額退稅 大屋換小屋按買賣價格比例退稅

資料來源：參考財政部賦稅署網站整理

（六）公共設施保留地、既成道路及公共設施用地租稅減免比較

有關公共設施保留地、既成道路及公共設施用地租稅減免相關規定如下表所示：

表 10-6　公共設施保留地、既成道路及公共設施用地租稅減免規定一覽表

項目		公共設施保留地	既成道路	公共設施用地
遺產稅	減免	繼承時免徵	遺產中經政府闢為公眾通行道路之土地或其他無償供公眾通行之道路土地不計入遺產總額（但屬建築基地之法定空地部分仍應計入）	無
	法源	《都市計畫法》第 50 條之 1	《遺產及贈與稅法》第 16 條第 12 款	
贈與稅	減免	配偶、直系血親間之贈與免徵		無
	法源	《都市計畫法》第 50 條之 1	無	
土地增值稅	減免	徵收及徵收前之移轉免徵	（出售或贈與既成道路因有對價或自願移轉，仍應課徵土地增值稅或贈與稅）	無
	法源	《土地稅法》第 39 條第 1 項及第 2 項		無
地價稅	減免	未作任何使用並與使用中之土地隔離者，免徵；建築使用符合適用自用住宅用地稅率者，按 2 ‰課徵；其餘按稅率 6‰ 課徵。	無償供公眾通行免徵（但屬建築基地之法定空地部分不予免稅）	私有土地用途及其實際使用情形符合法令規定者，得予減免地價稅（不以劃設為公共設施用地為適用租稅減免要件），舉例私有土地減免規定說明如下： 1. 道路：〈依土地稅減免規則〉第 9 條免徵。 2. 公園、體育場所：依《土地稅法》第 18 條第 1 項第 2 款按 10‰課徵，或依〈土地稅減免規則〉第 8 條第 1 項第 3 款減 50%~70%。
	法源	《土地稅法》第 19 條	〈土地稅減免規則〉第 9 條	

表 10-6 公共設施保留地、既成道路及公共設施用地租稅減免規定一覽表（續）

項目		公共設施保留地	既成道路	公共設施用地
地價稅	法源			3. 學校：依〈土地稅減免規則〉第 8 條第 1 項第 1 款免徵。 4. 停車場所：依《土地稅法》第 18 條第 1 項第 4 款或第 5 款（行政院 83 年 1 月 24 日臺 83 財 02655 號函及 100 年 6 月 8 日院臺財字第 1000029224 號函）按 10‰ 課徵。
所得稅	減免	1. 徵收及徵收前之移轉免徵 2. 徵收取得之加成補償免徵	自 105 年 1 月 1 日起，倘適用房地合一新制者，依相關規定課稅。	自 105 年 1 月 1 日起，倘適用房地合一新制者，依相關規定課稅。
	法源	1. 《所得稅法》第 4 條第 1 項第 16 款及第 4 條之 5 第 1 項第 3 款及第 4 款 2. 《都市計畫法》第 50 條之 1	1. 《所得稅法》第 4 條第 1 項第 16 款 2. 《所得稅法》第 4 條之 4	1. 《所得稅法》第 4 條第 1 項第 16 款 2. 《所得稅法》第 4 條之 4
特種貨物與勞務稅	減免	尚未被徵收前移轉非屬特種貨物範圍		
	法源	《特種貨物及勞務稅條例》第 5 條第 1 項第 5 款	無	無

資料來源：財政部賦稅署

玖　地方稅法通則(The Act Governing Local Tax Regulations)

　　為充裕地方財政收入，我國於民國 91 年 12 月 11 日發布〈地方稅法通則〉。規定直轄市政府、縣（市）政府、鄉（鎮、市）公所得依本通則之規定課徵地方稅；本通則未規定者，依稅捐稽徵法及其他有關法律之規定（地 1）。

一　地方稅之範圍

　　本通則所稱地方稅，指下列各稅：

1. 財政收支劃分法所稱直轄市及縣（市）稅、臨時稅課。

2. 地方制度法所稱直轄市及縣（市）特別稅課、臨時稅課及附加稅課

3. 地方制度法所稱鄉（鎮、市）臨時稅課。

二　稅課開徵之法源

　　直轄市政府、縣（市）政府、鄉（鎮、市）公所得視自治財政需要，依規定開徵特別稅課、臨時稅課或附加稅課。但對下列事項不得開徵：

1. 轄區外之交易。

2. 流通至轄區外之天然資源或礦產品等。

3. 經營範圍跨越轄區之公用事業。

4. 損及國家整體利益或其他地方公共利益之事項（地 3）。

三　開徵年限與對象

(一) 年限

　　特別稅課及附加稅課之課徵年限至多 4 年，臨時稅課至多 2 年，年限屆滿仍需繼續課徵者，應依本通則之規定重行辦理（地 3）。

(二) 對象及用途

　　特別稅課不得以已課徵貨物稅或菸酒稅之貨物為課徵對象；臨時稅課應指明課徵該稅課之目的，並應對所開徵之臨時稅課指定用途，並開立專款帳戶（地 3）。

四 徵收率（額）之訂定及限制

　　直轄市政府、縣（市）政府為辦理自治事項，充裕財源，除印花稅、土地增值稅外，得就其地方稅原規定稅率（額）上限，於 30%範圍內，予以調高，訂定徵收率（額）。但原規定稅率為累進稅率者，各級距稅率應同時調高，級距數目不得變更。

　　前項稅率（額）調整實施後，除因中央原規定稅率（額）上限調整而隨之調整外，2 年內不得調高（地 4）。

五 稅課附加權限及限制

　　直轄市政府、縣（市）政府為辦理自治事項，充裕財源，除關稅、貨物稅及加值型營業稅外，得就現有國稅中附加徵收。但其徵收率不得超過原規定稅率 30%。

　　前項附加徵收之國稅，如其稅基已同時為特別稅課或臨時稅課之稅基者，不得另行徵收。

　　附加徵收稅率除因配合中央政府增減稅率而調整外，公布實施後 2 年內不得調高（地 5）。

六 開徵地方稅之法定程序

　　直轄市政府、縣（市）政府、鄉（鎮、市）公所開徵地方稅，應擬具地方稅自治條例，經直轄市議會、縣（市）議會、鄉（鎮、市）民代表會完成三讀立法程序後公布實施。

　　地方稅自治條例公布前，應報請各該自治監督機關、財政部及行政院主計處備查（地 6）。

七　稅捐之受償順序

各稅之受償，依下列規定（地7）：

1. 地方稅優先於國稅
2. 鄉（鎮、市）稅優先於縣（市）稅。

八　附加稅課之徵收機關

依第 5 條規定附加徵收之稅課，應由被附加稅課之徵收機關一併代徵前項代徵事項，由委託機關與受託機關會商訂定；其代徵費用，由財政部另定之（地8）。

九　行政區域調整之辦理規定

直轄市、縣（市）、鄉（鎮、市）之行政區域有調整時，其地方稅之課徵，自調整之日起，依調整後行政區域所屬直轄市、縣（市）、鄉（鎮、市）有關法規規定辦理（地9）。

思考一

土地增值稅應否併入所得稅課徵或二者併行課徵？（69乙特）

【論　點】

一、土地增值稅併入所得稅或二者併行課徵之可行性

(一) 肯定說

1. **避免重複課稅**：主張併入所得課徵者，其理由在於統一所得稅之制度及避免重複課稅。我國課徵土地增值稅，主要目在實現土地漲價歸公，為實現此一政策目的，需有其他配套措施配合，如規定地價、照價收買等，故併入所得稅單獨徵收，實較方便。其次僅課徵所得稅，而不再課徵土地增值稅，亦無重複課稅之顧慮。

2. **各國所採用**：土地增值之性質係屬資本利得，資本利得包括股票、土地、房屋等資本資產因買賣而實現之所得增加。此所得並非由於使用經濟因素（如資本、勞力、技術等之耗費）結果，為不能預期或意外之不勞利得。因此一般國家對土地增值多併入所得稅課徵。

(二) 否定說

1. **徒增所得稅制複雜性**：實施漲價歸公、防止土地投機，課徵土地增值稅乃既定政策目標，因此採取高稅率政策，為土地增值稅必循之途徑。如將土地增值併入所得課徵，反增加所得稅制度之複雜性，仍以維持目前之分離課稅為宜。

　　另二者併行，將產生下列之困擾：

(1) 土地交易所得按實際移轉價格為計算基礎，土地增值按公告土地現值為計算基礎，在理論上係屬相同之土地增值，卻採取雙重標準課徵所得稅與土地增值稅，自非妥適。

(2) 土地交易所得按實際移轉價格為計算基礎，若納稅義務人低報土地出售之實際移轉價格，勢將發生查價、核價與調整實際移轉價格之問題，徒增徵稅成本與徵納雙方之糾紛；另所得稅並無物價指數調整之規定，對因物價上漲而發生之虛幻所得課稅，有欠公平；此外，若出售之土地未曾移轉者，根本無取得時之實際移轉價格，究應如何認定此一原始成本，實為理論上及實務上之莫大困擾。

2. 有助財政短期調度： 現行土地增值稅於所有權移轉或設典時徵收，對財政調度助益極大。如併入所得課徵，其徵收稅款之時間必較落後，須俟次年合併申報，方能徵收稅款，影響財政調度。

3. 違憲之嫌： 依憲法第 143 條規定土地自然漲價部分課徵土地增值稅，並未規定課徵所得稅，如併入所得稅課徵有違憲之嫌。

4. 徵納雙方已適應： 土地增值稅之課稅基礎為土地漲價總數額，其計算已有明確之規定可循，徵納雙方甚感便利。

二、建　議

　　土地增值稅與所得稅聯繫問題，將使稅法與稅制更形複雜，同時無論就政策目的、課稅基礎而言，亦尚存在著待解決之困擾。我國土地增值稅之性質，就本質而言，並非財產稅，而是政策性租稅，其主要目的在實施漲價歸公，防止土地投機，進而貫徹平均地權目標，故併入或併行仍宜多方考量並有相關配套措施。

●思考二

> **對於因繼承及受贈取得之財產納入所得稅課徵之可行性如何？**

【論　點】

一、主張併入所得稅者

(一) 避免劃分所得來源之困難： 一般所得與受贈與、受遺贈或繼承所取得之所得間，不易明確劃分，而若將兩者合併課徵，即無需勉強加以區分。一般國家對個人財產資料之調查，尤其是有關動產的確認，均相當困難。而如將繼承及受贈所得併入所得稅課徵，當可免除劃分之困難。

(二) **符合量能課稅**：將繼承及受贈財產納入所得稅課徵，較能符合租稅之公平原則及能力原則。亦即僅就繼承或受贈財產課稅，完全不顧慮納稅人原來之納稅能力。因此，只要繼承人或受贈人所取得之財產價值相同，不論納稅義務人其貧富差距如何，其所應負擔之遺產稅或贈與稅額卻完全無異，故顯然與租稅能力原則及公平原則不符。

二、主張單獨課稅者

(一) **不等於所得有增加**：由繼承或受贈取得財產，並不一定代表經濟能力之增加。大多數之繼承或贈與移轉，此類財產之取得者，在未取得財產前，可能即已使用該財產，並享有其權益。故財產之取得非但未使其實際經濟福利增加；甚至，因移轉人之死亡，使此家庭之謀生能力減低，致其經濟能力不但未見增加，反而可能更形惡化。

(二) **重課意外之財**：就與移轉人血親關係較疏者而言，財產之取得，純屬意外，其納稅能力較一般所得更強，故應單獨處理，俾能按較高額之累進稅率課徵。

(三) **性質不同**：繼承及受贈財產之性質，與普通所得不同，應予單獨課徵。繼承及受贈財產之取得，乃不規則性、偶發性的，與具規則性、經常性之普通所得不同，若納入所得稅一併課徵，在課徵技術及結構之設計上必甚複雜，且不易達到公平。

(四) **易產生混淆**：小額贈與無從查核，且不易與親屬扶養費用明確劃分。故除不動產及其他需經登記始生效之財產外，稽徵機關對受贈人所取得之小額贈與，乃無從查核。且因其與一般所得併課之結果，又將使通常所得稅中扶養親屬之贈與，與此類純贈與難以明確劃分。

三、建　議

　　繼承及受贈財產，依據現代之所得定義，既應視為「所得」，在理論上說，自當納入所得稅與一般所得同等課稅，始符合租稅之公平原則及能力原則。

　　但在實際採行上，由於繼承及受贈財產之特性乃短期、偶發性的所得與普通所得是長期、經常性不同。兩者之性質與稅基均不相同，若併為一稅課徵，必得對前者採取特殊之課徵方法，如：將之分攤於數年中課徵、對小額贈與免稅、繼承人或受贈人為移轉人之配偶或子女時，給予減免等等。在租稅結構及課徵技術之設計上，必然相當複雜而困難，若設計之結構不完備，稽徵技術不健全，恐怕反而較分別課稅更為不公平，且可能造成稅制的紊亂，予納稅人蹈隙逃漏之機。故各國對繼承與受贈之遺產，大部分仍採單獨課徵遺產稅與贈與稅。

註　釋

註 1：　參考印花稅節稅手冊，臺南市稅捐稽徵處，頁 6～15。

註 2：　王建煊，稅務法規概要，2000 年，頁 49。

自我評量

1. 試列述工程受益費的開徵時期、課徵範圍和納稅義務人？

2. 試列述工程受益費課徵之上限及工程費用項目？

3. 工程受益費逾期不繳納應如何處罰？

4. 工程受益費徵收與否之意見為何？

5. 何謂土地改良物稅？其課徵之法源依據為何？

6. 土地改良物稅之課稅時機、納稅人與稅率之規定為何？

7. 都市建設捐之法源依據為何？其相關規定為何？

8. 應納印花稅之憑證可分為哪幾類？

9. 請說明印花稅之繳納方式？

10. 購買房地一幢，可能會產生哪些應稅憑證？

11. 貼用之印花稅票應如何註銷？違反註銷規定應否處罰？

12. 重用已註銷之印花稅票，其處罰為何較短漏貼更重？

13. 現行所得稅法對個人財產交易所得及損失之課稅，如何規定？

14. 自用住宅財產交易所得稅之抵退規定為何？

15. 試就所得稅法之規定說明營利事業之意義？

16. 營利事業所得額如何計算？請說明原則？

17. 營利事業所得稅中與不動產相關之免稅規定為何？

18. 我國營業稅有幾種？其課稅範圍如何？

19. 何謂多階段銷售稅？何謂單一階段銷售稅？

20. 個人建屋出售何種情形應繳納綜合所得稅？何種情形應繳營業稅及營利事業所得稅？

21. 按《特種貨物及勞務稅條例》規定有關不動產銷售之課稅，及按《土地稅法》規定課徵之土地增值稅，兩者之功能、稅基與稅率有何不同，試比較說明之。　　　　　　　　　　　　　　（101 地政士）

22. 試分別依《土地稅法》、《房屋稅條例》及《特種貨物及勞務稅條例》之規定，說明「地價稅」、「房屋稅」及「銷售房屋、土地之特種貨物及勞務稅」之稅基及納稅義務人。　　　　　　（102 經紀人）

23. 工程受益費之徵收原因、工程實際所需費用及納稅義務人各為何？試分別依工程受益費徵收條例之規定說明之。　　　　　　（104 地政士）

24. 所得稅法對於個人之房屋、土地交易所得稅之稅率規定為何？
　　　　　　　　　　　　　　　　　　　　　　　　（105 地政士）

25. 請分別詳述各級地方政府徵收工程受益費應具備哪些文件與程序？工程受益費的徵收數額有哪些限制與規定？何種使用之土地及其改良物、車輛、船舶，免徵工程受益費？　　　　　（106 地政士）

26. 依《所得稅法》之規定，（一）請說明個人於交易房地繳交房地合一課徵所得稅新制之課稅基礎如何計算？（二）其居住於中華民國境內者，適用之稅率為何？　　　　　　　　　　　　（107 地政士）

27. 甲擬於近日出售其所有位於 A 市一間房屋及其坐落基地，依法須繳納房地交易所得稅，甲由其從事不動產仲介業務之朋友處得知亦有土地增值稅之負擔問題。則甲於出售該房地而計徵其房地交易所得稅額時，所涉及「交易所得額」與「交易所得稅率」之規定內容為何？又應如何處理其所涉「土地增值稅」？試依據《土地稅法》及《所得稅法》等法律之規定分述之。　　　　　　（107 經紀人）

28. 近年國內房地產價格飆漲，為抑制投機炒房，穩定不動產交易市場，政府於民國 110 年 4 月 28 日修正公布《所得稅法》第 14-4 條，對個人房屋、土地交易所得稅之稅率作調整，請問其稅率結構為何？試依「所得稅法」最新規定說明之。　　　　　　　　（111 地政士）

29. 依《所得稅法》之規定，課徵房地合一所得稅時，有關土地漲價總數額減除之上限及土地增值稅是否可列為成本費用，其相關規定及立法原由為何？又個人未依規定申報或無正當理由申報之成交價偏低者、未提示原始取得成本及未提示費用者，稽徵機關得如何逕予核定？
　　　　　　　　　　　　　　　　　　　　　　　　（112 地政士）

30. 林君擁有一自住房地，最近計畫換屋，林君請教地政士欲了解若先出售自住房地後購入另一自住房地，或是先購入一自住房地後出售其他自住房地，對於申請退還或抵扣已繳納之房地合一所得稅額的規定為何？請分別詳述之。　　　　　　　　　　　　　　（113 地政士）

APPENDIX

法規彙編

土地稅法
房屋稅條例
契稅條例
遺產及贈與稅法
稅捐稽徵法

Essentials Practical
Real Estate Tax Law

附錄・土地稅法

中華民國六十六年七月十四日總統令制定公布全文五十九條

中華民國六十八年七月二十五日總統令公布修正第三十四條條文

中華民國七十八年十月三十日總統令公布修正全文

中華民國八十二年七月三十日總統令刪除第五十六條條文

中華民國八十三年一月七日總統令公布修正第三十條條第三十九條之一條文

中華民國八十四年一月十八日總統令公布修正第三十一條及第五十五條之二條文

中華民國八十六年一月十五日總統令公布修正第三十條條文

中華民國八十六年五月二十一日總統令公布增訂第二十八條之二，並修正第三十九條條文

中華民國八十六年十月二十九日總統修正發布第三十條條文

中華民國八十九年一月二十六日總統公布增訂第三十九條之三條文；刪除第五十五條之二條文；並修正第十條及第三十九條之二條文

中華民國九十一年一月三十日總統令修正公布第三十三條條文

中華民國九十三年一月十四日總統令修正公布第二十八之二、三十三條條文

中華民國九十四年一月三十日總統令修正公布第三十三條條文

中華民國九十六年七月十一日總統令修正公布第五十四條條文

中華民國九十八年十二月三十日總統令修正公布第三十一、三十四條條文

中華民國九十九年十一月二十四日總統令修正公布第五十四條條文

中華民國一百零四年七月一日總統令修正公布第三十一之一、三十五、五十三條條文

中華民國一百十年六月二十三日總統令修正公布第二十八之二、三十、三十之一、三十一之一、三十二、三十四之一、三十九、三十九之一、四十至四十三、五十一、五十三、五十五之一、五十八條條文；並刪除第四十四條條文

第一章　總　則

第一節　一般規定

第 1 條　　土地稅分為地價稅、田賦及土地增值稅。

第 2 條　　　本法之主管機關：在中央為財政部；在直轄市為直轄市政府；在
　　　　　　縣（市）為縣（市）政府。

　　　　　　田賦實物經收機關為直轄市、縣（市）糧政主管機關。

第 3 條　　　地價稅或田賦之納稅義務人如左：

　　　　　　一、土地所有權人。

　　　　　　二、設有典權土地，為典權人。

　　　　　　三、承領土地，為承領人。

　　　　　　四、承墾土地，為耕作權人。

　　　　　　前項第一款土地所有權屬於公有或公同共有者，以管理機關或管
　　　　　　理人為納稅義務人；其為分別共有者，地價稅以共有人各按其應
　　　　　　有部分為納稅義務人；田賦以共有人所推舉之代表人為納稅義務
　　　　　　人，未推舉代表人者，以共有人各按其應有部分為納稅義務人。

第 3-1 條　　土地為信託財產者，於信託關係存續中，以受託人為地價稅或田
　　　　　　賦之納稅義務人。

　　　　　　前項土地應與委託人在同一直轄市或縣（市）轄區內所有之土地
　　　　　　合併計算地價總額，依第十六條規定稅率課徵地價稅，分別就各
　　　　　　該土地地價占地價總額之比例，計算其應納之地價稅。但信託利
　　　　　　益之受益人為非委託人且符合左列各款規定者，前項土地應與受
　　　　　　益人在同一直轄市或縣（市）轄區內所有之土地合併計算地價總
　　　　　　額：

　　　　　　一、受益人已確定並享有全部信託利益者。

　　　　　　二、委託人未保留變更受益人之權利者。

第 4 條　　　土地有左列情形之一者，主管稽徵機關得指定土地使用人負責代
　　　　　　繳其使用部分之地價稅或田賦：

　　　　　　一、納稅義務人行蹤不明者。

　　　　　　二、權屬不明者。

　　　　　　三、無人管理者。

　　　　　　四、土地所有權人申請由占有人代繳者。

　　　　　　土地所有權人在同一直轄市、縣（市）內有兩筆以上土地，為不
　　　　　　同之使用人所使用時，如土地所有權人之地價稅係按累進稅率計

算，各土地使用人應就所使用土地之地價比例負代繳地價稅之義務。

第一項第一款至第三款代繳義務人代繳之地價稅或田賦，得抵付使用期間應付之地租或向納稅義務人求償。

第 5 條　土地增值稅之納稅義務人如左：

一、土地為有償移轉者，為原所有權人。

二、土地為無償移轉者，為取得所有權之人。

三、土地設定典權者，為出典人。

前項所稱有償移轉，指買賣、交換、政府照價收買或徵收等方式之移轉；所稱無償移轉，指遺贈及贈與等方式之移轉。

第 5-1 條　土地所有權移轉，其應納之土地增值稅，納稅義務人未於規定期限內繳納者，得由取得所有權之人代為繳納。依平均地權條例第四十七條規定由權利人單獨申報土地移轉現值者，其應納之土地增值稅，應由權利人代為繳納。

第 5-2 條　受託人就受託土地，於信託關係存續中，有償移轉所有權、設定典權或依信託法第三十五條第一項規定轉為其自有土地時，以受託人為納稅義務人，課徵土地增值稅。

以土地為信託財產，受託人依信託本旨移轉信託土地與委託人以外之歸屬權利人時，以該歸屬權利人為納稅義務人，課徵土地增值稅。

第 6 條　為發展經濟，促進土地利用，增進社會福利，對於國防、政府機關、公共設施、騎樓走廊、研究機構、教育、交通、水利、給水、鹽業、宗教、醫療、衛生、公私墓、慈善或公益事業及合理之自用住宅等所使用之土地，及重劃、墾荒、改良土地者，得予適當之減免；其減免標準及程序，由行政院定之。

第二節　名詞定義

第 7 條　本法所稱公有土地，指國有、直轄市有、縣（市）有及鄉、鎮（市）有之土地。

第 8 條　本法所稱都市土地，指依法發布都市計畫範圍內之土地。所稱非都市土地，指都市土地以外之土地。

第 9 條　本法所稱自用住宅用地,指土地所有權人或其配偶、直系親屬於該地辦竣戶籍登記,且無出租或供營業用之住宅用地。

第 10 條　本法所稱農業用地,指非都市土地或都市土地農業區、保護區範圍內土地,依法供下列使用者:

一、供農作、森林、養殖、畜牧及保育使用者。

二、供與農業經營不可分離之農舍、畜禽舍、倉儲設備、曬場、集貨場、農路、灌溉、排水及其他農用之土地。

三、農民團體與合作農場所有直接供農業使用之倉庫、冷凍(藏)庫、農機中心、蠶種製造(繁殖)場、集貨場、檢驗場等用地。

本法所稱工業用地,指依法核定之工業區土地及政府核准工業或工廠使用之土地;所稱礦業用地,指供礦業實際使用地面之土地。

第 11 條　本法所稱空地,指已完成道路、排水及電力設施,於有自來水地區並已完成自來水系統,而仍未依法建築使用;或雖建築使用,而其建築改良物價值不及所占基地申報地價百分之十,且經直轄市或縣(市)政府認定應予增建、改建或重建之私有及公有非公用建築用地。

第 12 條　本法所稱公告現值,指直轄市及縣(市)政府依平均地權條例公告之土地現值。

第 13 條　本法課徵田賦之用辭定義如左:

一、地目:指各直轄市、縣(市)地籍冊所載之土地使用類別。

二、等則:指按各種地目土地單位面積全年收益或地價高低所區分之賦率等級。

三、賦元:指按各種地目等則土地單位面積全年收益或地價釐定全年賦額之單位。

四、賦額:指依每種地目等則之土地面積,乘各該地目等則單位面積釐定之賦元所得每筆土地全年賦元之積。

五、實物:指各地區徵收之稻穀、小麥或就其折徵之他種農作產物。

六、代金：指按應徵實物折徵之現金。

七、夾雜物：指實物中含帶之沙、泥、土、石、稗子等雜物。

第二章　地價稅

第 14 條　已規定地價之土地，除依第二十二條規定課徵田賦者外，應課徵
地價稅。

第 15 條　地價稅按每一土地所有權人在每一直轄市或縣（市）轄區內之地
價總額計徵之。

前項所稱地價總額，指每一土地所有權人依法定程序辦理規定地
價或重新規定地價，經核列歸戶冊之地價總額。

第 16 條　地價稅基本稅率為千分之十。土地所有權人之地價總額未超過土
地所在地直轄市或縣（市）累進起點地價者，其地價稅按基本稅
率徵收；超過累進起點地價者，依左列規定累進課徵：

一、超過累進起點地價未達五倍者，就其超過部分課徵千分之十
五。

二、超過累進起點地價五倍至十倍者，就其超過部分課徵千分之
二十五。

三、超過累進起點地價十倍至十五倍者，就其超過部分課徵千分
之三十五。

四、超過累進起點地價十五倍至二十倍者，就其超過部分課徵千
分之四十五。

五、超過累進起點地價二十倍以上者，就其超過部分課徵千分之
五十五。

前項所稱累進起點地價，以各該直轄市或縣（市）土地七公畝之
平均地價為準。但不包括工業用地、礦業用地、農業用地及免稅
土地在內。

第 17 條　合於左列規定之自用住宅用地，其地價稅按千分之二計徵：

一、都市土地面積未超過三公畝部分。

二、非都市土地面積未超過七公畝部分。

國民住宅及企業或公營事業興建之勞工宿舍，自動工興建或取得土地所有權之日起，其用地之地價稅，適用前項稅率計徵。

土地所有權人與其配偶及未成年之受扶養親屬，適用第一項自用住宅用地稅率繳納地價稅者，以一處為限。

第 18 條　供左列事業直接使用之土地，按千分之十計徵地價稅。但未按目的事業主管機關核定規劃使用者，不適用之：

一、工業用地、礦業用地。

二、私立公園、動物園、體育場所用地。

三、寺廟、教堂用地、政府指定之名勝古蹟用地。

四、經主管機關核准設置之加油站及依都市計畫法規定設置之供公眾使用之停車場用地。

五、其他經行政院核定之土地。

在依法劃定之工業區或工業用地公告前，已在非工業區或工業用地設立之工廠，經政府核准有案者，其直接供工廠使用之土地，準用前項規定。

第一項各款土地之地價稅，符合第六條減免規定者，依該條減免之。

第 19 條　都市計畫公共設施保留地，在保留期間仍為建築使用者，除自用住宅用地依第十七條之規定外，統按千分之六計徵地價稅；其未作任何使用並與使用中之土地隔離者，免徵地價稅。

第 20 條　公有土地按基本稅率徵收地價稅。但公有土地供公共使用者，免徵地價稅。

第 21 條　凡經直轄市或縣（市）政府核定應徵空地稅之土地，按該宗土地應納地價稅基本稅額加徵二至五倍之空地稅。

第三章　田　賦

第 22 條　非都市土地依法編定之農業用地或未規定地價者，徵收田賦。但都市土地合於左列規定者亦同：

一、依都市計畫編為農業區及保護區，限作農業用地使用者。

二、公共設施尚未完竣前，仍作農業用地使用者。

三、依法限制建築，仍作農業用地使用者。

四、依法不能建築，仍作農業用地使用者。

五、依都市計畫編為公共設施保留地，仍作農業用地使用者。

前項第二款及第三款，以自耕農地及依耕地三七五減租條例出租之耕地為限。

農民團體與合作農場所有直接供農業使用之倉庫、冷凍（藏）庫、農機中心、蠶種製造（繁殖）場、集貨場、檢驗場、水稻育苗用地、儲水池、農用溫室、農產品批發市場等用地，仍徵收田賦。

公有土地供公共使用及都市計畫公共設施保留地在保留期間未作任何使用並與使用中之土地隔離者，免徵田賦。

第 22-1 條　農業用地閒置不用，經直轄市或縣（市）政府報經內政部核准通知限期使用或命其委託經營，逾期仍未使用或委託經營者，按應納田賦加徵一倍至三倍之荒地稅；經加徵荒地稅滿三年，仍不使用者，得照價收買。但有左列情形之一者不在此限：

一、因農業生產或政策之必要而休閒者。

二、因地區性生產不經濟而休耕者。

三、因公害污染不能耕作者。

四、因灌溉、排水設施損壞不能耕作者。

五、因不可抗力不能耕作者。

前項規定之實施辦法，依平均地權條例有關規定辦理。

第 23 條　田賦徵收實物，就各地方生產稻穀或小麥徵收之。不產稻穀或小麥之土地及有特殊情形地方，得按應徵實物折徵當地生產雜糧或折徵代金。

實物計算一律使用公制衡器，以公斤為單位，公兩以下四捨五入。代金以元為單位。

第 24 條　田賦徵收實物，依左列標準計徵之：

一、徵收稻穀區域之土地，每賦元徵收稻穀二十七公斤。

二、徵收小麥區域之土地，每賦元徵收小麥二十五公斤。

前項標準，得由行政院視各地土地稅捐負擔情形酌予減低。

第 25 條　　實物驗收，以新穀同一種類、質色未變及未受蟲害者為限；其所含沙、石、泥、土、稗子等類雜物及水分標準如左：

一、稻穀：夾雜物不得超過千分之五，水分不得超過百分之十三，重量一公石在五十三公斤二公兩以上者。

二、小麥：夾雜物不得超過千分之四，水分不得超過百分之十三，重量一公石在七十四公斤以上者。

因災害、季節或特殊情形，難達前項實物驗收標準時，得由直轄市、縣（市）政府視實際情形，酌予降低。

第 26 條　　徵收實物地方，得視當地糧食生產情形，辦理隨賦徵購實物；其標準由行政院核定之。

第 27 條　　徵收田賦土地，因交通、水利、土壤及水土保持等因素改變或自然變遷，致其收益有增減時，應辦理地目等則調整；其辦法由中央地政主管機關定之。

第 27-1 條　　為調劑農業生產狀況或因應農業發展需要，行政院得決定停徵全部或部分田賦。

第四章　土地增值稅

第 28 條　　已規定地價之土地，於土地所有權移轉時，應按其土地漲價總數額徵收土地增值稅。但因繼承而移轉之土地，各級政府出售或依法贈與之公有土地，及受贈之私有土地，免徵土地增值稅。

第 28-1 條　　私人捐贈供興辦社會福利事業或依法設立私立學校使用之土地，免徵土地增值稅。但以符合左列各款規定者為限：

一、受贈人為財團法人。

二、法人章程載明法人解散時，其謄餘財產歸屬當地地方政府所有。

三、捐贈人未以任何方式取得所捐贈土地之利益。

第 28-2 條　　配偶相互贈與之土地，得申請不課徵土地增值稅。但於再移轉依法應課徵土地增值稅時，以該土地第一次不課徵土地增值稅前之原規定地價或最近一次課徵土地增值稅時核定之申報移轉現值為原地價，計算漲價總數額，課徵土地增值稅。

前項受贈土地，於再移轉計課土地增值稅時，贈與人或受贈人於其具有土地所有權之期間內，有支付第三十一條第一項第二款改良土地之改良費用或同條第三項增繳之地價稅者，準用該條之減除或抵繳規定；其為經重劃之土地，準用第三十九條之一第一項之減徵規定。該項再移轉土地，於申請適用第三十四條規定稅率課徵土地增值稅時，其出售前一年內未曾供營業使用或出租之期間，應合併計算。

第 28-3 條　土地為信託財產者，於左列各款信託關係人間移轉所有權，不課徵土地增值稅：

一、因信託行為成立，委託人與受託人間。

二、信託關係存續中受託人變更時，原受託人與新受託人間。

三、信託契約明定信託財產之受益人為委託人者，信託關係消滅時，受託人與受益人間。

四、因遺囑成立之信託，於信託關係消滅時，受託人與受益人間。

五、因信託行為不成立、無效、解除或撤銷，委託人與受託人間。

第 29 條　已規定地價之土地，設定典權時，出典人應依本法規定預繳土地增值稅。但出典人回贖時，原繳之土地增值稅，應無息退還。

第 30 條　土地所有權移轉或設定典權，其申報移轉現值之審核標準，依下列規定：

一、申報人於訂定契約之日起三十日內申報者，以訂約日當期之公告土地現值為準。

二、申報人逾訂定契約之日起三十日始申報者，以受理申報機關收件日當期之公告土地現值為準。

三、遺贈之土地，以遺贈人死亡日當期之公告土地現值為準。

四、依法院判決移轉登記者，以申報人向法院起訴日當期之公告土地現值為準。

五、經法院或法務部行政執行署所屬行政執行分署（以下簡稱行政執行分署）拍賣之土地，以拍定日當期之公告土地現值為準。但拍定價額低於公告土地現值者，以拍定價額為準；拍定價額如已先將設定抵押金額及其他債務予以扣除者，應以併同計算之金額為準。

六、經政府核定照價收買或協議購買之土地，以政府收買日或購
買日當期之公告土地現值為準。但政府給付之地價低於收買
日或購買日當期之公告土地現值者，以政府給付之地價為
準。

前項第一款至第四款申報人申報之移轉現值，經審核低於公告土
地現值者，得由主管機關照其自行申報之移轉現值收買或照公告
土地現值徵收土地增值稅。前項第一款至第三款之申報移轉現
值，經審核超過公告土地現值者，應以其自行申報之移轉現值為
準，徵收土地增值稅。

於中華民國八十六年一月十七日起至八十六年十月三十日期間經
法院判決移轉、法院拍賣、政府核定照價收買或協議購買之案
件，於期間屆至尚未核課或尚未核課確定者，其申報移轉現值之
審核標準適用第一項第四款至第六款及前項規定。

第 30-1 條　依法免徵土地增值稅之土地，主管稽徵機關應依下列規定核定其
移轉現值並發給免稅證明，以憑辦理土地所有權移轉登記：

一、依第二十八條但書規定免徵土地增值稅之公有土地，以實際
出售價額為準；各級政府贈與或受贈之土地，以贈與契約訂
約日當期之公告土地現值為準。

二、依第二十八條之一規定，免徵土地增值稅之私有土地，以贈
與契約訂約日當期之公告土地現值為準。

三、依第三十九條之一第三項規定，免徵土地增值稅之抵價地，
以區段徵收時實際領回抵價地之地價為準。

第 31 條　土地漲價總數額之計算，應自該土地所有權移轉或設定典權時，
經核定之申報移轉現值中減除下列各款後之餘額，為漲價總數
額：

一、規定地價後，未經過移轉之土地，其原規定地價。規定地價
後，曾經移轉之土地，其前次移轉現值。

二、土地所有權人為改良土地已支付之全部費用，包括已繳納之
工程受益費、土地重劃費用及因土地使用變更而無償捐贈一
定比率土地作為公共設施用地者，其捐贈時捐贈土地之公告
現值總額。

前項第一款所稱之原規定地價，依平均地權條例之規定；所稱前次移轉時核計土地增值稅之現值，於因繼承取得之土地再行移轉者，係指繼承開始時該土地之公告現值。但繼承前依第三十條之一第三款規定領回區段徵收抵價地之地價，高於繼承開始時該土地之公告現值者，應從高認定。

土地所有權人辦理土地移轉繳納土地增值稅時，在其持有土地期間內，因重新規定地價增繳之地價稅，就其移轉土地部分，准予抵繳其應納之土地增值稅。但准予抵繳之總額，以不超過土地移轉時應繳增值稅總額百分之五為限。

前項增繳之地價稅抵繳辦法，由行政院定之。

第 31-1 條　依第二十八條之三規定不課徵土地增值稅之土地，於所有權移轉、設定典權或依信託法第三十五條第一項規定轉為受託人自有土地時，以該土地第一次不課徵土地增值稅前之原規定地價或最近一次課徵土地增值稅時核定之申報移轉現值為原地價，計算漲價總數額，課徵土地增值稅。但屬第三十九條第二項但書或第三項但書規定情形者，其原地價之認定，依其規定。

因遺囑成立之信託，於成立時以土地為信託財產者，該土地有前項應課徵土地增值稅之情形時，其原地價指遺囑人死亡日當期之公告土地現值。

以自有土地交付信託，且信託契約明定受益人為委託人並享有全部信託利益，受益人於信託關係存續中死亡者，該土地有第一項應課徵土地增值稅之情形時，其原地價指受益人死亡日當期之公告土地現值。但委託人藉信託契約，不當為他人或自己規避或減少納稅義務者，不適用之。

第一項土地，於計課土地增值稅時，委託人或受託人於信託前或信託關係存續中，有支付第三十一條第一項第二款改良土地之改良費用或同條第三項增繳之地價稅者，準用該條之減除或抵繳規定；第二項及第三項土地，遺囑人或受益人死亡後，受託人有支付前開費用及地價稅者，亦準用之。本法中華民國一百零四年七月一日修正施行時，尚未核課或尚未核課確定案件，適用前二項規定。

第 32 條　第三十一條之原規定地價及前次移轉時核計土地增值稅之現值，遇一般物價有變動時，應按政府發布之物價指數調整後，再計算其土地漲價總數額。

第 33 條　土地增值稅之稅率，依下列規定：

一、土地漲價總數額超過原規定地價或前次移轉時核計土地增值稅之現值數額未達百分之一百者，就其漲價總數額徵收增值稅百分之二十。

二、土地漲價總數額超過原規定地價或前次移轉時核計土地增值稅之現值數額在百分之一百以上未達百分之二百者，除按前款規定辦理外，其超過部分徵收增值稅百分之三十。

三、土地漲價總數額超過原規定地價或前次移轉時核計土地增值稅之現值數額在百分之二百以上者，除按前二款規定分別辦理外，其超過部分徵收增值稅百分之四十。

因修正前項稅率造成直轄市政府及縣（市）政府稅收之實質損失，於財政收支劃分法修正擴大中央統籌分配稅款規模之規定施行前，由中央政府補足之，並不受預算法第二十三條有關公債收入不得充經常支出之用之限制。

前項實質損失之計算，由中央主管機關與直轄市政府及縣（市）政府協商之。

公告土地現值應調整至一般正常交易價格。

全國平均之公告土地現值調整達一般正常交易價格百分之九十以上時，第一項稅率應檢討修正。

持有土地年限超過二十年以上者，就其土地增值稅超過第一項最低稅率部分減徵百分之二十。

持有土地年限超過三十年以上者，就其土地增值稅超過第一項最低稅率部分減徵百分之三十。

持有土地年限超過四十年以上者，就其土地增值稅超過第一項最低稅率部分減徵百分之四十。

第 34 條　土地所有權人出售其自用住宅用地者，都市土地面積未超過三公畝部分或非都市土地面積未超過七公畝部分，其土地增值稅統就該部分之土地漲價總數額按百分之十徵收之；超過三公畝或七公

畝者，其超過部分之土地漲價總數額，依前條規定之稅率徵收之。

前項土地於出售前一年內，曾供營業使用或出租者，不適用前項規定。

第一項規定於自用住宅之評定現值不及所占基地公告土地現值百分之十者，不適用之。但自用住宅建築工程完成滿一年以上者不在此限。

土地所有權人，依第一項規定稅率繳納土地增值稅者，以一次為限。

土地所有權人適用前項規定後，再出售其自用住宅用地，符合下列各款規定者，不受前項一次之限制：

一、出售都市土地面積未超過一‧五公畝部分或非都市土地面積未超過三‧五公畝部分。

二、出售時土地所有權人與其配偶及未成年子女，無該自用住宅以外之房屋。

三、出售前持有該土地六年以上。

四、土地所有權人或其配偶、未成年子女於土地出售前，在該地設有戶籍且持有該自用住宅連續滿六年。

五、出售前五年內，無供營業使用或出租。

因增訂前項規定造成直轄市政府及縣（市）政府稅收之實質損失，於財政收支劃分法修正擴大中央統籌分配稅款規模之規定施行前，由中央政府補足之，並不受預算法第二十三條有關公債收入不得充經常支出之用之限制。

前項實質損失之計算，由中央主管機關與直轄市政府及縣（市）政府協商之。

第 34-1 條　土地所有權人申請按自用住宅用地稅率課徵土地增值稅，應於土地現值申報書註明自用住宅字樣，並檢附建築改良物證明文件；其未註明者，得於繳納期間屆滿前，向當地稽徵機關補行申請，逾期不得申請依自用住宅用地稅率課徵土地增值稅。

土地所有權移轉，依規定由權利人單獨申報土地移轉現值或無須申報土地移轉現值之案件，稽徵機關應主動通知土地所有權人，

其合於自用住宅用地要件者，應於收到通知之次日起三十日內提出申請，逾期申請者，不得適用自用住宅用地稅率課徵土地增值稅。

第 35 條　土地所有權人於出售土地後，自完成移轉登記之日起，二年內重購土地合於下列規定之一，其新購土地地價超過原出售土地地價，扣除繳納土地增值稅後之餘額者，得向主管稽徵機關申請就其已納土地增值稅額內，退還其不足支付新購土地地價之數額：

一、自用住宅用地出售後，另行購買都市土地未超過三公畝部分或非都市土地未超過七公畝部分仍作自用住宅用地者。

二、自營工廠用地出售後，另於其他都市計畫工業區或政府編定之工業用地內購地設廠者。

三、自耕之農業用地出售後，另行購買仍供自耕之農業用地者。

前項規定土地所有權人於先購買土地後，自完成移轉登記之日起二年內，始行出售土地者，準用之。

第一項第一款及第二項規定，於土地出售前一年內，曾供營業使用或出租者，不適用之。

第 36 條　前條第一項所稱原出售土地地價，以該次移轉計徵土地增值稅之地價為準。所稱新購土地地價，以該次移轉計徵土地增值稅之地價為準；該次移轉課徵契稅之土地，以該次移轉計徵契稅之地價為準。

第 37 條　土地所有權人因重購土地退還土地增值稅者，其重購之土地，自完成移轉登記之日起，五年內再行移轉時，除就該次移轉之漲價總數額課徵土地增值稅外，並應追繳原退還稅款；重購之土地，改作其他用途者亦同。

第 38 條　（刪除）

第 39 條　被徵收之土地，免徵其土地增值稅；依法得徵收之私有土地，土地所有權人自願售與需用土地人者，準用之。

依都市計畫法指定之公共設施保留地尚未被徵收前之移轉，準用前項前段規定，免徵土地增值稅。但經變更為非公共設施保留地後再移轉時，以該土地第一次免徵土地增值稅前之原規定地價或最近一次課徵土地增值稅時核定之申報移轉現值為原地價，計算漲價總數額，課徵土地增值稅。

非都市土地經需用土地人開闢完成或依計畫核定供公共設施使用，並依法完成使用地編定，其尚未被徵收前之移轉，經需用土地人證明者，準用第一項前段規定，免徵土地增值稅。但經變更為非公共設施使用後再移轉時，以該土地第一次免徵土地增值稅前之原規定地價或最近一次課徵土地增值稅時核定之申報移轉現值為原地價，計算漲價總數額，課徵土地增值稅。

前項證明之核發程序及其他應遵行事項之辦法，由財政部會同有關機關定之。

本法中華民國一百十年五月二十一日修正之條文施行時，尚未核課或尚未核課確定案件，適用第三項規定。

第 39-1 條　經重劃之土地，於重劃後第一次移轉時，其土地增值稅減徵百分之四十。

區段徵收之土地，以現金補償其地價者，依前條第一項前段規定，免徵其土地增值稅。但依平均地權條例第五十四條第三項規定因領回抵價地不足最小建築單位面積而領取現金補償者亦免徵土地增值稅。

區段徵收之土地依平均地權條例第五十四條第一項、第二項規定以抵價地補償其地價者，免徵土地增值稅。但領回抵價地後第一次移轉時，應以原土地所有權人實際領回抵價地之地價為原地價，計算漲價總數額，課徵土地增值稅，準用第一項規定。

第 39-2 條　作農業使用之農業用地，移轉與自然人時，得申請不課徵土地增值稅。

前項不課徵土地增值稅之土地承受人於其具有土地所有權之期間內，曾經有關機關查獲該土地未作農業使用且未在有關機關所令期限內恢復作農業使用，或雖在有關機關所令期限內已恢復作農業使用而再有未作農業使用情事時，於再移轉時應課徵土地增值稅。

前項所定土地承受人有未作農業使用之情事，於配偶間相互贈與之情形，應合併計算。

作農業使用之農業用地，於本法中華民國八十九年一月六日修正施行後第一次移轉，或依第一項規定取得不課徵土地增值稅之土

地後再移轉，依法應課徵土地增值稅時，以該修正施行日當期之公告土地現值為原地價，計算漲價總數額，課徵土地增值稅。

本法中華民國八十九年一月六日修正施行後，曾經課徵土地增值稅之農業用地再移轉，依法應課徵土地增值稅時，以該土地最近一次課徵土地增值稅時核定之申報移轉現值為原地價，計算漲價總數額，課徵土地增值稅，不適用前項規定。

第 39-3 條　依前條第一項規定申請不課徵土地增值稅者，應由權利人及義務人於申報土地移轉現值時，於土地現值申報書註明農業用地字樣提出申請；其未註明者，得於土地增值稅繳納期間屆滿前補行申請，逾期不得申請不課徵土地增值稅。但依規定得由權利人單獨申報土地移轉現值者，該權利人得單獨提出申請。

農業用地移轉，其屬無須申報土地移轉現值者，主管稽徵機關應通知權利人及義務人，其屬權利人單獨申報土地移轉現值者，應通知義務人，如合於前條第一項規定不課徵土地增值稅之要件者，權利人或義務人應於收到通知之次日起三十日內提出申請，逾期不得申請不課徵土地增值稅。

第五章　稽徵程序

第 40 條　地價稅以每年八月三十一日為納稅義務基準日，由直轄市或縣（市）主管稽徵機關按照地政機關編送之地價歸戶冊及地籍異動通知資料核定，於十一月一日起一個月內一次徵收當年地價稅。

第 41 條　依第十七條及第十八條規定，得適用特別稅率之用地，土地所有權人應於每年地價稅開徵四十日前提出申請，逾期申請者，自申請之次年開始適用。前已核定而用途未變更者，以後免再申請。適用特別稅率之原因、事實消滅時，應即向主管稽徵機關申報。

第 42 條　主管稽徵機關應於每年地價稅開徵六十日前，將第十七條及第十八條適用特別稅率課徵地價稅之有關規定及其申請手續公告週知。

第 43 條　主管稽徵機關於查定納稅義務人每年應納地價稅額後，應填發地價稅稅單，分送納稅義務人或代繳義務人，並將繳納期限、罰則、繳納方式、稅額計算方法等公告週知。

第 44 條　　（刪除）

第 45 條　　田賦由直轄市及縣（市）主管稽徵機關依每一土地所有權人所有
土地按段歸戶後之賦額核定，每年以分上下二期徵收為原則，於
農作物收穫後一個月內開徵，每期應徵成數，得按每期實物收穫
量之比例，就賦額劃分計徵之。

第 46 條　　主管稽徵機關應於每期田賦開徵前十日，將開徵日期、繳納處所
及繳納須知等事項公告週知，並填發繳納通知單，分送納稅義務
人或代繳義務人，持憑繳納。

第 47 條　　田賦納稅義務人或代繳義務人於收到田賦繳納通知單後，徵收實
物者，應於三十日內向指定地點繳納；折徵代金者，應於三十日
內向公庫繳納。

第 48 條　　田賦徵收實物之土地，因受環境或自然限制變更使用，申請改徵
實物代金者，納稅義務人應於當地徵收實物之農作物普遍播種後
三十日內，向鄉（鎮）、（市）、（區）公所申報。

　　　　　申報折徵代金案件，鄉（鎮）、（市）、（區）公所應派員實地
調查屬實後，列冊送由主管稽徵機關會同當地糧食機關派員勘查
核定。

第 49 條　　土地所有權移轉或設定典權時，權利人及義務人應於訂定契約之
日起三十日內，檢附契約影本及有關文件，共同向主管稽徵機關
申報其土地移轉現值。但依規定得由權利人單獨申請登記者，權
利人得單獨申報其移轉現值。

　　　　　主管稽徵機關應於申報土地移轉現值收件之日起七日內，核定應
納土地增值稅額，並填發稅單，送達納稅義務人。但申請按自用
住宅用地稅率課徵土地增值稅之案件，其期間得延長為二十日。

　　　　　權利人及義務人應於繳納土地增值稅後，共同向主管地政機關申
請土地所有權移轉或設定典權登記。主管地政機關於登記時，發
現該土地公告現值、原規定地價或前次移轉現值有錯誤者，立即
移送主管稽徵機關更正重核土地增值稅。

第 50 條　　土地增值稅納稅義務人於收到土地增值稅繳納通知書後，應於三
十日內向公庫繳納。

第 51 條　　欠繳土地稅之土地，在欠稅未繳清前，不得辦理移轉登記或設定
典權。

經法院或行政執行分署拍賣之土地，依第三十條第一項第五款但書規定審定之移轉現值核定其土地增值稅者，如拍定價額不足扣繳土地增值稅時，法院或行政執行分署應俟拍定人代為繳清差額後，再行發給權利移轉證書。

第一項所欠稅款，土地承受人得申請代繳或在買價、典價內照數扣留完納；其屬代繳者，得向納稅義務人求償。

第 52 條　經徵收或收買之土地，該管直轄市、縣（市）地政機關或收買機關，應檢附土地清冊及補償清冊，通知主管稽徵機關，核算土地增值稅及應納未納之地價稅或田賦，稽徵機關應於收到通知後十五日內，造具代扣稅款證明冊，送由徵收或收買機關，於發放價款或補償費時代為扣繳。

第六章　罰　則

第 53 條　納稅義務人或代繳義務人未於稅單所載限繳日期內繳清應納稅款者，應加徵滯納金。經核准以票據繳納稅款者，以票據兌現日為繳納日。

欠繳之田賦代金及應發或應追收欠繳之隨賦徵購實物價款，均應按照繳付或徵購當時政府核定之標準計算。

第 54 條　納稅義務人藉變更、隱匿地目等則或於適用特別稅率、減免地價稅或田賦之原因、事實消滅時，未向主管稽徵機關申報者，依下列規定辦理：

一、逃稅或減輕稅賦者，除追補應納部分外，處短匿稅額或賦額三倍以下之罰鍰。

二、規避繳納實物者，除追補應納部分外，處應繳田賦實物額一倍之罰鍰。

土地買賣未辦竣權利移轉登記，再行出售者，處再行出售移轉現值百分之二之罰鍰。

第一項應追補之稅額或賦額、隨賦徵購實物及罰鍰，納稅義務人應於通知繳納之日起一個月內繳納之；屆期不繳納者，移送強制執行。

第 55 條　　依前條規定追補應繳田賦時，實物部分按實物追收之；代金及罰鍰部分，按繳交時實物折徵代金標準折收之；應發隨賦徵購實物價款，按徵購時核定標準計發之。

第 55-1 條　依第二十八條之一受贈土地之財團法人，有下列情形之一者，除追補應納之土地增值稅外，並處應納土地增值稅額二倍以下之罰鍰：

一、未按捐贈目的使用土地者。

二、違反各該事業設立宗旨者。

三、土地收益未全部用於各該事業者。

四、經稽徵機關查獲或經人舉發查明捐贈人有以任何方式取得所捐贈土地之利益者。

第 55-2 條　（刪除）

第 56 條　　（刪除）

第七章　附　則

第 57 條　　本法施行區域，由行政院以命令定之。

第 58 條　　本法施行細則，由財政部定之。

第 59 條　　本法自公布日施行。

本法九十年五月二十九日修正條文施行日期，由行政院定之。

附錄・房屋稅條例

中華民國五十六年四月十一日修正公布全文二十五條，並修正名稱為本條例
中華民國五十九年七月八日修正公布第五條、第十四條、第十五條條文
中華民國六十一年十二月十一日修正公布第十三條及第十五條條文
中華民國六十三年十一月三十日修正公布修正第十五條第一項第九款條文
中華民國七十年五月二十日修正公布第十五條條文
中華民國七十二年十一月十一日修正公布第十二條條文
中華民國八十一年七月二十九日修正公布第六條、第十五條、第十八條及二十五條，並刪除第十三條及第十七條條文
中華民國八十二年七月三十日修正公布刪除第十九條、第二十條及第二十一條條文
中華民國九十年六月二十日修正公布第一、四、五、六、七、十、十一、十五、十六、二十二、二十四、二十五條條文
中華民國九十六年三月二十一日修正公布第十五條
中華民國一百零三年六月四日修正公布第五條條文
中華民國一百十三年一月三日修正公布第四～六、七、九、十一、十五、十八、二十四、二十五條條文；增訂第六之一條條文；刪除第十二條條文；並自公布日施行，但第四～七條、第十二、十五條條文，自一百十三年七月一日施行

第 1 條　房屋稅之徵收，依本條例之規定；本條例未規定者，依其他有關法律之規定。

第 2 條　本條例用辭之定義如左：
一、房屋，指固定於土地上之建築物，供營業、工作或住宅用者。
二、增加該房屋使用價值之建築物，指附屬於應徵房屋稅房屋之其他建築物，因而增加該房屋之使用價值者。

第 3 條　房屋稅，以附著於土地之各種房屋，及有關增加該房屋使用價值之建築物，為課徵對象。

第 4 條　房屋稅向房屋所有人徵收之；以土地設定地上權之使用權房屋，向該使用權人徵收之；設有典權者，向典權人徵收之。共有房屋向共有人徵收之，由共有人推定一人繳納，其不為推定者，由現住人或使用人代繳。

前項代繳之房屋稅，在其應負擔部分以外之稅款，對於其他共有人有求償權。

第一項所有人、使用權人或典權人住址不明，或非居住房屋所在地者，應由管理人或現住人繳納之。如屬出租，應由承租人負責代繳，抵扣房租。

未辦建物所有權第一次登記且所有人不明之房屋，其房屋稅向使用執照所載起造人徵收之；無使用執照者，向建造執照所載起造人徵收之；無建造執照者，向現住人或管理人徵收之。

房屋為信託財產者，於信託關係存續中，以受託人為房屋稅之納稅義務人。受託人為二人以上者，準用第一項有關共有房屋之規定。

第 5 條　房屋稅依房屋現值，按下列稅率課徵之：

一、住家用房屋：

(一) 供自住、公益出租人出租使用或以土地設定地上權之使用權房屋並供該使用權人自住使用者，為其房屋現值百分之一點二。但本人、配偶及未成年子女於全國僅持有一戶房屋，供自住且房屋現值在一定金額以下者，為其房屋現值百分之一。

(二) 前目以外，出租申報租賃所得達所得稅法第十四條第一項第五類規定之當地一般租金標準者或繼承取得之共有房屋，最低不得少於其房屋現值百分之一點五，最高不得超過百分之二點四。

(三) 起造人持有使用執照所載用途為住家用之待銷售房屋，於起課房屋稅二年內，最低不得少於其房屋現值百分之二，最高不得超過百分之三點六。

(四) 其他住家用房屋，最低不得少於其房屋現值百分之二，最高不得超過百分之四點八。

二、非住家用房屋：供營業、私人醫院、診所或自由職業事務所使用者，最低不得少於其房屋現值百分之三，最高不得超過百分之五；供人民團體等非營業使用者，最低不得少於其房屋現值百分之一點五，最高不得超過百分之二點五。

三、房屋同時作住家及非住家用者，應以實際使用面積，分別按住家用或非住家用稅率，課徵房屋稅。但非住家用者，課稅面積最低不得少於全部面積六分之一。

直轄市及縣（市）政府應依前項第一款第二目至第四目規定，按各該目納稅義務人全國總持有應稅房屋戶數或其他合理需要，分別訂定差別稅率；納稅義務人持有坐落於直轄市及縣（市）之各該目應稅房屋，應分別按其全國總持有戶數，依房屋所在地直轄市、縣（市）政府訂定之相應稅率課徵房屋稅。

依前二項規定計算房屋戶數時，房屋為信託財產者，於信託關係存續中，應改歸戶委託人，與其持有第一項第一款規定之房屋，分別合併計算戶數。但信託利益之受益人為非委託人，且符合下列各款規定者，應改歸戶受益人：

一、受益人已確定並享有全部信託利益。

二、委託人未保留變更受益人之權利。

第一項第一款第一目供自住使用之住家用房屋，房屋所有人或使用權人之本人、配偶或直系親屬應於該屋辦竣戶籍登記，且無出租或供營業情形；其他供自住及公益出租人出租使用之要件及認定之標準，與前三項房屋戶數之計算、第二項合理需要之認定及其他相關事項之辦法，由財政部定之。

第一項第一款第一目但書規定房屋現值一定金額之自治法規，由直轄市及縣（市）政府訂定，報財政部備查。

第一項第一款第一目但書規定房屋現值一定金額、第二項差別稅率之級距、級距數及各級距稅率之基準，由財政部公告之；直轄市及縣（市）政府得參考該基準訂定之。

第 6 條　　直轄市及縣（市）政府在前條規定稅率範圍內訂定之房屋稅徵收率，應提經當地民意機關通過，報財政部備查。

中華民國一百十三年七月一日以後，直轄市及縣（市）政府各期開徵房屋稅已依前條第一項第一款、第二項及第五項規定辦理，且符合前條第六項所定基準者，如仍有稅收實質淨損失，於財政收支劃分法修正擴大中央統籌分配稅款規模之規定施行前，該期損失由中央政府補足之，不受預算法第二十三條有關公債收入不得充經常支出之用之限制。

前項稅收實質淨損失之計算，由財政部與直轄市及縣（市）政府協商定之。

中華民國一百十三年七月一日以後，直轄市及縣（市）政府各期開徵房屋稅未依前條第二項規定訂定差別稅率者，應依前條第六項所定基準計課該期之房屋稅。

第 6-1 條　房屋稅以每年二月之末日為納稅義務基準日，由當地主管稽徵機關按房屋稅籍資料核定，於每年五月一日起至五月三十一日止一次徵收，其課稅所屬期間為上一年七月一日起至當年六月三十日止。

新建、增建或改建房屋，於當期建造完成者，按月比例計課，未滿一個月者不計；當期拆除者，亦同。

每年三月一日起至六月三十日止新建、增建或改建完成之房屋，該期間之房屋稅併入次期課徵；上一年七月一日起至當年二月末日止拆除之房屋，其尚未拆除期間之當期房屋稅仍應課徵。

第 7 條　納稅義務人應於房屋建造完成之日起算三十日內檢附有關文件，向當地主管稽徵機關申報房屋稅籍有關事項及使用情形；其有增建、改建或移轉、承典時，亦同。

房屋使用情形變更，除致稅額增加，納稅義務人應於變更之次期房屋稅開徵四十日以前向當地主管稽徵機關申報外，應於每期開徵四十日以前申報；經核定後使用情形未再變更者，以後免再申報。房屋使用情形變更致稅額減少，逾期申報者，自申報之次期開始適用；致稅額增加者，自變更之次期開始適用，逾期申報或未申報者，亦同。

第 8 條　房屋遇有焚燬、坍塌、拆除至不堪居住程度者，應由納稅義務人申報當地主管稽徵機關查實後，在未重建完成期內，停止課稅。

第 9 條　本條例所定不動產評價委員會，由直轄市或縣（市）政府組織之；其組織及運作辦法，由財政部定之。

前項委員會委員，由相關行政機關代表、具有不動產估價、土木或結構工程、建築、都市計畫專長之專家學者或屬該等領域之民間團體代表組成，其中專家學者及民間團體代表，不得少於委員總數二分之一；任一性別委員，不得少於委員總數三分之一。

第 10 條　主管稽徵機關應依據不動產評價委員會評定之標準，核計房屋現值。依前項規定核計之房屋現值，主管稽徵機關應通知納稅義務

人。納稅義務人如有異議，得於接到通知書之日起三十日內，檢附證件，申請重行核計。

第 11 條　房屋標準價格，由不動產評價委員會依據下列事項分別評定，並由直轄市、縣（市）政府公告之：

一、按各種建造材料所建房屋，區分種類及等級。

二、各類房屋之耐用年數及折舊標準。

三、按房屋所處街道村里之商業交通情形及房屋之供求概況，並比較各該不同地段實價登錄之不動產交易價格減除土地價格部分，訂定標準。

前項房屋標準價格，每三年重行評定一次，並應依其耐用年數予以折舊，按年遞減其價格。

第 12 條　（刪除）

第 13 條　（刪除）

第 14 條　公有房屋供左列各款使用者，免徵房屋稅：

一、各級政府機關及地方自治機關之辦公房屋及其員工宿舍。

二、軍事機關部隊之辦公房屋及其官兵宿舍。

三、監獄看守所及其辦公房屋暨員工宿舍。

四、公立學校、醫院、社會教育學術研究機構及救濟機構之校舍、院舍、辦公房屋及其員工宿舍。

五、工礦、農林、水利、漁牧事業機關之研究或試驗所所用之房屋。

六、糧政機關之糧倉、鹽務機關之鹽倉、公賣事業及政府經營之自來水廠（場）所使用之廠房及辦公房屋。

七、郵政、電信、鐵路、公路、航空、氣象、港務事業，供本身業務所使用之房屋及其員工宿舍。

八、名勝古蹟及紀念先賢先烈之祠廟。

九、政府配供貧民居住之房屋。

十、政府機關為輔導退除役官兵就業所舉辦事業使用之房屋。

第 15 條　私有房屋有下列情形之一者，免徵房屋稅：

一、業經立案之私立學校及學術研究機構，完成財團法人登記者，其供校舍或辦公使用之自有房屋。

二、業經立案之私立慈善救濟事業，不以營利為目的，完成財團法人登記者，其直接供辦理事業所使用之自有房屋。

三、專供祭祀用之宗祠、宗教團體供傳教佈道之教堂及寺廟。但以完成財團法人或寺廟登記，且房屋為其所有者為限。

四、無償供政府機關公用或供軍用之房屋。

五、不以營利為目的，並經政府核准之公益社團自有供辦公使用之房屋。但以同業、同鄉、同學或宗親社團為受益對象者，除依工會法組成之工會經由當地主管稽徵機關報經直轄市、縣（市）政府核准免徵外，不予免徵。

六、專供飼養禽畜之房舍、培植農產品之溫室、稻米育苗中心作業室、人工繁殖場、抽水機房舍；專供農民自用之燻菸房、稻穀及茶葉烘乾機房、存放農機具倉庫及堆肥舍等房屋。

七、受重大災害，毀損面積占整棟面積五成以上，必須修復始能使用之房屋。

八、司法保護事業所有之房屋。

九、住家用房屋現值在新臺幣十萬元以下屬自然人持有者，全國合計以三戶為限。但房屋標準價格如依第十一條第二項規定重行評定時，按該重行評定時之標準價格增減程度調整之。調整金額以千元為單位，未達千元者，按千元計算。

十、農會所有之倉庫，專供糧政機關儲存公糧，經主管機關證明。

十一、經目的事業主管機關許可設立之公益信託，其受託人因該信託關係而取得之房屋，直接供辦理公益活動使用。

私有房屋有下列情形之一者，其房屋稅減半徵收：

一、政府平價配售之平民住宅。

二、合法登記之工廠供直接生產使用之自有房屋。

三、農會所有之自用倉庫及檢驗場，經主管機關證明。

四、受重大災害，毀損面積占整棟面積三成以上不及五成之房屋。

依第一項第一款至第八款、第十款、第十一款及前項規定減免房屋稅者，應由納稅義務人於每期房屋稅開徵四十日以前向當地主管稽徵機關申報；逾期申報者，自申報之次期開始適用。經核定後減免原因未變更者，以後免再申報。

自然人持有現值在新臺幣十萬元以下之住家用房屋於全國合計超過三戶時，應於每期房屋稅開徵四十日以前，向當地主管稽徵機關申報擇定適用第一項第九款規定之房屋；逾期申報者，自申報之次期開始免徵。經核定後持有戶數未變更者，以後免再申報。

中華民國一百十三年七月一日前，自然人已持有現值在新臺幣十萬元以下之住家用房屋於全國合計超過三戶者，應於一百十四年三月二十二日以前向當地主管稽徵機關申報擇定適用第一項第九款規定之房屋；屆期未申報者，由當地主管稽徵機關為其從優擇定。

第一項第九款私有房屋持有戶數之認定、前二項申報程序、前項從優擇定之方式及其他相關事項之辦法，由財政部定之。

第 16 條　納稅義務人未依第七條規定之期限申報，因而發生漏稅者，除責令補繳應納稅額外，並按所漏稅額處以二倍以下罰鍰。

第 17 條　（刪除）

第 18 條　納稅義務人未於稅單所載限繳日期以內繳清應納稅款者，應加徵滯納金。

第 19 條　（刪除）

第 20 條　（刪除）

第 21 條　（刪除）

第 22 條　欠繳房屋稅之房屋，在欠稅未繳清前，不得辦理移轉登記或設定典權登記。

前項所欠稅款，房屋承受人得申請代繳，其代繳稅額得向納稅義務人求償，或在買價、典價內照數扣除。

第 23 條　房屋之新建、重建、增建或典賣移轉，主管建築機關及主辦登記機關應於核准發照或登記之日，同時通知主管稽徵機關。

第 24 條　房屋稅徵收細則，由各直轄市及縣（市）政府依本條例分別訂定，報財政部備查。

第 25 條　本條例施行日期，由行政院定之。

本條例修正條文自公布日施行。但中華民國九十年六月二十日修正公布條文施行日期，由行政院定之；一百十二年十二月十九日修正之第四條至第七條、第十二條及第十五條，自一百十三年七月一日施行。

附錄・契稅條例

中華民國二十九年十二月十八日國民政府制定公布全文十七條

中華民國三十一年五月二十五日國民政府修正公布全文二十三條

中華民國三十二年五月十五日國民政府修正公布全文三十五條

中華民國三十四年四月十七日國民政府修正公布全文十六條條文

中華民國三十五年六月二十九日國民政府修正公布全文三條條文

中華民國三十九年十月二十七日總統令修正公布第十三條條文

中華民國四十二年十一月二十七日總統令修正公布第二、十三、十七、二十四條條文

中華民國五十六年十二月三十日總統令修正公布同日施行

中華民國六十二年八月三十日總統令修正第十四條條文

中華民國八十二年七月三十日公告刪除第三十一條

中華民國八十八年一月二十七日總統修正公布第三條條文

中華民國八十八年七月十五日總統令刪除契稅條例第二十條至第二十二條、第二十七條及第二十八條條文；並修正第二條、第三條、第十二條、第十四條、第十六條、第十九條、第二十三條及第二十五條條文

中華民國九十年六月十三日總統令修正公布第三十三條條文；並增訂第七之一、十四之一條條文

中華民國九十八年十二月三十日總統令修正公布第二十四條條文

中華民國九十九年五月五日總統令修正公布第四、五、十三條條文

第 1 條　契稅之徵收，依本條例之規定。

第 2 條　不動產之買賣、承典、交換、贈與、分割或因占有而取得所有權者，均應申報繳納契稅。但在開徵土地增值稅區域之土地，免徵契稅。

第 3 條　契稅稅率如下：

一、買賣契稅為其契價百分之六。

二、典權契稅為其契價百分之四。

三、交換契稅為其契價百分之二。

　　　　　　四、贈與契稅為其契價百分之六。

　　　　　　五、分割契稅為其契價百分之二。

　　　　　　六、占有契稅為其契價百分之六。

第 4 條　　買賣契稅，應由買受人申報納稅。

第 5 條　　典權契稅，應由典權人申報納稅。

第 6 條　　交換契稅，應由交換人估價立契，各就承受部分申報納稅。

　　　　　前項交換有給付差額價款者，其差額價款，應依買賣契稅稅率課徵。

第 7 條　　贈與契稅，應由受贈人估價立契，申報納稅。

第 7-1 條　以不動產為信託財產，受託人依信託本旨移轉信託財產與委託人以外之歸屬權利人時，應由歸屬權利人估價立契，依第十六條規定之期限申報繳納贈與契稅。

第 8 條　　分割契稅，應由分割人估價立契，申報納稅。

第 9 條　　占有契稅，應由占有不動產依法取得所有權之人估價立契，申報納稅。

第 10 條　先典後賣者，得以原納典權契稅額，抵繳買賣契稅。但以典權人與買主同屬一人者為限。

第 11 條　依法領買或標購公產及向法院標購拍賣之不動產者，仍應申報繳納契稅。

第 12 條　凡以遷移、補償等變相方式支付產價，取得不動產所有權者，應照買賣契稅申報納稅；其以抵押、借貸等變相方式代替設典，取得使用權者，應照典權契稅申報納稅。

　　　　　建築物於建造完成前，因買賣、交換、贈與，以承受人為建造執照原始起造人或中途變更起造人名義，並取得使用執照者，應由使用執照所載起造人申報納稅。

第 13 條　第三條所稱契價，以當地不動產評價委員會評定之標準價格為準。但依第十一條取得不動產之移轉價格低於評定標準價格者，從其移轉價格。不動產評價委員會組織，由財政部定之。

第 14 條　　有下列情形之一者，免徵契稅：

一、各級政府機關、地方自治團體、公立學校因公使用而取得之
　　不動產。但供營業用者，不適用之。

二、政府經營之郵政事業，因業務使用而取得之不動產。

三、政府因公務需要，以公有不動產交換，或因土地重劃而交換
　　不動產取得所有權者。

四、建築物於建造完成前，變更起造人名義者。但依第十二條第
　　二項規定應申報納稅者，不適用之。

五、建築物於建造完成前，其興建中之建築工程讓與他人繼續建
　　造未完工部分，因而變更起造人名義為受讓人，並以該受讓
　　人為起造人名義取得使用執照者。

第 14-1 條　不動產為信託財產者，於左列各款信託關係人間移轉所有權，不
　　　　　　課徵契稅：

一、因信託行為成立，委託人與受託人間。

二、信託關係存續中受託人變更時，原受託人與新受託人間。

三、信託契約明定信託財產之受益人為委託人者，信託關係消滅
　　時，受託人與受益人間。

四、因遺囑成立之信託，於信託關係消滅時，受託人與受益人間。

五、因信託行為不成立、無效、解除或撤銷，委託人與受託人間。

第 15 條　　依前條規定免稅者，應填具契稅免稅申請書，並檢附契約及有關
　　　　　　證件，向主管稽徵機關聲請發給契稅免稅證明書，以憑辦理權利
　　　　　　變更登記。

第 16 條　　納稅義務人應於不動產買賣、承典、交換、贈與及分割契約成立
　　　　　　之日起，或因占有而依法申請為所有人之日起三十日內，填具契
　　　　　　稅申報書表，檢附公定格式契約書及有關文件，向當地主管稽徵
　　　　　　機關申報契稅。但未辦建物所有權第一次登記之房屋買賣、交
　　　　　　換、贈與、分割，應由雙方當事人共同申報。

　　　　　　不動產移轉發生糾紛時，其申報契稅之起算日期，應以法院判決
　　　　　　確定日為準。

向政府機關標購或領買公產，以政府機關核發產權移轉證明書之日為申報起算日。

向法院標購拍賣之不動產，以法院發給權利移轉證明書之日為申報起算日。

建築物於建造完成前，因買賣、交換、贈與，以承受人為建造執照原始起造人或中途變更起造人名義並取得使用執照者，以主管建築機關核發使用執照之日起滿三十日為申報起算日。

第 17 條　主管稽徵機關收到納稅義務人之契稅申報書表暨所附證件，應即填給收件清單，加蓋機關印信及經手人名章，交付納稅義務人執存。

第 18 條　主管稽徵機關收到納稅義務人契稅申報案件，應於十五日內審查完竣，查定應納稅額，發單通知納稅義務人依限繳納。

主管稽徵機關對納稅義務人所檢送表件，如認為有欠完備或有疑問時，應於收件後七日內通知納稅義務人補正或說明。

第 19 條　納稅義務人應於稽徵機關核定繳款書送達後三十日內繳納。

第 20 條　（刪除）

第 21 條　（刪除）

第 22 條　（刪除）

第 23 條　凡因不動產之買賣、承典、交換、贈與、分割及占有而辦理所有權登記者，地政機關應憑繳納契稅收據、免稅證明書或同意移轉證明書，辦理權利變更登記。

第 24 條　納稅義務人不依規定期限申報者，每逾三日，加徵應納稅額百分之一之怠報金，最高以應納稅額為限。但不得超過新臺幣一萬五千元。

第 25 條　納稅義務人不依規定期限繳納稅款者，每逾二日，加徵應納稅額百分之一之滯納金；逾期三十日仍不繳納稅款及滯納金或前條之怠報金者，移送法院強制執行。

第 26 條　納稅義務人應納契稅，匿報或短報，經主管稽徵機關查得，或經人舉發查明屬實者，除應補繳稅額外，並加處以應納稅額一倍以上三倍以下之罰鍰。

第 27 條　（刪除）

第 28 條　（刪除）

第 29 條　契稅由直轄市及縣（市）稅捐稽徵處徵收或鄉、鎮、市、區公所代徵之。

第 30 條　在規定申報繳納契稅期間，因不可抗力致不能如期申報或繳納者，應於不可抗力之原因消滅後十日內，聲明事由，經查明屬實，免予加徵怠報金或滯納金。

第 31 條　（刪除）

第 32 條　告發或檢舉納稅義務人逃漏、匿報、短報或以其他不正當之行為逃稅者，稽徵機關得以罰鍰百分之二十獎給舉發人，並為舉發人絕對保守秘密。

前項告發或檢舉獎金，稽徵機關應於收到罰鍰後三日內，通知原檢舉人，限期領取。

公務員為舉發人時，不適用本條獎金之規定。

第 33 條　本條例自公布日施行。

本條例九十年五月二十九日修正條文施行日期，由行政院定之。

附錄・遺產及贈與稅法

中華民國六十二年二月六日總統令公布

中華民國六十二年九月五日總統令修正公布第五十七條

中華民國七十年六月十九日總統令修正公布第十二條、第十三條、第十六條至第二十條、第二十二條、第三十條、第四十四條至第四十六條、第五十一條至第五十三條及第五十六條;並刪除第二十七條、第三十一條、第三十二條、第三十四條至第三十六條、第三十八條、第四十九條、第五十四條及第五十七條條文暨第四章第二節節名

中華民國八十二年七月三十日　總統令刪除第五十三條文

中華民國八十四年一月十三日　總統令增訂第三條之一、第十二條之一及第四十一條之一;並修正第四條、第五條、第十條、第十一條、第十三條、第十六條至第二十條、第二十二條、第三十條、第四十一條及第五十一條條文

中華民國八十七年六月二十四日總統令修正公布第十一條及第二十條條文

中華民國八十八年七月十五日總統令修正公布第十五條條文

中華民國八十九年一月二十六日修正公布第四條、第十七條及第二十條條文

中華民國九十年六月十三日修正公布第五十九條條文;並增訂第三之二、五之一、五之二、十之一、十之二、十六之一、二十之一、二十四之一條條文

中華民國九十三年六月二日修正公布第二十八條條文

中華民國九十八年一月二十一日總統令修正公布第七、十、十三、十八、十九、二十二、三十、四十四、四十五條條文;並增訂第十七之一、五十八之一條條文

中華民國一百零一年二月三日行政院公告第十二之一條第二項所列屬「行政院主計處」之權責事項,自一百零一年二月六日起改由「行政院主計總處」管轄

中華民國一百零四年七月一日總統令修正公布第三十條條文

中華民國一百零六年五月十日總統令修正公布第十二之一、十三、十九條條文;並增訂第五十八之二條條文

中華民國一百零六年六月十四日總統令修正公布第五十一條條文

中華民國一百十年一月二十日總統令修正公布第十七條條文

第一章　總　則

第 1 條　凡經常居住中華民國境內之中華民國國民死亡時遺有財產者，應就其在中華民國境內境外全部遺產，依本法規定，課徵遺產稅。

經常居住中華民國境外之中華民國國民，及非中華民國國民，死亡時在中華民國境內遺有財產者，應就其在中華民國境內之遺產，依本法規定，課徵遺產稅。

第 2 條　無人承認繼承之遺產，依法歸屬國庫；其應繳之遺產稅，由國庫依財政收支劃分法之規定分配之。

第 3 條　凡經常居住中華民國境內之中華民國國民，就其在中華民國境內或境外之財產為贈與者，應依本法規定，課徵贈與稅。

經常居住中華民國境外之中華民國國民，及非中華民國國民，就其在中華民國境內之財產為贈與者，應依本法規定，課徵贈與稅。

第 3-1 條　死亡事實或贈與行為發生前二年內，被繼承人或贈與人自願喪失中華民國國籍者，仍應依本法關於中華民國國民之規定，課徵遺產稅或贈與稅。

第 3-2 條　因遺囑成立之信託，於遺囑人死亡時，其信託財產應依本法規定，課徵遺產稅。

信託關係存續中受益人死亡時，應就其享有信託利益之權利未領受部分，依本法規定課徵遺產稅。

第 4 條　本法稱財產，指動產、不動產及其他一切有財產價值之權利。

本法稱贈與，指財產所有人以自己之財產無償給予他人，經他人允受而生效力之行為。

本法稱經常居住中華民國境內，係指被繼承人或贈與人有左列情形之一：

一、死亡事實或贈與行為發生前二年內，在中華民國境內有住所者。

二、在中華民國境內無住所而有居所，且在死亡事實或贈與行為發生前二年內，在中華民國境內居留時間合計逾三百六十五天者。但受中華民國政府聘請從事工作，在中華民國境內有特定居留期限者，不在此限。

本法稱經常居住中華民國境外，係指不合前項經常居住中華民國境內規定者而言。

本法稱農業用地，適用農業發展條例之規定。

第 5 條　財產之移動，具有左列各款情形之一者，以贈與論，依本法規定，課徵贈與稅：

一、在請求權時效內無償免除或承擔債務者，其免除或承擔之債務。

二、以顯著不相當之代價，讓與財產、免除或承擔債務者，其差額部分。

三、以自己之資金，無償為他人購置財產者，其資金。但該財產為不動產者，其不動產。

四、因顯著不相當之代價，出資為他人購置財產者，其出資與代價之差額部分。

五、限制行為能力人或無行為能力人所購置之財產，視為法定代理人或監護人之贈與。但能證明支付之款項屬於購買人所有者，不在此限。

六、二親等以內親屬間財產之買賣。但能提出已支付價款之確實證明，且該已支付之價款非由出賣人貸與或提供擔保向他人借得者，不在此限。

第 5-1 條　信託契約明定信託利益之全部或一部之受益人為非委託人者，視為委託人將享有信託利益之權利贈與該受益人，依本法規定，課徵贈與稅。

信託契約明定信託利益之全部或一部之受益人為委託人，於信託關係存續中，變更為非委託人者，於變更時，適用前項規定課徵贈與稅。

信託關係存續中，委託人追加信託財產，致增加非委託人享有信託利益之權利者，於追加時，就增加部分，適用第一項規定課徵贈與稅。

前三項之納稅義務人為委託人。但委託人有第七條第一項但書各款情形之一者，以受託人為納稅義務人。

第 5-2 條　信託財產於左列各款信託關係人間移轉或為其他處分者，不課徵贈與稅：

一、因信託行為成立，委託人與受託人間。

二、信託關係存續中受託人變更時，原受託人與新受託人間。

三、信託關係存續中，受託人依信託本旨交付信託財產，受託人與受益人間。

四、因信託關係消滅，委託人與受託人間或受託人與受益人間。

五、因信託行為不成立、無效、解除或撤銷，委託人與受託人間。

第 6 條　遺產稅之納稅義務人如左：

一、有遺囑執行人者，為遺囑執行人。

二、無遺囑執行人者，為繼承人及受遺贈人。

三、無遺囑執行人及繼承人者，為依法選定遺產管理人。

其應選定遺產管理人，於死亡發生之日起六個月內未經選定呈報法院者，或因特定原因不能選定者，稽徵機關得依非訟事件法之規定，申請法院指定遺產管理人。

第 7 條　贈與稅之納稅義務人為贈與人。但贈與人有下列情形之一者，以受贈人為納稅義務人：

一、行蹤不明。

二、逾本法規定繳納期限尚未繳納，且在中華民國境內無財產可供執行。

三、死亡時贈與稅尚未核課。

依前項規定受贈人有二人以上者，應按受贈財產之價值比例，依本法規定計算之應納稅額，負納稅義務。

第 8 條　遺產稅未繳清前，不得分割遺產、交付遺贈或辦理移轉登記。贈與稅未繳清前，不得辦理贈與移轉登記。但依第四十一條規定，於事前申請該管稽徵機關核准發給同意移轉證明書，或經稽徵機關核發免稅證明書、不計入遺產總額證明書或不計入贈與總額證明書者，不在此限。

遺產中之不動產，債權人聲請強制執行時，法院應通知該管稽徵機關，迅依法定程序核定其稅額，並移送法院強制執行。

第 9 條　第一條及第三條所稱中華民國境內或境外之財產，按被繼承人死亡時或贈與人贈與時之財產所在地認定之：

一、動產、不動產及附著於不動產之權利，以動產或不動產之所在地為準。但船舶、車輛及航空器，以其船籍、車輛或航空器登記機關之所在地為準。

二、礦業權，以其礦區或礦場之所在地為準。

三、漁業權，以其行政管轄權之所在地為準。

四、專利權、商標權、著作權及出版權，以其登記機關之所在地為準。

五、其他營業上之權利，以其營業所在地為準。

六、金融機關收受之存款及寄託物，以金融機關之事務所或營業所所在地為準。

七、債權，以債務人經常居住之所在地或事務所或營業所所在地為準。

八、公債、公司債、股權或出資，以其發行機關或被投資事業之主事務所所在地為準。

九、有關信託之權益，以其承受信託事業之事務所或營業所所在地為準。

前列各款以外之財產，其所在地之認定有疑義時，由財政部核定之。

第 10 條　遺產及贈與財產價值之計算，以被繼承人死亡時或贈與人贈與時之時價為準；被繼承人如係受死亡之宣告者，以法院宣告死亡判決內所確定死亡日之時價為準。

本法中華民國八十四年一月十五日修正生效前發生死亡事實或贈與行為而尚未核課或尚未核課確定之案件，其估價適用修正後之前項規定辦理。

第一項所稱時價，土地以公告土地現值或評定標準價格為準；房屋以評定標準價格為準；其他財產時價之估定，本法未規定者，由財政部定之。

第 10-1 條　依第三條之二第二項規定應課徵遺產稅之權利，其價值之計算，
　　　　　依左列規定估定之：

一、享有全部信託利益之權利者，該信託利益為金錢時，以信託
　　金額為準，信託利益為金錢以外之財產時，以受益人死亡時
　　信託財產之時價為準。

二、享有孳息以外信託利益之權利者，該信託利益為金錢時，以
　　信託金額按受益人死亡時起至受益時止之期間，依受益人死
　　亡時郵政儲金匯業局一年期定期儲金固定利率複利折算現值
　　計算之；信託利益為金錢以外之財產時，以受益人死亡時信
　　託財產之時價，按受益人死亡時起至受益時止之期間，依受
　　益人死亡時郵政儲金匯業局一年期定期儲金固定利率複利折
　　算現值計算之。

三、享有孳息部分信託利益之權利者，以信託金額或受益人死亡
　　時信託財產之時價，減除依前款規定所計算之價值後之餘額
　　為準。但該孳息係給付公債、公司債、金融債券或其他約載
　　之固定利息者，其價值之計算，以每年享有之利息，依受益
　　人死亡時郵政儲金匯業局一年期定期儲金固定利率，按年複
　　利折算現值之總和計算之。

四、享有信託利益之權利為按期定額給付者，其價值之計算，以
　　每年享有信託利益之數額，依受益人死亡時郵政儲金匯業局
　　一年期定期儲金固定利率，按年複利折算現值之總和計算
　　之；享有信託利益之權利為全部信託利益扣除按期定額給付
　　後之餘額者，其價值之計算，以受益人死亡時信託財產之時
　　價減除依前段規定計算之價值後之餘額計算之。

五、享有前四款所規定信託利益之一部者，按受益比率計算之。

第 10-2 條　依第五條之一規定應課徵贈與稅之權利，其價值之計算，依左列
　　　　　規定估定之：

一、享有全部信託利益之權利者，該信託利益為金錢時，以信託
　　金額為準；信託利益為金錢以外之財產時，以贈與時信託財
　　產之時價為準。

二、享有孳息以外信託利益之權利者，該信託利益為金錢時，以信託金額按贈與時起至受益時止之期間，依贈與時郵政儲金匯業局一年期定期儲金固定利率複利折算現值計算之；信託利益為金錢以外之財產時，以贈與時信託財產之時價，按贈與時起至受益時止之期間，依贈與時郵政儲金匯業局一年期定期儲金固定利率複利折算現值計算之。

三、享有孳息部分信託利益之權利者，以信託金額或贈與時信託財產之時價，減除依前款規定所計算之價值後之餘額為準。但該孳息係給付公債、公司債、金融債券或其他約載之固定利息者，其價值之計算，以每年享有之利息，依贈與時郵政儲金匯業局一年期定期儲金固定利率，按年複利折算現值之總和計算之。

四、享有信託利益之權利為按期定額給付者，其價值之計算，以每年享有信託利益之數額，依贈與時郵政儲金匯業局一年期定期儲金固定利率，按年複利折算現值之總和計算之；享有信託利益之權利為全部信託利益扣除按期定額給付後之餘額者，其價值之計算，以贈與時信託財產之時價減除依前段規定計算之價值後之餘額計算之。

五、享有前四款所規定信託利益之一部者，按受益比率計算之。

第 11 條　國外財產依所在地國法律已納之遺產稅或贈與稅，得由納稅義務人提出所在地國稅務機關發給之納稅憑證，併應取得所在地中華民國使領館之簽證；其無使領館者，應取得當地公定會計師或公證人之簽證，自其應納遺產稅或贈與稅額中扣抵。但扣抵額不得超過因加計其國外遺產而依國內適用稅率計算增加之應納稅額。

被繼承人死亡前二年內贈與之財產，依第十五條之規定併入遺產課徵遺產稅者，應將已納之贈與稅與土地增值稅連同按郵政儲金匯業局一年期定期存款利率計算之利息，自應納遺產稅額內扣抵。但扣抵額不得超過贈與財產併計遺產總額後增加之應納稅額。

第 12 條　本法規定之各種金額，均以新臺幣為單位。

第 12-1 條　本法規定之下列各項金額，每遇消費者物價指數較上次調整之指數累計上漲達百分之十以上時，自次年起按上漲程度調整之。調整金額以萬元為單位，未達萬元者按千元數四捨五入：

一、免稅額。

二、課稅級距金額。

三、被繼承人日常生活必需之器具及用具、職業上之工具，不計入遺產總額之金額。

四、被繼承人之配偶、直系血親卑親屬、父母、兄弟姊妹、祖父母扣除額、喪葬費扣除額及身心障礙特別扣除額。

財政部於每年十二月底前，應依據前項規定，計算次年發生之繼承或贈與案件所應適用之各項金額後公告之。所稱消費者物價指數，指行政院主計總處公布，自前一年十一月起至該年十月底為止十二個月平均消費者物價指數。

第二章　遺產稅之計算

第 13 條　遺產稅按被繼承人死亡時，依本法規定計算之遺產總額，減除第十七條、第十七條之一規定之各項扣除額及第十八條規定之免稅額後之課稅遺產淨額，依下列稅率課徵之：

一、五千萬元以下者，課徵百分之十。

二、超過五千萬元至一億元者，課徵五百萬元，加超過五千萬元部分之百分之十五。

三、超過一億元者，課徵一千二百五十萬元，加超過一億元部分之百分之二十。

第 14 條　遺產總額應包括被繼承人死亡時依第一條規定之全部財產，及依第十條規定計算之價值。但第十六條規定不計入遺產總額之財產，不包括在內。

第 15 條　被繼承人死亡前二年內贈與下列個人之財產，應於被繼承人死亡時，視為被繼承人之遺產，併入其遺產總額，依本法規定徵稅：

一、被繼承人之配偶。

二、被繼承人依民法第一千一百三十八條及第一千一百四十條規定之各順序繼承人。

三、前款各順序繼承人之配偶。

八十七年六月二十六日以後至前項修正公布生效前發生之繼承案件，適用前項之規定。

第 16 條　左列各款不計入遺產總額：

一、遺贈人、受遺贈人或繼承人捐贈各級政府及公立教育、文化、公益、慈善機關之財產。

二、遺贈人、受遺贈人或繼承人捐贈公有事業機構或全部公股之公營事業之財產。

三、遺贈人、受遺贈人或繼承人捐贈於被繼承人死亡時，已依法登記設立為財團法人組織且符合行政院規定標準之教育、文化、公益、慈善、宗教團體及祭祀公業之財產。

四、遺產中有關文化、歷史、美術之圖書、物品，經繼承人向主管稽徵機關聲明登記者。但繼承人將此項圖書、物品轉讓時，仍須自動申報補稅。

五、被繼承人自己創作之著作權、發明專利權及藝術品。

六、被繼承人日常生活必需之器具及用品，其總價值在七十二萬元以下部分。

七、被繼承人職業上之工具，其總價值在四十萬元以下部分。

八、依法禁止或限制採伐之森林。但解禁後仍須自動申報補稅。

九、約定於被繼承人死亡時，給付其所指定受益人之人壽保險金額、軍、公教人員、勞工或農民保險之保險金額及互助金。

十、被繼承人死亡前五年內，繼承之財產已納遺產稅者。

十一、被繼承人配偶及子女之原有財產或特有財產，經辦理登記或確有證明者。

十二、被繼承人遺產中經政府闢為公眾通行道路之土地或其他無償供公眾通行之道路土地，經主管機關證明者。但其屬建造房屋應保留之法定空地部分，仍應計入遺產總額。

十三、 被繼承人之債權及其他請求權不能收取或行使確有證明者。

第 16-1 條 遺贈人、受遺贈人或繼承人提供財產，捐贈或加入於被繼承人死亡時已成立之公益信託並符合左列各款規定者，該財產不計入遺產總額：

一、受託人為信託業法所稱之信託業。

二、各該公益信託除為其設立目的舉辦事業而必須支付之費用外，不以任何方式對特定或可得特定之人給予特殊利益。

三、信託行為明定信託關係解除、終止或消滅時，信託財產移轉於各級政府、有類似目的之公益法人或公益信託。

第 17 條 下列各款，應自遺產總額中扣除，免徵遺產稅：

一、被繼承人遺有配偶者，自遺產總額中扣除四百萬元。

二、繼承人為直系血親卑親屬者，每人得自遺產總額中扣除四十萬元。其有未成年者，並得按其年齡距屆滿成年之年數，每年加扣四十萬元。但親等近者拋棄繼承由次親等卑親屬繼承者，扣除之數額以拋棄繼承前原得扣除之數額為限。

三、被繼承人遺有父母者，每人得自遺產總額中扣除一百萬元。

四、前三款所定之人如為身心障礙者權益保障法規定之重度以上身心障礙者，或精神衛生法規定之嚴重病人，每人得再加扣五百萬元。

五、被繼承人遺有受其扶養之兄弟姊妹、祖父母者，每人得自遺產總額中扣除四十萬元；其兄弟姊妹中有未成年者，並得按其年齡距屆滿成年之年數，每年加扣四十萬元。

六、遺產中作農業使用之農業用地及其地上農作物，由繼承人或受遺贈人承受者，扣除其土地及地上農作物價值之全數。承受人自承受之日起五年內，未將該土地繼續作農業使用且未在有關機關所令期限內恢復作農業使用，或雖在有關機關所令期限內已恢復作農業使用而再有未作農業使用情事者，應追繳應納稅賦。但如因該承受人死亡、該承受土地被徵收或依法變更為非農業用地者，不在此限。

七、被繼承人死亡前六年至九年內，繼承之財產已納遺產稅者，按年遞減扣除百分之八十、百分之六十、百分之四十及百分之二十。

八、被繼承人死亡前，依法應納之各項稅捐、罰鍰及罰金。

九、被繼承人死亡前，未償之債務，具有確實之證明者。

十、被繼承人之喪葬費用，以一百萬元計算。

十一、執行遺囑及管理遺產之直接必要費用。

被繼承人如為經常居住中華民國境外之中華民國國民，或非中華民國國民者，不適用前項第一款至第七款之規定；前項第八款至第十一款規定之扣除，以在中華民國境內發生者為限；繼承人中拋棄繼承權者，不適用前項第一款至第五款規定之扣除。

第 17-1 條　被繼承人之配偶依民法第一千零三十條之一規定主張配偶剩餘財產差額分配請求權者，納稅義務人得向稽徵機關申報自遺產總額中扣除。

納稅義務人未於稽徵機關核發稅款繳清證明書或免稅證明書之日起一年內，給付該請求權金額之財產予被繼承人之配偶者，稽徵機關應於前述期間屆滿之翌日起五年內，就未給付部分追繳應納稅賦。

第 18 條　被繼承人如為經常居住中華民國境內之中華民國國民，自遺產總額中減除免稅額一千二百萬元；其為軍警公教人員因執行職務死亡者，加倍計算。

被繼承人如為經常居住中華民國境外之中華民國國民，或非中華民國國民，其減除免稅額比照前項規定辦理。

第三章　贈與稅之計算

第 19 條　贈與稅按贈與人每年贈與總額，減除第二十一條規定之扣除額及第二十二條規定之免稅額後之課稅贈與淨額，依下列稅率課徵之：

一、二千五百萬元以下者，課徵百分之十。

二、超過二千五百萬元至五千萬元者，課徵二百五十萬元，加超過二千五百萬元部分之百分之十五。

三、超過五千萬元者，課徵六百二十五萬元，加超過五千萬元部分之百分之二十。

一年內有二次以上贈與者，應合併計算其贈與額，依前項規定計算稅額，減除其已繳之贈與稅額後，為當次之贈與稅額。

第 20 條　左列各款不計入贈與總額：

一、捐贈各級政府及公立教育、文化、公益、慈善機關之財產。

二、捐贈公有事業機構或全部公股之公營事業之財產。

三、捐贈依法登記為財團法人組織且符合行政院規定標準之教育、文化、公益、慈善、宗教團體及祭祀公業之財產。

四、扶養義務人為受扶養人支付之生活費、教育費及醫藥費。

五、作農業使用之農業用地及其地上農作物，贈與民法第一千一百三十八條所定繼承人者，不計入其土地及地上農作物價值之全數。受贈人自受贈之日起五年內，未將該土地繼續作農業使用且未在有關機關所令期限內恢復作農業使用，或雖在有關機關所令期限內已恢復作農業使用而再有未作農業使用情事者，應追繳應納稅賦。但如因該受贈人死亡、該受贈土地被徵收或依法變更為非農業用地者，不在此限。

六、配偶相互贈與之財產。

七、父母於子女婚嫁時所贈與之財物，總金額不超過一百萬元。

八十四年一月十四日以前配偶相互贈與之財產，及婚嫁時受贈於父母之財物在一百萬元以內者，於本項修正公布生效日尚未核課或尚未核課確定者，適用前項第六款及第七款之規定。

第 20-1 條　因委託人提供財產成立、捐贈或加入符合第十六條之一各款規定之公益信託，受益人得享有信託利益之權利，不計入贈與總額。

第 21 條　贈與附有負擔者，由受贈人負擔部分應自贈與額中扣除。

第 22 條　贈與稅納稅義務人，每年得自贈與總額中減除免稅額二百二十萬元。

第四章　稽徵程序

第一節　申報與繳納

第 23 條　被繼承人死亡遺有財產者，納稅義務人應於被繼承人死亡之日起六個月內，向戶籍所在地主管稽徵機關依本法規定辦理遺產稅申報。但依第六條第二項規定由稽徵機關申請法院指定遺產管理人者，自法院指定遺產管理人之日起算。

被繼承人為經常居住中華民國境外之中華民國國民或非中華民國國民死亡時，在中華民國境內遺有財產者，應向中華民國中央政府所在地之主管稽徵機關辦理遺產稅申報。

第 24 條　除第二十條所規定之贈與外，贈與人在一年內贈與他人之財產總值超過贈與稅免稅額時，應於超過免稅額之贈與行為發生後三十日內，向主管稽徵機關依本法規定辦理贈與稅申報。

贈與人為經常居住中華民國境內之中華民國國民者，向戶籍所在地主管稽徵機關申報；其為經常居住中華民國境外之中華民國國民或非中華民國國民，就其在中華民國境內之財產為贈與者，向中華民國中央政府所在地主管稽徵機關申報。

第 24-1 條　除第二十條之一所規定之公益信託外，委託人有第五條之一應課徵贈與稅情形者，應以訂定、變更信託契約之日為贈與行為發生日，依前條第一項規定辦理。

第 25 條　同一贈與人在同一年內有兩次以上依本法規定應申報納稅之贈與行為者，應於辦理後一次贈與稅申報時，將同一年內以前各次之贈與事實及納稅情形合併申報。

第 26 條　遺產稅或贈與稅納稅義務人具有正當理由不能如期申報者，應於前三條規定限期屆滿前，以書面申請延長之。

前項申請延長期限以三個月為限。但因不可抗力或其他有特殊之事由者，得由稽徵機關視實際情形核定之。

第 27 條　（刪除）

第 28 條　稽徵機關於查悉死亡事實或接獲死亡報告後，應於一個月內填發申報通知書，檢附遺產稅申報書表，送達納稅義務人，通知依限

申報，並於限期屆滿前十日填具催報通知書，提示逾期申報之責任，加以催促。

前項通知書應以明顯之文字，載明民法限定繼承及拋棄繼承之相關規定。

納稅義務人不得以稽徵機關未發第一項通知書，而免除本法規定之申報義務。

第 29 條　稽徵機關應於接到遺產稅或贈與稅申報書表之日起二個月內，辦理調查及估價，決定應納稅額，繕發納稅通知書，通知納稅義務人繳納；其有特殊情形不能在二個月內辦竣者，應於限期內呈准上級主管機關核准延期。

第 30 條　遺產稅及贈與稅納稅義務人，應於稽徵機關送達核定納稅通知書之日起二個月內，繳清應納稅款；必要時，得於限期內申請稽徵機關核准延期二個月。

遺產稅或贈與稅應納稅額在三十萬元以上，納稅義務人確有困難，不能一次繳納現金時，得於納稅期限內，向該管稽徵機關申請，分十八期以內繳納，每期間隔以不超過二個月為限。

經申請分期繳納者，應自繳納期限屆滿之次日起，至納稅義務人繳納之日止，依郵政儲金一年期定期儲金固定利率，分別加計利息；利率有變動時，依變動後利率計算。

遺產稅或贈與稅應納稅額在三十萬元以上，納稅義務人確有困難，不能一次繳納現金時，得於納稅期限內，就現金不足繳納部分申請以在中華民國境內之課徵標的物或納稅義務人所有易於變價及保管之實物一次抵繳。中華民國境內之課徵標的物屬不易變價或保管，或申請抵繳日之時價較死亡或贈與日之時價為低者，其得抵繳之稅額，以該項財產價值占全部課徵標的物價值比例計算之應納稅額為限。

本法中華民國九十八年一月十二日修正之條文施行前所發生未結之案件，適用修正後之前三項規定。但依修正前之規定有利於納稅義務人者，適用修正前之規定。

第四項抵繳財產價值之估定，由財政部定之。

第四項抵繳之財產為繼承人公同共有之遺產且該遺產為被繼
承人單獨所有或持分共有者，得由繼承人過半數及其應繼分
合計過半數之同意，或繼承人之應繼分合計逾三分之二之同
意提出申請，不受民法第八百二十八條第三項限制。

第 31 條　　（刪除）

第 32 條　　（刪除）

第 33 條　　遺產稅或贈與稅納稅義務人違反第二十三條或第二十四條之規
定，未依限辦理遺產稅或贈與稅申報，或未依第二十六條規定申
請延期申報者，該管稽徵機關應即進行調查，並於第二十九條規
定之期限內調查，核定其應納稅額，通知納稅義務人依第三十條
規定之期限繳納。

第二節　　（刪除）

第 34 條　　（刪除）

第 35 條　　（刪除）

第 36 條　　（刪除）

第三節　　資料調查與通報

第 37 條　　戶籍機關受理死亡登記後，應即將死亡登記事項副本抄送稽徵機
關。

第 38 條　　（刪除）

第 39 條　　稽徵機關進行調查，如發現納稅義務人有第四十六條所稱故意以
詐欺或不正當方法逃漏遺產稅或贈與稅時，得敘明事由，申請當
地司法機關，實施搜索、扣押或其他強制處分。

第 40 條　　被繼承人死亡前在金融或信託機關租有保管箱或有存款者，繼承
人或利害關係人於被繼承人死亡後，依法定程序，得開啟被繼承
人之保管箱或提取被繼承人之存款時，應先通知主管稽徵機關會
同點驗、登記。

第 41 條　　遺產稅或贈與稅納稅義務人繳清應納稅款、罰鍰及加徵之滯納
金、利息後，主管稽徵機關應發給稅款繳清證明書；其經核定無
應納稅款者，應發給核定免稅證明書；其有特殊原因必須於繳清
稅款前辦理產權移轉者，得提出確切納稅保證，申請該管主管稽
徵機關核發同意移轉證明書。

依第十六條規定，不計入遺產總額之財產，或依第二十條規定不計入贈與總額之財產，經納稅義務人之申請，稽徵機關應發給不計入遺產總額證明書，或不計入贈與總額證明書。

第 41-1 條　繼承人為二人以上時，經部分繼承人按其法定應繼分繳納部分遺產稅款、罰鍰及加徵之滯納金、利息後，為辦理不動產之公同共有繼承登記，得申請主管稽徵機關核發同意移轉證明書；該登記為公同共有之不動產，在全部應納款項未繳清前，不得辦理遺產分割登記或就公同共有之不動產權利為處分、變更及設定負擔登記。

第 42 條　地政機關及其他政府機關，或公私事業辦理遺產或贈與財產之產權移轉登記時，應通知當事人檢附稽徵機關核發之稅款繳清證明書，或核定免稅證明書或不計入遺產總額證明書或不計入贈與總額證明書，或同意移轉證明書之副本；其不能繳附者，不得逕為移轉登記。

第五章　獎　懲

第 43 條　告發或檢舉納稅義務人及其他關係人有短報、漏報、匿報或故意以虛偽不實及其他不正當行為之逃稅，或幫助他人逃稅情事，經查明屬實者，主管稽徵機關應以罰鍰提成獎給舉發人，並為舉發人保守秘密。

第 44 條　納稅義務人違反第二十三條或第二十四條規定，未依限辦理遺產稅或贈與稅申報者，按核定應納稅額加處二倍以下之罰鍰。

第 45 條　納稅義務人對依本法規定，應申報之遺產或贈與財產，已依本法規定申報而有漏報或短報情事者，應按所漏稅額處以二倍以下之罰鍰。

第 46 條　納稅義務人有故意以詐欺或其他不正當方法，逃漏遺產稅或贈與稅者，除依繼承或贈與發生年度稅率重行核計補徵外，並應處以所漏稅額一倍至三倍之罰鍰。

第 47 條　前三條規定之罰鍰，連同應徵之稅款，最多不得超過遺產總額或贈與總額。

第 48 條　　稽徵人員違反第二十九條之規定，戶籍人員違反第三十七條之規定者，應由各該主管機關從嚴懲處，並責令迅行補辦；其涉有犯罪行為者，應依刑法及其有關法律處斷。

第 49 條　　（刪除）

第 50 條　　納稅義務人違反第八條之規定，於遺產稅未繳清前，分割遺產、交付遺贈或辦理移轉登記，或贈與稅未繳清前，辦理贈與移轉登記者，處一年以下有期徒刑。

第 51 條　　納稅義務人對於核定之遺產稅或贈與稅應納稅額，逾第三十條規定期限繳納者，每逾二日加徵應納稅額百分之一滯納金；逾三十日仍未繳納者，主管稽徵機關應移送強制執行。但因不可抗力或不可歸責於納稅義務人之事由，致不能於法定期間內繳清稅捐，得於其原因消滅後十日內，提出具體證明，向稽徵機關申請延期或分期繳納經核准者，免予加徵滯納金。

　　　　　前項應納稅款，應自滯納期限屆滿之次日起，至納稅義務人繳納之日止，依郵政儲金一年期定期儲金固定利率，按日加計利息，一併徵收。

第 52 條　　違反第四十二條之規定，於辦理有關遺產或贈與財產之產權移轉登記時，未通知當事人繳驗遺產稅或贈與稅繳清證明書，或核定免稅證明書，或不計入遺產總額證明書，或不計入贈與總額證明書，或同意移轉證明書等之副本，即予受理者，其屬民營事業，處一萬五千元以下之罰鍰；其屬政府機關及公有公營事業，由主管機關對主辦及直接主管人員從嚴議處。

第 53 條　　（刪除）

第六章　附　則

第 54 條　　（刪除）

第 55 條　　本法施行細則，由財政部定之。

第 56 條　　本法所定之各項書表格式，由財政部製定之。

第 57 條　　（刪除）

第 58 條　　關於遺產稅及贈與稅之課徵，本法未規定者，適用其他法律之規定。

第 58-1 條　本法中華民國九十八年一月十二日修正之條文施行後，造成依財政收支劃分法規定應受分配之地方政府每年度之稅收實質損失，於修正現行財政收支劃分法擴大中央統籌分配稅款規模之規定施行前，由中央政府補足之，並不受預算法第二十三條有關公債收入不得充經常支出之用之限制。

　　　　　　前項稅收實質損失，以各地方政府於本法中華民國九十八年一月十二日修正之條文施行前三年度遺產稅及贈與稅稅收之平均數，減除修正施行當年度或以後年度遺產稅及贈與稅稅收數之差額計算之，並計算至萬元止。

第 58-2 條　本法中華民國一百零六年四月二十五日修正之條文施行後，依第十三條及第十九條第一項規定稅率課徵之遺產稅及贈與稅，屬稅率超過百分之十至百分之二十以內之稅課收入，撥入依長期照顧服務法設置之特種基金，用於長期照顧服務支出，不適用財政收支劃分法之規定。

第 59 條　　本法自公布日施行。

　　　　　　本法九十年五月二十九日修正條文施行日期，由行政院定之。

附錄 • 稅捐稽徵法

中華民國六十五年十月二十二日總統令制定公布全文五十一條

中華民國六十八年八月六日總統令增訂公布第四十八之一條條文

中華民國七十九年一月二十四日總統令修正公布第二、六、二十三、三十、三十三～三十五、三十八、三十九、四十一～四十六、四十八之一條條文；增訂第十一之一、三十五之一、五十之一條條文；並刪除第三十六、三十七條條文

中華民國八十一年十一月二十三日總統令增訂公布第四十八之二、五十之二、五十之三、五十之四、五十之五條條文

中華民國八十二年七月十六日總統令修正公布第四十八之一條條文

中華民國八十五年七月三十日總統令增訂公布第一之一、四十八之三條條文

中華民國八十六年五月二十一日總統令修正公布第三十三條條文

中華民國八十六年十月二十九日總統令修正公布第六條條文

中華民國八十九年五月十七日總統令增訂公布第十一之二條條文

中華民國九十六年一月十日總統令修正公布第六條條文

中華民國九十六年三月二十一日總統令修正公布第二十三條條文

中華民國九十六年十二月十二日總統令修正公布第十八條條文

中華民國九十七年八月十三日總統令修正公布第二十四、四十四條條文

中華民國九十八年一月二十一日總統令修正公布第二十八條條文

中華民國九十八年五月十三日總統令修正公布第二十四、三十三、四十八之一條條文；並增訂第十二之一條條文

中華民國九十八年五月二十七日總統令修正公布第四十七條條文

中華民國九十九年一月六日總統令修正公布第四十四條條文；並增訂第十一之三～十一之七、二十五之一條條文及第一章之一章名

中華民國一百年一月二十六日總統令修正公布第三十八條條文

中華民國一百年五月十一日總統令修正公布第十九、三十五、五十一條條文；施行日期由行政院定之

中華民國一百年六月二十日行政院令定自一百年七月一日施行

中華民國一百年十一月二十三日總統令修正公布第一之一、六、二十三條條文

中華民國一百年十二月十六日行政院公告第六條第二、三項、第二十三條第五項第二、三款所列屬「行政執行處」之權責事項，自一百零一年一月一日起改由「行政執行分署」管轄

中華民國一百零一年一月四日總統令修正公布第四十七條條文

中華民國一百零二年五月二十九日總統令修正公布第十二之一、二十五之一、三十九條條文

中華民國一百零三年六月四日總統令修正公布第三十、三十三、四十三、四十八之一條條文

中華民國一百零三年六月十八日總統令修正公布第四十八條條文

中華民國一百零三年十二月二十六日行政院公告第二十四條第三項、第四項、第五項、第六項、第七項所列屬「內政部入出國及移民署」之權責事項，自一百零四年一月二日起改由「內政部移民署」管轄

中華民國一百零四年一月十四日總統令修正公布第二十六、三十三條條文

中華民國一百零六年一月十八日總統令修正公布第二十三條條文

中華民國一百零六年六月十四日總統令增訂公布第五之一、四十六之一條條文

中華民國一百零七年十一月二十一日總統令修正公布第十一之二條條文；並刪除第十一之三至十一之七條條文及第一章之一章名

中華民國一百零七年十二月五日總統令修正公布第二、二十、二十四、二十七、四十、四十五、四十八條條文

中華民國一百零九年五月十三日總統令修正公布第十一之一條條文

中華民國一百十年十二月十七日總統令修正公布第六、十九、二十～二十四、二十八、三十、三十四、三十五、三十九、四十一、四十三、四十四、四十七、四十八之一、四十八之二、四十九、五十之五、五十一條條文；增訂第 二十六之一、四十九之一條條文；刪除第十二之一、五十之一、五十之三、五十之四條條文；並自公布日施行，但第二十條條文施行日期由行政院定之

中華民國一百十年十二月二十三日行政院令發布第二十條條文定自一百十一年一月一日施行

第一章　總　則

第 1 條　　稅捐之稽徵，依本法之規定；本法未規定者，依其他有關法律之規定。

第 1-1 條　財政部依本法或稅法所發布之解釋函令，對於據以申請之案件發生效力。

　　　　　但有利於納稅義務人者，對於尚未核課確定之案件適用之。

　　　　　財政部發布解釋函令，變更已發布解釋函令之法令見解，如不利於納稅義務人者，自發布日起或財政部指定之將來一定期日起，發生效力；於發布日或財政部指定之將來一定期日前，應核課而未核課之稅捐及未確定案件，不適用該變更後之解釋函令。

　　　　　本條中華民國一百年十一月八日修正施行前，財政部發布解釋函令，變更已發布解釋函令之法令見解且不利於納稅義務人，經稅捐稽徵機關依財政部變更法令見解後之解釋函令核課稅捐，於本條中華民國一百年十一月八日修正施行日尚未確定案件，適用前項規定。

　　　　　財政部發布之稅務違章案件裁罰金額或倍數參考表變更時，有利於納稅義務人者，對於尚未核課確定之案件適用之。

第 2 條　　本法所稱稅捐，指一切法定之國、直轄市、縣（市）及鄉（鎮、市）稅捐。但不包括關稅。

第 3 條　　稅捐由各級政府主管稅捐稽徵機關稽徵之，必要時得委託代徵；其辦法由行政院定之。

第 4 條　　財政部得本互惠原則，對外國派駐中華民國之使領館及享受外交官待遇之人員，暨對雙方同意給與免稅待遇之機構及人員，核定免徵稅捐。

第 5 條　　財政部得本互惠原則，與外國政府商訂互免稅捐，於報經行政院核准後，以外交換文方式行之。

第 5-1 條　財政部得本互惠原則，與外國政府或國際組織商訂稅務用途資訊交換及相互提供其他稅務協助之條約或協定，於報經行政院核准後，以外交換文方式行之。

與外國政府或國際組織進行稅務用途資訊交換及提供其他稅務協助，應基於互惠原則，依已生效之條約或協定辦理；條約或協定未規定者，依本法及其他法律規定辦理。但締約他方有下列情形之一者，不得與其進行資訊交換：

一、無法對等提供我國同類資訊。

二、對取得之資訊予以保密，顯有困難。

三、請求提供之資訊非為稅務用途。

四、請求資訊之提供將有損我國公共利益。

五、未先盡其調查程序之所能提出個案資訊交換請求。

財政部或其授權之機關執行第一項條約或協定所需資訊，依下列規定辦理；應配合提供資訊者不得規避、妨礙或拒絕，並不受本法及其他法律有關保密規定之限制：

一、應另行蒐集之資訊：得向有關機關、機構、團體、事業或個人進行必要之調查或通知到財政部或其授權之機關辦公處所備詢，要求其提供相關資訊。

二、應自動或自發提供締約他方之資訊：有關機關、機構、團體、事業或個人應配合提供相關之財產、所得、營業、納稅、金融帳戶或其他稅務用途資訊；應進行金融帳戶盡職審查或其他審查之資訊，並應於審查後提供。

財政部或其授權之機關依第一項條約或協定提供資訊予締約他方主管機關，不受本法及其他法律有關保密規定之限制。

前二項所稱其他法律有關保密規定，指下列金融及稅務法律有關保守秘密規定：

一、銀行法、金融控股公司法、國際金融業務條例、票券金融管理法、信託業法、信用合作社法、電子票證發行管理條例、電子支付機構管理條例、金融資產證券化條例、期貨交易法、證券投資信託及顧問法、保險法、郵政儲金匯兌法、農業金融法、中央銀行法、所得稅法及關稅法有關保守秘密規定。

二、經財政部會商各法律中央主管機關公告者。

第一項條約或協定之範圍、執行方法、提出請求、蒐集、第三項第二款資訊之內容、配合提供之時限、方式、盡職審查或其他審查之基準、第四項提供資訊予締約他方之程序及其他相關事項之辦法，由財政部會商金融監督管理委員會及相關機關定之。

本法中華民國一百零六年五月二十六日修正之條文施行前已簽訂之租稅協定定有稅務用途資訊交換及其他稅務協助者，於修正之條文施行後，適用第二項至第四項及依前項所定辦法之相關規定。

第 6 條　稅捐之徵收，優先於普通債權。

土地增值稅、地價稅、房屋稅之徵收及法院、法務部行政執行署所屬行政執行分署（以下簡稱行政執行分署）執行拍賣或變賣貨物應課徵之營業稅，優先於一切債權及抵押權。

經法院、行政執行分署執行拍賣或交債權人承受之土地、房屋及貨物，法院或行政執行分署應於拍定或承受五日內，將拍定或承受價額通知當地主管稅捐稽徵機關，依法核課土地增值稅、地價稅、房屋稅及營業稅，並由法院或行政執行分署代為扣繳。

第 7 條　破產財團成立後，其應納稅捐為財團費用，由破產管理人依破產法之規定清償之。

第 8 條　公司重整中所發生之稅捐，為公司重整債務，依公司法之規定清償之。

第 9 條　納稅義務人應為之行為，應於稅捐稽徵機關之辦公時間內為之。但繳納稅捐，應於代收稅款機構之營業時間內為之。

第 10 條　因天災、事變而遲誤依法所定繳納稅捐期間者，該管稅捐稽徵機關，得視實際情形，延長其繳納期間，並公告之。

第 11 條　依稅法規定應自他人取得之憑證及給予他人憑證之存根或副本，應保存五年。

第 11-1 條　本法所稱相當擔保，係指相當於擔保稅款之下列擔保品：

一、黃金，按九折計算，經中央銀行掛牌之外幣、上市或上櫃之有價證券，按八折計算。

二、政府發行經規定可十足提供公務擔保之公債，按面額計值。

三、銀行存款單摺，按存款本金額計值。

四、易於變價、無產權糾紛且能足額清償之土地或已辦妥建物所有權登記之房屋。

五、其他經財政部核准，易於變價及保管，且無產權糾紛之財產。

前項第一款、第四款與第五款擔保品之計值、相當於擔保稅款之認定及其他相關事項之辦法，由財政部定之。

第 11-2 條　依本法或稅法規定應辦理之事項及應提出之文件，得以電磁紀錄或電子傳輸方式辦理或提出；其實施辦法，由財政部訂之。

第一章之一　　（刪除）

第 11-3 條　（刪除）

第 11-4 條　（刪除）

第 11-5 條　（刪除）

第 11-6 條　（刪除）

第 11-7 條　（刪除）

第二章　納稅義務

第 12 條　共有財產，由管理人負納稅義務；未設管理人者，共有人各按其應有部分負納稅義務，其為公同共有時，以全體公同共有人為納稅義務人。

第 12-1 條　（刪除）

第 13 條　法人、合夥或非法人團體解散清算時，清算人於分配賸餘財產前，應依法按稅捐受清償之順序，繳清稅捐。

清算人違反前項規定者，應就未清繳之稅捐負繳納義務。

第 14 條　納稅義務人死亡，遺有財產者，其依法應繳納之稅捐，應由遺囑執行人、繼承人、受遺贈人或遺產管理人，依法按稅捐受清償之順序，繳清稅捐後，始得分割遺產或交付遺贈。

遺囑執行人、繼承人、受遺贈人或遺產管理人，違反前項規定者，應就未清繳之稅捐，負繳納義務。

第 15 條　營利事業因合併而消滅時，其在合併前之應納稅捐，應由合併後存續或另立之營利事業負繳納之義務。

第三章　稽　徵

第一節　繳納通知文書

第 16 條　　繳納通知文書，應載明繳納義務人之姓名或名稱、地址、稅別、稅額、稅率、繳納期限等項，由稅捐稽徵機關填發。

第 17 條　　納稅義務人如發現繳納通知文書有記載、計算錯誤或重複時，於規定繳納期間內，得要求稅捐稽徵機關，查對更正。

第二節　送　達

第 18 條　　繳納稅捐之文書，稅捐稽徵機關應於該文書所載開始繳納稅捐日期前送達。

第 19 條　　為稽徵稅捐所發之各種文書，得向納稅義務人之代理人、代表人、經理人或管理人以為送達；應受送達人在服役中者，得向其父母或配偶以為送達；無父母或配偶者，得委託服役單位代為送達。

為稽徵土地稅或房屋稅所發之各種文書，得以使用人為應受送達人。

納稅義務人為全體公同共有人者，繳款書得僅向其中一人送達；稅捐稽徵機關應另繕發核定稅額通知書並載明繳款書受送達者及繳納期間，於開始繳納稅捐日期前送達全體公同共有人。但公同共有人有無不明者，得以公告代之，並自黏貼公告欄之翌日起發生效力。

稅捐稽徵機關對於按納稅義務人申報資料核定之案件，得以公告方式，載明申報業經核定，代替核定稅額通知書之填具及送達。但各稅法另有規定者，從其規定。

前項案件之範圍、公告之實施方式及其他應遵行事項之辦法，由財政部定之。

第三節　徵　收

第 20 條　　依稅法規定逾期繳納稅捐應加徵滯納金者，每逾三日按滯納數額加徵百分之一滯納金；逾三十日仍未繳納者，移送強制執行。但因不可抗力或不可歸責於納稅義務人之事由，致不能依第二十六條、第二十六條之一規定期間申請延期或分期繳納稅捐者，得於

其原因消滅後十日內，提出具體證明，向稅捐稽徵機關申請回復原狀並同時補行申請延期或分期繳納，經核准者，免予加徵滯納金。

中華民國一百十年十一月三十日修正之本條文施行時，欠繳應納稅捐且尚未逾計徵滯納金期間者，適用修正後之規定。

第 21 條　稅捐之核課期間，依下列規定：

一、依法應由納稅義務人申報繳納之稅捐，已在規定期間內申報，且無故意以詐欺或其他不正當方法逃漏稅捐者，其核課期間為五年。

二、依法應由納稅義務人實貼之印花稅，及應由稅捐稽徵機關依稅籍底冊或查得資料核定課徵之稅捐，其核課期間為五年。

三、未於規定期間內申報，或故意以詐欺或其他不正當方法逃漏稅捐者，其核課期間為七年。

在前項核課期間內，經另發現應徵之稅捐者，仍應依法補徵或並予處罰；在核課期間內未經發現者，以後不得再補稅處罰。

稅捐之核課期間屆滿時，有下列情形之一者，其時效不完成：

一、納稅義務人對核定稅捐處分提起行政救濟尚未終結者，自核定稅捐處分經訴願或行政訴訟撤銷須另為處分確定之日起算一年內。

二、因天災、事變或不可抗力之事由致未能作成核定稅捐處分者，自妨礙事由消滅之日起算六個月內。

核定稅捐處分經納稅義務人於核課期間屆滿後申請復查或於核課期間屆滿前一年內經訴願或行政訴訟撤銷須另為處分確定者，準用前項第一款規定。

稅捐之核課期間，不適用行政程序法第一百三十一條第三項至第一百三十四條有關時效中斷之規定。

中華民國一百十年十一月三十日修正之本條文施行時，尚未核課確定之案件，亦適用前三項規定。

第 22 條　前條第一項核課期間之起算，依下列規定：

一、依法應由納稅義務人申報繳納之稅捐，已在規定期間內申報者，自申報日起算。

二、依法應由納稅義務人申報繳納之稅捐，未在規定期間內申報繳納者，自規定申報期間屆滿之翌日起算。

三、印花稅自依法應貼用印花稅票日起算。

四、由稅捐稽徵機關按稅籍底冊或查得資料核定徵收之稅捐，自該稅捐所屬徵期屆滿之翌日起算。

五、土地增值稅自稅捐稽徵機關收件日起算。但第六條第三項規定案件，自稅捐稽徵機關受法院或行政執行分署通知之日起算。

六、稅捐減免所依據處分、事實事後發生變更、不存在或所負擔義務事後未履行，致應補徵或追繳稅款，或其他無法依前五款規定起算核課期間者，自核課權可行使之日起算。

第 23 條　稅捐之徵收期間為五年，自繳納期間屆滿之翌日起算；應徵之稅捐未於徵收期間徵起者，不得再行徵收。但於徵收期間屆滿前，已移送執行，或已依強制執行法規定聲明參與分配，或已依破產法規定申報債權尚未結案者，不在此限。

應徵之稅捐，有第十條、第二十五條、第二十六條至第二十七條規定情事者，前項徵收期間，自各該變更繳納期間屆滿之翌日起算。

依第三十九條暫緩移送執行或其他法律規定停止稅捐之執行者，第一項徵收期間之計算，應扣除暫緩執行或停止執行之期間。

稅捐之徵收，於徵收期間屆滿前已移送執行者，自徵收期間屆滿之翌日起，五年內未經執行者，不再執行；其於五年期間屆滿前已開始執行，仍得繼續執行，但自五年期間屆滿之日起已逾五年尚未執行終結者，不得再執行。

本法中華民國九十六年三月五日修正前已移送執行尚未終結之案件，自修正之日起逾五年尚未執行終結者，不再執行。但截至一百零六年三月四日納稅義務人欠繳稅捐金額達新臺幣一千萬元或執行期間有下列情形之一者，仍得繼續執行，其執行期間不得逾一百二十一年三月四日：

一、行政執行分署依行政執行法第十七條規定，聲請法院裁定拘提或管收義務人確定。

二、行政執行分署依行政執行法第十七條之一第一項規定，對義
　　務人核發禁止命令。

第 24 條　稅捐稽徵機關得依下列規定實施稅捐保全措施。但已提供相當擔
　　　　　保者，不適用之：

一、納稅義務人欠繳應納稅捐者，稅捐稽徵機關得就納稅義務人
　　相當於應繳稅捐數額之財產，通知有關機關，不得為移轉或
　　設定他項權利；其為營利事業者，並得通知主管機關限制其
　　減資之登記。

二、納稅義務人有隱匿或移轉財產、逃避稅捐執行之跡象者，稅
　　捐稽徵機關得於繳納通知文書送達後，聲請法院就其財產實
　　施假扣押，並免提供擔保；其屬納稅義務人已依法申報而未
　　繳納稅捐者，稅捐稽徵機關得於法定繳納期間屆滿後聲請假
　　扣押。

納稅義務人之財產經依前項規定實施稅捐保全措施後，有下列各
款情形之一者，稅捐稽徵機關應於其範圍內辦理該保全措施之解
除：

一、納稅義務人已自行或由第三人提供相當擔保。

二、納稅義務人對核定稅捐處分依法提起行政救濟，經訴願或行
　　政訴訟撤銷確定。但撤銷後須另為處分，且納稅義務人有隱
　　匿或移轉財產、逃避稅捐執行之跡象，不辦理解除。

在中華民國境內居住之個人或在中華民國境內之營利事業，其已
確定之應納稅捐逾法定繳納期限尚未繳納完畢，所欠繳稅款及已
確定之罰鍰單計或合計，個人在新臺幣一百萬元以上，營利事業
在新臺幣二百萬元以上者；其在行政救濟程序終結前，個人在新
臺幣一百五十萬元以上，營利事業在新臺幣三百萬元以上，得由
財政部函請內政部移民署限制其出境；其為營利事業者，得限制
其負責人出境，並應依下列規定辦理。但已提供相當擔保者，或
稅捐稽徵機關未實施第一項第一款前段或第二款規定之稅捐保全
措施者，不適用之：

一、財政部函請內政部移民署限制出境時，應同時以書面敘明理
　　由並附記救濟程序通知當事人，依法送達。

二、限制出境之期間，自內政部移民署限制出境之日起，不得逾五年。

納稅義務人或其負責人經限制出境後，有下列各款情形之一者，財政部應函請內政部移民署解除其出境限制：

一、限制出境已逾前項第二款所定期間。

二、已繳清全部欠稅及罰鍰，或向稅捐稽徵機關提供欠稅及罰鍰之相當擔保。

三、納稅義務人對核定稅捐處分依法提起行政救濟，經訴願或行政訴訟撤銷須另為處分確定。但一部撤銷且其餘未撤銷之欠稅金額達前項所定標準，或納稅義務人有隱匿或移轉財產、逃避稅捐執行之跡象，其出境限制不予解除。

四、經行政救濟及處罰程序終結，確定之欠稅及罰鍰合計金額未達前項所定標準。

五、欠稅之公司或有限合夥組織已依法解散清算，且無賸餘財產可資抵繳欠稅及罰鍰。

六、欠稅人就其所欠稅款已依破產法規定之和解或破產程序分配完結。

關於稅捐之徵收，準用民法第二百四十二條至第二百四十五條、信託法第六條及第七條規定。

第 25 條　有左列情形之一者，稅捐稽徵機關，對於依法應徵收之稅捐，得於法定開徵日期前稽徵之。但納稅義務人能提供相當擔保者，不在此限：

一、納稅義務人顯有隱匿或移轉財產，逃避稅捐執行之跡象者。

二、納稅義務人於稅捐法定徵收日期前，申請離境者。

三、因其他特殊原因，經納稅義務人申請者。

納稅義務人受破產宣告或經裁定為公司重整前，應徵收之稅捐而未開徵者，於破產宣告或公司重整裁定時，視為已到期之破產債權或重整債權。

第 25-1 條　依本法或稅法規定應補或應移送強制執行之稅捐在一定金額以下者，財政部得視實際需要，報請行政院核定免徵或免予移送強制執行。

第四節　緩　繳

第 26 條　納稅義務人因天災、事變、不可抗力之事由或為經濟弱勢者，不能於法定期間內繳清稅捐者，得於規定納稅期間內，向稅捐稽徵機關申請延期或分期繳納，其延期或分期繳納之期間，不得逾三年。

前項天災、事變、不可抗力之事由、經濟弱勢者之認定及實施方式之辦法，由財政部定之。

第 26-1 條　納稅義務人有下列情形之一，不能於法定期間內繳清稅捐者，得於規定納稅期限內，向稅捐稽徵機關申請分期繳納：

一、依法應繳納所得稅，因客觀事實發生財務困難。

二、經稅捐稽徵機關查獲應補徵鉅額稅捐。

三、其他經直轄市政府、縣（市）政府或鄉（鎮、市）公所認定符合分期繳納地方稅之事由。

前項經核准分期繳納之期間，不得逾三年，並應自該項稅款原訂繳納期間屆滿之翌日起，至繳納之日止，依各年度一月一日郵政儲金一年期定期儲金固定利率，按日加計利息，一併徵收；應繳稅款個人在新臺幣一百萬元以上，營利事業在新臺幣二百萬元以上者，稅捐稽徵機關得要求納稅義務人提供相當擔保。但其他法律或地方自治團體就主管地方稅另有規定者，從其規定。

第一項第一款因客觀事實發生財務困難與第二款鉅額稅捐之認定、前項納稅義務人提供相當擔保之範圍及實施方式之辦法，由財政部定之；第一項第三款分期繳納地方稅之事由及實施方式之辦法，由各級地方政府依社會經濟情況及實際需要定之。

第 27 條　納稅義務人對核准延期或分期繳納之任何一期應繳稅捐，未如期繳納者，稅捐稽徵機關應於該期繳納期間屆滿之翌日起三日內，就未繳清之餘額稅款，發單通知納稅義務人，限十日內一次全部繳清；逾期仍未繳納者，移送強制執行。

第五節　退　稅

第 28 條　因適用法令、認定事實、計算或其他原因之錯誤，致溢繳稅款者，納稅義務人得自繳納之日起十年內提出具體證明，申請退

還；屆期未申請者，不得再行申請。但因可歸責於政府機關之錯誤，致溢繳稅款者，其退稅請求權自繳納之日起十五年間不行使而消滅。

稅捐稽徵機關於前項規定期間內知有錯誤原因者，應自知有錯誤原因之日起二年內查明退還。

納稅義務人對核定稅捐處分不服，依法提起行政救濟，經行政法院實體判決確定者，不適用前二項規定。

第一項規定溢繳之稅款，納稅義務人以現金繳納者，應自其繳納該項稅款之日起，至填發收入退還書或國庫支票之日止，按溢繳之稅額，依各年度一月一日郵政儲金一年期定期儲金固定利率，按日加計利息，一併退還。

中華民國一百十年十一月三十日修正之本條文施行時，因修正施行前第一項事由致溢繳稅款，尚未逾五年之申請退還期間者，適用修正施行後之第一項本文規定；因修正施行前第二項事由致溢繳稅款者，應自修正施行之日起十五年內申請退還。

中華民國一百十年十一月三十日修正之本條文施行前，因修正施行前第一項或第二項事由致溢繳稅款者，於修正施行後申請退還，或於修正施行前已申請尚未退還或已退還尚未確定案件，適用第四項規定加計利息一併退還。但修正施行前之規定有利於納稅義務人者，適用修正施行前之規定。

行為人明知無納稅義務，違反稅法或其他法律規定所繳納之款項，不得依第一項規定請求返還。

第 29 條　納稅義務人應退之稅捐，稅捐稽徵機關應先抵繳其積欠。並於扣抵後，應即通知該納稅義務人。

第六節　調　查

第 30 條　稅捐稽徵機關或財政部賦稅署指定之調查人員，為調查課稅資料，得向有關機關、團體或個人進行調查，要求提示帳簿、文據或其他有關文件，或通知納稅義務人，到達其辦公處所備詢，被調查者不得拒絕。

前項調查，不得逾課稅目的之必要範圍。

被調查者以調查人員之調查為不當者，得要求調查人員之服務機關或其上級主管機關為適當之處理。

納稅義務人及其他關係人提供帳簿、文據或其他有關文件時，該管稽徵機關或財政部賦稅署應掣給收據，除涉嫌違章漏稅者外，應於帳簿、文據或其他有關文件提送完全之日起，三十日內發還之；其有特殊情形，經該管稽徵機關或賦稅署首長核准者，得延長發還時間三十日，並以一次為限。

第 31 條　稅捐稽徵機關對逃漏所得稅及營業稅涉有犯罪嫌疑之案件，得敘明事由，聲請當地司法機關簽發搜索票後，會同當地警察或自治人員，進入藏置帳簿、文件或證物之處所，實施搜查；搜查時非上述機關人員不得參與。經搜索獲得有關帳簿、文件或證物，統由參加搜查人員，會同攜回該管稽徵機關，依法處理。

司法機關接到稽徵機關前項聲請時，如認有理由，應儘速簽發搜索票；稽徵機關應於搜索票簽發後十日內執行完畢，並將搜索票繳回司法機關。其他有關搜索及扣押事項，準用刑事訴訟法之規定。

第 32 條　稅捐稽徵機關或財政部指定之調查人員依法執行公務時，應出示有關執行職務之證明文件；其未出示者，被調查者得拒絕之。

第 33 條　稅捐稽徵人員對於納稅義務人之財產、所得、營業、納稅等資料，除對下列人員及機關外，應絕對保守秘密：

一、納稅義務人本人或其繼承人。

二、納稅義務人授權代理人或辯護人。

三、稅捐稽徵機關。

四、監察機關。

五、受理有關稅務訴願、訴訟機關。

六、依法從事調查稅務案件之機關。

七、經財政部核定之機關與人員。

八、債權人已取得民事確定判決或其他執行名義者。

稅捐稽徵機關對其他政府機關、學校與教研人員、學術研究機構與研究人員、民意機關與民意代表等為統計、教學、研究與監督

目的而供應資料，並不洩漏納稅義務人之姓名或名稱，且符合政府資訊公開法規定者，不受前項之限制。

第一項第四款至第八款之人員及機關，對稅捐稽徵機關所提供第一項之資料，不得另作其他目的之使用；第一項第四款至第七款之機關人員或第八款之人員，如有洩漏情事，準用第四十三條第三項洩漏秘密之規定。

第 34 條　財政部或經其指定之稅捐稽徵機關，對重大欠稅案件或重大逃漏稅捐案件經確定後，得公告其欠稅人或逃漏稅捐人姓名或名稱與內容，不受前條第一項限制。

財政部或經其指定之稅捐稽徵機關，對於納稅額較高之納稅義務人，得經其同意，公告其姓名或名稱，並予獎勵；其獎勵辦法，由財政部定之。

第一項所稱確定，指有下列情形之一者：

一、經稅捐稽徵機關核定之案件，納稅義務人未依法申請復查。

二、經復查決定，納稅義務人未依法提起訴願。

三、經訴願決定，納稅義務人未依法提起行政訴訟。

四、經行政訴訟終局裁判確定。

第四章　行政救濟

第 35 條　納稅義務人對於核定稅捐之處分如有不服，應依規定格式，敘明理由，連同證明文件，依下列規定，申請復查：

一、依核定稅額通知書所載有應納稅額或應補徵稅額者，應於繳款書送達後，於繳納期間屆滿之翌日起三十日內，申請復查。

二、依核定稅額通知書所載無應納稅額或應補徵稅額者，應於核定稅額通知書送達之翌日起三十日內，申請復查。

三、依第十九條第三項規定受送達核定稅額通知書或以公告代之者，應於核定稅額通知書或公告所載應納稅額或應補徵稅額繳納期間屆滿之翌日起三十日內，申請復查。

四、依第十九條第四項或各稅法規定以公告代替核定稅額通知書之填具及送達者，應於公告之翌日起三十日內，申請復查。

前項復查之申請，以稅捐稽徵機關收受復查申請書之日期為準。但交由郵務機構寄發復查申請書者，以郵寄地郵戳所載日期為準。

納稅義務人或其代理人，因天災事變或其他不可抗力之事由，遲誤申請復查期間者，於其原因消滅後一個月內，得提出具體證明，申請回復原狀，並應同時補行申請復查期間內應為之行為。但遲誤申請復查期間已逾一年者，不得申請。

稅捐稽徵機關對有關復查之申請，應於接到申請書之翌日起二個月內復查決定，並作成決定書，通知納稅義務人；納稅義務人為全體公同共有人者，稅捐稽徵機關應於公同共有人最後得申請復查之期間屆滿之翌日起二個月內，就分別申請之數宗復查合併決定。

前項期間屆滿後，稅捐稽徵機關仍未作成決定者，納稅義務人得逕行提起訴願。

第 35-1 條　國外輸入之貨物，由海關代徵之稅捐，其徵收及行政救濟程序，準用關稅法及海關緝私條例之規定辦理。

第 36 條　（刪除）

第 37 條　（刪除）

第 38 條　納稅義務人對稅捐稽徵機關之復查決定如有不服，得依法提起訴願及行政訴訟。

經依復查、訴願或行政訴訟等程序終結決定或判決，應退還稅款者，稅捐稽徵機關應於復查決定，或接到訴願決定書，或行政法院判決書正本後十日內退回；並自納稅義務人繳納該項稅款之日起，至填發收入退還書或國庫支票之日止，按退稅額，依各年度一月一日郵政儲金一年期定期儲金固定利率，按日加計利息，一併退還。

經依復查、訴願或行政訴訟程序終結決定或判決，應補繳稅款者，稅捐稽徵機關應於復查決定，或接到訴願決定書，或行政法院判決書正本後十日內，填發補繳稅款繳納通知書，通知納稅義

務人繳納；並自該項補繳稅款原應繳納期間屆滿之次日起，至填發補繳稅款繳納通知書之日止，按補繳稅額，依各年度一月一日郵政儲金一年期定期儲金固定利率，按日加計利息，一併徵收。

本條中華民國一百年一月十日修正施行前，經復查、訴願或行政訴訟程序終結，稅捐稽徵機關尚未送達收入退還書、國庫支票或補繳稅款繳納通知書之案件，或已送達惟其行政救濟利息尚未確定之案件，適用修正後之規定。但修正前之規定有利於納稅義務人者，適用修正前之規定。

第五章　強制執行

第 39 條　納稅義務人應納稅捐，於繳納期間屆滿三十日後仍未繳納者，由稅捐稽徵機關移送強制執行。但納稅義務人已依第三十五條規定申請復查者，暫緩移送強制執行。

前項暫緩執行之案件，除有下列情形之一者外，稅捐稽徵機關應移送強制執行：

一、納稅義務人對復查決定之應納稅額繳納三分之一，並依法提起訴願。

二、納稅義務人依前款規定繳納三分之一稅額確有困難，經稅捐稽徵機關核准，提供相當擔保。

三、納稅義務人依前二款規定繳納三分之一稅額及提供相當擔保確有困難，經稅捐稽徵機關依第二十四條第一項第一款規定，已就納稅義務人相當於復查決定應納稅額之財產，通知有關機關，不得為移轉或設定他項權利。

中華民國一百十年十一月三十日修正之本條文施行前，稅捐稽徵機關已移送強制執行或依修正施行前第二項規定暫緩移送強制執行者，適用修正施行前之規定。

第 40 條　稅捐稽徵機關，認為移送強制執行不當者，得撤回執行。已在執行中者，應即聲請停止執行。

第六章　罰　則

第 41 條　納稅義務人以詐術或其他不正當方法逃漏稅捐者，處五年以下有期徒刑，併科新臺幣一千萬元以下罰金。

犯前項之罪，個人逃漏稅額在新臺幣一千萬元以上，營利事業逃漏稅額在新臺幣五千萬元以上者，處一年以上七年以下有期徒刑，併科新臺幣一千萬元以上一億元以下罰金。

第 42 條　代徵人或扣繳義務人以詐術或其他不正當方法匿報、短報、短徵或不為代徵或扣繳稅捐者，處五年以下有期徒刑、拘役或科或併科新臺幣六萬元以下罰金。

代徵人或扣繳義務人侵占已代繳或已扣繳之稅捐者，亦同。

第 43 條　教唆或幫助犯第四十一條或第四十二條之罪者，處三年以下有期徒刑，併科新臺幣一百萬元以下罰金。

稅務人員、執行業務之律師、會計師或其他合法代理人犯前項之罪者，加重其刑至二分之一。

稅務稽徵人員違反第三十三條第一項規定者，處新臺幣三萬元以上十五萬元以下罰鍰。

第 44 條　營利事業依法規定應給與他人憑證而未給與，應自他人取得憑證而未取得，或應保存憑證而未保存者，應就其未給與憑證、未取得憑證或未保存憑證，經查明認定之總額，處百分之五以下罰鍰。但營利事業取得非實際交易對象所開立之憑證，如經查明確有進貨事實及該項憑證確由實際銷貨之營利事業所交付，且實際銷貨之營利事業已依法處罰者，免予處罰。

前項處罰金額最高不得超過新臺幣一百萬元。

第 45 條　依規定應設置帳簿而不設置，或不依規定記載者，處新臺幣三千元以上七千五百元以下罰鍰，並應通知限於一個月內依規定設置或記載；期滿仍未依照規定設置或記載者，處新臺幣七千五百元以上一萬五千元以下罰鍰，並再通知於一個月內依規定設置或記載；期滿仍未依照規定設置或記載者，應予停業處分，至依規定設置或記載帳簿時，始予復業。

不依規定保存帳簿或無正當理由而不將帳簿留置於營業場所者，處新臺幣一萬五千元以上六萬元以下罰鍰。

第 46 條　拒絕稅捐稽徵機關或財政部賦稅署指定之調查人員調查，或拒不提示有關課稅資料、文件者，處新臺幣三千元以上三萬元以下罰鍰。

納稅義務人經稅捐稽徵機關或財政部賦稅署指定之調查人員通知到達備詢，納稅義務人本人或受委任之合法代理人，如無正當理由而拒不到達備詢者，處新臺幣三千元以下罰鍰。

第 46-1 條　有關機關、機構、團體、事業或個人違反第五條之一第三項規定，規避、妨礙或拒絕財政部或其授權之機關調查或備詢，或未應要求或未配合提供有關資訊者，由財政部或其授權之機關處新臺幣三千元以上三十萬元以下罰鍰，並通知限期配合辦理；屆期未配合辦理者，得按次處罰。

未依第五條之一第三項第二款後段規定進行金融帳戶盡職審查或其他審查者，由財政部或其授權之機關處新臺幣二十萬元以上一千萬元以下罰鍰。

第 47 條　本法關於納稅義務人、扣繳義務人及代徵人應處刑罰之規定，於下列之人適用之：

一、公司法規定之公司負責人。

二、有限合夥法規定之有限合夥負責人。

三、民法或其他法律規定對外代表法人之董事或理事。

四、商業登記法規定之商業負責人。

五、其他非法人團體之代表人或管理人。

前項規定之人與實際負責業務之人不同時，以實際負責業務之人為準。

第 48 條　納稅義務人逃漏稅捐情節重大者，除依有關稅法規定處理外，財政部應停止並追回其違章行為所屬年度享受租稅優惠之待遇。

納稅義務人違反環境保護、勞工、食品安全衛生相關法律且情節重大，租稅優惠法律之中央主管機關應通知財政部停止並追回其違章行為所屬年度享受租稅優惠之待遇。

依前二項規定停止並追回其違章行為所屬年度享受租稅優惠之待遇者，財政部應於該停止並追回處分確定年度之次年，公告納稅義務人姓名或名稱，不受第三十三條第一項限制。

第 48-1 條　納稅義務人自動向稅捐稽徵機關補報並補繳所漏稅款者，凡屬未經檢舉、未經稅捐稽徵機關或財政部指定之調查人員進行調查之案件，下列之處罰一律免除；其涉及刑事責任者，並得免除其刑：

一、第四十一條至第四十五條之處罰。

二、各稅法所定關於逃漏稅之處罰。

營利事業應保存憑證而未保存，如已給與或取得憑證且帳簿記載明確，不涉及逃漏稅捐，於稅捐稽徵機關裁處或行政救濟程序終結前，提出原始憑證或取得與原應保存憑證相當之證明者，免依第四十四條規定處罰；其涉及刑事責任者，並得免除其刑。

第一項補繳之稅款，應自該項稅捐原繳納期限截止之次日起，至補繳之日止，就補繳之應納稅捐，依各年度一月一日郵政儲金一年期定期儲金固定利率，按日加計利息，一併徵收。

納稅義務人於中華民國一百十年十一月三十日修正之本條文施行前漏繳稅款，而於修正施行後依第一項規定自動補報並補繳者，適用前項規定。但修正施行前之規定有利於納稅義務人者，適用修正施行前之規定。

第 48-2 條　依本法或稅法規定應處罰鍰之行為，其情節輕微，或漏稅在一定金額以下者，得減輕或免予處罰。

前項情節輕微、金額及減免標準，由財政部定之。

第 48-3 條　納稅義務人違反本法或稅法之規定，適用裁處時之法律。但裁處前之法律有利於納稅義務人者，適用最有利於納稅義務人之法律。

第七章　附　則

第 49 條　滯納金、利息、滯報金、怠報金及罰鍰等，除本法另有規定者外，準用本法有關稅捐之規定。但第六條關於稅捐優先及第二十六條之一第二項、第三十八條第二項、第三項關於加計利息之規定，對於滯報金、怠報金及罰鍰不在準用之列。

中華民國一百十年十一月三十日修正之本條文施行前，已移送執行之滯報金及怠報金案件，其徵收之順序，適用修正施行前之規定。

第 49-1 條　檢舉逃漏稅捐或其他違反稅法規定之情事，經查明屬實，且裁罰確定並收到罰鍰者，稅捐稽徵機關應以收到之罰鍰提成核發獎金與舉發人，並為舉發人保守秘密。

檢舉案件有下列情形之一者，不適用前項核發獎金之規定：

一、舉發人為稅務人員。

二、舉發人為執行稅賦查核人員之配偶或三親等以內親屬。

三、公務員依法執行職務發現而為舉發。

四、經前三款人員告知或提供資料而為舉發。

五、參與該逃漏稅捐或其他違反稅法規定之行為。

第一項檢舉獎金，應以每案罰鍰百分之二十，最高額新臺幣四百八十萬元為限。

中華民國一百十年十一月三十日修正之本條文施行時，舉發人依其他法規檢舉逃漏稅捐或其他違反稅法規定之情事，經稅捐稽徵機關以資格不符否准核發檢舉獎金尚未確定之案件，適用第二項規定。

第 50 條　本法對於納稅義務人之規定，除第四十一條規定外，於扣繳義務人、代徵人、代繳人及其他依本法負繳納稅捐義務之人準用之。

第 50-1 條　（刪除）

本法修正公布生效日前，已進行之徵收期間，應自前項徵收期間內扣除。

第 50-2 條　依本法或稅法規定應處罰鍰者，由主管稽徵機關處分之，不適用稅法處罰程序之有關規定，受處分人如有不服，應依行政救濟程序辦理。但在行政救濟程序終結前，免依本法第三十九條規定予以強制執行。

第 50-3 條　（刪除）

第 50-4 條　（刪除）

第 50-5 條　本法施行細則，由財政部定之。

第 51 條　本法自公布日施行。但中華民國一百年五月十一日修正公布條文及一百十年十一月三十日修正之第二十條，其施行日期由行政院定之。

參考文獻

1. 蘇志超，土地稅論，中國地政研究所，1982.3。

2. 金子宏著，蔡宗義譯，租稅法，財政部財稅人員訓練所，1985.3。

3. 辜嘉祥，賦稅法令判解及實務問題彙編，臺灣工商稅務出版社，1989.4。

4. 查公誠，土地稅法規精義及實務，大海文化事業股份有限公司，1992。

5. 張龍憲，營建業稅務法令彙編，全亞企業管理顧問股份有限公司，1992.1。

6. 李金桐，財產稅法規，五南圖書出版有限公司，1992.8。

7. 邱峰明，稅務法規，高點文化事業有限公司，1993.7。

8. 李金桐，租稅各論，五南圖書出版有限公司，1993.10。

9. 王進祥，房地產節稅—策略篇、認識篇，現象文化事業有限公司，1994.1。

10. 陳銘福，認識土地稅，書泉出版社，1994.11。

11. 張進德，遺產及贈與稅申報實務，冠恒國際企管顧問公司，1995.2。

12. 王國臺，土地稅，國彰出版社，1995.9。

13. 許文昌，土地稅要論，文笙書局股份有限公司，1995.10。

14. 張金柱，土地稅法總整理，永然文化出版股份有限公司，1996.5。

15. 蔡珍妮，房地產節稅方法，中華徵信所企業股份有限公司，1996.7

16. 張進德，遺贈稅查核實務及規劃技巧，冠恒國際企業管理顧問公司，1997.1。

17. 林隆昌，土地增值稅節稅規劃，永然文化出版股份有限公司，1997.2。

18. 陳銘福，土地稅之理論與實務，五南圖書出版有限公司，1997.3。

19. 高秀嫚、吳昭德，財務稅務規劃實務（上），基泰管理顧問公司，1998.2。

20. 地價稅節稅手冊，臺南市稅捐稽徵處，1999.6。

21. 房屋稅節稅手冊，臺南市稅捐稽徵處，1999.6。

22. 李佩芬、顏聰玲、柯伯煦，不動產法規彙編，文京圖書有限公司，1999.9。

23. 李鴻毅，土地法論，1999.9。

24. 王進祥，土地稅法規概要，現代地政，1998.10。

25. 商景明，土地稅，文笙書局股份有限公司，2000.2。

26. 稅捐稽徵法令彙編，財政部稅制委員會，2000.11。

27. 葉淑杏，財產稅法規，華立圖書股份有限公司，2005。

28. 黃榮龍，稅法精典—架構性分析，新文京開發出版公司，2005.8。

29. 王建煊，租稅法，文笙書局，2009.8。

30. 顏慶章，租稅法，三民書局，2010.9。

31. 鄭玉波著、黃宗樂修訂，法學緒論，三民書局，2013.8。

32. 楊松齡，實用土地法精義，五南圖書公司，2015.9。

33. 贈與稅報繳手冊，財政部臺北、北、中、南區、高雄國稅局，2015.8。

34. 黃明聖、黃淑惠，租稅法規理論與實務，五南圖書出版股份有限公司， 2015.8。

35. 莊仲甫，土地稅法規精要，永然文化出版股份有限公司，2015.8。

36. 陳立夫，新學林分科六法—土地法規，2015.9

37. 特種貨物及勞務稅報繳手冊，財政部臺北、北、中、南區、高雄國稅局，2016.3。

38. 財政部賦稅署網站，「房地合一課徵所得稅制度」疑義解答，2016.5。